prépabac

TOUT-EN-UN
COURS + ENTRAÎNEMENT AU
CONTRÔLE CONTINU

NOUVEAU BAC

1ʳᵉ STMG

SCIENCES DE GESTION ET NUMÉRIQUE
Nadège Decants
Salomé Moulin

DROIT ET ÉCONOMIE
Frédéric Ginoux

MANAGEMENT
Laurent Izard

MATHÉMATIQUES
Bernard Verlant

FRANÇAIS
Thomas Brunet

HISTOIRE-GÉOGRAPHIE
Stéphane Leteuré

ANGLAIS
Frédérique Le Graverend
Annie Goulvent

Crédits

p. 221 h : ph Detroit Institute of Arts ; **p. 221 b** : ph © Österreichische Galerie Belvedere ; **p. 230** : ph © commons.wikimedia.org ; **p. 283** : ph © commons.wikimedia.org ; **p. 284** : ph © commons.wikimedia.org ; **p. 289** : ph © commons.wikimedia.org ; **p. 291** : ph © commons.wikimedia.org ; **p. 295** : ph © Art Institute of Chicago ; **p. 296 h** : ph © Metropolitan Museum of Art ; **p. 296 b** : ph © commons.wikimedia.org ; **p. 297** : ph © commons.wikimedia.org ; **p. 299** : ph © commons.wikimedia.org ; **p. 307** : ph © commons.wikimedia.org ; **p. 308** : ph © commons.wikimedia.org ; **p. 309** : ph © commons.wikimedia.org ; **p. 316** : ph © commons.wikimedia.org ; **p. 336** : ph © Laurent Descloux/EPA Sénart Communication

Texte de la page 378 : aus: Elfriede Jelinek, Was geschah, nachdem Nora ihren Mann verlassen hatte oder Stützen der Gesellschaft ; in: Elfriede Jelinek, Theaterstücke. Was geschah, nachdem Nora ihren Mann verlassen hatte oder Stützen der.Gesellschaft. Clara S. – musikalische Tragödie. Burgtheater. Krankheit oder Moderne Frauen. Copyright © 1984, 1987 by Prometh Verlag KG, Köln Veröffentlicht 1992 im Rowohlt Taschenbuch Verlag, Reinbek bei Hamburg Mit freundlicher Genehmigung der Rowohlt Verlag GmbH, Reinbek b. Hamburg.

Les ressources numériques

Au fil des pages, des QR codes à flasher vous renvoient à de nombreuses ressources : corrigés, schémas, presse, documents, vidéos, cartes, exercices…

Mode d'emploi

« Le photocopillage, c'est l'usage abusif et collectif de la photocopie sans autorisation des auteurs et des éditeurs.
Largement répandu dans les établissements d'enseignement, le photocopillage menace l'avenir du livre, car il met en danger son équilibre économique. Il prive les auteurs d'une juste rémunération.
En dehors de l'usage privé du copiste, toute reproduction totale ou partielle de cet ouvrage est interdite. »

Maquette intérieure : Frédéric Jély
Mise en page : STDI

ISBN 978-2-216-15493-7

Toute reproduction ou représentation intégrale ou partielle, par quelque procédé que ce soit, des pages publiées dans le présent ouvrage, faite sans autorisation de l'éditeur ou du Centre français du Droit de copie (20, rue des Grands-Augustins, 75006 Paris), est illicite et constitue une contrefaçon. Seules sont autorisées, d'une part, les reproductions strictement réservées à l'usage privé du copiste et non destinées à une utilisation collective et, d'autre part, les analyses et courtes citations justifiées par le caractère scientifique ou d'information de l'œuvre dans laquelle elles sont incorporées (loi du 1er juillet 1992 – art. 40 et 41 et Code pénal – art. 425).

© Foucher, une marque des Éditions Hatier – Paris – 2019

		Les épreuves communes de contrôle continu			Les épreuves finales (Terminale)
		Épreuve 1 (2e trimestre de 1re)	**Épreuve 2** (3e trimestre de 1re)	**Épreuve 3** (2e trimestre de Tle)	
MATIÈRES DE SPÉCIALITÉ	**Droit et économie (coef. 16)**				Épreuve ponctuelle en Terminale
	Management (coef. 16)				Épreuve ponctuelle en Terminale
	Sciences de gestion et numérique	**Oral individuel, 20 min** : présentation (avec support) d'un projet lors d'un exposé (10 min maximum) + entretien.			
MATIÈRES COMMUNES	**Mathématiques (coef. 5)**	**Écrit, 2 h** : test de maîtrise des automatismes (questions à réponses rapides) + 3 exercices indépendants, certains exercices par ordinateur	Même épreuve	Même épreuve	
	Français (Épreuve anticipée, coef. 10) — Écrit	4 h, commentaire ou contraction de texte + essai			
	Français (Épreuve anticipée, coef. 10) — Oral	20 min (préparation : 30 min) : exposé sur un des textes du descriptif (12 min) + présentation de l'œuvre choisie et entretien (8 min)			
	Histoire-géographie (coef. 5)	**Écrit, 2 h** : questions de connaissances + analyse de document (sujets d'étude au choix)	Même épreuve	**Écrit, 2 h** : questions de connaissances + analyse de document (sujets d'étude au choix)	
	LVA et LVB (coef. 5)	Compréhension orale et expression écrite, 1 h	Compréhension écrite et expression écrite, 1 h 30	1er temps : Compréhension écrite et orale, expression écrite – 2 h 30 2nd temps : Expression orale – 10 min (10 minutes de préparation)	
	EPS (coef. 5)	1 épreuve de contrôle en cours de formation		2 épreuves de contrôle en cours de formation	
	Philosophie (coef. 4)				Épreuve ponctuelle en Terminale
	Grand oral (coef. 14)				Épreuve de 20 min en 2 parties qui porte sur un projet travaillé en 1re et Tle : présentation du projet, adossée à 1 ou 2 disciplines de spécialité choisies par l'élève et échange autour du projet

Remarque

Le contrôle continu compte pour 40 % de l'évaluation, les épreuves finales comptent pour 60 % et les notes des bulletins scolaires de 1re et Tle comptent pour 10 % de la note finale.

SOMMAIRE

SCIENCES DE GESTION ET NUMÉRIQUE

Évaluation des Sciences de gestion et numérique au bac 8

DE L'INDIVIDU À L'ACTEUR

1 Comment un individu devient-il acteur dans une organisation ? 9
2 Comment concilier gestion des ressources humaines et coût du travail ? . 18

NUMÉRIQUE ET INTELLIGENCE COLLECTIVE

3 En quoi les technologies transforment-elles l'information en ressource ? 24
4 Comment le partage de l'information contribue-t-il à l'émergence d'une « intelligence collective » ? 31
5 Le numérique crée-t-il de l'agilité ou de la rigidité organisationnelle ? 38

CRÉATION DE VALEUR ET PERFORMANCE

6 Peut-on mesurer la contribution de chaque acteur à la création de valeur ? 47
7 La création de valeur conduit-elle toujours à une performance globale ? 57

TEMPS ET RISQUE

8 Quelle prise en compte du temps dans la gestion de l'organisation ? 62
9 L'amélioration de la performance est-elle sans risque ? 66

DROIT ET ÉCONOMIE

Évaluation du Droit et économie au bac . . . 70

DROIT

1 Qu'est-ce que le droit ? 71
2 Comment le droit permet-il de régler un litige ? 76
3 Qui peut faire valoir ses droits ? 82
4 Quels sont les droits reconnus aux personnes ? 86

ÉCONOMIE

5 Quels sont les grandes questions économiques et leurs enjeux actuels ? . . . 90
6 Comment se crée et se répartit la richesse ? 99
7 Comment les ménages décident-ils d'affecter leur revenu ? 105
8 Quels modes de financement de l'activité économique ? 109
9 Les marchés des biens et services sont-ils concurrentiels ? 112

MANAGEMENT

Évaluation du Management au bac 118

THÈME 1 : À LA RENCONTRE DU MANAGEMENT DES ORGANISATIONS

1 Pourquoi est-il nécessaire d'organiser l'action collective ? 119
2 Comment appréhender la diversité des organisations ? 122
3 Qu'est-ce que le management des organisations ? 129
4 Comment le management permet-il de répondre aux changements de l'environnement ? 133

THÈME 2 : LE MANAGEMENT STRATÉGIQUE, DU DIAGNOSTIC À LA FIXATION DES OBJECTIFS

5 Qu'est-ce que la stratégie ? 136
6 Comment élaborer le diagnostic stratégique ? 137
7 Comment interpréter le diagnostic et le traduire en objectifs ? 141
8 Comment évaluer les objectifs et les pratiques ? 144

THÈME 3 : LES CHOIX STRATÉGIQUES DES ORGANISATIONS

9 Quelles options stratégiques pour les entreprises ? 147

4

© Éditions Foucher

10 Les stratégies des organisations publiques : quelles spécificités ? 152

11 Les organisations de la société civile peuvent-elles se passer de stratégie ? 155

MATHÉMATIQUES

Évaluation des Mathématiques en contrôle continu 160

1 Suites numériques / **Algorithmique, programmation et suites** 161
Entraînement au contrôle continu 167

2 Fonctions de la variable réelle / **Programmation et fonctions**............. 170
Entraînement au contrôle continu 175

3 Dérivation 179
Entraînement au contrôle continu 182

4 Statistique / **Algorithmique et croisement de variables catégorielles** 188
Entraînement au contrôle continu 192

5 Probabilités conditionnelles 194
Entraînement au contrôle continu 196

6 Épreuves de Bernoulli, variables aléatoires / **Algorithmique, programmation et variables aléatoires** . 199
Entraînement au contrôle continu 203

FRANÇAIS

Évaluation du Français au bac 210

LA POÉSIE DU XIXᴱ SIÈCLE AU XXIᴱ SIÈCLE

1 L'écriture poétique 211

2 L'histoire de la poésie du Moyen Âge à nos jours 218

LA LITTÉRATURE D'IDÉES DU XVIᴱ SIÈCLE AU XVIIIᴱ SIÈCLE

3 L'écriture argumentative 229

4 L'histoire de la littérature d'idées du XVIᵉ au XVIIIᵉ siècle 235

LE ROMAN ET LE RÉCIT DU MOYEN ÂGE AU XXIᴱ SIÈCLE

5 L'écriture romanesque 246

6 L'histoire du roman du Moyen Âge à nos jours 252

LE THÉÂTRE DU XVIIᴱ SIÈCLE AU XXIᴱ SIÈCLE

7 Le texte théâtral et sa représentation 263

8 L'histoire du théâtre du XVIIᵉ siècle à nos jours 269

HISTOIRE-GÉOGRAPHIE

Évaluation de l'Histoire-Géographie au bac 282

HISTOIRE

LA RÉVOLUTION FRANÇAISE (1789-1815)

1 L'Europe bouleversée par la Révolution française (1789-1815) 283
Sujet d'étude n° 1 : le 10 août 1792, la chute de la monarchie et le basculement vers une république révolutionnaire 288
Sujet d'étude n° 2 : les puissances européennes contre Napoléon : la bataille de Waterloo............................ 290

LES TRANSFORMATIONS POLITIQUES ET SOCIALES DE LA FRANCE DE 1848 À 1870

2 Politique et société en France sous la Deuxième République et le Second Empire 293
Sujet d'étude n° 1 : Victor Hugo sous la Deuxième République et le Second Empire 297
Sujet d'étude n° 2 : les établissements Schneider au Creusot sous la Deuxième République et le Second Empire 299

LA TROISIÈME RÉPUBLIQUE : UN RÉGIME, UN EMPIRE COLONIAL

3 La Troisième République avant 1914 : un régime, un empire colonial 301
Sujet d'étude n° 1 : l'instruction des filles sous la Troisième République avant 1914 . 306
Sujet d'étude n° 2 : vivre à Alger au début du XXᵉ siècle............................ 307

LA PREMIÈRE GUERRE MONDIALE ET LA FIN DES EMPIRES EUROPÉENS

4 La Première Guerre mondiale bouleverse les sociétés et l'ordre européen 310
Sujet d'étude n° 1 : la bataille de la Somme : juillet-novembre 1916 313

© Éditions Foucher

Sujet d'étude n° 2 : l'Autriche-Hongrie de
1914 au traité de Saint-Germain 314

GÉOGRAPHIE

LA MÉTROPOLISATION : UN PROCESSUS MONDIAL DIFFÉRENCIÉ

5 Les villes dans le monde 317
Sujet d'étude n° 1 : Lyon, les mutations
d'une métropole 320
Sujet d'étude n° 2 :
Londres, une ville mondiale 322

UNE DIVERSIFICATION DES ESPACES ET DES ACTEURS DE LA PRODUCTION

6 Métropolisation, littoralisation des
espaces productifs et accroissement
des flux 325
Sujet d'étude n° 1 : les espaces des
industries aéronautique et aérospatiale
européennes 328
Sujet d'étude n° 2 : Rotterdam, un espace
industrialo-portuaire européen
de dimension internationale.............. 329

LES ESPACES RURAUX : UNE MULTIFONCTIONNALITÉ TOUJOURS PLUS MARQUÉE

7 Des espaces ruraux aux fonctions de plus
en plus variées 332
Sujet d'étude n° 1 : les espaces
périurbains en France.................... 335
Sujet d'étude n° 2 : l'agritourisme
en France 337

LA CHINE : DES RECOMPOSITIONS SPATIALES MULTIPLES

8 Urbanisation, littoralisation, mutations
des espaces ruraux 339

ANGLAIS

Évaluation de l'Anglais au bac 344
1 Identities and exchanges................ 349
2 Public and private spheres 353
3 Art and power.......................... 357
4 Virtual worlds and citizenship 361
5 Fictions and reality 365
6 Scientific innovations and responsibility .. 369
7 Diversity and inclusion.................. 373
8 Territory and memory 377

SCIENCES DE GESTION ET NUMÉRIQUE

Évaluation des Sciences de gestion et numérique au bac 8

DE L'INDIVIDU À L'ACTEUR

1 Comment un individu devient-il acteur dans une organisation ? 9

2 Comment concilier gestion des ressources humaines et coût du travail ? . 18

NUMÉRIQUE ET INTELLIGENCE COLLECTIVE

3 En quoi les technologies transforment-elles l'information en ressource ?. . 24

4 Comment le partage de l'information contribue-t-il à l'émergence
d'une « intelligence collective » ? 31

5 Le numérique crée-t-il de l'agilité ou de la rigidité organisationnelle ?. 38

CRÉATION DE VALEUR ET PERFORMANCE

6 Peut-on mesurer la contribution de chaque acteur à la création de valeur ? 47

7 La création de valeur conduit-elle toujours à une performance globale ?. . . 57

TEMPS ET RISQUE

8 Quelle prise en compte du temps dans la gestion de l'organisation ? 62

9 L'amélioration de la performance est-elle sans risque ?. 66

SC. DE GESTION & NUM

Évaluation des Sciences de gestion et numérique au bac

Cet enseignement apporte aux élèves les repères d'une compréhension des principes généraux de gestion des organisations quelle que soit leur nature : ressources humaines et communication, gestion et finance, mercatique (marketing), systèmes d'information de gestion.

1 Le programme

Le programme est structuré en thèmes, eux-mêmes déclinés en questions de gestion qui caractérisent les phénomènes organisationnels et les choix faits au sein des organisations :

- **Thème 1. De l'individu à l'acteur** : Comment définir les différents types d'organisation ? Comment un individu devient-il acteur dans une organisation ? Comment concilier gestion efficace des ressources humaines et coût du travail ?

- **Thème 2. Numérique et intelligence collective** : En quoi les technologies transforment-elles l'information en ressource ? Comment le partage de l'information contribue-t-il à l'émergence d'une « intelligence collective » ? Le numérique crée-t-il de l'agilité ou de la rigidité organisationnelle ?

- **Thème 3. Création de valeur et performance** : Peut-on mesurer la contribution de chaque acteur à la création de valeur ? La création de valeur conduit-elle toujours à une performance globale ?

- **Thème 4. Temps et risque** : Quelle prise en compte du temps dans la gestion de l'organisation ? L'amélioration de la performance est-elle sans risque ?

2 Les modalités d'évaluation

Cette spécialité est évaluée lors d'une épreuve orale de 20 minutes notée sur 20 points et affectée d'un coefficient 5. Un dossier remis par le candidat sert de support à cette épreuve.

A La structure du dossier

Le candidat réalise au cours de l'année une étude personnelle et individuelle autour d'une problématique issue d'une ou de plusieurs questions de gestion figurant dans le programme, appliquée à une ou plusieurs organisations qu'il aura choisies. Cette étude se concrétise par la rédaction d'un dossier d'étude de gestion, document de 10 pages qui explique le choix de la problématique, les caractéristiques de la (ou des) organisation(s) observée(s), les sources utilisées, la démarche d'analyse et les conclusions.

B Le déroulé de l'épreuve

L'évaluation s'appuie sur le dossier d'étude de gestion du candidat remis au responsable de l'établissement qui organise l'épreuve, 5 jours avant la date de l'examen. Le dossier est ensuite transmis à l'examinateur le jour de l'épreuve. L'épreuve se compose d'un exposé du candidat (environ 10 minutes), suivi d'un entretien. L'environnement numérique de travail utilisé dans le cadre de l'enseignement est requis pour la réalisation et la présentation de l'épreuve. Le candidat est responsable des documents et supports numériques qu'il juge utiles à sa présentation.

1 Comment un individu devient-il acteur dans une organisation ?

L'individu, qui possède des caractéristiques propres, devient acteur au sein d'une organisation par les relations formelles et informelles qu'il établit dans son activité de travail. Il communique et interagit en permanence, en cherchant à affirmer son individualité tout en s'inscrivant dans l'action collective. C'est en partie de cette tension que naissent les phénomènes relationnels au sein des organisations.

1 Les caractéristiques personnelles de l'individu

Elles agissent sur son comportement dans l'organisation.

A La notion de personnalité

■ La personnalité désigne les **caractéristiques propres à chaque individu** qui font de lui un être unique tant dans son rapport aux autres que dans sa façon d'agir ou de penser. On assimile souvent cette notion au « caractère » qui, lui, est plus inné et non construit, comme c'est le cas de la personnalité.

■ Il est possible de dégager quelques « **traits de personnalité** » principaux qui correspondent aux caractéristiques particulières et stables du comportement d'un individu.

Constantes du comportement	Traits de personnalité associés	Définitions
Le comportement face aux autres	▶ Introverti ▶ Extraverti	▶ Individu plutôt replié sur lui-même ▶ Individu tourné vers les autres
La constance ou l'inconstance du caractère	▶ Stabilité ▶ Instabilité	▶ D'humeur souvent égale, posé et équilibré ▶ D'humeur changeante, imprévisible
Le comportement vis-à-vis de l'autorité	▶ Autonomie ▶ Soumission	▶ Décide et prend ses décisions de manière indépendante ▶ Dépendant d'un autre individu et a besoin de consulter avant de prendre des décisions
Le comportement face à un problème à résoudre	▶ Logique ▶ Affectif	▶ Fait appel à sa raison et à un examen des faits et des solutions possibles de manière méthodique ▶ Se laisse guider par ses émotions

> **EXEMPLE**
>
> Léa est une jeune fille extravertie car elle est toujours tournée vers les autres, instable car son humeur peut rapidement changer en fonction des événements, autonome car elle aime prendre seule ses décisions sans consulter personne et affective car elle se laisse généralement guider par ses émotions.

B La notion d'émotion

■ Les émotions représentent l'ensemble des **réactions physiques ou mentales** auxquelles un individu peut être soumis lorsqu'il est touché par un événement, qu'il vit de manière positive ou négative. En fonction de sa personnalité, un individu est plus ou moins affecté par ces événements et déclenche par conséquent des émotions plus ou moins intenses. On discerne 6 grandes émotions de base :

■ Les émotions et la capacité d'un individu à les gérer ont des **impacts sur son comportement** et notamment dans son **rapport aux autres au sein de l'organisation**. Ces émotions peuvent aussi bien être stimulantes et pousser un individu à l'action, que le freiner ou l'empêcher de se concentrer.

> **EXEMPLES**
> ▸ Un commercial qui éprouve beaucoup de joie à la signature d'un contrat développera par la suite davantage d'efforts dans les négociations afin d'éprouver de nouveau cette émotion. *A contrario*, un commercial trop apeuré à l'idée de rater une signature sera déconcentré et perdra des chances de clôturer les dossiers.
> ▸ Face à un client mécontent, un commercial doit être capable de contrôler ses émotions et ses pulsions. Il fait alors preuve de maîtrise de soi.

C La notion de perception

■ La perception désigne la manière dont un individu restitue son environnement au travers de ses 5 sens : la vue, l'ouïe, l'odorat, le toucher et le goût. Elle est également liée à des **facteurs personnels** (sociologiques et sociodémographiques) comme l'âge, la culture, le style de vie, etc. Elle est ainsi personnelle à chaque individu qui réagit de manière différente à un stimulus identique.

■ La perception est **un processus** par lequel une personne sélectionne, organise et interprète les différents stimuli de son environnement. Ce processus passe par 4 phases successives :

■ Lorsque l'individu interprète une information, il peut **être influencé par des préjugés** conscients ou non, qui peuvent lui donner une perception déformée de la réalité. C'est pour cela qu'il faut confronter les perceptions au sein d'une organisation afin de s'approcher le plus possible de la réalité d'une situation.

1 COMMENT UN INDIVIDU DEVIENT-IL ACTEUR DANS UNE ORGANISATION ? **COURS**

D La notion d'attitude

■ Une attitude résume **les évaluations** (positives ou négatives), les réactions émotionnelles et les prédispositions à agir vis-à-vis d'un objet, d'une situation ou d'une idée. Elle comprend 3 composantes :

- **la composante cognitive** : c'est ce que l'individu sait. Elle concerne ses connaissances et ses croyances à propos d'une marque, d'une entreprise, etc. ;

> **EXEMPLE**
> « Je connais le chiffre d'affaires de ce client et son volume de commandes auprès de notre société par an. »

- **la composante affective** désigne les émotions et les sentiments éprouvés par l'individu ;

> **EXEMPLE**
> « Je déteste traiter avec ce client qui essaie toujours de négocier les prix au plus bas. »

- **la composante conative** caractérise l'intention d'agir d'un individu. C'est une composante comportementale ;

> **EXEMPLE**
> « À ma prochaine visite, je présenterai un nouveau directeur de clientèle à ce client qui pourra l'accompagner au mieux. »

■ Il y a toujours un lien entre l'attitude d'un individu envers un événement, une personne ou un projet, et le comportement qu'il adopte vis-à-vis de celui-ci. Mieux connaître l'attitude de ses collaborateurs

> **À NOTER**
> La notion de compétence est traitée dans le chapitre 2 1B.

face à un projet délicat, par exemple, facilite la gestion de celui-ci. On peut ainsi anticiper son comportement lié aux difficultés qu'il va rencontrer et l'accompagner au mieux dans sa réussite.

E L'identité numérique

■ Chaque individu ou organisation, depuis l'avènement et le développement d'Internet, a créé son **identité numérique (IDN)**. Elle est constituée de **l'ensemble des traces numériques qu'une personne ou une collectivité laisse sur Internet**. Elle peut être constituée par : un pseudo, un nom, des images, des vidéos, des adresses IP, des favoris, des commentaires etc. Elle se crée par le biais des réseaux sociaux, comme Facebook ou Twitter, ou des publications sur un blog. Toutes ces informations, laissées au fil des navigations, sont collectées par les moteurs de recherche (exemple : Google), et sont rendues public.

■ Cette identité a une influence sur la **e-réputation**, sur la façon dont les internautes perçoivent une personne, une organisation. En résumé, l'identité numérique est l'**image que vous renvoyez sur Internet**, votre image virtuelle, dématérialisée.

■ Les sites web construisent également notre identité, grâce à laquelle tout internaute est connu et a une présence en ligne. Mais ces données, à la portée de tous, constituent un risque permanent pour les utilisateurs et pour la protection de leur vie privée.

■ Aujourd'hui, les informations dévoilées sur Internet sont très difficiles à effacer. C'est pour cette raison qu'il est préférable de bien réfléchir avant de laisser une trace numérique afin d'éviter toutes les conséquences négatives d'une mauvaise e-reputation.

■ Si les entreprises sont conscientes du problème de réputation sur le Web depuis plusieurs années et qu'elles ont mis en place des moyens pour lutter contre les dérives, les individus ne se rendent pas encore compte du potentiel de leurs informations déjà publiées sur la toile. Seules quelques rares personnalités, souvent politiques ou publiques, en ont fait les frais.

EXEMPLE
Ford, Sony ou encore Apple sont des entreprises qui travaillent sur leur réputation en ligne depuis le début d'Internet, avec des sites dédiés présentant leurs marques ou leurs produits, mais aussi avec la participation des consommateurs qui donnent leurs avis, se plaignent ou adhèrent à la marque. L'impact d'un commentaire sur un forum peut être lourd de conséquences pour ces entreprises. N'importe qui peut y publier un test de produit qui pourrait être consulté par des dizaines de milliers de personnes.

FOCUS

La CNIL fournit « 10 conseils pour rester net sur le Net »

▶ **1. Réfléchissez avant de publier** : sur internet, tout le monde peut voir ce que vous mettez en ligne : infos, photos, opinions. Vous devez donc maîtriser les informations publiées sur les réseaux sociaux

▶ **2. Respectez les autres** : vous êtes responsable de ce que vous publiez en ligne alors modérez vos propos sur les réseaux sociaux, forums... Ne faites pas aux autres ce que vous n'aimeriez pas que l'on vous fasse.

▶ **3. Ne dites pas tout** : donnez le minimum d'informations personnelles sur Internet. Ne communiquez ni vos opinions politiques, ni votre religion, ni votre numéro de téléphone...

▶ **4. Sécurisez vos comptes** : paramétrez toujours vos profils sur les réseaux sociaux afin de garder la maîtrise des informations que vous souhaitez partager.

▶ **5. Créez plusieurs adresses e-mail** : utilisez des adresses électroniques différentes en fonction de vos activités : personnelles, professionnelles, associatives, ou sociales.

▶ **6. Attention aux photos et aux vidéos** : ne publiez pas de photos gênantes de vos amis, votre famille ou de vous-même car leur diffusion est incontrôlable.

▶ **7. Utilisez un pseudonyme** : seuls vos amis et votre famille sauront qu'il s'agit de vous.

▶ **8. Attention aux mots de passe** : ne les communiquez à personne et choisissez-les un peu compliqués : n'utilisez jamais votre date de naissance ou votre surnom.

▶ **9. Faites le ménage dans vos historiques** : effacez régulièrement vos historiques de navigation et pensez à utiliser la navigation privée si vous utilisez un ordinateur qui n'est pas le vôtre.

▶ **10. Vérifiez vos traces** : tapez régulièrement votre nom dans un moteur de recherche pour vérifier quelles informations vous concernant circulent sur Internet.

\#doc
Les 10 conseils de la CNIL
foucherconnect.fr/
19pbstmg01

2. La communication entre les individus d'une organisation

A. La communication interpersonnelle : composantes et formes

■ La communication est un **processus** qui fait intervenir plusieurs composantes qui permettent de donner du sens à l'échange :
- **le message** correspond au contenu de l'information transmise. Sa forme est variable selon les situations : il peut être écrit, verbal, non verbal, etc. ;
- **le canal** est la voie par laquelle le message est transmis (une discussion orale par exemple) ;
- **les acteurs** : il s'agit de la personne responsable de la transmission du message, l'**émetteur**, et celles à qui il est adressé, les **récepteurs** qui interprètent ce message ;
- **le code** : c'est le langage utilisé pour transmettre le message. Il peut s'agir de musique, de signes, de mots...

■ La communication au sein d'une organisation peut prendre plusieurs formes :
- **la communication interpersonnelle**, lorsqu'il s'agit d'au moins deux individus en interaction qui échangent des messages à l'oral ou par écrit, téléphone, mail, etc. ;

> EXEMPLE
> Deux collaborateurs qui échangent sur l'avancée d'un projet par mail.

- **la communication de groupe** met en relation plusieurs individus simultanément ou non ;

> EXEMPLE
> Une réunion entre plusieurs collaborateurs ou un groupe de discussion en ligne.

- **la communication de masse** intervient lorsque l'on constate une grande diffusion du message à une cible large.

> EXEMPLE
> Une entreprise qui fait de la publicité auprès des consommateurs potentiels sur son nouveau produit.

■ Dans un processus de communication interpersonnel, les acteurs peuvent avoir recours à 3 types de communication :

Les 3 types de communication

■ Les échanges et la communication entre les acteurs internes d'une organisation sont indispensables que ce soit pour **développer des rapports sociaux positifs ou pour collaborer** sur des missions communes.

B Les interactions individus-groupe

■ Le groupe est un ensemble d'individus (au minimum 2) unis par un dénominateur commun (un projet ou un objectif commun, un centre d'intérêt, etc.) et qui construisent des interactions.

■ Il y a des groupes dans lesquels l'individu cherche l'adhésion et d'autres dans lesquels il est intégré sans qu'il le choisisse forcément :
- les **groupes d'appartenance** sont ceux dont l'individu fait partie en raison des caractéristiques communes qu'il entretient avec les autres membres. Il y est intégré parfois dès sa naissance (comme la famille) ;
- les **groupes de référence** sont les groupes que l'individu cherche à intégrer en raison des valeurs, de l'image perçue qu'ils renvoient ou de la perception qu'il a de ce groupe. Il aura tendance à calquer son comportement sur celui de ce groupe qu'il considère comme modèle.

> **EXEMPLE**
> Un salarié qui souhaite intégrer le groupe de direction d'une entreprise aura tendance à copier le style vestimentaire des dirigeants, leurs habitudes de travail, ou à pratiquer un sport commun.

■ Dans un groupe, l'individu dispose d'un **statut et d'une identité** :
- **le statut** correspond à la position sociale qu'il occupe vis-à-vis des autres individus. Il est déterminé en fonction de critères sociodémographiques comme l'âge, le lien familial, l'expérience ou la classe sociale, la position hiérarchique, etc. Ce statut donne des prérogatives à l'individu mais aussi des devoirs envers les autres membres ;

> **EXEMPLE**
> Dans le groupe « équipe commerciale », David est le responsable commercial. De ce fait, il doit fixer les objectifs de ses collaborateurs tout en étant responsable de leur atteinte.

- **l'identité** correspond à l'ensemble des caractères qui distinguent un individu, ce qui le définit : son nom, son adresse, sa date de naissance, sa culture, sa personnalité, sa vision du monde, etc.

C Les interactions entre les individus et l'organisation

Une organisation est un **groupe social** à part entière d'individus réunis dans le but de poursuivre un objectif commun et régis par des valeurs, une culture et des normes. L'enjeu pour l'organisation est de faire adhérer l'ensemble de ses membres à sa culture afin de générer de la cohésion et des dispositions positives vis-à-vis de la structure et de ses projets.

a La culture de l'organisation

■ **La culture** d'une organisation réunit différentes composantes qui accompagnent la construction du groupe : ses **valeurs**, son **histoire**, ses **habitudes de travail**, ses **rituels**, etc. Elle permet de différencier l'organisation des autres mais aussi de développer un sentiment d'appartenance chez les salariés vis-à-vis de leur société, de les unifier les uns par rapport aux autres.

■ **Les normes** sont les règles formelles ou non instituées par l'organisation auxquelles l'acteur doit se soumettre et qui orientent son comportement. C'est le **cadre de référence** qui permet de guider l'individu et d'intégrer plus facilement les nouveaux arrivants.

> **EXEMPLE**
> Le règlement intérieur d'une entreprise fixe les normes obligatoires que l'ensemble des salariés doit appliquer sous peine de sanction.

■ **Les rituels** sont des pratiques sociales qui permettent de faciliter les rapports sociaux et les interactions entre les acteurs. Il peut s'agir de rituels de présentation (un pot d'arrivée pour souhaiter la bienvenue à un nouveau collaborateur), de remerciements, de salutations, etc.

■ **Les codes sociaux** représentent quant à eux l'ensemble des signes verbaux ou non dont l'utilisation et la signification sont partagées par les membres du groupe. Il peut s'agir d'un style vestimentaire, d'expression verbale spécifique, etc.

B L'expérience et l'influence sociale de l'individu

■ Le comportement de l'individu dans l'organisation peut donc être modifié par la culture de celle-ci et ses composantes. Il est également influencé par des processus d'attribution naturelle, des représentations sociales ou des stéréotypes :
- **l'attribution** consiste à expliquer un comportement en se focalisant sur des éléments visibles sans prendre le temps d'étudier le contexte ;

> **EXEMPLE**
> Un employeur dont le collaborateur a été beaucoup absent sur un trimestre, conclura qu'il est démotivé sans prendre en considération la situation dans son ensemble.

- **la représentation sociale** correspond à un ensemble d'expériences, d'informations, d'opinions et de croyances qu'un individu accumule et qui lui permet de se faire sa propre représentation d'un fait ou d'une situation ;
- **les stéréotypes** sont des clichés, des idées préconçues, des visions souvent simplifiées d'une réalité qu'un individu se construit sous l'influence de son milieu social sans qu'elles soient forcément vérifiables.

■ Tous ces phénomènes ont pour conséquences de **déterminer la manière d'agir et de penser** du collaborateur. Il s'agit donc pour le responsable d'une équipe de diminuer leur impact au profit d'un esprit de groupe fédéré autour d'une culture commune, afin de faciliter l'intégration de chaque individualité.

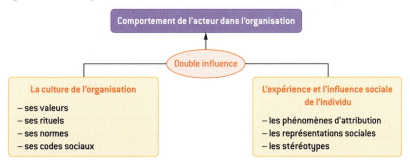

C L'importance des réseaux sociaux de l'entreprise

■ Les réseaux sociaux sur Internet sont des **regroupements virtuels de personnes physiques ou de personnes morales** (associations, entreprises, institutions) permettant à leurs membres de discuter et d'échanger sur des sites dédiés. Ils attirent de plus en plus de personnes sur Internet.

■ Les entreprises doivent apprendre à s'en servir pour : s'adresser à de nouvelles cibles, générer du business, faire connaître leur entreprise, leurs services, faire de la veille économique, suivre les tendances actuelles, effectuer des recrutements, etc.

■ Le point fort des réseaux sociaux, c'est leur **immédiateté** et leur **rapidité**. Il suffit qu'un internaute découvre un produit, un service ou une personne qui l'intéresse pour qu'il en informe en temps réel tous ses « amis ». Le potentiel des réseaux sociaux est donc énorme pour les entreprises qui veulent développer leur base de clients, leur notoriété et leur chiffre d'affaires.

■ Les réseaux sociaux connaissent depuis ces dernières années une **croissance exponentielle**. Facebook, le plus connu d'entre eux, est passé en trois ans de 100 000 à 1 million d'inscriptions par jour dans le monde !

> **INFO**
> Les principaux réseaux sociaux sont Facebook, Twitter et Viadeo.

D Les phénomènes relationnels

a Les relations formelles et informelles

Dans un milieu professionnel, les relations interpersonnelles sont influencées par la place qu'occupent les acteurs dans l'**organigramme**. Ces relations sont alors qualifiées de **formelles**, c'est-à-dire qu'elles ne sont pas spontanées mais encadrées et organisées par l'organisation. Dans les relations formelles, les acteurs agissent en fonction du statut qu'ils occupent et donc des droits et devoirs qui émanent de leurs fonctions. Les relations sont alors clairement établies selon des règles.

> **À SAVOIR**
> **Organigramme** : c'est une représentation graphique qui montre de manière globale la structure et les liens hiérarchiques qui existent entre les différentes fonctions, services et acteurs d'une organisation.

> **EXEMPLE**
> Lors d'un entretien individuel de fixation d'objectifs, il revient au responsable de déterminer les objectifs à atteindre et au subordonné d'en prendre note et de les mettre ensuite en application. Le salarié devra alors respecter les objectifs fixés par son supérieur hiérarchique.

b Convaincre et influencer

■ Les relations **informelles** s'établissent quant à elles sans contrainte hiérarchique. Elles naissent des affinités, des circonstances, des interactions non provoquées, et sont donc implicites. Si ces relations existent, elles ne sont pas légitimées, ni encadrées par l'organisation.

■ Pour convaincre et influencer un changement de comportement des acteurs au sein d'une communication interpersonnelle, on utilise **l'argumentation**. C'est une construction logique et méthodique d'un raisonnement aboutissant à une conclusion dont l'objectif est de prouver ou de réfuter une proposition. Elle s'appuie sur différents types d'arguments :
- **l'argument d'autorité** : il consiste à faire référence à quelqu'un qui fait autorité dans le domaine abordé et qui ne peut être soumis à controverse (exemple : le rapport d'un contrôleur de gestion pour argumenter sur la rentabilité d'une activité) ;
- **l'argument de communauté** : il repose sur des valeurs partagées par les interlocuteurs ou qui sont admises de fait (exemple : « Tu ne remettras pas au lendemain ce que tu peux faire aujourd'hui ») ;
- **l'argument de cadrage** : il permet de repositionner le problème sous un angle différent (exemple : l'achat d'une nouvelle machine représente un lourd investissement, mais cela va permettre de multiplier par deux la productivité et à terme la rentabilité de l'entreprise) ;
- **l'argument d'analogie** : il permet de mettre en parallèle et d'établir une correspondance entre deux situations pour établir une comparaison (exemple : la nouvelle gamme est aussi bien accueillie par les clients que la dernière : elle sera donc également une réussite) ;

- **l'argument de sécurité** : c'est un argument qui permet de mettre l'accent sur la longévité, la robustesse, la sécurité (exemple : mise en place d'une mesure de sécurité pour éviter les accidents).

C Les formes de leadership

■ Dans une organisation, l'autorité et le pouvoir sont étroitement liés à la notion de hiérarchie. L'autorité est la capacité à se faire obéir. Elle implique la notion de légitimité. Le lien hiérarchique apporte donc la légitimité de l'autorité dans une organisation. C'est lui qui détermine ceux qui exercent le **pouvoir** (les supérieurs) et ceux qui vont le subir (les subordonnés). On parle alors de **leader de droit**.

■ Cependant, certains acteurs ont des prédispositions à l'**autorité** et peuvent diriger plus facilement le comportement de leurs collaborateurs. Ce sont des acteurs qui sont capables de guider et d'organiser le travail sans avoir recours à une subordination hiérarchique. On parle alors de **leader de fait**.

■ Il existe donc 2 formes de leadership :

■ Un bon manager tendra plutôt à être **leader de fait** ; il a pour rôle de *coacher* son équipe. Il doit alors utiliser des techniques de motivation et d'incitations. Ainsi, le *nudge* est de plus en plus utilisé par les managers. Il s'agit d'une forme d'**incitation comportementale** visant à influencer indirectement les individus dans leurs prises de décisions.

> **EXEMPLE**
> En 2016, la SNCF s'attèle à une enquête minutieuse sur les causes des retards de ses trains en Ile-de-France. C'est ainsi que le groupe découvre que 20 % d'entre eux seraient directement liés aux incivilités d'usagers empruntant des souterrains et accès interdits. Pour contrer ces comportements, le groupe ferroviaire mène une expérimentation : plutôt que de créer des sanctions ou contrôles supplémentaires, il fait évoluer sa signalisation en remplaçant simplement ses mentions « interdit d'entrer » ou « sens interdit » par « voie sans issue ». Résultat, le mauvais sens de l'utilisation d'un des souterrains a baissé en quelques mois de 50 %, selon la SNCF.

■ Le manager doit aussi être capable de **prévenir et gérer les conflits**. Plusieurs méthodes existent pour gérer les conflits. Toutefois, celle qui semble offrir le plus de satisfaction est la **négociation**. La négociation est un mode de résolution des conflits qui suppose que les personnes impliquées discutent de leurs besoins et de leurs intérêts pour atteindre une **solution mutuellement acceptable**.

#info
Le nudge, une méthode de management pour influencer les salariés
foucherconnect.fr/19pbstmg02

Elle consiste à traiter les litiges « sur le fond ». Cette approche a plusieurs intérêts : susciter des débats sains et créatifs, canaliser l'énergie contenue dans les conflits de façon positive, déboucher sur des solutions « gagnant-gagnant », privilégier la coopération plutôt que les compromis et la compétition.

SC. DE GESTION & NUM

2 Comment concilier gestion des ressources humaines et coût du travail ?

L'individu, par son activité de travail, produit de la valeur et constitue ainsi une véritable ressource pour l'organisation. La gestion de cette ressource nécessite de la préserver, de l'évaluer et de la rétribuer en relation avec ses contributions, dans une recherche de performance.

1 L'activité de travail au sein de l'organisation

A Les conditions de travail : un domaine cadré et source de motivation

■ **Les conditions de travail** des salariés d'une organisation désignent d'une manière générale l'environnement de travail dans lequel ils évoluent. Ils recouvrent un certain nombre d'éléments juridiques, matériels et humains que l'on peut classer en 3 catégories :

Composantes des conditions de travail	Définition	Exemple
Physique et environnementale	Conditions d'exécution des tâches et ensemble des facteurs environnementaux.	La position de travail (l'ergonomie du poste de travail), le niveau sonore, la température, la luminosité, les déplacements à réaliser...
Organisationnelle	Conditions liées au cadre juridique et structurant mises en place par l'organisation.	Le planning, la hiérarchie, les horaires de travail.
Psychologique et sociale	Conditions liées aux rapports sociaux et aux émotions qu'ils génèrent.	Les relations avec les collègues et tous les acteurs internes et externes de l'organisation.

■ Les conditions de travail prennent aussi en compte les aspects de pénibilité et les risques liés à l'exécution des tâches. Ces risques sont pour la plupart encadrés par la loi mais l'entreprise doit mettre en place des actions afin de limiter les accidents. Ces conditions de travail sont vécues au quotidien par les salariés, elles ont donc un **impact direct sur la motivation** de ceux-ci ou au contraire sur les freins à l'activité.

■ L'un des enjeux pour l'organisation est donc d'optimiser ses conditions de travail afin de mettre en place un cadre propice à la productivité et à la performance des équipes. Des entreprises instaurent une démarche de **qualité de vie de travail** pour les optimiser. Les enjeux sont multiples :
- favoriser le développement de l'**attractivité de l'entreprise**, améliorer la **créativité**, **l'engagement**, la **motivation professionnelle** et la **fidélisation des salariés ;**
- réduire les effets destructeurs et pathogènes du stress (maladies cardio-vasculaires, troubles gastro-intestinaux, états d'anxiété et dépressifs...) ;
- diminuer l'absentéisme.

© Éditions Foucher

2 COMMENT CONCILIER GESTION DES RESSOURCES HUMAINES ET COÛT DU TRAVAIL ?   **COURS**

■ Ces comportements peuvent avoir des impacts négatifs sur la gestion de l'entreprise et sur ses performances. Ils représentent un coût important pour les organisations : remplacement et formation des salariés absents, diminution de la productivité, formalités administratives, etc.

■ L'Agence nationale pour l'amélioration des conditions de travail (Anact) a retenu 6 dimensions individuelles déterminantes pour améliorer la qualité de vie au travail :

Dimensions déterminantes pour améliorer la qualité de vie au travail	Exemples
Relations sociales et professionnelles	Reconnaissance du travail, respect, écoute, considération des collègues et de la hiérarchie, information, dialogue social et participation aux décisions.
Contenu du travail	Autonomie, tâches variées, augmentation du degré de responsabilité.
Environnement physique du travail	Sécurité, diminution des facteurs de difficulté : bruit, chaleur, éclairage, propreté, cadre spatial.
Organisation du travail	Qualité de la prescription du travail, capacité d'appui de l'organisation dans la résolution des dysfonctionnements, démarche de progrès organisationnel, pénibilité, charge de travail, prévention des risques professionnels.
Réalisation et développement professionnel	Rémunération, formation, validation des acquis de l'expérience, développement des compétences, sécurité des parcours professionnels (privilégier des contrats de type CDI).
Conciliation entre vie au travail et vie hors travail	Rythme et horaires de travail en adéquation avec la vie familiale, accès aux loisirs, optimisation des solutions de transports domicile/travail.

B La démarche par qualification et par compétence

■ La **qualification** désigne la capacité d'une personne à occuper un métier ou un poste déterminé. Elle est tributaire de plusieurs facteurs : la formation suivie, les diplômes obtenus, l'expérience professionnelle, les caractéristiques personnelles adéquates.

EXEMPLE

Pour être avocat, il faut avoir suivi des études de droit et obtenu l'examen du barreau.
Il est préférable également de posséder des qualités d'argumentation et de conviction.

■ La **démarche par qualification** est donc tournée vers le **poste de travail**. Elle nécessite l'analyse du travail, la description précise des tâches : leur décomposition et leurs spécificités. Cette étude du poste par qualification détermine la rémunération correspondante. Pour chaque poste, l'ensemble des tâches est consigné dans un document, la fiche de poste, qui met en évidence la qualification attendue pour ce poste. Cette démarche est aujourd'hui un peu décriée car elle a tendance à rendre les perspectives d'évolution plus difficiles pour le salarié et limite le développement et la mise à disposition de toutes les compétences de celui-ci.

■ **La compétence** est une connaissance qui peut être mobilisable par un salarié pour l'exécution d'une tâche. Elle n'est pas forcément liée à une formation ou à un niveau de diplôme mais résulte de qualités acquises par l'individu au travers de ses expériences. Elle se présente sous 3 dimensions :

Dimension de la compétence	Définition	Exemple
Le savoir	Ce que l'individu connaît au niveau général et professionnel	Connaître les articles de loi applicables en matière de droit du travail
Le savoir-faire	C'est l'ensemble des aptitudes professionnelles de l'individu	Savoir rédiger un contrat de travail
Le savoir-être	C'est l'ensemble des qualités comportementales et relationnelles	Savoir travailler en équipe ou communiquer avec ses collaborateurs

■ La **démarche par compétence** est centrée sur l'individu et l'ensemble de ses connaissances et aptitudes professionnelles. Cette fois, c'est le poste qui s'adapte au profil et aux compétences du salarié afin qu'il puisse s'y épanouir pleinement. Cette démarche est plus utilisée aujourd'hui car elle présente des avantages :
- elle permet **d'augmenter l'efficacité du salarié au travail** qui peut ainsi exploiter l'ensemble de ses compétences dans des situations de travail plus variées et plus adaptées à sa personnalité. Il est plus autonome et est plus facilement apte à prendre des initiatives ;
- elle permet au salarié **de s'adapter plus facilement** au poste de travail et à l'organisation. Le développement de nouvelles compétences lui est facilité par le biais de formations volontaires, ce qui lui permet de participer activement à son évolution professionnelle dans la structure ;
- elle permet **d'envisager les salariés comme une véritable ressource humaine** pour l'organisation, en favorisant le développement des compétences, la gestion de celles-ci au plus près de ses besoins présents et futurs. L'adaptation plus rapide des compétences des salariés aux évolutions du marché représente un nouvel enjeu pour les entreprises, déterminant en termes d'avantage concurrentiel et de performances futures.

2 L'évaluation et la rétribution de l'activité humaine dans les organisations

A Le tableau de bord

■ Le chef d'entreprise et le manager doivent régulièrement évaluer la performance de l'organisation. Ils utilisent pour cela un **tableau de bord** : **outil de gestion** qui présente synthétiquement les **activités** et les **résultats de l'entreprise** par processus, sous forme d'indicateurs ; il permet le contrôle de la réalisation des objectifs fixées et la prise de décisions nécessaires, selon une périodicité appropriée et dans un délai limité.

■ Un tableau de bord peut porter sur l'activité globale de l'entreprise ou sur un processus très précis :

EXEMPLE

Un boulanger peut avoir un tableau de bord qui lui permet de suivre sa marge mensuellement, de rapporter les kilos de farine achetés au chiffre d'affaires réalisé... Un autre boulanger peut avoir un tableau de bord lui servant uniquement à calculer le coût de revient de la baguette de pain trois céréales.

© Éditions Foucher

2 COMMENT CONCILIER GESTION DES RESSOURCES HUMAINES ET COÛT DU TRAVAIL ? **COURS**

■ En fonction de ses propres besoins d'informations, le chef d'entreprise construit son tableau de bord sur mesure où il retrouvera uniquement les indicateurs qui l'intéressent.

■ Le tableau de bord présente plusieurs intérêts :
- c'est un **outil d'aide à la décision et d'alerte** : il permet de prendre les mesures nécessaires lorsque des écarts sont détectés entre ce qui est prévu et ce qui se passe réellement ;
- c'est un **moyen d'apprentissage** : le chef d'entreprise tire des conclusions sur les écarts constatés et les actions mises en place pour corriger ces écarts ;
- c'est un **outil de prévision** : il permet au chef d'entreprise de se projeter.

■ Le tableau de bord permet donc au chef d'entreprise d'**être réactif** en cas de problème et de **prendre des décisions** en s'appuyant sur des **éléments objectifs**.

B Les indicateurs d'activité

■ **L'activité de travail** est une donnée essentielle pour les organisations. Elle représente un outil de pilotage et de décision. Elle peut être mesurée en termes de ressources mais aussi de coûts. Il existe 2 formes d'indicateurs :

Indicateurs quantitatifs	
Types d'indicateurs	**Exemples**
Unités physiques	▶ Quantité de produit fabriqué par ouvrier ▶ Quantité de contrats signés par commercial durant 1 trimestre
Unité de temps	▶ Temps pour fabriquer un produit ▶ Temps de travail par jour pour 1 salarié
Unités monétaires	▶ CA réalisé par commercial ▶ Valeur produite ▶ Valeur nécessaire pour produire une unité
Indicateurs qualitatifs	
Le taux d'absentéisme (surcroît de travail pour les autres salariés et baisse de la production) ; le *turn over* (formation de nouveaux collaborateurs à chaque départ) ; le niveau de motivation des salariés (une des causes de l'augmentation ou de la baisse de productivité) ; la cohésion des salariés ; la pénibilité du travail. D'une manière générale, ces indicateurs s'attachent davantage aux conditions de travail et à leurs conséquences.	

C La productivité

■ **La productivité** est un indicateur qui s'attache à mesurer l'efficacité et la performance de l'activité de travail dans une organisation sur un temps donné. Elle compare la quantité produite à la quantité de travail utilisée pour l'obtenir. Elle s'obtient par le calcul suivant :

> **Productivité** = Quantité produite/quantité de travail nécessaire pour produire

Elle peut également s'exprimer en valeur. Dans ce cas, le calcul est :

> **Productivité** = Valeur produite/quantité de travail nécessaire pour produire

■ **Le gain de productivité** est une préoccupation majeure pour les organisations. Pour ce faire, elles peuvent utiliser différents leviers comme l'amélioration des conditions de travail, la formation ou la motivation des salariés, l'optimisation des processus, l'organisation du travail, le développement du travail collaboratif…

© Éditions Foucher

SC. DE GESTION ET NUMÉRIQUE

EXEMPLE

Depuis que Thierry, tourneur dans une entreprise d'éclairage, peut finir à 17 h tous les soirs, il profite plus de ses enfants et il est beaucoup plus motivé dans son métier. Les résultats de cette décision sont très encourageants pour l'entreprise car, depuis, il a augmenté sa productivité de 2 pièces par heure.

D La rétribution de l'activité humaine

■ La rétribution du salarié, plus communément appelée sa **rémunération** (sous forme de salaire pour les salariés ou de traitement pour les fonctionnaires), correspond à ce que le salarié perçoit en échange de sa prestation de travail.

■ S'il s'agit d'un **coût** pour l'entreprise, c'est également un **important levier de motivation** pour le salarié. La rémunération doit donc être calculée au plus juste du niveau de compétences et de qualification requis pour le poste, mais aussi en fonction de l'ancienneté et de l'expérience de l'individu.

■ Lors d'une embauche, le salarié et l'organisation négocient un salaire : c'est le salaire de base. En France, le salaire de base minimum pour un emploi à temps complet est fixé par la loi : c'est le **salaire minimum interprofessionnel de croissance** (le Smic). Celui-ci bénéficie d'une revalorisation annuelle engagée par l'État. Ensuite, ce salaire peut être renégocié à l'occasion des entretiens individuels en fonction de critères fixés par le responsable hiérarchique, ou grâce à l'ancienneté. À ce salaire de base peuvent s'ajouter différents éléments. On parle alors de **salaire brut**.

À SAVOIR

En France, la durée légale de travail pour un emploi exercé à temps complet est fixée à 35 h hebdomadaires.

	Définition	Exemple
Les primes	Ce sont des sommes ajoutées aux salaires de base pour des raisons diverses.	13e mois, prime de participation aux bénéfices, prime d'ancienneté, prime sur objectifs…
Les heures supplémentaires	Ce sont les heures rémunérées car travaillées au-delà de la durée légale de travail. Ces heures doivent être payées avec une majoration de : 25 % de la 36e à la 43e h ; 50 % au-delà.	Un salarié ayant travaillé 38 heures par semaine obtient le paiement de 3 heures supplémentaires majorées de 25 % de son taux horaire.
Les avantages en nature	Avantages accordés aux salariés ayant une valeur pécuniaire et entrant dans le calcul de sa rémunération.	Défraiement sur les repas, transport, voiture de fonction, résidence de fonction…

Salaire brut = salaire de base + primes + avantages en nature + heures supplémentaires

■ **Le coût du travail** est le coût réel que représente l'activité du salarié pour l'employeur. Pour le calculer, il faut ajouter au salaire brut les cotisations sociales patronales obligatoires payées à l'Urssaf. Ces charges supplémentaires représentent près de 40 % du salaire brut, ce qui a pour conséquence d'augmenter significativement le coût du travail.

Coût du travail = salaire brut + cotisations sociales patronales

2 COMMENT CONCILIER GESTION DES RESSOURCES HUMAINES ET COÛT DU TRAVAIL ? — COURS

À SAVOIR

L'Urssaf (Union de recouvrement des cotisations de Sécurité sociale et d'allocations familiales) a pour principale mission la collecte des cotisations salariales et patronales destinées à financer le régime général de la Sécurité sociale, ainsi que d'autres organismes ou institutions (régime de l'assurance chômage, fonds national d'aide au logement, fonds de solidarité vieillesse, PUMa…).

■ Le **salaire net** est ce que perçoit réellement le salarié après déduction des cotisations sociales salariales obligatoires.*

Salaire net = salaire brut − cotisations sociales salariales

* Avec la mise en place du prélèvement à la source, l'impôt sur le revenu est directement prélevé sur le salaire net du contribuable. On distingue ainsi le salaire net et le salaire net d'impôt qui est effectivement versé au salarié après prélèvement.

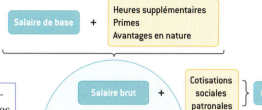

3 Les nouveaux liens du travail

Deux évolutions majeures dans l'organisation du travail ont modifié les relations employeur-salarié.

■ **Le régime du micro-entrepreneur** ; il s'applique aux personnes physiques qui créent, ou possèdent déjà, une entreprise individuelle pour exercer une activité commerciale, artisanale ou libérale (hormis certaines activités exclues), à titre principal ou complémentaire. Un salarié du domaine privé peut donc, sous certaines conditions, cumuler son emploi avec une auto-entreprise. Il offre des formalités de création d'entreprises allégées ainsi qu'un mode de calcul et de paiement simplifié des cotisations sociales et de l'impôt sur le revenu.

#info
Devenir salarié auto-entrepreneur
foucherconnect.fr/ 19pbstmg03

■ Le Code du travail définit le **télétravail** comme : « Toute forme d'organisation du travail dans laquelle un travail qui aurait également pu être exécuté dans les locaux de l'employeur est effectué par un salarié hors de ces locaux de façon volontaire en utilisant les technologies de l'information et de la communication » (voir chap 5, 5. Le travail à distance). Le télétravail a développé de manière considérable les espaces de coworking et la mobilité des salariés.

#presse
Le télétravail
foucherconnect.fr/ 19pbstmg04

4 Conflits et consensus au sein de l'organisation

Un conflit qui émerge au sein d'un groupe de travail constitue un **obstacle au processus de production ou de solidarité** de ce même groupe. Cependant, il ne faut pas vouloir éviter à tout prix les conflits car, dans beaucoup de situations, **le conflit possède une force positive** : il permet de soulever des problèmes et de déboucher sur la résolution de ceux-ci. Les personnes concernées doivent redoubler d'effort pour tenter de **résoudre le conflit**, et parvenir à un **consensus** qui fait émerger une solution à un problème commun.

SC. DE GESTION & NUM

3 En quoi les technologies transforment-elles l'information en ressource ?

Si l'information est un vecteur de connaissance, de communication, de coordination et de valeur pour l'organisation, il faut que celle-ci soit utilisable, de qualité et accessible. Comment cette information est-elle collectée ? Comment devient-elle exploitable ? De quelle manière le système d'information concourt-il à structurer l'organisation et à optimiser la collaboration entre les acteurs ?

1 L'information : une ressource stratégique pour l'organisation

A De la donnée à la connaissance

■ Une **donnée** est une information « brute » qui n'a pas de signification en tant que telle et qui est donc sans utilité immédiate. Elle peut avoir une origine **interne** ou **externe**.

■ Pour être exploitable, une donnée a besoin de subir un traitement, d'être associée et organisée avec d'autres données ou d'être placée dans un contexte qui la rendra lisible. Elle devient alors une **information**.

■ L'**information**, qui est constituée d'une ou plusieurs donnée(s), peut prendre différentes formes : graphique, texte, schéma, statistique… Il est possible qu'elle porte un sens différent en fonction du contexte, de l'utilisateur ou de l'objectif pour lequel elle est utilisée.

> **EXEMPLE**
> « 2019 » est une donnée, mais elle devient une information si l'on précise le contexte : « Madame Dupont a été embauchée en 2019 dans notre société ». « 2019 » est alors une information parce qu'on lui a associé un sens précis.

■ Les entreprises ont aujourd'hui un **accès illimité** à certaines informations. En effet, l'**open data** (« donnée ouverte » en français) est une information publique brute, qui a vocation à être librement accessible et réutilisable pour tous et chacun, sans restriction de copyright, brevets ou d'autres mécanismes de contrôle. Les critères essentiels de l'open data sont la **disponibilité**, la **réutilisation** et la **distribution**, et la **participation universelle.** Les données proviennent de tous les secteurs.

■ Le terme open data peut s'appliquer à des **informations en provenance de n'importe quelle source**, sur n'importe quel sujet. Tout un chacun peut proposer des données sous licence

3 EN QUOI LES TECHNOLOGIES TRANSFORMENT-ELLES L'INFORMATION EN RESSOURCE ?

ouverte pour un usage gratuit afin que le public en tire un bénéfice. La plupart du temps, les données ouvertes proviennent du gouvernement et du secteur public : budgets, de cartes, ou de résultats découlant de recherches scientifiques. Cependant, les entreprises, les universités, les ONG, les startups, les fondations caritatives, les communautés ou les individus peuvent également proposer des open data.

presse

Open Data, des données en provenance de tous les secteurs

foucherconnect.fr/ 19pbstmg05

■ La limite essentielle de l'open data est la **non exclusivité** ; en effet, l'ensemble des organisations peut les consulter.

■ L'information qui est interprétée devient une **connaissance** pour l'organisation. La connaissance est donc la résultante d'une analyse de l'information dans le cadre d'une problématique donnée. Pour devenir « connaissance », l'information doit être exploitable et accessible, devenant ainsi une véritable ressource pour l'organisation.

■ Transformer la connaissance en **ressource** est un challenge permanent pour l'organisation qui doit gérer une quantité importante d'informations provenant de sources très diverses (compte rendu de réunion, appel téléphonique d'un client, étude de marché, bilan de l'entreprise, article de journal...). Si certaines connaissances sont formalisées sur des supports, d'autres sont beaucoup plus immatérielles, comme le savoir-faire d'un salarié expérimenté ou encore les modes d'organisation tacites qui peuvent exister entre deux collègues de travail. L'enjeu de l'organisation est donc de **répertorier ces connaissances** et de les **consigner** afin de permettre leur partage.

B Une source de valeur

■ L'information contribue à la création de **valeur** pour l'organisation car elle permet au gestionnaire de mieux appréhender les **facteurs de contingence** et de l'aider à **prendre les bonnes décisions** dans le but d'atteindre ses objectifs stratégiques et de pérenniser son activité.

À SAVOIR

Facteurs de contingence : facteurs environnementaux que l'organisation ne peut pas maîtriser et qui peuvent influencer la gestion de celle-ci. Exemple : la baisse du pouvoir d'achat des ménages peut amener une entreprise à proposer une offre moins chère.

■ L'information, et plus particulièrement la connaissance, si elle est bien exploitée et partagée, peut également permettre à une organisation de **gagner beaucoup de temps** dans différentes situations de gestion comme : la formation d'un salarié, le choix d'un fournisseur, la prospection de nouveaux clients, la mise en place d'une stratégie... Ce gain de temps peut générer des économies financières qui pourront être allouées à d'autres postes d'investissement.

■ La qualité de l'information peut constituer un **véritable avantage concurrentiel** pour une entreprise qui en aurait la meilleure maîtrise. Grâce à elle, elle peut se montrer plus réactive ou plus pertinente que ses concurrents dans les réponses qu'elle apporte à ses clients, ce qui a pour effet de la valoriser.

■ L'information peut par ailleurs posséder une **valeur marchande** pour une autre organisation et faire l'objet de négociations commerciales. Elle constitue même parfois le métier de certaines organisations.

À SAVOIR

Le métier d'une organisation constitue l'activité principale de celle-ci, le cœur de son savoir-faire. Exemple : le métier d'une boulangerie est de produire du pain.

EXEMPLE

Les sociétés spécialisées dans la location d'adresses mail, la vente de fichiers clients ou d'informations sur la santé financière d'entreprises.

■ En effet, ces sociétés spécialisées gèrent et louent des **méga-bases de données**, c'est-à-dire des bases de données comportant de très nombreux enregistrements sur les consommateurs, les clients (BtoB et BtoC).

C Le rôle et les qualités de l'information

■ L'information tient une place centrale dans la gestion des organisations. Que ce soit dans un cadre opérationnel (activités courantes) ou stratégique (activités déterminantes pour l'avenir de l'organisation), le rôle de l'information est de plus en plus important. Il s'agit de mieux **comprendre l'environnement**, de **prendre des décisions** de manière « éclairée », de **coordonner l'action** ou encore de **communiquer** avec des publics interne (salariés, représentants du personnel...) ou externe (clients, fournisseurs, distributeurs...).

■ Pour être la plus efficace possible, l'information doit être de « **qualité** », c'est-à-dire qu'elle doit posséder un certain nombre de critères permettant son exploitation. En effet, au vu de la quantité d'informations qui circulent dans une organisation, celles-ci peuvent vite devenir obsolètes, dispersées ou inexploitables.

■ Ainsi, pour être considérée de « qualité » l'information doit être :
- **accessible** : disponible rapidement par les utilisateurs ;
- **fiable** : disposant d'une « caution » particulière qui la rend digne de confiance ;
- **pertinente** : adaptée à l'utilisation qui doit en être faite et à l'objectif fixé ;
- **actuelle** : suffisamment récente et mise à jour pour donner la meilleure représentation de l'état d'une situation ;
- **précise** : qui n'amène pas à des confusions ou à des interprétations divergentes ;
- **rentable** : dont les coûts de recherche n'excèdent pas la valeur ajoutée produite par l'information.

■ La valeur de l'information tient donc plus de sa « qualité » que de sa « quantité ». Ainsi, plus son niveau de qualité est rendu optimal par l'exploitation qui en est faite, plus elle permet à l'organisation **d'améliorer son système de gestion et de diminuer les risques d'incertitude** lors des prises de décisions.

D L'information et la communication interne et externe

■ Il ne faut pas confondre information et communication. L'information devient **communication** lorsqu'elle est transmise à un tiers par le biais d'un **canal**. Pour qu'il y ait communication, il faut donc une **relation entre un ou plusieurs acteur(s)** dans laquelle une **information** est échangée.

> **À SAVOIR**
> Le **canal de communication** désigne le média de transmission qui relie l'émetteur au récepteur du message et qui permet l'acheminement de l'information. Exemple : la messagerie électronique est l'un des canaux de communication qui permet d'acheminer un message par voie électronique.

■ Les acteurs d'une organisation doivent communiquer de manière quotidienne afin de collaborer, gérer leurs relations avec leurs publics ou encore coordonner leurs actions. Les cibles de ces communications sont donc variées. En fonction du type de cible, on distingue 2 catégories de communication de l'information :
- la **communication interne** s'adresse particulièrement aux **parties prenantes internes** de l'organisation comme les salariés, les agents ou les managers. Elle a pour principales finalités d'assurer la

> **À SAVOIR**
> Une **partie prenante** est un acteur ou groupe d'acteurs qui peut être concerné par la gestion d'une organisation ou par ses décisions et qui peut également avoir un impact sur celles-ci.

3 EN QUOI LES TECHNOLOGIES TRANSFORMENT-ELLES L'INFORMATION EN RESSOURCE ? **COURS**

cohésion, la motivation, l'implication et la coordination des acteurs afin d'assurer l'atteinte des objectifs fixés ;
- la **communication externe** s'adresse aux **parties prenantes externes** de l'organisation comme les clients, les usagers, les actionnaires, les banquiers, les fournisseurs... Elle a des objectifs très différents comme améliorer l'image de marque, augmenter la notoriété, informer sur la santé financière ou encore négocier les conditions d'un accord commercial.

■ Une communication peut parfois concerner l'ensemble des parties prenantes de l'organisation. Dans ce cas, on parle de **communication globale**. Il s'agit alors pour l'organisation de communiquer de manière « institutionnelle » sur ses grandes orientations stratégiques afin d'emporter l'adhésion de ces publics internes comme externes.

> **EXEMPLE**
> Une entreprise comme McDonald's communique régulièrement sur ses actions en faveur d'une politique de responsabilité sociale d'entreprise.

■ Aujourd'hui, les technologies de l'information et de la communication (**TIC**) ont largement facilité la communication et ont élargi le champ des possibilités en matière d'interactivité et d'instantanéité d'échange d'information. Ainsi, leur développement au sein des organisations peut contribuer à les rendre plus performantes et efficaces.

❷ Le système d'information : un support de fonctionnement pour les organisations

A Les fondamentaux du système d'information

■ Le système d'information (SI) d'une organisation est constitué de l'ensemble des données, ressources humaines, organisationnelles et technologiques qui permettent la **collecte**, le **stockage**, le **traitement** et la **diffusion** de l'information.

■ Le système d'information fonctionne grâce :
- à l'ensemble des **acteurs** internes et externes (composante **humaine**) qui saisissent les données collectées selon des **procédures** instaurées par l'organisation (composante **organisationnelle**) ;
- aux outils et TIC qui permettent le traitement et la transmission automatisée des informations qui sont alors stockées dans les **bases de données** garantissant ainsi la sauvegarde des informations (composante **matérielle et logicielle**).

Les composantes du système d'information

■ À l'intérieur du système d'information, on constate de nombreux **flux d'information**. Ces flux désignent un échange d'information entre 2 acteurs : de l'**acteur source** vers l'**acteur cible**. Ces flux représentent les processus de diffusion et les parcours de l'information.

■ Les informations du SI peuvent avoir une **origine numérique** (mails, base de données numérique) ou **non numérique** (papier, dessin...), ce qui demande alors un traitement afin de les numériser pour les intégrer aux outils du système d'information mercatique (SIM).

B Les fonctionnalités transversales du système d'information

■ Le système d'information est indissociablement lié aux **TIC** qui rassemblent l'ensemble des techniques de l'informatique, de l'audiovisuel, du multimédia, d'Internet et des télé-communications. Elles permettent aux utilisateurs de communiquer, d'accéder aux informations, de stocker, de traiter, de produire et de transmettre l'information.

■ Les fonctionnalités offertes par les TIC rendent le système d'information plus performant que ce soit en matière d'échange ou de partage d'information, de veille informationnelle et de coordination d'équipe grâce aux fonctionnalités des outils de travail collaboratif.

Fonctionnalités	Outils TIC
Échange et partage d'information	▶ Messageries instantanées ▶ Boîte de messagerie ▶ Forum professionnel ▶ Wiki d'entreprise ▶ Réseau social professionnel ▶ Intranet ▶ Extranet ▶ Blog ▶ Site Web...
Veille informationnelle	▶ Alerte automatique de type Google alerte ou Talkwalker Alertes ▶ Agrégateurs de flux RSS comme Netvibes (permettent de recevoir et de centraliser automatiquement les actualités de sites sélectionnés)...
Coordination d'équipe	▶ Agendas partagés ▶ Annuaires partagés ▶ Outils de téléconférence ▶ Plateforme collaborative ▶ Documents partagés...
Gestion de projet	▶ Systèmes d'information pour la gestion des projets (SIGP) comme Microsoft Project, Open Workbench ou Primavera ▶ Mindmapping ▶ Outil de workflow ou de groupware...
Stockage	▶ Base de données ▶ Datawarehousesing ▶ Datamining...
Sécurisation de l'information	▶ Antivirus ▶ Firewall ▶ Module de paiement sécurisé...

© Éditions Foucher

3 EN QUOI LES TECHNOLOGIES TRANSFORMENT-ELLES (...) ?

C Le système d'information et les métiers de l'organisation

■ **Le système d'information mercatique (SIM)** permet aux services marketing et commerciaux d'une organisation de collecter systématiquement l'information et de la diffuser efficacement. Il a pour bénéfice d'optimiser les processus de gestion de la relation client (GRC). Il facilite également la fidélisation de la clientèle en permettant la création de campagnes plus ciblées.

■ **Le système d'information des ressources humaines (SIRH)** permet aux différents domaines des ressources humaines (gestion des congés, formation, évolution des carrières, paye, recrutement...) de coordonner leur action en minimisant les frais de fonctionnement. Il améliore également l'efficacité des actions de gestion prévisionnelle des emplois et des compétences, grâce à la mise à jour systématique des informations concernant le personnel et l'environnement de l'entreprise.

■ **Les progiciels de gestion intégrés (PGI)** sont utilisés afin de rationaliser l'ensemble des fonctions comptables et financières de l'organisation en termes de coûts et de temps. Ainsi, les activités de comptabilité générale, de trésorerie ou encore de suivi des stocks, chronophages et non porteuses de valeur ajoutée pour l'organisation, peuvent être automatisées.

D Les acteurs et leur rôle dans le système d'information

■ Si les principaux acteurs du SI de l'organisation sont les **collaborateurs**, les **acteurs externes** comme les clients, fournisseurs, partenaires... jouent également un rôle prépondérant dans les performances et le fonctionnement du système d'information.

■ Cependant, ces acteurs n'ont pas tous le même accès aux fonctionnalités et aux données du SI. En fonction du niveau hiérarchique de l'acteur, de sa relation avec l'organisation ou du niveau de confidentialité des informations, un « **administrateur** » attribue des « droits » qui autorisent ou restreignent les accès.

■ En fonction des droits et des accès, les acteurs ont la possibilité d'ajouter, de modifier, de traiter, de supprimer ou simplement de consulter les informations du SI.

ENTRAÎNEMENT

Dossier : L'information d'une entreprise et son système d'information

CONTEXTE DU CAS

La société italienne Primapluie, spécialisée dans la commercialisation d'articles de pluie et de parapluies, souhaite s'implanter en France. Cependant, elle ne dispose pas des moyens financiers nécessaires pour conquérir l'ensemble du territoire. Elle cherche donc à optimiser son investissement en s'implantant dans une région à fort potentiel de ventes. Son cabinet d'étude lui fournit les données ci-dessous.

© Éditions Foucher

DOCUMENTS

Document 1 – La pluie dans le Pas-de-Calais en 2019

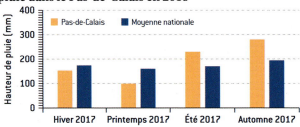

Le département du Pas-de-Calais a connu 763 millimètres de pluie en 2017 contre une moyenne nationale des départements de 700 millimètres de précipitations. Le département est 29e du classement des départements les plus pluvieux.

Source : DR

Document 2 – Le climat dans le Pas-de-Calais par saison en 2019

	Hiver	**Printemps**	**Été**	**Automne**
Soleil				
Heures d'ensoleillement	268 h	569 h	509 h	212 h
Moyenne nationale	356 h	753 h	616 h	327 h
Équivalent en jours	11 j	24 j	21 j	9 j
Moyenne nationale	15 j	31 j	26 j	14 j
Pluie				
Hauteur de pluie	153 mm	99 mm	228 mm	283 mm
Moyenne nationale	176 mm	159 mm	168 mm	196 mm
Vent				
Vitesse de vent maximale	108 km/h	104 km/h	126 km/h	104 km/h
Moyenne nationale	191 km/h	130 km/h	126 km/h	155 km/h

Document 3 – Note d'information

Selon le service qualité de Primapluie, il s'écoule 3 mois entre le début d'une campagne de prospection de partenaires distributeurs sur un nouveau marché, la signature d'un premier contrat avec un revendeur et la première livraison de marchandises.

1. Caractérisez les données dont dispose la société Primapluie grâce à son cabinet d'étude.
2. Après avoir défini la notion « d'information », précisez quelles informations ces données lui procurent puis démontrez que ces informations sont « qualitatives ».
3. Indiquez quelle analyse la société Primapluie peut faire de ces informations.
4. Justifiez en quoi ces informations sont sources de valeur pour l'organisation.

4 Comment le partage de l'information contribue-t-il à l'émergence d'une « intelligence collective » ?

Les TIC, et notamment la génération web 2.0, ont radicalement changé la manière de communiquer en ouvrant les possibilités d'interactivité. Elles offrent donc de nouvelles perspectives aux organisations dans lesquelles l'individu n'est plus simplement consommateur d'information mais contributeur. Cela engendre de nouvelles formes de collaboration et de communication nécessaires à l'optimisation des process de travail et à l'émergence d'une intelligence collective.

1 La e-communication et le partage de l'information dans l'organisation

A De l'émergence à la démocratisation de la e-communication

■ **L'e-communication** correspond à l'échange de données ou d'informations par le biais de supports électroniques comme Internet. Elle représente donc essentiellement **la communication numérique**.

■ Les **communications électroniques** ou **e-communications** sont apparues grâce à l'essor de l'informatique, des multimédias et d'Internet. Ainsi, la convergence de ces nouvelles technologies avec les outils classiques de télécommunication tels que le téléphone ou le fax a permis de créer de nouveaux supports de communication performants pour faciliter l'émission, la transmission et la réception de données beaucoup plus complexes et simultanées.

> **EXEMPLE**
>
> Il est possible aujourd'hui, sur un même terminal mobile, de parler avec un correspondant, tout en regardant une page web, de lui envoyer par mail le lien de téléchargement de la chanson que vous écoutiez avant d'acheter les billets pour le concert de ce groupe et de poster sur Facebook la joie que vous procure cette prochaine sortie…

■ Si l'e-communication a d'abord été développée au sein des organisations, elle a aujourd'hui largement dépassé ces frontières. Les pratiques, d'abord professionnelles comme l'utilisation d'une messagerie électronique, sont dorénavant des pratiques courantes de l'individu en dehors de l'organisation. Cependant, **les usages privés** de l'e-communication deviennent également des sources d'inspiration pour les entreprises qui n'hésitent plus, par exemple, à utiliser les réseaux sociaux ou les blogs pour interagir avec leur public.

B Les outils de la e-communication

La e-communication a permis aux organisations de développer **l'interactivité** avec leurs publics interne comme externe, qui sont devenus des acteurs des échanges d'information à part entière. La communication est plus directe, plus libre et moins formelle. Elle offre également une variété de supports qui permet de s'adapter au mieux à la nature et au degré d'urgence des informations à transmettre.

a La messagerie électronique

■ L'usage de la **messagerie électronique** remplace en quasi-totalité celui de la correspondance papier dans les entreprises. On lui préfère la rapidité de transmission des messages et la capacité de diffusion large d'une information (par exemple en cas d'envoi groupé ou de routage de mail en gros volume). L'apparition du Web a encore facilité son utilisation en offrant la possibilité de consulter ses mails à distance sur n'importe quel terminal connecté.

■ Cependant, cet outil nécessite une **consultation très régulière** par son utilisateur qui peut recevoir en peu de temps une quantité importante de messages, alors difficile à traiter. Cela freine sa productivité et diminue par conséquent l'interactivité permise par l'outil. La messagerie électronique nécessite également un **archivage thématique** des e-mails afin de garder l'accessibilité des informations pour le destinataire. D'autres applications sont attachées à l'outil de messagerie permettant de développer ses usages.

b La liste de diffusion

■ La **liste de diffusion** (mailing list) permet de simplifier l'envoi automatique d'un message identique à une liste de personnes récurrentes inscrites, par le biais d'une seule adresse mail, grâce à un logiciel « robot de liste ». L'inscription à ces listes peut se faire à l'initiative du destinataire ou après l'approbation d'un gestionnaire. Ces listes ont pour objectif, pour les récepteurs, de suivre un sujet précis, de faire de la veille ou d'être tenu informés du déroulement d'un projet. Pour l'expéditeur, il s'agit souvent de garder un contact privilégié avec un public (interne ou externe). Une liste de diffusion n'a pas pour vocation d'être interactive : le but est de diffuser une information et non d'échanger.

■ La liste de diffusion est régie par un cadre légal d'usage conformément **au règlement européen sur la protection des données**.

> **À SAVOIR**
>
> Le règlement européen en matière de protection des données personnelles (RGPD – ou GDPR en anglais) est la nouvelle réglementation européenne qui change la manière dont les organisations doivent gérer les données des personnes avec qui elles interagissent (clients, prospects, employés, partenaires...). Elle est applicable depuis le 25 mai 2018.

■ Le régulateur européen a prévu des montants de sanction considérables en cas de non respect du RGPD : 20 millions d'euros pour les PME ; jusqu'à plusieurs milliards d'euros de sanctions pour les grands groupes (4 % du chiffre d'affaires global du groupe).

■ La réglementation s'applique à toute organisation qui traite des données personnelles (des données clients, prospects, usagers, employés, etc.).

c La liste de discussion

Elle permet aux abonnés d'une liste de se répondre et de communiquer entre eux à travers un système de discussion par le biais de la messagerie électronique. Cet outil est de plus en plus remplacé par les forums.

4 COMMENT LE PARTAGE DE L'INFORMATION CONTRIBUE-T-IL À L'ÉMERGENCE (...) ?

COURS

d Les forums de discussions

Les **forums de discussions** sont des espaces privilégiés où l'ensemble des utilisateurs échange autour d'un sujet précis. Les discussions sont automatiquement classées par thème et par ordre chronologique d'arrivée des messages. Pour consulter les nouveaux messages postés sur le forum, l'utilisateur doit au préalable être inscrit et consulter régulièrement la page web. Cet outil demande donc un engagement et un suivi de la part des destinataires. Les contributions sont préalablement vérifiées par un **modérateur** avant d'être publiées afin d'en garantir le contenu.

> **EXEMPLE**
>
> Le service recherche et développement d'une entreprise peut régulièrement lancer des sujets sur le forum d'entreprise pour partager ses idées et recueillir les avis et les préconisations des différents collaborateurs.

> **À SAVOIR**
>
> Un **modérateur** est un internaute qui dispose de droits particuliers sur un forum lui permettant de filtrer les messages avant leur publication dans le but d'effacer tous ceux qui auraient un caractère raciste, diffamatoire ou contraire aux bonnes mœurs ou à l'ordre public. Il a également la possibilité de donner des droits spécifiques aux membres de la communauté mais aussi d'interdire l'accès à certains profils jugés dangereux.

e Les pages wiki

Les **pages wiki** permettent à un utilisateur appartenant à une communauté désignée de créer ou de modifier de manière instantanée et à volonté une page web. En général, il n'existe pas de modérateur pour vérifier le contenu des contributions qui peuvent évoluer constamment, ce qui différencie cet outil d'un forum.

2 Les TIC au service de la collaboration

A Le travail collaboratif

■ Le travail collaboratif nécessite l'interaction entre **plusieurs acteurs** qui, pour les besoins d'un projet ou d'une mission, doivent échanger et mettre en commun leurs informations afin d'atteindre leurs objectifs.

■ Pour mettre en place une collaboration efficace, les équipes ont besoin que chaque acteur ait un **niveau d'information égal** sur les différents aspects du projet (les décisions prises, le niveau d'avancement des tâches, les événements extérieurs ayant un impact sur le projet...). Ainsi, cela permet aux acteurs de réajuster plus rapidement la stratégie mise en place, gagner en réactivité et donc en productivité. La **bonne circulation de l'information** est donc l'une des clés de la réussite de la collaboration.

■ Le travail collaboratif nécessite également des **contacts réguliers** entre les acteurs afin d'échanger, de coordonner les actions, de répartir les tâches, de débattre, de prendre des décisions en concertation ou de prospecter de nouvelles idées.

■ Si le travail collaboratif garde ces éléments fondamentaux, il a beaucoup évolué grâce notamment au **développement des TIC**. C'est dorénavant un **mode d'organisation du travail** à part entière qui n'est plus simplement organisé de manière hiérarchique. Les entreprises favorisent aujourd'hui l'association de compétences complémentaires au sein d'équipes regroupées en fonctionnant par projet. Les équipes évoluent en fonction des besoins et des objectifs des projets.

33

B L'enjeu de la collaboration pour les organisations : l'intelligence collective

■ La collaboration a pour objectif de **développer des synergies** entre les acteurs en optimisant le travail en équipe et l'utilisation des savoir-faire et des compétences individuelles dans le but de trouver des solutions communes plus efficaces.

■ La capacité de l'entreprise à faire travailler ensemble des acteurs aux profils différents permet de faire émerger une **intelligence collective** qui représente un réel facteur de performance pour les organisations, en leur ouvrant de nouvelles perspectives. Elle stimule en effet la créativité des collaborateurs, source d'innovation, qui participe à la création de valeur pour une entreprise.

> **DÉFINITION**
>
> **Intelligence collective** : une intelligence partout distribuée, sans cesse valorisée, coordonnée en temps réel, qui aboutit à une mobilisation effective des compétences ». (Pierre Levy). L'objectif de l'intelligence collective est de favoriser l'autonomie, de décentraliser les savoirs et les pouvoirs.

■ **L'intelligence collective émane de la collaboration d'acteurs et résulte de ses interactions multiples.** Elle nécessite donc la capacité de l'organisation à gérer les contributions de chaque acteur et l'échange d'information dans le cadre d'un processus où les intelligences individuelles interagissent. Le développement de l'intelligence collective nécessite également l'investissement de la communauté qui doit être impliquée dans le processus d'échange en vue de faire évoluer l'organisation. Chaque acteur doit également pouvoir en retirer un bénéfice personnel afin de rester motivé dans la poursuite de la collaboration.

■ L'intelligence collective peut prendre **différentes formes** en fonction du type de communauté, de l'organisation et des différentes intelligences individuelles. Elle est également plus ou moins développée selon le taux d'implication des acteurs.

> **EXEMPLES**
>
> Avec l'avènement d'Internet et des smartphones, les résultats de l'intelligence collective ont pris des proportions énormes :
> - Google analyse les contenus de millions de sites internet et recroise ces informations avec les milliards de recherches effectuées sur son moteur de recherche pour proposer des services pertinents et personnalisés ;
> - la plateforme Waze, agrège les données sur le comportement de conduite de ses millions d'utilisateurs pour proposer des itinéraires ; elle mobilise les utilisateurs afin d'obtenir des informations qualitatives en temps réel sur le trafic (accidents, travaux, etc.).

C Les outils favorisant la collaboration

■ Les TIC permettent le stockage, l'archivage et la mise à disposition de l'information mais elles favorisent également l'interactivité entre les acteurs, **l'échange et le partage des informations à distance et en temps réel**, nécessaires à la mise en place d'un travail collaboratif. De nombreux outils participent aujourd'hui à optimiser les modalités de travail collaboratif en augmentant sa productivité et sa réactivité.

■ Les **plateformes collaboratives** mettent ainsi à la disposition de l'organisation un certain nombre d'outils interconnectés, facilitant la collaboration entre des acteurs géographiquement dispersés.

■ Les TIC contribuent au **gain de temps dans toutes les phases de collaboration** et réduisent donc les coûts d'une structure, que ce soit par la mutualisation, les possibilités de travail en simultané sur un même document ou l'organisation de visioconférences par

4 COMMENT LE PARTAGE DE L'INFORMATION CONTRIBUE-T-IL À L'ÉMERGENCE (...) ? **COURS**

exemple. De plus, avec l'accessibilité accrue d'Internet dans tous les lieux publics ou *via* la 4G, les **outils collaboratifs en ligne sont disponibles à tout moment**, aussi bien sur ordinateur que sur tablette et sur téléphone portable.

Finalité de l'outil	Exemples d'outils
Suivre et contrôler les activités	▸ L'agenda partagé ▸ Le gestionnaire de tâches ▸ Les outils de synchronisation
Communiquer à distance	▸ Les messageries ▸ Les messageries instantanées ▸ Les outils de télé/visio conférence
Favoriser l'échange et la créativité	▸ Les outils de *knowledge management* (bases de données, annuaires, listes de diffusion…) ▸ Les espaces de travail collaboratifs ▸ Le réseau social d'entreprise
Travailler sur des documents communs	Le partage de fichiers (exemple : le mode « révision » du logiciel Word)

▪ Leur utilisation vise à **augmenter la cohésion et la motivation** des équipes en leur octroyant plus d'autonomie et en leur permettant de prendre certaines initiatives.

 Les communautés en ligne et les réseaux sociaux au service de l'intelligence collective

A Les communautés en ligne

▪ Le terme communauté en ligne ou communauté virtuelle désigne **un groupe de personnes qui communique par l'intermédiaire d'outils ou d'applications** tels que les forums, les blogs, la messagerie… à des fins professionnelles, sociales, éducatives…

▪ Ces communautés en ligne se caractérisent par :
- un **espace virtuel** qui héberge et centralise les échanges ;
- des individus ayant à cœur de **partager leurs savoirs ou leurs opinions** de manière volontaire afin d'en faire profiter la collectivité ;
- des membres motivés par **des intérêts ou des pratiques professionnelles** communes ou complémentaires.

▪ Contrairement à d'autres communautés professionnelles comme le réseau social d'entreprise, la participation à une communauté en ligne n'est pas régie par un système de validation de profil. Elle est **complètement bénévole** et n'est pas nécessairement encadrée par une organisation. Il est rare d'y trouver un modérateur. Son contenu est donc moins surveillé et moins sécurisé. Mieux vaut éviter de diffuser des données sensibles ou confidentielles au sein de ce type de communauté.

B Les fondamentaux du réseau social d'entreprise

▪ Le **réseau social d'entreprise (RSE)** fonctionne comme un réseau social grand public à l'exemple de Facebook ou LinkedIn avec pour spécificités d'être limité en accès aux

35

seuls collaborateurs de l'organisation et d'y ajouter des fonctionnalités adaptées au domaine professionnel de l'organisation. Il permet de gérer de grands volumes de conversations collaboratives tout en les regroupant par projet grâce à une plateforme applicative.

> À SAVOIR
>
> Le **Web 2.0** désigne l'évolution des fonctionnalités Internet développées dans les années 2000 permettant aux internautes d'interagir plus facilement sur la toile par le biais des outils web sociaux et de contribuer au développement de contenus *via* les sites, les blogs ou les forums.

■ La notion de **communauté** est indissociable de celle de RSE puisque chacun des membres doit au préalable créer un « profil enrichi » où il met en valeur son expertise, ses centres d'intérêt, puis s'identifie avant chaque connexion. Les profils sont ensuite intégrés à des communautés regroupées par thème de travail ou par projet ou se forment par affinités de compétences ou d'intérêts personnels.

■ Un RSE est centré sur la **conversation et les relations sociales** entre les acteurs. L'objectif est de favoriser l'émergence de l'intelligence collective en permettant aux membres d'augmenter et de fluidifier les échanges. Chaque profil peut consulter son « mur d'actualités », lui permettant d'avoir une vision globale et instantanée de l'avancée des conversations. Chaque utilisateur peut également s'insérer dans une conversation afin de réagir à une idée, étayer une hypothèse ou confronter des points de vue, s'abonner à différents flux et suivre en temps réel les nouveaux ajouts en recevant une notification « alerte » par courriel.

■ Le RSE combine plusieurs outils du **Web 2.0** comme la messagerie instantanée ou le post vidéo afin de faciliter le partage des idées et des connaissances de manière informelle plus libre et interactive.

C Les bénéfices recherchés de la mise en place d'un RSE en entreprise

L'entreprise qui met en place un RSE montre sa volonté de rendre son organisation plus collaborative. Elle en retire de nombreux avantages comme :

Bénéfices recherchés	Précisions
L'augmentation de la productivité des collaborateurs	Il permet un gain de temps en facilitant les échanges et l'interactivité collaborative.
L'identification et la valorisation des compétences internes	Les collaborateurs peuvent partager leurs connaissances et leurs bonnes pratiques de manière libre.
L'optimisation de la réactivité	L'outil permet une diffusion de l'information en temps réel et visible sur le mur des collaborateurs concernés, qui permet ainsi une prise de décision rapide.
La centralisation des connaissances	L'ensemble des connaissances sont partagées, archivées et consultables par les collaborateurs connectés.
La diffusion de l'information	L'information partagée est consultable par toutes les personnes de la communauté.
L'investissement et la coopération des collaborateurs dans les différents projets	Les collaborateurs peuvent visualiser les projets en cours et apporter leurs contributions sur la plateforme.
La mise en place d'un terrain propice à la créativité et à l'innovation	L'outil permet une synergie grâce au partage et à la mise en commun des connaissances.

© Éditions Foucher

4 COMMENT LE PARTAGE DE L'INFORMATION CONTRIBUE-T-IL À L'ÉMERGENCE (…) ?　**COURS**

FOCUS SUR...

La mise en place d'un RSE chez Lafarge

En 2010, le groupe a lancé son réseau social d'entreprise centré sur le « knowledge-management ». Lafarge est une société spécialisée dans l'ingénierie et le BTP. Avec plus de 63 000 personnes réparties dans plus de 60 pays, la problématique de la gestion des connaissances est un pilier central. C'est la raison qui a motivé la création de « knowledge-pladza » une plate-forme destinée au partage de connaissances et à l'échange des bonnes pratiques au sein de l'entreprise.

Source : reseausocialentreprise.com

D Les précautions préalables à la mise en place d'un RSE

■ Il est indispensable que le RSE bénéficie d'un **haut niveau de protection et de confidentialité** des données échangées. Pour cela, l'entreprise doit mettre en place des protocoles de sécurité comme la suppression des comptes inutilisés ou la demande de changement des codes d'authentification à fréquence régulière.

■ Dans un avis du 12 juin 2009, la CNIL a précisé les **règles applicables aux réseaux sociaux**, dont en particulier les réseaux sociaux d'entreprise. Il s'agit entre autres de :
- définir des paramètres par défaut limitant la diffusion des données des internautes ;
- permettre aux personnes, même si elles ne sont pas membres des réseaux sociaux, de bénéficier d'un droit de suppression des données qui les concernent ;
- proposer aux internautes d'utiliser un pseudonyme, plutôt que leur identité réelle.

■ Depuis mai 2018, le **RGPD (règlement général sur la protection des données)** s'applique en France et en UE :

- le **RGPD est un document de référence sur la protection des données** dites à **caractère personnel** : traitement/exploitation, stockage/circulation ;
- il **accentue et harmonise la réglementation au niveau européen** ;
- il **accroît le degré de responsabilité et les obligations de transparence** des acteurs économiques et institutionnels. Ceux-ci sont contraints de communiquer exhaustivement et clairement à tous les individus concernés (fichiers clients et autres) la nature et les modalités du traitement des données. Chaque entité fichée peut exercer un meilleur contrôle de l'utilisation de ses données voire, sous certaines conditions, exiger leur effacement ;
- le **RGPD amplifie les attributions et les pouvoirs des autorités de régulation compétentes** : le texte s'applique aux acteurs de l'Union mais également à toute entreprise ou autre entité hors UE dès lors qu'elle traite des données concernant des organisations ou des résidents européens.

■ Cette évolution est souvent vécue comme une contrainte par l'entreprise. Pourtant, elle lui permet de répondre aux attentes des parties prenantes en matière de **responsabilité sociétale**.

■ La mise en place d'un RSE **ne doit surtout pas être assimilée à un outil de contrôle de l'activité ou d'évaluation du salarié** au risque que celui-ci l'utilise avec prudence et évite d'employer un ton spontané ou libéré.

SC. DE GESTION & NUM

5 Le numérique crée-t-il de l'agilité ou de la rigidité organisationnelle ?

Par leur rôle structurant, les systèmes d'information et leurs outils TIC contribuent à modeler l'organisation et lui permettent une gestion par processus, en automatisant l'enchaînement d'activités en vue d'atteindre plus efficacement les objectifs recherchés. Cependant, ils peuvent déterminer des modes de fonctionnement rigides et contraignants en bridant l'autonomie ou la créativité des acteurs.

1 Les processus dans l'organisation

A La notion de processus

■ Un **processus** peut se définir comme un ensemble de tâches ou d'activités interdépendantes, organisées selon une chronologie précise et disposant de ressources humaines et matérielles dédiées qui transforment des éléments d'entrée en éléments de sortie.

■ Au sein d'une organisation, de nombreux processus coexistent et sont liés les uns aux autres. Ces liens peuvent être représentés dans une **cartographie des processus** qui permet à l'entreprise d'avoir une vision d'ensemble et d'entrer dans une démarche d'amélioration continue. Cet outil permet en effet d'analyser finement le fonctionnement de l'entreprise et de localiser les processus clés. Ce type d'outil s'est largement diffusé en parallèle de l'avènement de la norme ISO 9001.

> **À SAVOIR**
>
> La **norme ISO 9001** définit des exigences pour la mise en place d'un système de management de la qualité pour les organismes souhaitant améliorer en permanence la satisfaction de leurs clients et fournir des produits et services conformes.

B La nature des processus

On distingue généralement 3 grandes catégories de processus.

■ **Les processus de réalisation ou processus métier**. Ils correspondent aux activités de production de biens ou de services. Ils sont directement liés à la satisfaction du client et sont indispensables au cœur de métier de l'organisation.

> **EXEMPLE**
>
> Le processus de fabrication de la pâte ou celui de la commercialisation du pain pour une boulangerie constituent des processus métier.

■ **Les processus supports**. Ils sont transversaux à l'ensemble des processus métier de l'organisation et viennent en soutien de ceux-ci. Ils sont internes à la structure et permettent son fonctionnement.

> **EXEMPLE**
>
> La gestion de la comptabilité générale correspond à un processus support pour une entreprise de BTP.

© Éditions Foucher

■ **Les processus de pilotage ou de management.** Ils sont définis par les dirigeants des organisations qui ont pour mission de décliner et de communiquer la stratégie et leur vision à long terme et de définir les compétences clés et les ressources nécessaires à l'atteinte de leurs objectifs stratégiques. Les processus de pilotage prennent donc en compte les facteurs environnementaux externes et internes de l'entreprise en essayant de mesurer et de limiter les risques décisionnels afin d'assurer la pérennité de l'entreprise. Les processus de pilotage sont en interaction avec l'ensemble des processus dans le but de coordonner les actions au niveau opérationnel. Ils permettent également de mettre en place des actions correctives dans une perspective de qualité et d'amélioration continue.

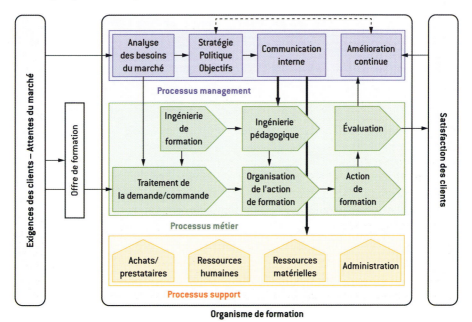

Cartographie des processus d'un organisme de formation professionnelle

C La représentation d'un processus

■ La représentation d'un processus prend en général la forme d'un schéma qui peut varier en fonction de l'organisation. Cependant, des règles communes sont établies, notamment concernant la mise en avant des **éléments d'entrée, de sortie, le libellé du processus et la liste des tâches relatives.**

■ Il existe néanmoins une représentation utilisée par de nombreuses entreprises : « **le diagramme événement-résultat** ». Cette représentation montre une vue simplifiée d'un processus identifié par son libellé. Elle présente également les règles d'émission des éléments de sortie, c'est-à-dire qu'elle précise les différents cas qui peuvent se présenter lorsque le résultat d'une opération varie.

> **EXEMPLE**
> Si le produit commandé est en stock, alors le bon de livraison est édité et la marchandise expédiée. En cas de rupture, on procède au réassort du produit et le client est avisé du retard.

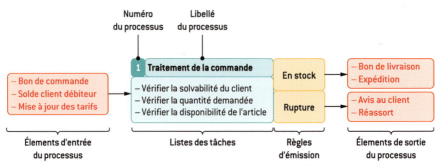

Exemple d'un diagramme événement-résultat

■ Il est également possible de schématiser un diagramme événement-résultat d'un **processus complet** mettant en valeur les interactions entre les événements « sortie » avec d'autres événements « entrants » et les acteurs responsables des différentes étapes successives.

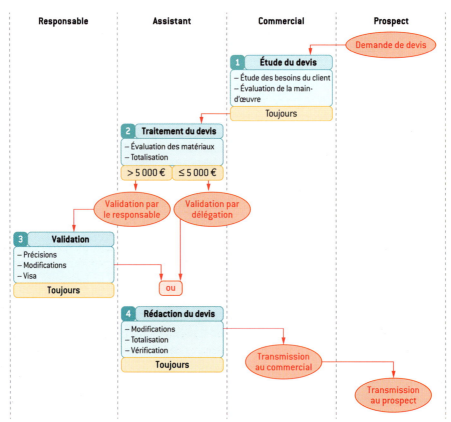

Exemple d'un diagramme événement-résultat d'un processus complet : le processus « émission d'un devis »

D Le *workflow* ou les flux de travail

■ On modélise la circulation des informations dans une organisation à l'aide **d'un diagramme de flux d'information**. Ce diagramme schématise les flux de travail (*workflow*).

5 LE NUMÉRIQUE CRÉE-T-IL DE L'AGILITÉ OU DE LA RIGIDITÉ ORGANISATIONNELLE ?

■ De façon pratique, le *workflow* sert à décrire le circuit de validation automatisée ou non, les tâches à répartir entre les différents acteurs d'un processus, les délais et les modes de validation. Il permet de fournir à chacun des acteurs les informations nécessaires à l'exécution de sa tâche en lui donnant une vision globale de l'ensemble de tâches du processus.

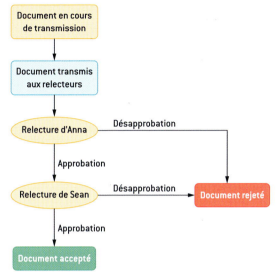

Exemple d'un *workflow* du processus de validation d'un document

❷ Les progiciels de gestion au service des processus de l'organisation

A La notion de progiciel de gestion

■ Un **progiciel de gestion** est un logiciel applicatif proposant de nombreuses fonctionnalités paramétrables selon les besoins de l'organisation. Il peut être utilisé par plusieurs personnes de manière simultanée.

■ Un **progiciel de gestion intégré** (PGI) ou ERP (*Enterprise Resource Planning*) permet d'interconnecter, *via* une base de données commune, de nombreuses applications à l'ensemble des fonctions d'une organisation. Il permet ainsi d'y gérer les différents processus. L'intérêt de cet outil est donc de permettre aux collaborateurs qui appartiennent à des processus métiers ou support d'avoir accès et de mettre à jour des informations communes en temps réel. Afin de faciliter la prise en main et l'utilisation de cet outil, des modules indépendants du PGI sont installés en fonction des besoins particuliers de chaque fonction.

> **EXEMPLE**
> Pour le service commercial marketing d'une entreprise, on installe seulement les modules « administration des achats », « administration des ventes et boutique » et « e-commerce ». L'outil paraît ainsi plus simple car il est réduit aux seules fonctionnalités nécessaires au fonctionnement du service.

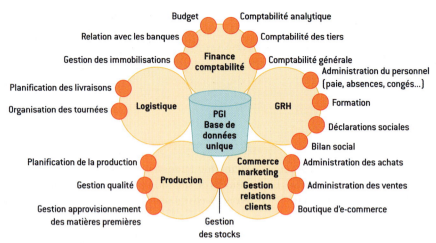

Exemple de schéma d'un progiciel de gestion intégré avec ses modules par fonction

B Le rôle et les avantages de la mise en place d'un PGI

■ La mise en place d'un PGI permet d'orchestrer les différents processus de l'entreprise en y intégrant l'ensemble des fonctions (logistique, finance, comptabilité, gestion des ressources humaines, production, etc.).

■ La mise en place d'une base de données commune à toutes les fonctions permet :
- une mise à jour des données en temps réel de tous les modules liés. En effet, lorsqu'une donnée est saisie dans le système d'information, elle est automatiquement transmise *via* la base de données commune à tous les modules qui en ont besoin ;
- une uniformisation et une centralisation des données permettant la sécurisation de celles-ci ;
- un accès simplifié à l'origine des informations permettant d'en vérifier leur fiabilité ;
- une facilitation du partage de l'information ;
- une standardisation du fonctionnement des différentes fonctions ;
- une réduction des « coûts cachés » dans l'entreprise (erreur de saisie, doublon, dépassement des délais, problème de qualité etc.) ;
- une amélioration du service client ;
- une augmentation de la productivité et de la réactivité des collaborateurs.

> **EXEMPLE**
> La mise à jour d'une adresse dans une fiche client *via* le module de gestion de la relation client va automatiquement alimenter le module de gestion des commandes et le module de logistique.

C L'impact du PGI sur l'organisation du travail et ses limites

■ Il est parfois reproché au PGI le **cadre contraignant** qu'il impose aux acteurs. En effet, cet outil est paramétré selon des processus élaborés par les dirigeants qui le rendent alors peu flexible.

■ La **standardisation des procédés** peut avoir pour conséquences de limiter la créativité et de brider l'autonomie des utilisateurs.

■ Le PGI dépend beaucoup des données saisies par les utilisateurs : le travail effectué sur le progiciel par un salarié peut avoir un impact direct sur le travail des autres salariés. Cela a pour conséquence d'**augmenter le niveau de responsabilité** de chaque utilisateur.

5 LE NUMÉRIQUE CRÉE-T-IL DE L'AGILITÉ OU DE LA RIGIDITÉ ORGANISATIONNELLE ? **COURS**

■ Le PGI, bien que paramétrable, n'a pas été conçu spécifiquement pour une organisation. Il n'est donc jamais totalement adapté à toutes les spécificités de la structure dans laquelle il est intégré. Cela peut donc demander des **délais d'ajustement** de plusieurs mois et rendre son utilisation plus complexe. Des formations sont souvent requises pour le rendre accessible à l'ensemble des collaborateurs. Cela demande parfois de redéfinir les missions au sein des métiers de l'entreprise et de déplacer les frontières des fonctions pour qu'elles s'adaptent à la structure de l'outil.

■ Les entreprises qui ont adopté un système de gestion par PGI deviennent rapidement **dépendantes à l'outil**, à ses défaillances techniques et par conséquent à son concepteur. Toute évolution ou maintenance demande l'intervention de prestataires extérieurs. L'outil peut également montrer ses limites en cas de situation exceptionnelle, car sa rigidité rend difficiles les adaptations et les réajustements, ce qui peut ralentir la réactivité d'une entreprise.

3 Système d'information et e-commerce

A La notion d'e-commerce

■ Le **e-commerce ou commerce électronique** désigne l'ensemble des opérations d'échange de biens ou de services entre deux acteurs faisant appel au réseau Internet.

■ Il ne se limite pas à la vente en ligne mais regroupe de nombreuses fonctionnalités comme le **catalogue électronique en ligne**, la réalisation de devis en ligne, le suivi des commandes, le *e-couponing*, etc.

B Les avantages de la mise en place du e-commerce

■ Le e-commerce permet à l'entreprise d'élargir sa cible et sa **zone de chalandise** sans passer par l'implantation de structures coûteuses dans les régions éloignées. Il lui offre aussi la possibilité de collecter des données sur ses clients et aide l'entreprise à mieux cerner le profil de ses consommateurs et leurs besoins.

■ C'est un moyen puissant de promotion de l'offre d'une entreprise et une vitrine accessible 24 heures sur 24.

■ Il permet de toucher une clientèle plus jeune, adepte de ce canal de distribution.

■ Il incite au marketing viral positif en permettant aux cyberacheteurs de poster des avis afin d'inciter d'autres consommateurs potentiels à l'achat du bien ou d'un service similaire.

■ Il permet de développer un contact privilégié avec les clients d'une entreprise et lui apporte de nouvelles perspectives relationnelles (campagne e-mail, questionnaire de satisfaction en ligne...). Ce lien privilégié qu'une marque peut entretenir avec ses clients optimise ses **stratégies de fidélisation**.

C Le e-commerce étroitement lié au SI et aux processus de gestion

■ **L'e-commerce est indissociable du système d'information** de l'entreprise. Il utilise les réseaux et l'interface pour collecter de l'information et des données clients, et les bases de données pour stocker les informations sur les produits et les clients.

■ **Le SI est également indispensable aux fonctions e-commerce** afin de :
- traiter les commandes, les paiements, les livraisons, et gérer les stocks ;
- transmettre de l'information **en interne** (transmission des ordres de commande aux services logistiques, comptables...) ou **en externe** pour établir une relation client (messagerie électronique, forum, newsletter, blog...).

■ Le SI doit donc **s'adapter en permanence** aux exigences du e-commerce :
- apporter des réponses aux clients (livraison, service après vente...) de plus en plus rapides ;
- apporter des informations en temps réel (suivi des commandes, des paiements...) ;
- répondre à un trafic de plus en plus élevé sur les sites marchands ;
- sécuriser les informations (données personnelles, paiements...).

■ L'intégration d'un métier e-commerce dans l'entreprise a **des conséquences sur l'ensemble des fonctions** de l'organisation et donc sur ses processus.

> **EXEMPLE**
>
> Une entreprise comme Zara, qui ne possédait en France que des unités commerciales physiques, a dû revoir complètement ses processus logistiques, sa gestion de la relation client ou encore la facturation avec la mise en place de son site marchand et a dû faire interagir son système d'information existant avec le site e-marchand.

4 Le *cloud computing*

■ Le *cloud computing* désigne la **livraison de ressources et de services à la demande par Internet**. Il consiste à stocker et donner l'accès aux données par l'intermédiaire d'Internet plutôt que *via* le disque dur d'un ordinateur. Il s'oppose ainsi à la notion de stockage local.

■ Cette technologie permet aux entreprises d'**acheter des ressources informatiques sous la forme de service**, de la même manière que l'on consomme de l'électricité, au lieu d'avoir à construire et entretenir des infrastructures informatiques en interne.

■ Cette technologie présente des **avantages** : accéder à n'importe quelle ressource informatique à la demande, augmenter ou réduire la consommation de ressources en fonction des besoins de l'entreprise et autoriser les firmes à ne payer que pour les ressources consommées.

■ Il comporte cependant certaines **limites** : l'obligation de faire confiance aux opérateurs et de croire en un accès continu aux données sans problème sur le long terme et sans hausse de tarif, le risque de crash et de mise hors service (même quelques heures) des plateformes des clients et enfin, la question de la propriété intellectuelle car il est difficile de déterminer à qui appartiennent les données stockées sur Internet.

5 Le travail à distance

A Les formes de travail à distance

■ Le travail à distance (ou **télétravail**) désigne une organisation du travail qui permet aux employés d'exercer leur activité en dehors des locaux professionnels grâce aux technologies de l'information et de la communication (réseaux, téléphonie mobile, télécopie...).

5 LE NUMÉRIQUE CRÉE-T-IL DE L'AGILITÉ OU DE LA RIGIDITÉ ORGANISATIONNELLE ?

COURS

■ On distingue plusieurs modalités de travail à distance :

- le **travail en réseau** au sein de l'organisation dans des locaux géographiques distincts ;
- le **travail dans des locaux partagés** par plusieurs organisations : le salarié de l'organisation travaille à distance de son équipe dans des locaux (télécentres) où sont également présents des salariés d'autres organisations ;
- le **travail nomade** : le salarié peut utiliser les technologies de l'information et les outils de travail mobiles pour travailler depuis n'importe quel lieu (chez le client, lors de déplacements, à l'hôtel, dans les transports, dans un espace public…) ;
- le **travail à domicile** : le salarié peut travailler depuis son domicile en ayant un accès sécurisé à son environnement de travail.

B Le système d'information au service du télétravail

■ Le travail à distance est possible et largement simplifié par les **TIC** : appareils mobiles (smartphones, ordinateurs portables, tablettes numériques) ; téléphonie sur IP ; plateformes collaboratives ; portails d'accès aux réseaux internes, les applications et services en ligne et l'externalisation des infrastructures informatiques (informatique en nuage ou *cloud computing*).

■ La mise en place du travail à distance nécessite une **sécurisation des SI** : sécurisation des matériels (antivirus…) et des connexions aux réseaux internes (codes et droits d'accès, réseaux privés virtuels).

C Les enjeux et limites du travail à distance

■ Les ordonnances Macron comportent un volet spécifique sur le **télétravail** afin d'encourager cette pratique, plébiscitée par une grande majorité de salariés, mais encore sujette à réticences de la part de certains employeurs managers.

■ **Pour l'employeur**, le télétravail présente les intérêts et limites suivantes :

- **intérêts** : coût beaucoup moindre qu'un bureau classique (coût croissant des baux), intégration facilitée du salarié dans la vie économique et sociale locale grâce aux espaces de coworking (cas où l'entreprise s'implante dans une nouvelle zone géographique), attrait des compétences qui refuseraient une mobilité géographique, réduction du taux d'absentéisme ;
- **limites** : perte de la culture d'entreprise, risque d'espionnage accru.

■ **Pour le salarié** :

- **intérêts** : moins de stress (environnement plus adapté du point de vue professionnel, familial et personnel), sentiment de liberté ;
- **limites** : développement de l'instabilité, isolement de l'employé, nécessité d'une discipline de travail indispensable et parfois difficile à mettre en application sur le long terme.

■ L'intérêt majeur est d'**améliorer les conditions de travail du** salarié donc son **efficacité**.

6 L'intelligence artificielle (IA)

■ Elle se définit comme l'**ensemble des théories et techniques** mises en œuvre en vue de réaliser des machines capables de **simuler l'intelligence humaine**. Elle est utilisable dans les domaines de la compréhension, la communication (dialogue entre machines et avec l'humain), le raisonnement critique, l'apprentissage en autonomie…

■ Concrètement, l'IA s'illustre dans des domaines variés : jeux de réflexion/stratégie (échecs, go...), finance, médecine, domotique, reconnaissance faciale et compréhension des langues... Les perspectives positives de l'IA sont nombreuses pour l'humanité et la planète. Par exemple, en matière de développement durable, l'IA permet d'**automatiser la gestion de la consommation d'énergie** pour les entreprises, les services publics, les particuliers.

■ Cependant, l'IA soulève diverses problématiques :
- son développement risque d'entraîner la perte d'emplois intermédiaires ;
- l'attribution de la propriété des données intégrées dans les jeux d'apprentissage ;
- l'isolement de la machine alors que l'homme est capable de raisonner en groupe ;
- la prise de décisions qui se fait uniquement dans un horizon immédiat alors que les décisions humaines s'inscrivent également sur le long terme ;
- l'incapacité à prendre en compte une expérience longue, l'incertitude et de résoudre des spéculations complexes (intégrant notamment les émotions) contrairement à l'homme.

> **EXEMPLE**
>
> S'agissant du diagnostic médical, l'IA sera capable de distinguer parmi des causes multiples la plus probable. Cependant sera-t-elle en mesure de prescrire certains traitements lourds en appréciant la probabilité de bénéfice par rapport au risque ? L'homme sait faire cela, en se trompant souvent, alors que la machine, sans règle précise, est incapable d'un tel niveau de spéculation, car elle ne peut se reposer sur un système émotionnel aussi complexe que celui de l'homme.

SC. DE GESTION et NUM

SC. DE GESTION ET NUMÉRIQUE

6 Peut-on mesurer la contribution de chaque acteur à la création de valeur ?

Les processus de gestion concourent à la création de différentes formes de valeur. On distingue ainsi la valeur sociale, la valeur fondée sur le revenu, la valeur fondée sur le patrimoine et la valeur perçue.

1 La valeur sociale et la valeur ajoutée

À SAVOIR

▶ La **valeur sociale** consiste à créer de la valeur ajoutée et à la répartir entre différents acteurs.

▶ La **valeur fondée sur le revenu** est une approche de calcul en termes de flux qui s'appréhende en analysant le compte de résultat de l'organisation.

▶ La **valeur fondée sur un patrimoine** est une approche de calcul en termes de stocks qui s'appréhende au travers du bilan social de l'organisation.

▶ La **valeur perçue** se mesure au travers de la qualité, de la notoriété, de la satisfaction et de l'image de marque de l'offre de l'entreprise.

A La valeur sociale et sa prise en compte croissante

■ L'entreprise ne peut plus se développer en faisant abstraction de ses **impacts sociaux**. La prise en compte des relations sociales, des conditions de travail ou encore de leurs impacts environnementaux est aujourd'hui une préoccupation majeure des entreprises. Ce sont elles qui définissent leur **valeur sociale**.

■ Cette valeur reste assez difficile à mesurer de manière comptable. Cependant, de nouveaux **baromètres** apparaissent comme le « Palmarès des entreprises où il fait bon travailler ». La bonne position des entreprises dans ce type de classement leur permet de valoriser leur image de marque auprès des parties prenantes.

B La création de la valeur ajoutée

■ La **valeur ajoutée** correspond à l'accroissement de valeur produite par l'entreprise lors de la production et de la commercialisation des biens ou des services en consommant ou en transformant des consommations intermédiaires.

Valeur ajoutée = chiffre d'affaires – consommations intermédiaires

■ Les **consommations intermédiaires** représentent l'ensemble des services ou matières premières consommés lors du processus de production pour élaborer le service ou le produit fini. Il peut ainsi s'agir de sources énergétiques comme l'eau ou l'électricité, de matières premières comme le caoutchouc, d'emballages…

© Éditions Foucher

> **EXEMPLE**
>
> Une entreprise a réalisé un chiffre d'affaires de 850 000 €. Elle a dépensé 150 000 € en matières premières, 8 000 € en électricité et 210 000 € en autres approvisionnements. La valeur ajoutée créée par cette entreprise est de :
> 850 000 − (150 000 + 8 000 + 210 000) = 482 000 €.

C La répartition de la valeur ajoutée

Une fois créée par l'entreprise, la valeur ajoutée est redistribuée aux acteurs ayant participé à sa réalisation.

Types de bénéficiaires	Rôle dans la création de la valeur ajoutée	Type de revenu
Les salariés	Travaillent à la production de biens ou de services dans l'entreprise	Salaires
Les actionnaires, les associés	Investissent dans la création de l'entreprise ou sa modernisation	Dividendes
Les banques	Prêtent des capitaux pour permettre à l'entreprise d'investir	Remboursements d'emprunts et intérêts
L'État	Fournissent des services publics : entretien des routes, formation des jeunes…	Impôts
Les organismes sociaux	Assurent les salariés contre les risques liés au chômage, à la maladie, aux accidents professionnels…	Cotisations sociales
L'entreprise elle-même	Pérennité de l'activité	Autofinancement

D Les tensions liées au partage de la valeur ajoutée

■ Si certaines dépenses liées au partage de la valeur ajoutée sont incompressibles comme les impôts, les intérêts payés aux banques et les cotisations sociales, d'autres peuvent soulever des tensions induites par des intérêts divergents.

> **EXEMPLE**
>
> Les augmentations de salaires ont pour conséquence de diminuer les dividendes payés aux actionnaires. Les besoins d'autofinancement peuvent réduire la part des salaires ou des dividendes.

■ L'entreprise doit donc opérer des compromis entre tous ces acteurs, en faisant en sorte que chacun récolte une juste part de la création de valeur ajoutée, tout en maintenant la motivation du personnel et la compétitivité de l'activité par des investissements réguliers.

E Le mécanisme de paiement de la TVA

■ La **taxe sur la valeur ajoutée (TVA) est un impôt indirect** sur la consommation des biens et des services collecté par les entreprises et reversé à l'État. Cet impôt est très important pour le budget de l'État puisqu'il correspond à près de 50 % des revenus fiscaux.

■ Le principal taux de TVA est de **20 %**, il correspond au **taux normal**. D'autres taux existent qu'on appelle taux réduits (10 % sur les prestations touristiques comme le transport de voyageurs ou les séjours à l'hôtel ; 5,5 % sur les produits de première nécessité comme le sucre, le savon ou les fruits et légumes frais…).

■ Le versement de la TVA est comptablement neutre pour l'entreprise puisqu'il revient au consommateur final d'en supporter le coût selon un mécanisme de paiement indirect :
- l'entreprise effectue des achats auprès de ses fournisseurs. En faisant cela, elle paie un prix TTC, c'est-à-dire un prix hors taxe auquel s'ajoute la TVA. **Cette TVA est dite déductible** : l'entreprise peut la déduire de la TVA qu'elle a collectée ;
- en faisant leurs achats auprès des entreprises, les consommateurs paient un prix TTC ; il s'agit là encore du prix hors taxe auquel s'ajoute la TVA. **Cette TVA est dite collectée** ;
- l'entreprise reverse donc à l'État la **TVA collecté – la TVA déductible**.

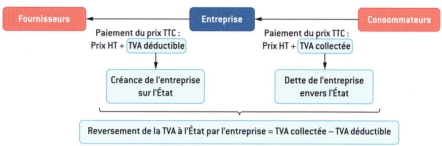

Schéma du mécanisme de versement de la TVA à l'État

■ Dans le cas où la TVA collectée par l'entreprise est inférieure à la TVA payée par l'entreprise à ses fournisseurs, l'État rembourse la différence à l'entreprise.

2 La valeur financière

A La valeur financière fondée sur le revenu

■ Pour mesurer la valeur financière créée par une entreprise vis-à-vis de son revenu, la comptabilité met à disposition un outil : le **compte de résultat**. Celui-ci présente la création ou la destruction de valeur générée par une entreprise au cours d'un exercice comptable (une année de date à date), en présentant et en comparant l'ensemble des produits et des charges de l'entreprise.

■ Le compte de résultat permet donc de rendre compte de l'activité économique de l'entreprise sous la forme de 2 colonnes à travers :
- les **charges** : elles correspondent à une diminution du résultat de l'entreprise (un appauvrissement) ; ce sont les emplois ou les consommations définitifs de l'entreprise (les achats de matières premières, de fournitures, de marchandises…). C'est la colonne de gauche ;
- les **produits** : ils correspondent à une augmentation du résultat de l'entreprise (un enrichissement) ; ce sont les ressources ou revenus définitifs de l'entreprise (en grande majorité le produit de ses ventes). C'est la colonne de droite sur le modèle de compte de résultat présenté page suivante.

■ Il existe 3 formes de charges et produits :

Types de charges et de produits	Définition
Exploitation	Charges et produits relevant de l'activité normale de l'entreprise : achats de matières premières, factures énergétiques, ventes de produits finis...
Financier	Toutes opérations financières menées avec les banques ou les placements financiers : remboursements d'emprunts, intérêts perçus...
Exceptionnel	Opérations de nature inhabituelle, qui n'entrent pas dans le fonctionnement normal de l'activité comme la vente d'une machine ou le paiement d'une grosse amende...

■ Pour calculer le résultat de l'entreprise ou sa valeur financière fondée sur le revenu, il faut calculer le total des produits de l'entreprise auxquels on soustrait le total des charges :
- si le résultat est positif, l'entreprise réalise un **bénéfice** ; on inscrit celui-ci dans la colonne des charges ;
- si le résultat est négatif, l'entreprise enregistre des **pertes de bénéfice** ; on les inscrit dans la colonne des produits.

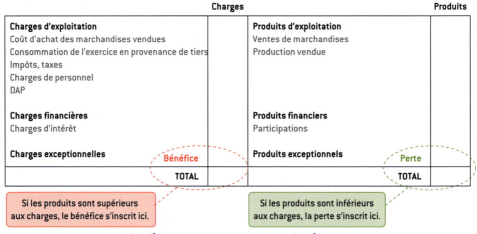

Modèle de tableau de compte de résultat

B La valeur financière fondée sur le patrimoine

■ Afin de mesurer la valeur financière d'une entreprise fondée sur son patrimoine, les comptables utilisent le **bilan**. Celui-ci est souvent comparé à une photographie du patrimoine de l'entreprise à une date donnée. Il est essentiellement utilisé afin de connaître la valeur de la société et de s'assurer de sa solvabilité. Il sert également à piloter des analyses internes.

■ Pour garantir la transparence et la véracité des bilans, ceux-ci doivent généralement être certifiés par un **commissaire aux comptes**.

6 PEUT-ON MESURER LA CONTRIBUTION DE CHAQUE ACTEUR À LA CRÉATION DE VALEUR ? **COURS**

■ Un bilan comptable est donc un document qui **synthétise à un moment donné ce que l'entreprise possède**, appelé l'« actif » (machines, terrains, immeubles, stocks, etc.) et ses ressources, appelées le « passif » (capital, réserves, crédits, etc.).

■ L'actif et le passif sont dissociés dans un tableau à deux colonnes et leurs éléments sont classés de manière standardisés :
- les éléments d'actif sont classés **par ordre de liquidité croissante** : de l'actif immobilisé à plus de 1 an vers l'actif qui a pour vocation à être immobilisé le moins longtemps possible. Plus un actif est « liquide », plus il est possible de le convertir en apport financier ;
- les éléments de passif sont classés **par ordre d'exigibilité croissante** : on classe les éléments en fonction du délai auquel l'entreprise doit rembourser les différentes sommes. On commence par les capitaux propres qui ont un degré d'exigibilité extrêmement faible (ils n'ont en général pas vocation à être rendus aux actionnaires), puis les dettes financières (emprunts à rembourser aux banques sur un plus ou moins long terme), pour finir par les dettes à payer aux fournisseurs qui doivent être réglées généralement au plus tard dans les 3 mois.

	Actif		Passif
Actif immobilisé	On parle d'immobilisations : l'ensemble des biens durables détenus par une entreprise sur plus d'un exercice comptable et qui ne sont pas destinés à la revente. Ces biens représentent des investissements engagés afin de développer l'activité et la compétitivité de l'entreprise.	**Capitaux propres**	Ils sont composés : - du capital : apport des associés et/ou des actionnaires ; - des réserves : cumul des résultats antérieurs non distribués ; - du résultat de l'entreprise.
Actif circulant	Éléments qui n'ont pas pour vocation d'être détenus par l'entreprise pendant plus d'un exercice comptable. Il peut s'agir, par exemple, de stocks qui ont pour vocation d'être vendus.	**Dettes**	Ensemble des sommes que l'entreprise doit à plus ou moins long terme aux banques, organismes financiers et fournisseurs.

■ Le bilan permet de calculer **l'actif net comptable**, c'est-à-dire la valeur patrimoniale de l'entreprise à un instant donné. Cette part de l'actif appartient donc aux associés et aux actionnaires qui cherchent souvent à l'accroître afin de valoriser leur investissement. Le calcul de l'actif net comptable permet également de vérifier la solvabilité de l'entreprise ou, autrement dit, sa capacité à rembourser ses dettes.

> **Actif net comptable** = total des actifs – total des dettes (passif exigible)

EXERCICE CORRIGÉ

Bilan au 31/12/2017			
Actif	**Montant (€)**	**Passif**	**Montant (€)**
Actif immobilisé		**Capitaux propres**	
- Immobilisations incorporelles	76 228 ,77	- Capital social	50 006,69
- Immobilisations corporelles	27 745,72	- Réserves	26 700,00
- Immobilisations financières	1 829,39	- Résultat de l'exercice	37 427,00
Sous-total 1	105 803,88	Sous-total 1	114 133,69
Actif circulant		**Dettes**	
- Stock de marchandises	70 792,91	- Emprunts	45 734,71
- Créances clients	1 258,62	- Dettes fournisseurs	25 960,39
- Créances État	540,58	- Dettes sociales et fiscales	1 862,62
- Disponibilités (caisse et	13 647,69	- Autres dettes	388,59
banque)	86 239,80	Sous-total 2	73 946,31
Sous-total 2			
Total actif	**188 080,00**	**Total passif**	**188 080,00**

1. Donnez le total des actifs de cette entreprise au 31/12/2017.

2. Donnez le total des dettes de cette entreprise au 31/12/2017.

3. Calculez l'actif net comptable à l'aide de ce bilan au 31/12/2017.

CORRIGÉ

1. Le total des actifs de cette entreprise au 31/12/2017 est de **188 080 euros**.

2. Le total des dettes de cette entreprise au 31/12/2017 est de **73 946,31 euros**.

3. L'actif net comptable de ce bilan au 31/12/2017 est :

Actif net comptable = total des actifs – total des dettes, soit :

188 080 – 73 946,31 = **114 133,69 euros**.

Il correspond à la valeur patrimoniale de cette entreprise : c'est la part de l'actif qui appartient aux associés ou actionnaires. On peut le retrouver également en faisant le total des capitaux propres.

3 La valeur boursière, actionnariale, partenariale

■ La valeur boursière et la valeur actionnariale ont pris une importance majeure et sont devenues des **préoccupations stratégiques** de l'entreprise.

■ La **valeur boursière** se définit comme la valeur estimée d'une entreprise obtenue en multipliant la valeur cotée de ses actions par le nombre d'actions qui composent son capital social.

■ La notion de **création de valeur pour les actionnaires** vise à calculer la création de valeur dégagée par l'entreprise au profit de ses actionnaires.

■ L'utilisation de la valeur boursière est parfois controversée ; on lui préfère alors la **valeur partenariale**. La valeur partenariale désigne un fonctionnement de l'entreprise qui vise à assurer un **partage de la valeur créée entre les différentes parties prenantes**. En effet, chacune des parties prenantes (salariés, fournisseurs, clients...) est en relation avec l'organisation sous forme d'un jeu coopératif. La valeur créée se répartit donc entre les différents acteurs du jeu et celui-ci n'est pérenne que si chaque acteur y trouve son compte à terme.

© Éditions Foucher

6 PEUT-ON MESURER LA CONTRIBUTION DE CHAQUE ACTEUR À LA CRÉATION DE VALEUR ? COURS

4 La valeur perçue

A La création de la valeur perçue et les enjeux de son évolution positive

■ La **valeur perçue** correspond à la valeur que revêt un produit ou un service dans l'esprit du consommateur. La valeur perçue n'a pas de lien direct avec le coût de fabrication. Elle correspond au prix maximal que le consommateur est prêt à payer pour obtenir le bénéfice du produit (avantages attendus). Elle représente pour un consommateur un processus lent, basé à la fois sur :
- des **éléments objectifs** (les matériaux utilisés pour la fabrication d'un produit, etc.) ;
- des **éléments subjectifs** (le niveau de qualité attendu, la couleur du produit, etc.).
Elle dépend également de divers éléments comme la notoriété, la qualité, la satisfaction et l'image de marque.

■ L'organisation fait en sorte **d'influencer la valeur perçue** par les consommateurs de ses produits ou services en prenant des décisions de gestion telles que : modifier sa stratégie de segmentation (changer de cible) ou son positionnement, adapter les caractéristiques du bien ou du service, lancer des campagnes de publicité.

■ Lorsque la valeur perçue d'un bien ou d'un service augmente, le volume des ventes augmente et l'organisation peut mettre en place une **stratégie de prix élevés**, ce qui lui permet ensuite d'augmenter son chiffre d'affaires et ses marges. À l'inverse, lorsque la valeur perçue diminue, cela entraîne une diminution du volume des ventes. L'organisation doit alors analyser les éléments ayant entraîné cette baisse afin de prendre les décisions qui s'imposent.

B La mesure de la valeur perçue

Indicateurs de mesure de la valeur perçue

	Définition	Modalité de mesure
La notoriété	Niveau de connaissance qu'un individu a d'une entreprise, d'une marque, d'un produit ou d'une personne.	Les **études de notoriété** visent à mesurer au moins deux critères : - le **taux de notoriété spontanée :** pourcentage de personnes capables de citer spontanément une marque (sans liste) ; - le **taux de notoriété assistée :** pourcentage de personnes qui déclarent connaître la marque dans une liste proposée.
La qualité	▶ Niveau de qualité d'un produit ou service tel qu'il est perçu par le consommateur de manière plus ou moins subjective. ▶ La qualité perçue peut jouer un grand rôle dans le processus de choix et d'achat. ▶ Afin d'éclairer le consommateur sur la capacité d'un bien ou d'un service à le satisfaire, il est possible pour l'organisation d'apposer un signe officiel de qualité (Label rouge, AOC, AB…).	Des **études par questionnaire** ou en **entretien individuel ou collectif** peuvent permettre d'évaluer la qualité selon des critères objectifs et subjectifs.

	Définition	Modalité de mesure
L'image de marque	▶ L'image d'un produit, d'une marque et d'une société correspond à la façon dont ils sont perçus par les consommateurs. Cette perception peut se faire sur des critères objectifs ou subjectifs. ▶ Le positionnement et la publicité sont pensés afin d'exercer une influence positive sur l'image de marque et, par conséquent, sur la valeur perçue par les consommateurs.	▶ Les **études sur la mesure de l'image de marque** sont plus complexes et sont basées sur divers critères ou **indicateurs**, **quantitatifs** comme : - le nombre de nouveaux clients ; - la fréquence d'achats et de ré-achat des consommateurs ; ou **qualitatifs** comme : - la fidélité des clients à une marque ; - les termes utilisés pour parler de la marque. ▶ Ces critères varient en fonction des caractéristiques du produit ou de la marque, mais aussi des actions publicitaires et de la réputation de la marque.
La satisfaction	▶ Action d'assouvir un besoin. ▶ Elle correspond à l'opinion d'un individu qui résulte de la comparaison entre ses attentes et son expérience de consommation. ▶ Elle porte donc sur le produit lui-même ou sur les services associés (accueil, service après-vente, délai de livraison…). ▶ La satisfaction du client permet d'assurer une fidélisation importante.	Elle se mesure généralement grâce à une **enquête de satisfaction** : enquête menée auprès des clients de la marque ou de l'entreprise, généralement administrée sous forme de questionnaire.
Les indicateurs des medias sociaux	▶ Les médias sociaux sont des plateformes digitales accessibles par Internet (web et applications) et permettant à leurs membres d'établir ou d'intégrer des réseaux d'amis ou connaissances professionnelles et de participer à la vie de ces réseaux à travers la mise à disposition d'outils et interfaces de présentation, de communication et d'interaction. ▶ Les médias sociaux les plus connus et les plus utilisés : Facebook, Twitter, LinkedIn, Snapchat, Instagram, Pinterest et YouTube.	Il existe de nombreux indicateurs permettant d'évaluer l'efficacité de ces médias. Par exemple, pour Twitter : tweet par jour, nombre de tweets comportant une mention, retweets, commentaires, hashtags ; grâce à une cartographie de la France, vous indiquez où votre tweet a été le plus partagé et récupère des informations sur vos followers.
Les avis communautaires	Ensemble de notes et d'appréciations, portées par un acheteur sur un produit ou un service. Ils sont surtout utilisés sur Internet, principalement à l'usage d'autres consommateurs potentiels.	Certains sites sont d'ailleurs spécialisés dans les avis clients, (exemple : Tripadvisor pour les voyages et les hébergements).
L'e-réputation ou cyber-réputation	Réputation d'une entreprise ou d'une marque sur le Web et les autres réseaux numériques. La plupart du temps, l'e-réputation n'est que l'extension *online* de la réputation.	▶ Les avis postés sur le net, sur les sites de vente. ▶ Les informations diffusées sur les produits de l'entreprise et/ou sur l'entreprise elle-même.

© Éditions Foucher

5. La fixation du prix : une décision importante pour la performance commerciale et financière

A Le prix : une donnée sensible

■ Le **prix** représente le montant proposé à l'acheteur en contrepartie du bien ou du service vendu par une entreprise. Seulement, rares sont les entreprises qui interviennent de façon **monopolistique** sur un marché. En effet, il existe souvent de nombreux concurrents qui proposent des offres similaires ou équivalentes à des prix différents. L'entreprise à donc pour mission de se « placer » vis-à-vis de la concurrence, en proposant un prix acceptable pour les clients dans le double objectif de gagner un maximum de clients tout en maximisant son chiffre d'affaires.

> **À SAVOIR**
> Un **marché de monopole** est un marché dans lequel il n'y a qu'un offreur pour de nombreux clients, comme le service des trains en France et la SNCF, à la différence d'un **marché de concurrence**, où il y a de nombreux offreurs pour de nombreux clients.

■ L'enjeu est également de **maintenir un niveau de rentabilité acceptable** grâce au prix de vente. En effet, une entreprise ne peut pas se permettre de vendre à un prix moins élevé que ses coûts de production sous prétexte de proposer une offre moins chère que son concurrent. Cela nuirait fortement à sa performance financière et, à terme, à sa pérennité.

■ Le prix évoque également le **positionnement d'une offre et son niveau de qualité**. Un prix trop faible peut en effet être synonyme pour le client de défaut de qualité. Il s'agit donc de fixer un prix qui soit en adéquation avec la demande mais aussi avec l'image de marque et le niveau de qualité perçue de l'offre.

B Les modes de fixation du prix

■ Pour fixer au mieux un prix de vente en fonction des objectifs recherchés, le dirigeant doit maîtriser une donnée essentielle : son **niveau de rentabilité** nécessaire. Pour cela, il doit connaître son **coût de revient** (ensemble des charges supportées pour produire une unité) ou son **prix d'achat** (pour les entreprises commerciales) mais également la marge qu'il doit appliquer afin d'atteindre ce niveau de rentabilité.

■ La **marge** est donc la différence entre le prix de vente hors taxe et le coût de revient (ou prix d'achat). Elle permet de générer du **profit** pour l'entreprise lui permettant de couvrir ses frais de structure mais également, si elle est bien calculée, d'obtenir un résultat positif sur un exercice.

■ L'entreprise peut décider de fixer son prix en fonction de son **coût de revient** ou son **prix d'achat** ou encore de son **coût cible** :

Éléments de base du calcul	Calcul de fixation du prix
Coût de revient : ensemble des coûts supportés pour concevoir le produit ou le service coût d'achat de matière premières + coût de production + coût de distribution	**Prix de vente** = coût de revient + marge **Exemple** : une entreprise souhaite obtenir une marge de 100 € par produit vendu. Si le coût de revient unitaire est de 320 €, alors le prix de vente doit être fixé à 420 € (320 + 100).
Prix d'achat : pour une entreprise commerciale, le prix d'achat est le prix hors taxe auquel elle a acheté un produit ou un service dans l'objectif de le revendre en y gagnant une marge commerciale.	**Prix de vente** = prix d'achat + marge **Exemple** : une entreprise commerciale achète un produit à 150 € HT auprès de son fournisseur. Elle souhaite réaliser une marge commerciale de 50 € ; elle doit donc vendre ce produit à 200 €HT (150 + 50).

Éléments de base du calcul	Calcul de fixation du prix
Coût cible : technique permettant de fixer un prix acceptable pour la majorité des consommateurs. Une fois ce prix déterminé, il convient alors d'adapter le montant des coûts à la réalisation d'une marge suffisante.	**Coût cible** = prix de vente – marge **Exemple** : si le prix de vente ne doit pas dépasser 50 € pour rester compétitif et que l'entreprise veut maintenir sa marge unitaire à 15 €, alors le coût cible sera de 35 € (50 – 15).

■ Parfois, la fixation d'un prix par la **méthode du prix acceptable** (coût cible) ne permet pas de maximiser la rentabilité de l'entreprise, la marge devant bien souvent être réduite afin de maintenir la faisabilité du coût cible. La solution est alors de réduire au maximum les coûts. En effet, un coût est une somme de charges qui correspond à une consommation de ressources que l'entreprise réalise dans le cadre de son activité, comme l'achat de matières premières, la consommation énergétique, le transport de ses marchandises… L'enjeu pour le dirigeant est donc de **veiller à la rationalisation** voire à la réduction de ses coûts, en évitant les gaspillages afin d'améliorer la performance financière de son entreprise.

> **EXEMPLE**
> Une entreprise qui fait attention au recyclage de ses eaux usées et installe des pompes à chaleur verra sa consommation énergétique diminuer, donc également ses coûts de production, ce qui entraînera par voie de conséquence une augmentation de son résultat.

6 La relation entre la qualité, le prix et les coûts

■ La **qualité** représente un indicateur important de la valeur perçue d'une offre : plus la qualité d'une offre est importante, plus la valeur perçue de celle-ci augmente et plus l'entreprise peut pratiquer une **politique de prix élevés**. À l'inverse, si la qualité d'une offre est perçue comme insuffisante par les clients, la valeur perçue de l'offre a tendance à diminuer, ce qui a un impact négatif sur le prix de vente acceptable pour les clients. Aussi, la qualité se mesure dans l'ensemble des domaines qui permettent de maximiser la satisfaction des clients : dans l'offre elle-même mais aussi dans ses offres associées comme le service après vente, l'accueil en point de vente, la lisibilité des conditions générales de vente, la rapidité de facturation, les délais de livraison…

■ Une entreprise qui souhaite augmenter son niveau de qualité global met donc en place une **démarche qualité** touchant l'ensemble des processus de l'organisation. Si la démarche qualité a des impacts positifs sur la satisfaction des clients, elle a également un coût que doit supporter l'entreprise.

> **EXEMPLE**
> Le fournisseur proposant le niveau de qualité exigé par la démarche de l'entreprise n'est pas forcément celui dont le produit ou le service est le moins cher, ce qui fait augmenter le prix d'achat. La formation du personnel, afin de garder un niveau de performance social optimal, représente parfois un coût important que l'entreprise doit répercuter dans ses frais de fonctionnement, ce qui diminue la rentabilité de la structure.

■ Cependant, **les défauts de qualité peuvent avoir des répercussions** encore plus néfastes en termes de coûts. En effet, ils peuvent entraîner une baisse de l'image de marque de l'entreprise ou de la marque et, à terme, une désaffection des clients. Les remboursements liés à des produits ou services non conformes présentent également des coûts importants que l'entreprise peut éviter en mettant en place une démarche qualité.

7 La création de valeur conduit-elle toujours à une performance globale ?

L'analyse de la performance de l'organisation doit être envisagée dans ses diverses composantes, c'est-à-dire en établissant un lien entre les résultats obtenus et les aspirations des différents acteurs. Si, pendant longtemps, seules les performances financières des entreprises étaient évaluées, les performances sociales et organisationnelles sont aujourd'hui des enjeux majeurs. Comment ces aspirations sont-elles traduites en termes d'indicateurs ? Comment la performance de l'organisation se situe-t-elle et évolue-t-elle dans le temps ?

1 Performance et organisation

A La notion de performance

■ Dans une organisation, la notion de performance est indissociable de celle de **réussite ou de résultats positifs** correspondant à l'atteinte d'un objectif fixé. Elle s'interprète aussi en fonction de la manière dont l'entreprise a obtenu ces résultats en fonction des moyens mis en œuvre.

■ Si la performance peut être évaluée de manière globale, elle peut également être mesurée dans des domaines particuliers, comme la performance organisationnelle, commerciale, financière ou sociale.

■ Dans la mesure de la performance, on distingue la notion d'efficacité et celle d'efficience :
- une organisation est dite **efficace** lorsqu'elle parvient à atteindre les objectifs fixés ;
- une organisation est dite **efficiente** lorsqu'elle atteint ses objectifs en minimisant ses coûts et en optimisant les ressources qu'elle emploie.

B Les différentes dimensions de la performance dans l'organisation

■ Dans la **performance globale d'une organisation**, on distingue aujourd'hui différentes dimensions. En effet, les entreprises ne peuvent plus limiter leurs analyses de performance au seul point de vue financier. Elles doivent prendre en compte les aspirations de l'ensemble de leurs parties prenantes (salariés, actionnaires, fournisseurs…) pour assurer leur pérennité.

■ Une entreprise qui souhaite devenir **globalement plus performante** doit donc s'engager dans l'optimisation de l'ensemble des domaines (financier, organisationnel, commercial et social), fixer des objectifs atteignables dans ces différentes dimensions, mettre en place des critères d'évaluation et suivre des indicateurs de performance.

C Les indicateurs de performance

■ Un indicateur de performance est un outil que l'organisation utilise afin de mesurer un aspect de la performance. Cet outil doit être pertinent au regard du sujet étudié, pratique et lisible pour son utilisateur.

■ On distingue généralement 2 types d'indicateur :
- des **indicateurs quantitatifs** qui donnent des résultats chiffrés, quantifiables. Dans ce cas, ils peuvent être en valeur brute (par exemple, 30 salariés sont démotivés) ou en valeur relative (par exemple, 8 % des salariés sont démotivés) ;
- des **indicateurs qualitatifs** qui se rapportent à des jugements, des faits non quantifiables.

■ Pour que ces indicateurs soient efficaces, ils doivent être suivis par des personnes compétentes et, en cas de résultats négatifs, des **mesures correctives doivent être prises**.

■ Les indicateurs sont différents en fonction du domaine de performance observé.

> **EXEMPLE**
> Si l'on observe la performance financière, on peut suivre comme indicateur « le résultat ». Pour suivre la performance commerciale, on peut prendre comme indicateur « le chiffre d'affaires ».

■ Afin de suivre l'évolution de ces indicateurs, l'organisation établit un tableau de bord.

doc
Construire un tableau de bord
foucherconnect.fr/19pbstmg08

2 La performance commerciale

A Les indicateurs quantitatifs de la performance

	Modalité de mesure	Utilisation
Le chiffre d'affaires	Nombre d'unités commerciales vendues × prix unitaire	▶ Il permet de mesurer le niveau d'activité commerciale de l'organisation. ▶ Pour augmenter le chiffre d'affaires, l'entreprise peut donc avoir recours à une augmentation du prix ou développer le volume de ses ventes.
La part de marché (PDM)	▶ **En volume** : quantité vendue par l'entreprise/total des quantités vendues sur le marché × 100 ▶ **En valeur** : chiffre d'affaires réalisé par l'entreprise/total du chiffre d'affaires du marché × 100	▶ Elle permet de mesurer le poids de l'entreprise sur son marché en valeur comme en volume, et ainsi de la classer vis-à-vis de ses concurrents (position concurrentielle de leader, challenger ou suiveur). ▶ Elle donne une indication sur sa compétitivité.

En fonction de sa PDM, une entreprise peut avoir 3 types de position concurrentielle :

Le leader (ou chef de file)	Le challenger	Le(s) suiveur(s)
Entreprise qui enregistre la plus grande part de marché de tous les concurrents	Entreprise qui enregistre la 2e meilleure part de marché	Toutes les autres entreprises derrière le challenger

7 LA CRÉATION DE VALEUR CONDUIT-ELLE TOUJOURS À UNE PERFORMANCE GLOBALE ? **COURS**

SC. DE GESTION ET NUMÉRIQUE

B Les indicateurs qualitatifs de la performance

■ Au-delà d'une vision purement chiffrée de la performance commerciale, il convient, afin d'avoir une idée plus précise, de regarder les **relations** qu'une entreprise entretient avec ses **publics** : clients, usagers, adhérents, donateurs… Plus ses relations sont bonnes et durables, plus il est facile pour l'entreprise d'assurer un certain niveau d'activité.

■ La **fidélité** de la clientèle ou des usagers est un indicateur important qui permet de décrire le comportement d'un public pour consommer une offre de manière répétée auprès d'une même entreprise. Elle est souvent associée à la conséquence positive de la **satisfaction** de l'individu concerné.

■ Pour augmenter la fidélité de ses publics, l'entreprise met en place des **processus de fidélisation** qui lui permettent de construire dans le temps une relation étroite entre son offre et ses clients.

> **EXEMPLE**
>
> Mettre en place une carte de fidélité donnant droit au porteur à des avantages exclusifs, l'incitant ainsi à continuer à consommer dans l'enseigne.

■ Si la fidélisation des publics est un **enjeu majeur** pour une entreprise, c'est parce qu'il est beaucoup plus coûteux pour elle de **prospecter** de nouveaux clients que de fidéliser les actuels. Il est donc important pour une entreprise de savoir conserver ses clients afin de minimiser les coûts de prospection. De plus, des clients fidèles sont une source de chiffre d'affaires assuré, garant d'un niveau d'activité minimum.

> **À SAVOIR**
>
> La **prospection** est un processus de l'activité commerciale d'une organisation dont l'objectif est d'attirer de nouveaux clients à la consommation de l'offre.

EXERCICE CORRIGÉ

En 2017, l'entreprise Martin SARL, qui produit des vélos « haut de gamme » et « sur mesure », a vendu 514 unités en France. Il s'agit de 80 vélos de plus qu'en 2016 pour un objectif qui était d'augmenter le chiffre d'affaires de 10 %. Le prix moyen d'un vélo sortant de ses ateliers est de 5 200 euros.

Martin SARL n'est qu'un petit acteur loin derrière le leader et le challenger d'un marché de près de 2 milliards d'euros de chiffre d'affaires pour 3 000 000 de vélos vendus en 2017. **Commentez la performance commerciale de l'entreprise Matin SARL.**

CORRIGÉ

L'entreprise Martin SARL réalise un chiffre d'affaires :
- en 2016 de : $(514 - 80) \times 5\ 200 = 2\ 256\ 800$ euros
- en 2017 de : $514 \times 5\ 200 = 2\ 672\ 800$ euros
Soit une progression de : $((2\ 672\ 800 - 2\ 256\ 800)/2\ 256\ 800) \times 100 = 18,13\ \%$
Du point de vue du chiffre d'affaires, l'entreprise est performante puisqu'il augmente et que l'entreprise a quasiment doublé l'objectif fixé de 10 %.
En ce qui concerne :
- sa PDM, en volume en 2017 : $(514/3\ 000\ 000) \times 100 = \mathbf{0,02\ \%}$
- sa PDM, en valeur en 2017 : $(2\ 672\ 800/2\ 000\ 000\ 000) \times 100 = \mathbf{0,13\ \%}$
On constate qu'il s'agit bien d'un tout petit acteur qui pèse peu sur le marché (moins de 1 % de PDM) et qui est donc un suiveur lointain qui ne fait que peu de concurrence aux tenants du marché.

© Éditions Foucher

3 La performance financière

■ Il existe deux indicateurs majeurs et mesurables comptablement pour évaluer la performance financière d'une entreprise.

	Modalité de mesure	**Utilisation**
Le taux de rentabilité	Résultat net de l'exercice/ capitaux propres	Il permet de mesurer la capacité d'une entreprise à employer au mieux ses capitaux propres afin d'en dégager un maximum de profit, source de rémunération pour les actionnaires et les associés.
Le taux de profitabilité	Résultat net de l'exercice/ chiffre d'affaires	Il détermine la capacité d'une entreprise à dégager du profit de son activité.

■ Les **dividendes** représentent la rémunération des actionnaires de manière proportionnelle au nombre de leurs actions (soit de leur investissement dans le capital de l'entreprise). Ainsi, plus la somme de dividendes est importante par action, plus l'entreprise montre sa capacité à générer des profits, **ce qui est un indice important de performance financière**.

■ Une entreprise financièrement performante est également capable de pratiquer l'**autofinancement**. Il consiste, pour une entreprise, à utiliser une partie de son résultat positif (bénéfices non distribués) pour financer son activité, et donc investir sans avoir nécessairement recours à l'emprunt bancaire. Pour permettre l'autofinancement, l'entreprise doit convaincre ses actionnaires de l'intérêt à long terme de renoncer à une partie de leurs rémunérations (de baisser leurs dividendes), afin de maintenir sa compétitivité.

4 La performance sociale

A Le bilan social

■ La performance sociale est assez éloignée de la performance commerciale ou financière car elle ne relève pas directement de l'activité économique de l'organisation. Elle concerne différents aspects de la vie des salariés en entreprise, comme les conditions de travail, les niveaux de rémunération, de formation…

■ Le **bilan social** est un outil qui dresse l'état des lieux de la situation du personnel dans l'entreprise. S'il est obligatoire dans les entreprises de plus de 300 salariés depuis 1977, il est de plus en plus utilisé par des entreprises plus petites car il **contribue au dialogue social**. En effet, il permet de repérer des axes d'amélioration en termes de gestion des ressources humaines ou également de conditions de travail. On y retrouve des **informations légales** comme les chiffres sur l'emploi, les types de contrats de travail, les rémunérations, les conditions d'hygiène et de sécurité, la formation, etc.

■ Le bilan social doit être établi par le chef d'entreprise et soumis à l'Inspection du travail chaque année.

7 LA CRÉATION DE VALEUR CONDUIT-ELLE TOUJOURS À UNE PERFORMANCE GLOBALE ? **COURS**

B **Quelques exemples d'indicateurs sociaux**

Indicateurs	Modalité de mesure	Utilisation
Taux d'absentéisme	Nombre de jours d'absence totale d'une entreprise sur une période (hors congés payés)/ nombre de jours total de travail sur la même période	Il permet de mesurer le climat social et le niveau de motivation des salariés.
Nombre d'accidents du travail	Nombre d'accidents du travail enregistrés sur une période donnée	Il permet d'évaluer le niveau de sécurité des postes de travail et la formation du personnel aux règles de sécurité.
Taux d'emplois précaires	Nombre de contrats de travail hors CDI/nombre total de contrats de travail sur une période donnée	C'est une source d'inquiétude pour les salariés. Plus une entreprise est en mesure d'assurer l'embauche de son personnel en CDI, plus elle met en place un climat social favorable.
Nombre moyen d'heures de formation	Nombre d'heures de formation sur une période donnée/effectif de l'organisation sur la même période	Il donne une idée de la capacité d'une entreprise à mettre en place une gestion prévisionnelle de l'emploi et de ses compétences, source de compétitivité.

5 La performance environnementale

■ La performance environnementale se définit comme la mesure, par une organisation, de sa **maîtrise de ses aspects environnementaux sur la base de sa politique environnementale**, **de ses objectifs et cibles environnementaux**.

■ Afin d'améliorer la performance environnementale, l'organisation peut utiliser un outil de gestion lui permettant de s'organiser de manière à réduire et maîtriser ses impacts sur l'environnement : le **système de management environnemental (SME)**. Il est caractérisé par des normes ISO : ISO 14001 ; ISO 14004.

■ Les principaux objectifs du SME sont de : respecter la réglementation avec un dépassement des objectifs initiaux ; maîtriser les risques pour l'organisation ; maîtriser les coûts déchets par des économies d'énergie et de matière première ; se différencier par rapport à la concurrence ; valoriser l'image de l'entreprise ; communiquer de manière transparente vis-à-vis du personnel, des riverains, des clients, des assureurs.

■ L'organisation, afin de **mesurer sa performance**, met en place un **audit environnemental**, c'est-à-dire un instrument de gestion comprenant une **évaluation systématique, documentée, périodique et objective** de l'efficacité de l'organisation, du système de gestion et des procédures destinées à la protection de l'environnement. Cet audit peut être externe (réalisé par des entités externes à l'entreprise auditée) ou interne (réalisé par le personnel de l'entreprise).

 # doc
Schéma d'un système de management environnemental (SME)
foucherconnect.fr/ 19pbstmg09

SC. DE GESTION & NUM

8 Quelle prise en compte du temps dans la gestion de l'organisation ?

L'horizon de l'organisation est ordonné en termes échelonnés : court, moyen et long termes avec des niveaux décisionnels différents (opérationnel/stratégique) et des degrés variables quant à la valeur de l'information disponible. Pour faire face aux contraintes temporelles, l'organisation utilise des outils et des méthodes d'aide à la prévision et à l'homogénéisation de la valeur par rapport au temps.

1 L'impact du temps sur la prise de décisions

La décision est un acte essentiel de la vie des organisations. Elle est contrainte par le temps, qui a un impact sur la nature même de la décision, son degré d'incertitude et de risque.

A L'horizon temporel

■ L'**horizon temporel** d'une organisation doit être échelonné en fonction de délais plus ou moins longs : court, moyen et long termes.

■ Les décisions qui sont prises dans une **perspective à court terme** sont d'ordre **opérationnel**, et sont en général prises rapidement sans avoir nécessairement besoin d'un niveau d'information élevé tant le degré d'incertitude est faible.

■ Les décisions à **moyen ou long terme** nécessitent un recul et une préparation beaucoup plus longue. En effet, elles engagent généralement l'entreprise sur une **longue période** et sont donc d'ordre **stratégique**. Le degré d'incertitude est alors beaucoup plus élevé car il est lié à un avenir incertain dont on ne maîtrise pas tous les facteurs environnementaux. Ces décisions se caractérisent par leur **irréversibilité** (il est difficile pour une entreprise qui a pris une décision stratégique de revenir en arrière) et le **niveau important de ressources qu'elles engagent** dans le temps. Il convient pour un dirigeant de prendre toutes les précautions nécessaires à la prise de ce genre de décisions afin de ne pas mettre en péril la pérennité de son organisation.

B La période liée aux contraintes de l'organisation

En fonction de ses **contraintes**, l'organisation doit découper le temps en périodes plus ou moins longues, à l'issue desquelles elle doit produire des documents officiels ou prendre des mesures légales (voir tableau ci-après).

C L'actualité et la pérennité de l'information

■ L'information devient un enjeu majeur pour les organisations ; elle est un **véritable outil stratégique**.

© Éditions Foucher

8 QUELLE PRISE EN COMPTE DU TEMPS DANS LA GESTION DE L'ORGANISATION ? **COURS**

■ Afin d'améliorer sa compétitivité, l'entreprise doit donc organiser une **veille**, c'est-à-dire une **démarche organisée de collecte**, **traitement d'informations** et **diffusion de connaissances** utiles à la maîtrise de son environnement (menaces et opportunités) et à la prise de décision.

■ Ce processus d'aide à la décision utilise des outils spécifiques, mobilise les salariés et s'appuie sur l'animation de réseaux internes et externes. Parmi les différents types de veille, il faut distinguer **la veille active** (surveillance de l'environnement centrée sur un objet ou un domaine identifiés, qui sont donc l'objet d'une investigation) de **la veille passive** (surveillance de l'environnement sans but et objet précisément définis).

Types de contraintes	Exemple
Institutionnelles Obligations légales inhérentes à la forme juridique de la structure	▶ Publication des résultats : à la clôture de chaque exercice comptable (d'une durée de 1 an), l'organisation doit publier ses comptes annuels (bilan et compte de résultat). ▶ Durée hebdomadaire légale de travail : la période légale de travail hebdomadaire est fixée par une contrainte légale à 35 heures par semaine. ▶ Obligation mensuelle d'établir les bulletins de salaires : la période est ici mensuelle (1 mois). ▶ Obligation fiscale : déclaration mensuelle de la TVA, et paiement annuel des impôts.
Sectorielles En fonction du secteur d'activité, l'organisation ne connaît pas les mêmes périodes	▶ Les variations saisonnières : les entreprises tournées vers les activités des sports d'hiver ne connaissent pas la même saisonnalité que les entreprises de tourisme balnéaire. Ces périodes de forte activité ont des impacts sur la gestion de ces organisations (par exemple, embauche de saisonniers). ▶ La longueur du cycle de production : il correspond au temps nécessaire pour la transformation des matières premières en produits finis. Cette période peut être très courte comme dans la production de cure-dents ou beaucoup plus longue comme dans le secteur automobile.
Technologiques Les technologies évoluent en permanence, il s'agit donc pour l'organisation de prévenir l'obsolescence de ses matériels pour rester compétitive	L'obsolescence des logiciels informatiques : l'organisation disposant d'un parc informatique doit provisionner dans ses budgets son renouvellement régulier afin d'éviter son obsolescence aggravée.

❷ Les outils de prospective

A L'enquête : une méthode de recueil de l'information

■ Le temps est source d'incertitude pour l'organisation. En effet, celle-ci ne peut pas toujours prévoir les fluctuations de son environnement qui est par définition instable. Cependant, elle a besoin de prendre des décisions qui ont un impact sur le long terme. L'enjeu est donc de chercher à **réduire l'incertitude** qui pèse sur ses prises de décision.

■ Pour cela, elle rassemble de l'information qu'elle rend la plus qualitative possible. Cette information peut être d'origine interne (comme ses bases de données) ou externe (fournie pas des organismes de sondage ou des agences spécialisées dans les études de marché).

■ L'**enquête** est une méthode de recueil d'information qui consiste à interroger ponctuelle-ment ou à échéance régulière un **panel** ou un échantillon de clients ou de consommateurs. Pour être efficace, l'échantillon doit être le plus représentatif possible de la population mère (par exemple, le pourcentage de femmes dans l'échantillon doit être le même que celui de la population mère).

■ L'enquête se déroule généralement *via* un **questionnaire** qui peut être administré en ligne, par téléphone, par courrier ou encore en face-à-face. C'est une source d'information fiable, pertinente et actuelle.

■ L'analyse des résultats obtenus par l'enquête est une source de connaissances pour l'or-ganisation : cela lui permet de comprendre ses résultats passés mais également de prévoir et de planifier ses actions futures tout en mesurant les risques de ses prises de décision.

B Le seuil de rentabilité

■ Pour qu'une activité soit rentable, le chiffre d'affaires généré doit couvrir les **charges fixes** et les **charges variables** indispensables à la production :
- une **charge variable** évolue en fonction de l'activité de l'organisation et de la quantité d'unité produite ;

> **EXEMPLE**
> La consommation de matière première varie selon le nombre d'unités produites.

- une **charge fixe** reste constante quel que soit le nombre d'unités produites.

> **EXEMPLE**
> Le salaire d'un ouvrier ou le loyer d'un local ne varient pas quel que soit le nombre d'unités produites.

■ Le **seuil de rentabilité** est le niveau d'**activité** (c'est-à-dire de chiffre d'affaires à réaliser) pour lequel le résultat est nul (il amortit l'ensemble des charges fixes). Ainsi, si le chiffre d'affaires de l'organisation est plus faible que le seuil de rentabilité, l'entreprise enregistre des **pertes** ; sinon, elle produit des **bénéfices**.

■ L'enjeu pour une entreprise est donc de parvenir le plus rapidement possible lors son exercice **à atteindre son seuil de rentabilité**, afin de produire le maximum de bénéfices.

> **À SAVOIR**
> ▶ Pour calculer le seuil de rentabilité il faut tout d'abord calculer :
> - les **coûts fixes** (total des charges fixes = CF) ;
> - les **coûts variables** (total des charges variables = CV).
> ▶ Il faut ensuite calculer la différence entre le **chiffre d'affaires** (CA) et les coûts variables (CV), appelée **marge sur coût variable (MCV)** : MCV = CA − CV.
> ▶ Puis il convient de calculer le **taux de marge sur coût variable (TMCV)** qui représente la part de la marge comprise dans le chiffre d'affaires : TMCV = MCV/CA.
> ▶ On peut alors calculer le **seuil de rentabilité (SR) en euros** : SR = CF/TMCV.
> ▶ Puis le **seuil de rentabilité en quantité** : SR quantité = SR/prix de vente unitaire.

C L'actualisation des flux financiers

■ Pour planifier ses projets dans le temps, l'entreprise doit **prévoir des encaissements et des décaissements futurs**. Aussi, pour pouvoir comparer ses flux monétaires réalisés à des périodes différentes, elle doit procéder à l'actualisation des valeurs.

■ Pour cela, on utilise la formule : $V_0 = V_n (1 + t)^{-n}$ avec V_0 = valeur actuelle (au temps 0), t = taux d'actualisation, V_n = valeur au temps n, n = nombre de périodes.

> **EXEMPLE**
> Une organisation prévoit de revendre dans 2 ans un immeuble pour 800 000 euros. Taux d'actualisation : 4 %. La valeur actuelle de cette somme est de : $800\,000 \times (1 + 4\%)^{-2}$ = 739 645 euros. En d'autres termes, il est indifférent pour l'organisation de vendre cet immeuble pour 800 000 euros dans 2 ans, ou de recevoir immédiatement 739 645 euros.

D La démarche budgétaire

■ Un budget est nécessaire pour toute organisation afin de **chiffrer un programme d'actions** (veiller à bénéficier des fonds nécessaires pour financer ses projets), mais aussi de veiller à l'**équilibre de la trésorerie** selon les encaissements (paiement des clients, remboursement de la TVA) et des décaissements (paiement des salaires, remboursements d'emprunts...).

■ Le budget doit tenter d'être toujours **à l'équilibre** (proche de zéro) afin d'éviter les frais bancaires. Pour cela, le solde du mois (encaissements – décaissements) doit être positif. Le comptable doit donc avoir une démarche prévisionnelle en tenant compte des décalages entre la date de réalisation d'une opération, et son impact dans la trésorerie consécutif à un paiement effectif.

4 Les outils de planification et de gestion du temps

■ Il existe de nombreux outils permettant aux collaborateurs de planifier leurs tâches et de gérer des projets sur une durée plus ou moins longue. Ces outils permettent de gagner du temps et donc d'optimiser la productivité des équipes.

■ Parmi les outils on peut citer :
- l'**agenda partagé** ;
- les **tableaux de répartition des tâches** (TRT), qui permettent de visualiser en un coup d'œil la répartition des tâches entre les différents collaborateurs ;
- les **plannings**, qui permettent de contrôler les dates limites de production des livrables ;
- le **diagramme de Gantt**, une représentation graphique qui permet de visualiser un projet dans son ensemble en mettant l'accent sur les différentes tâches, leurs implications mutuelles (les contraintes d'antériorité), les délais impartis et le niveau d'avancement.

SC. DE GESTION & NUM

9 L'amélioration de la performance est-elle sans risque ?

La recherche de l'amélioration de la performance peut s'accompagner de risques pour l'organisation, voire les générer. Leur prise en compte nécessite d'en identifier les origines, liées aux aléas ou au temps. Il convient alors pour l'organisation de tenter d'anticiper la réalisation de ces risques ou d'en limiter ces effets.

1 Le risque et ses facteurs

A La notion de risque

Le risque est un **danger éventuel**, inhérent à une situation ou à une activité, plus ou moins prévisible : c'est une **menace potentielle**. S'il survient, un risque peut avoir des **conséquences néfastes** pour une organisation allant du simple contretemps dans les délais, de la dégradation des ressources, à l'incapacité à atteindre ses objectifs.

> **EXEMPLE**
>
> Lors du lancement d'une innovation stratégique, si l'entreprise se fait devancer par son concurrent, cela remet en cause les objectifs mis en place pour ce projet, la rentabilité des investissements consentis pour cette innovation, mais également l'image de marque de l'entreprise. Cela peut donc avoir des répercussions sur la performance commerciale et financière de l'entreprise.

B La notion de facteur de risque

> **EXEMPLE**
>
> De mauvaises conditions météorologiques peuvent augmenter le risque d'accident du travail pour les chauffeurs routiers ; la fatigue d'une salariée dans l'industrie chimique peut être source d'erreur dans les dosages.

■ Un facteur de risque est un élément, un fait ou une occurrence susceptible de favoriser l'**émergence du risque**. Les facteurs de risque peuvent être d'origine très diverse, et sont parfois indépendants de l'activité de l'entreprise.

■ Pour réduire l'influence de ces facteurs sur son activité, l'entreprise cherche à identifier au mieux ces facteurs, à mettre en place des actions correctives et des procédures qualité afin d'en diminuer les survenances.

2 Les facteurs de risque externes

A L'évolution de la demande

> **EXEMPLE**
>
> Le scandale de la découverte de traces de viande de cheval dans des plats surgelés a fait s'effondrer la demande de plats préparés à base de viande.

■ La demande sur un marché est très **fluctuante** : elle peut être très forte pendant un temps puis baisser brutalement. La **conjoncture économique**, un scandale sanitaire, l'apparition d'un nouveau concurrent, des conditions météorologiques ou encore l'apparition d'une nouvelle tendance peuvent avoir un impact sur la consommation.

■ Il est donc très compliqué pour une entreprise de **prévoir ses volumes de ventes futures**. Certaines entreprises optent donc pour des modèles de production « en flux tendu » ou « à la demande » afin d'éviter la production de stocks qui représentent un coût important pour les entreprises en cas de difficultés de vente.

B Le cycle de vie du produit

La vie d'un produit est rythmée par des moments où les ventes décollent et d'autres où elles se tassent, voire s'effondrent. S'il est difficile de déterminer avec précision ces délais, l'entreprise a tout intérêt à voir les phases ascendantes durer et retarder au maximum les phases de dégradation des ventes :

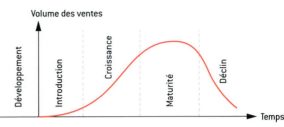

Les phases de cycle de vie d'un produit

- le **développement** : après une phase d'étude, de recherche et de test, un nouveau produit est prêt à être lancé sur un marché ;
- l'**introduction ou le lancement** : c'est une phase de test en condition réelle. Le produit est présenté au marché et l'entreprise observe l'évolution de la demande. Pendant ce lancement, l'entreprise investit des sommes importantes dans la publicité afin de faire connaître rapidement le produit auprès des consommateurs. Si sa progression est insuffisante, le produit peut être rapidement retiré du marché ;
- la **croissance** : si la phase de lancement a été positive, on observe généralement une phase pendant laquelle la demande augmente de façon importante. C'est pendant cette période que l'entreprise doit tenter de gagner un maximum de PDM sur ses concurrents ;
- la **maturité** : elle correspond à une stagnation de la demande à son point le plus élevé. Le produit apporte alors un maximum de rentabilité à l'entreprise qui n'est plus obligée d'investir dans la publicité ;
- le **déclin** : il s'agit de l'essoufflement de la demande : les ventes s'effondrent, souvent à cause d'une lassitude des consommateurs ou d'une obsolescence de l'offre. L'entreprise peut alors faire le choix d'abandonner l'offre ou investir de nouveau sur celle-ci afin de générer une nouvelle croissance.

C Les risques liés aux évolutions technologiques

■ En raison de la course à la technologie et de la recherche de différenciation, les entreprises cherchent à **innover**. Certaines sont à l'origine de **rupture technologique**, comme Apple.

■ La **rupture technologique** est la conception, le développement et l'introduction d'une innovation technologique radicale, c'est-à-dire d'une technologie profondément différente des technologies dominantes.

■ L'inconvénient est que les entreprises sont confrontées à **l'obsolescence** de plus en plus rapide du matériel et des technologies, c'est-à-dire à la **dépréciation de leur matériel équipement** avant son usure matérielle. Attention, certaines entreprises surfent sur la vague du renouvellement systématique de la demande et du marketing de l'esthétisme. Cependant, ce phénomène appelé **obsolescence programmée** engendre des problèmes de réputation, financiers et de poursuites judiciaires (lutte contre l'empreinte environnementale).

■ Le secrétaire d'État à la Transition écologique et solidaire a annoncé la mise en place d'ici à 2020 d'un **indice de durée de vie des produits électroniques et électroménagers**. Il s'agirait d'une gradation de 1 à 10 destinée à évaluer la robustesse, la durabilité et le caractère réparable du produit.

D Les risques liés à l'approvisionnement

■ Dans le cadre de son activité, l'entreprise est amenée à faire appel à de nombreux **fournisseurs** qui peuvent à tout moment se montrer défaillants : baisse de qualité, retards dans les délais de livraison, rupture, problèmes financiers… Les conséquences de ces défaillances peuvent être importantes pour une entreprise et peuvent aller jusqu'à l'arrêt de la production et l'obligation de mettre le personnel au chômage technique.

■ Aussi, afin d'augmenter la rentabilité en réduisant les coûts de leur activité, les entreprises essayent de diminuer au maximum leurs stocks, produisant dans une logique de **flux tendu**. Ce choix rend les entreprises de plus en plus dépendantes de leurs fournisseurs et vulnérables à leurs défaillances.

■ Les entreprises peuvent également être touchées par des **augmentations du coût des matières premières**. Cela peut remettre en cause la rentabilité de l'activité et la compétitivité de l'offre d'une entreprise en cas de répercussion de l'augmentation de tarif.

3 Les facteurs de risques internes

A Les risques inhérents aux ressources humaines

■ L'**embauche d'un collaborateur** est une décision lourde de conséquences pour l'organisation. Malgré le soin que la structure porte au choix du candidat, la certitude de trouver le « bon profil » reste illusoire. La **période d'essai** permet de « tester » la compatibilité et l'adéquation du candidat aux besoins de l'entreprise.

■ Les baisses de motivation, le *turn-over* important, les arrêts maladies, l'absentéisme, les conflits sociaux sont autant d'événements qui peuvent perturber l'activité d'une entreprise et diminuer sa productivité.

■ Les services de gestion des ressources humaines et la direction doivent donc veiller à **maintenir un climat social favorable et garantir des conditions de travail optimisées**.

B Les risques liés à l'investissement

■ L'entreprise investit pour diverses raisons : **rester compétitive** en améliorant son outil de production, gagner des parts de marché sur ses concurrents, se développer sur de nouveaux marchés… Cependant, si les investissements engagés le sont de manière certaine, les retombées économiques le sont beaucoup moins.

■ L'enjeu pour l'entreprise est de prendre ses décisions avec un niveau d'information le plus élevé possible afin de réduire ces incertitudes et veiller à garantir la pérennité de son activité.

C Les risques liés à l'activité commerciale

■ Lorsqu'une offre ne rencontre pas son marché (une **demande insuffisante**), malgré les efforts commerciaux déployés, les répercussions économiques peuvent toucher fortement la performance commerciale et financière d'une entreprise et fragiliser son équilibre financier. Les études de marché préalables ont donc pour objectif d'atténuer ce type de risque en tentant de mieux cerner les besoins des consommateurs.

■ Les défaillances des clients dans le paiement de leurs factures peuvent compliquer la gestion de la trésorerie d'une entreprise. Le **recouvrement des créances** est une problématique récurrente dans de nombreuses entreprises qui cherchent à en diminuer les effets en vérifiant préalablement la solvabilité des futurs clients.

DROIT ET ÉCONOMIE

Évaluation du Droit et économie au bac 70

DROIT

1 Qu'est-ce que le droit ? 71

2 Comment le droit permet-il de régler un litige ? 76

3 Qui peut faire valoir ses droits ? 82

4 Quels sont les droits reconnus aux personnes ? 86

ÉCONOMIE

5 Quels sont les grandes questions économiques et leurs enjeux actuels ? . 90

6 Comment se crée et se répartit la richesse ? 99

7 Comment les ménages décident-ils d'affecter leur revenu ? 105

8 Quels modes de financement de l'activité économique ? 109

9 Les marchés des biens et services sont-ils concurrentiels ? 112

DROIT

Évaluation du Droit et économie au bac

Le programme de droit et d'économie enseigne les règles et les mécanismes juridiques qui régissent le fonctionnement de la société, les rapports entre les personnes ainsi que les enjeux économiques, sociaux et environnementaux.

1 Le programme

■ **Le programme de droit** se décline en plusieurs thèmes, eux-mêmes divisés en sous-thèmes :
- le thème 1 « **Qu'est-ce que le droit ?** » aborde le droit et les fonctions du droit, la règle de droit et les sources du droit ;
- le thème 2 « **Comment le droit permet-il de régler un litige ?** » se concentre sur le litige, la preuve et le recours au juge ;
- le thème 3 « **Qui peut faire valoir ses droits ?** » permet d'étudier la personne juridique, la personne physique, la personne morale, la capacité et l'incapacité, et le patrimoine ;
- le thème 4 « **Quels sont les droits reconnus aux personnes ?** » se focalise sur les droits extrapatrimoniaux, le droit de propriété, le droit de propriété sur les biens corporels et le droit propriété sur les biens incorporels.

■ **Le programme d'économie** se décline lui aussi en plusieurs thèmes, eux-mêmes divisés en sous-thèmes :
- le thème 1 « **Quelles sont les grandes questions économiques et leurs enjeux actuels ?** » aborde les agents économiques et les différents types de biens et services, les décisions du consommateur et du producteur, les échanges économiques ;
- le thème 2 « **Comment la richesse se crée-t-elle et se répartit-elle ?** » se concentre sur la combinaison des facteurs de production, la mesure de la production et ses prolongements et la dynamique de la répartition des revenus ;
- le thème 3 « **Comment les ménages décident-ils d'affecter leur revenu ?** » permet d'étudier l'arbitrage entre consommation et épargne, le pouvoir d'achat des ménages, la structure de consommation des ménages ;
- le thème 4 « **Quels modes de financement de l'activité économique ?** » se focalise sur la situation des agents économiques et les modalités de financement de l'activité économique ;
- le thème 5 « **Les marchés des biens et services sont-ils concurrentiels ?** » s'intéresse au degré de concurrence selon les marchés et aux stratégies pour dépasser l'intensité concurrentielle.

2 Les modalités d'évaluation

■ La spécialité Droit et économie est évaluée tout au long des années de Première et Terminale grâce aux notes des bulletins scolaires (coefficient 10) pris en compte pour la note finale.

■ L'élève est également évalué grâce à une épreuve finale, affectée d'un coefficient 16, en Terminale.

© Éditions Foucher

1 Qu'est-ce que le droit ?

Le droit est l'ensemble des règles qui organisent la société. Elles sont fondées sur des valeurs communes. Elles sont diverses mais complémentaires et émanent d'autorités légitimes. Elles sont des normes qui constituent l'ordre public qui nous permet d'exercer nos libertés paisiblement dans une société pacifiée.

1 Le droit et les fonctions du droit

Être citoyen français, c'est adhérer aux valeurs qui nous sont communes, inscrites dans la Constitution de la nation française. C'est aussi respecter les **principes fondateurs de la République**, notamment les droits de l'homme. Les valeurs de la République fondent des principes et des droits fondamentaux qui sont déclinés en droit dans la Constitution et dans les règlements intérieurs des organisations. Notre devise est : liberté, égalité fraternité.

A Les principes du droit français

a La liberté

■ La liberté n'est pas de faire ce que l'on veut sans tenir compte de nos concitoyens : elle a pour limite la liberté des autres.

■ La liberté est une valeur déclinée sous la forme de nombreux droits fondamentaux comme le droit d'expression, le droit de circuler, le droit à l'intégrité de notre corps mais aussi le droit de se syndiquer, le droit de grève des salariés, le droit de mener une activité professionnelle qui nous convient.

b L'égalité

■ L'égalité signifie que nous sommes égaux en droit devant la loi. Il ne peut pas y avoir de discrimination : le droit s'applique de la même manière à tous quels que soient notre sexe, notre origine, nos croyances ou non croyance. Les hommes et les femmes sont égaux en droit. Nous avons par exemple tous sans discrimination le droit de travailler pour subvenir à nos besoins.

■ La laïcité est un principe constitutionnel qui peut être rattaché à l'égalité car il n'y a pas de religion d'État, la République respecte toutes les croyances ou la non-croyance de façon égale. La religiosité est du domaine privé, elle n'a pas de raison d'être dans la sphère publique pour le respect de notre liberté de ne pas croire ou de croire.

c La fraternité

La fraternité signifie que nous sommes solidaires les uns des autres. Nous devons assistance à ceux qui connaissent des difficultés pour subsister.

> **À SAVOIR**
>
> La Nation assure à l'individu et à la famille les conditions nécessaires à leur développement. Elle garantit à tous, notamment à l'enfant, à la mère et aux vieux travailleurs, la protection de la santé, la sécurité matérielle, le repos et les loisirs. Tout être humain qui, en raison de son âge, de son état physique ou mental, de la situation économique, se trouve dans l'incapacité de travailler a le droit d'obtenir de la collectivité des moyens convenables d'existence (préambule de la Constitution).

B Les fonctions du droit

■ Le droit est l'ensemble des règles qui régissent les rapports entre les personnes dans la société. Ses fonctions sont :
- **d'organiser la société** car il définit les statuts et les rapports entre les personnes. Chaque personne en tant que sujet, c'est-à-dire en tant qu'être agissant doté d'une conscience, est pourvue de droits subjectifs qui lui permettent d'agir dans les limites déterminées par le droit positif qui est constitué par l'ensemble des règles de droit ;
- **de pacifier la société**. Personne ne peut faire valoir ses intérêts privés, se faire justice par l'usage de sa force : seule la force publique est légitime.

■ L'**ordre public** désigne **l'ensemble des principes et des règles de droit** qui constituent des normes auxquelles les magistrats se réfèrent pour résoudre les conflits, assurer la sécurité des personnes, ainsi que des biens et guider nos comportements.

2 La règle de droit

A Une règle générale

■ Nous sommes égaux devant le droit. Or, les situations particulières que nous rencontrons sont multiples et variées. **Il ne peut pas y avoir une règle pour toutes les situations** et la règle ne peut pas tenir compte de toutes les situations particulières. La règle de droit est donc nécessairement rédigée de façon générale pour être applicable à l'ensemble des situations qui s'y rapportent et respecter le principe d'égalité.

■ **La règle de droit** s'adresse de façon impersonnelle à des catégories de personnes confrontées au même type de situations.

> **À SAVOIR**
>
> **La qualification** consiste à identifier les catégories juridiques de personnes ou de faits dans les situations particulières pour savoir quelles règles de droit leur sont applicables :
> - **on qualifie les personnes** en distinguant, par exemple, les personnes physiques des personnes morales, les clients, les consommateurs, les citoyens, les personnes majeures, les personnes mineures, les salariés, les artisans, les commerçants, les employeurs, les victimes, etc. ;
> - **on qualifie les faits** en déterminant s'il s'agit d'une vente de marchandise, des modalités d'exécution d'une obligation contractuelle, de la transmission d'un patrimoine, d'un plagiat, d'une contrefaçon, d'une infraction, d'un délit, d'un crime, etc.
> Entraînez-vous à qualifier les personnes et les faits en fin de chapitre.

B Une règle abstraite

■ La règle de droit est rédigée de façon abstraite à partir de concepts juridiques dont il faut connaître la signification. Cela permet l'interprétation du juge. Ainsi, la règle de droit s'adapte avec souplesse à la variété des situations rencontrées.

■ Si elle était trop concrète, elle ne serait applicable qu'à une réalité déterminée à un ensemble limité de situations. Il faudrait sans cesse la modifier pour l'adapter à des situations imprévues. Or, **une règle de droit s'applique dans la durée de façon permanente jusqu'à son abrogation** (c'est-à-dire sa suppression).

1 QU'EST-CE QUE LE DROIT ? **COURS**

DROIT

C Une règle sanctionnée

■ La règle de droit a un **caractère obligatoire**. Elle est une norme qui prescrit ce qui est admis de faire ou de ne pas faire. Elle est légitime car elle émane d'une autorité compétente. Ceux qui ne la respectent pas sont sanctionnés.

■ Les sanctions sont proportionnelles à la gravité des faits. Elles peuvent prendre la forme d'amendes, de peines de prison, mais aussi d'un licenciement, du paiement de dommages et intérêts ou encore d'obligations diverses sous la contrainte comme de réparer ou de démolir.

> **À SAVOIR**
>
> Une règle est **impérative** si elle est s'applique absolument sans qu'on puisse y déroger sous peine d'être sanctionner. Une règle de droit est **supplétive** si elle s'applique seulement si les parties qui ont conclu entre elles une convention n'ont pas convenu autre chose comme payer le prix d'une marchandise au moment de la livraison et non au moment de l'achat.

3 Les sources du droit

A Les autorités légitimes

La règle de droit émane d'une autorité compétente dans le domaine qu'elle réglemente. On distingue les **sources du droit national** et les **sources du droit international**.

■ Au niveau national, cette autorité peut être le Parlement, composé de l'Assemblée nationale où siègent les députés et du Sénat où siègent les sénateurs.

■ Le Parlement détient le pouvoir législatif. Il légifère au nom du peuple français en votant des textes de loi rédigés dans les mêmes termes par les deux assemblées. Les lois sont applicables aux Français après que leur conformité a été vérifiée avec la Constitution et après avoir été promulguées par le président de la République.

■ L'ensemble des décisions de justice (jugement, arrêts) forme la **jurisprudence** à laquelle un juge peut se référer pour prendre une décision de justice relative à une situation similaire.

■ L'autorité légitime peut être une institution qui détient le pouvoir exécutif de réglementer : rédaction des ordonnances, des décrets, des arrêtés et des circulaires comme le gouvernement ou les collectivités territoriales (régions, départements, communes).

■ Une partie non négligeable des règles de droit sont des règles négociées sous la forme de conventions dont les parties doivent respecter les obligations qui en découlent (conventions collectives, accords d'entreprise, contrats).

■ Au niveau international, les sources du droit sont les traités internationaux et le droit communautaire :
- les **traités internationaux** sont ratifiés par le président de la République ou un représentant qu'il mandate. Ils doivent être conformes à la Constitution et être appliqués de façon réciproque par nos partenaires ;
- le **droit communautaire** comprend les traités fondateurs de l'Union européenne, les directives européennes qui fixent des objectifs en laissant la liberté à chaque État du choix des moyens juridiques pour les atteindre, et les règlements qui s'appliquent directement aux citoyens de chaque pays (à la condition en France qu'ils soient conformes à la Constitution).

© Éditions Foucher

73

B La hiérarchie des règles

Les règles de droit sont hiérarchisées : une règle inférieure dans la hiérarchie ne peut pas contredire une règle qui lui est supérieure.

C La complémentarité des règles

■ Les règles ne se contredisent pas car elles sont **hiérarchisées**. Ainsi, par exemple, les règlements viennent préciser les domaines d'application de la loi.

■ Depuis 2010, il existe en France une **question prioritaire de constitutionnalité (QPC)** qui permet, bien après la promulgation d'une loi préalablement contrôlée par le conseil constitutionnel, de faire vérifier par le conseil constitutionnel que la loi n'est pas contraire aux libertés fondamentales garanties par la Constitution.

presse
L'intox sur les réseaux sociaux
foucherconnect.fr/19pbstmg10

OBJECTIF BAC

Exercice 1

DOCUMENT 1

Article L1237-11 du Code du travail – Créé par la loi n° 2008-596 du 25 juin 2008 « portant modernisation du marché du travail » – art. 5.

L'employeur et le salarié peuvent convenir en commun des conditions de la rupture du contrat de travail qui les lie. La rupture conventionnelle, exclusive du licenciement ou de la démission, ne peut être imposée par l'une ou l'autre des parties.

Elle résulte d'une convention signée par les parties au contrat. Elle est soumise aux dispositions de la présente section destinées à garantir la liberté du consentement des parties.

1 QU'EST-CE QUE LE DROIT ?   **OBJECTIF BAC**

DOCUMENT 2

Décret n° 2008-715 du 18 juillet 2008 portant diverses mesures relatives à la modernisation du marché du travail

Rupture conventionnelle

« Art. R. 1237-3.-L'autorité administrative compétente pour l'homologation de la convention de rupture prévue à l'article L. 1237-14 est le directeur départemental du travail, de l'emploi et de la formation professionnelle du lieu où est établi l'employeur. »

DOCUMENT 3

Cour de cassation, civile, Chambre sociale, 30 janvier 2013, 11-22.332

LA COUR DE CASSATION, CHAMBRE SOCIALE, a rendu l'arrêt suivant :

Attendu, ... que Mme X... a été engagée par la société Copie repro le 1er octobre 2003... les parties ont signé une rupture conventionnelle du contrat de travail, qui a été homologuée par le directeur départemental du travail et de l'emploi le 6 octobre suivant ; qu'estimant avoir été victime de harcèlement moral et contestant la rupture, la salariée a saisi la juridiction prud'homale...

Mais attendu que la cour d'appel a souverainement estimé que la salariée était au moment de la signature de l'acte de rupture conventionnelle dans une situation de violence morale du fait du harcèlement moral dont elle a constaté l'existence et des troubles psychologiques qui en sont résultés ; que le moyen n'est pas fondé ;

PAR CES MOTIFS :

... Condamne la société Copie repro aux dépens ; Vu l'article 700 du Code de procédure civile, condamne la société Copie repro à payer à Mme X... la somme de 2 500 euros ;

1. Identifiez pour chaque règle de droit ci-dessus : la nature de la règle, sa source, l'autorité légitime dont elle émane.

2. Classez les règles de droit suivant la hiérarchie des sources de droit.

3. En quoi ces sources sont complémentaires ?

SITUATION JURIDIQUE

Mme X a été engagée par la société Copie repro le 1er octobre 2003 en tant que secrétaire comptable. Victime d'une situation de harcèlement moral au travail, elle a fait une dépression et a obtenu un arrêt maladie. Après qu'un médecin a prononcé son aptitude à reprendre son travail, l'employeur lui fait signer une rupture conventionnelle du contrat de travail. Cette convention a été homologuée par l'autorité compétente. Mme X conteste la validité de cette convention au motif que son jugement n'était pas suffisamment éclairé pour exprimer sa volonté.

4. Qualifiez les parties dans cette affaire qui oppose Mme X à la société Copie repro.

5. Les règles de droit mentionnées dans les documents 1 à 3 s'appliquent-elles dans cette situation ? Justifiez votre réponse.

Exercice 2

Lisez l'article proposé *via* le lien Foucherconnect de la p. 74 et recherchez les vidéos qui s'y réfèrent sur les réseaux sociaux. Qu'est-ce qui vous permet de dire de façon certaine qu'il s'agit d'une « intox », fausse information ?

DROIT

2 Comment le droit permet-il de régler un litige ?

Une des fonctions du droit est de pacifier la société. Or, dans nos sociétés complexes, les personnes qui interagissent ont parfois des intérêts divergents, ce qui est source de nombreux conflits. Lorsqu'un conflit se transforme en litige et que les droits auxquels on prétend sont contestés, alors le recours au droit et au juge est nécessaire. Au cours du procès, le juge entend avec neutralité les prétentions et les arguments juridiques des parties. À l'issue de la procédure, il prononce une décision de justice en réponse au problème de droit engendré par le litige.

1 Du conflit au litige

A Le conflit

■ Le conflit entre des parties est à l'origine du litige. Le conflit est l'expression d'une **opposition entre des intérêts ou des positions inconciliables** dans tous ses aspects qu'ils soient émotionnels, psychologiques, juridiques ou autres. **Si les parties trouvent une solution à l'amiable ou qu'une des parties abandonne ses revendications, alors le conflit s'éteint**. Tous les conflits ne conduisent donc pas à un procès dont l'issue est une décision de justice.

■ En justice, un conflit peut se résoudre par : la médiation, la conciliation ou l'arbitrage :
- **le juge, avec l'accord des parties, peut désigner un médiateur**. Le médiateur n'a pas de pouvoir de décision. La médiation ne permet pas de trancher le conflit. Elle consiste à mettre fin au conflit en recherchant une solution à l'amiable ;
- **le juge peut désigner un conciliateur** pour trouver une solution à l'amiable au conflit. La conciliation est un préalable obligatoire pour certains litiges comme ceux qui opposent un employeur et un salarié ;
- **le juge peut désigner, avec l'accord des parties, un arbitre** dont la fonction est de rendre une décision à laquelle ils devront se soumettre.

B Le litige

■ Le litige est la **traduction juridique du conflit**. Les parties s'adressent à la justice, preuve à l'appui de leur demande, pour revendiquer un droit que la partie adverse leur dénie. **Le litige** est alors explicitement formulé **sous la forme d'une question de droit** que le juge doit trancher.

■ Le litige qui résulte d'un conflit peut avoir pour origine un acte volontaire ou un fait volontaire ou involontaire qui cause un préjudice à une victime. **Il est important en matière de preuve de distinguer faits et actes juridiques** :
- **un fait juridique** est un événement volontaire ou non qui produit des effets en droit non recherchés par les sujets titulaires de droit. C'est, par exemple, la chute d'un pot de fleurs d'un rebord de fenêtre qui blesse un passant ;
- **un acte juridique** est **l'expression de la volonté** des sujets de droit. Il produit des effets en droit recherchés par son auteur. Ainsi, la signature d'un contrat de vente de marchandise oblige l'acheteur à en payer le prix et le vendeur à la livrer à l'acheteur.

© Éditions Foucher

2 La preuve

B Recevabilité et force probante

■ La preuve est un **moyen utilisé pour établir l'existence d'un fait ou d'un droit**. Par principe, c'est à celui qui est demandeur en justice d'apporter la preuve que ce qu'il prétend est vrai.

■ **La preuve des faits juridiques peut se faire par tout moyen** (la preuve est dite « libre ») : témoignages ou documents écrits par exemple. C'est le juge qui examine la **recevabilité et la force probante d'une preuve** :
- le témoignage est une déclaration sous serment de dire la vérité. C'est une preuve imparfaite dont la force probante est plus faible que celle d'une preuve écrite ;
- l'aveu devant un juge est appelé « l'aveu judiciaire ». Il est considéré comme une preuve parfaite alors qu'un aveu devant une autre personne est une preuve imparfaite qui a la même force qu'un témoignage.

■ Certaines preuves ne sont pas recevables quand elles ont été obtenues par un procédé déloyal ou qui porte atteinte aux droits fondamentaux de la personne. Si une personne est par exemple enregistrée, filmée ou photographiée à son insu ou si la réglementation n'a pas été respectée, alors ces documents ne peuvent pas être admis comme preuve par un tribunal.

■ **La preuve électronique est reconnue au même titre qu'une preuve écrite** si elle a été loyalement établie que son auteur est identifiable et que son mode de conservation garantit son intégrité (c'est-à-dire qu'elle ne peut pas être modifiée et qu'elle est durablement conservée). En matière de contrat, elle est acceptée comme preuve parfaite si les deux personnes peuvent avoir un accès direct au document en ligne qui forme l'engagement. Le SMS est également considéré par la jurisprudence comme une preuve parfaite car l'expéditeur ne peut pas ignorer que le message s'enregistre sur l'appareil du destinataire.

■ **La preuve des actes juridiques s'établit à partir de documents écrits** qui peuvent être des actes authentiques établis par un officier public compétent (notaire, huissier, officier d'état civil) ou des actes sous seing privé (documents signés par les parties comme une convention, un contrat ou un testament olographe, c'est-à-dire rédigé à la main, daté et signé). Il existe des exceptions quand les documents ont par exemple été détruits au cours d'un sinistre dans ce cas la preuve exceptionnellement se fait par tout moyen.

B La présomption

■ Dans certaines situations juridiques, la loi dispense le demandeur d'apporter la preuve de ce qu'il prétend. **Il est présumé titulaire des droits qu'il revendique**. On parle de **présomption légale**. C'est alors au défendeur de prouver que les prétentions du demandeur ne sont pas fondées.

■ Il y a les **présomptions légales réfragables** et les **présomptions légales irréfragables** :
- lorsque **la présomption légale est réfragable** (ou simple), il y a un renversement de la charge de la preuve. C'est alors au défendeur de prouver qu'il n'a pas commis de faute ou que les faits sont sans fondement. C'est le cas, par exemple, lorsqu'un enfant mineur cause un préjudice. Les parents sont présumés responsables de leur enfant mineur. C'est à eux de prouver qu'ils n'ont pas commis de défaut de surveillance. De la même façon, à la naissance d'un enfant, il y a une présomption légale de filiation car jusqu'à la preuve du contraire, le mari de la mère est présumé être le père de l'enfant ;

- lorsque **la présomption est irréfragable** (ou absolue), le responsable désigné par la loi ne peut pas se soustraire à sa responsabilité. C'est le cas, par exemple, des dommages causés par un salarié dans l'exercice de ses fonctions. L'employeur est présumé responsable des dommages éventuels causés par ses salariés.

 # Le recours au juge

A Le rôle du juge

a Ses obligations

■ **Le juge a l'obligation de juger**, donc de trouver une solution au litige quelles que soient les circonstances. Il doit prononcer sa décision **dans un délai raisonnable**. S'il refuse de juger ou le fait dans des délais injustifiables, il peut être coupable de « déni de justice » et être sanctionné. Il répond à une question de droit qui peut être : « Est-ce que le moyen de droit du demandeur justifie sa demande ? »

■ **Le juge qualifie les faits et les actes** avec précision car, sans qualification précise, il n'est pas possible d'identifier la règle de droit applicable qui fonde la décision de justice nécessaire pour trancher un litige.

■ **Le juge doit respecter les principes d'impartialité, d'égalité et d'équité**. Au cours du procès, il doit être neutre, examiner les demandes de tous les citoyens et appliquer les règles de droit selon ce qui est juste et raisonnable. Ainsi, il entend, sans prendre parti, les prétentions de toutes les parties et leurs moyens. **Les moyens sont**, dans le vocabulaire juridique, **les faits ou les règles de droit qui justifient les prétentions des parties**.

b L'intime conviction

■ Le juge en matière civile est neutre. Il ne peut donc pas apporter ou choisir les preuves à la place des parties au litige. En **matière pénale**, le juge peut écarter un élément de preuve au nom de son **intime conviction** s'il estime par exemple que cet élément n'est pas cohérent avec l'ensemble de ceux dont il dispose. Cette différence s'explique car la **procédure civile** est dite **accusatoire**. Celui qui demande justice apporte la preuve de ce qu'il prétend. La **procédure pénale** est dite **inquisitoire**. C'est le juge qui se charge de réunir les preuves après une enquête.

■ L'intime conviction du juge est donc sa **capacité subjective à apprécier les preuves** qui se présentent à lui pour établir ou non une culpabilité. Le doute bénéficie à l'accusé présumé innocent.

c Le principe du contradictoire

■ **La décision de justice est construite sur un syllogisme**. L'argumentation juridique se base sur un mode de raisonnement de type « si... alors ». On pose la règle générale identifiée après avoir correctement qualifié la situation juridique. C'est ce qu'on appelle « **la majeure** ». Puis on recherche dans la situation particulière ce qui se rapporte à la règle de droit. C'est « **la mineure** ». Du rapport de la mineure à la majeure on déduit une conclusion logique qui forme la **décision de justice**. Sur le même principe on peut justifier une demande en justice. Cette rigueur n'empêche pas le débat et l'application du **principe du contradictoire**.

■ **Le débat est la conséquence de l'application du principe du contradictoire**. On peut toujours argumenter pour discuter du bien-fondé du choix de la majeure, des moyens de

2 COMMENT LE DROIT PERMET-IL DE RÉGLER UN LITIGE ? **COURS**

droit mis en œuvre, de la force probante des éléments présentés ou de la bonne interprétation d'une règle de droit.

B La juridiction

■ Pour recourir au juge, il faut choisir la juridiction à laquelle s'adresser en fonction de ses compétences d'attribution et des compétences territoriales :
• la **compétence d'attribution** dépend de la nature du litige :
- **litige entre citoyens** : il faut s'adresser à une juridiction civile comme le tribunal d'instance (TI) si le litige est d'une valeur inférieure à 10 000 euros ou de grande instance pour les autres (TGI),
- **litige entre commerçants**, **entre sociétés ou au sujet d'un acte de commerce** : il faut s'adresser à une juridiction civile d'exception comme le tribunal de commerce,
- **litige entre un employeur et un salarié** : il faut également s'adresser à une juridiction civile d'exception, le conseil de prud'hommes,
- **litige entre un citoyen et une administration ou entre elles** : il faut s'adresser à un tribunal administratif,
- **transgression d'une règle de droit** : la juridiction compétente est une juridiction de l'ordre pénal, qui, en fonction de la gravité, est le tribunal de police, le tribunal correctionnel ou la cour d'assises ;
• la **compétence territoriale** dépend du lieu d'habitation des parties ou de l'endroit où a eu lieu le dommage. Par principe, le tribunal compétent est celui le plus proche du lieu de résidence du défendeur. Dans certaines situations particulières, le tribunal compétent est celui où se situe l'objet du litige comme l'endroit où se situe un fait dommageable, un acte, un bien immobilier, le domicile familial.

C Le déroulement du procès

■ La procédure doit respecter 2 principes : celui du **contradictoire** et **la publicité des audiences**. Le premier implique que **tous les éléments à charge contre la partie adverse doivent lui être communiqués pour qu'elle puisse en débattre et contre-argumenter**. Le second implique que les audiences par principe sont publiques sauf dans les affaires qui impliquent des mineurs, quand la protection de la vie privée des parties est nécessaire ou dans les affaires relatives au terrorisme et à la sûreté de l'État.

■ **Le demandeur assigne son adversaire** pour lui notifier qu'une procédure est engagée contre lui. L'assignation, qui est un acte rédigé par l'avocat du demandeur, précise le tribunal compétent, les prétentions et les moyens qui les justifient, ainsi que la liste des éléments à charge (actes, faits, éléments matériels, pièces) qui les fondent. **Au pénal, le juge d'instruction met « en examen »**, le terme inculpation n'est plus approprié. Mais au préalable, celui qui est présumé avoir commis une infraction doit comparaître. Il est convoqué avec son avocat à une comparution pour s'expliquer une première fois sur les infractions qui lui sont reprochées. S'il est mis en examen, il devient un **témoin assisté**.

■ **« La mise en état » du dossier**, pour être jugé, consiste à communiquer les prétentions des parties au juge, les moyens et les différentes pièces dont elles disposent. Ces éléments sont transmis au greffe du tribunal compétent saisi par le demandeur avant le procès. **Au pénal, le juge d'instruction** en liaison avec les services de police et de gendarmerie coordonne l'enquête et instruit le dossier pour **réunir les éléments à charges ou à décharges qui seront transmis au procureur**.

■ **Le procès, l'instance** (ou l'audience au pénal) est le moment où les parties et leurs avocats sont entendus au cours d'un débat contradictoire. L'exposé par les avocats des prétentions (ou demandes) et de leurs moyens, des faits et des éléments de preuve est appelé une plaidoirie.

■ **La décision de justice** (ou la clôture des débats) est le jugement qui met fin au litige. Il peut être prononcé immédiatement ou **en délibéré**. Dans ce cas, il est reporté à une date qui est précisée.

> **À SAVOIR**
>
> On distingue la **procédure civile** de la **procédure pénale**.
>
> ▶ **Dans une procédure au pénal**, c'est le procureur qui poursuit le défendeur **au nom de l'intérêt général**. Les sanctions sont des amendes versées à l'État et des peines de prison.
>
> ▶ **Dans une procédure au civil**, les sanctions prononcées sont des dommages et intérêts versés à la victime ou des obligations à exécuter pour défendre **des intérêts particuliers**.
>
> **La procédure pénale prime sur la procédure civile.** Cela signifie que le tribunal pénal doit rendre sa décision avant de pouvoir engager une procédure devant une juridiction civile. Pour accélérer la procédure, il est possible de se porter **partie civile** dans un procès au pénal. Dans ce cas, le juge du tribunal pénal rend une décision au pénal et au civil. Les avantages d'être partie civile sont nombreux : le demandeur a accès à toutes les pièces du dossier, le procureur réunit les preuves et l'indemnisation éventuelle est plus rapide.

D L'appel et le pourvoi en cassation

Lorsque les parties ne sont pas satisfaites des décisions prises en première instance par les tribunaux, 2 voies de recours sont possibles :

- **faire appel** (ou interjeter appel) devant **la cour d'appel**, qui est une juridiction du deuxième degré. La cour d'appel examine à nouveau le fond (c'est-à-dire les demandes et les justifications des parties) pour prononcer un arrêt. L'affaire est donc jugée une deuxième fois. L'arrêt de la cour d'appel en deuxième instance peut confirmer ou infirmer le jugement en première instance d'une juridiction du premier degré. Si la décision de la cour d'appel infirme le jugement en première instance, c'est l'arrêt de la cour d'appel qui s'applique et qui devient exécutoire ;

- **se pourvoir en cassation** devant **la Cour de cassation**. La Cour de cassation ne juge pas le fond mais la forme. Son rôle est de vérifier la bonne application des règles de droit. La Cour de cassation prononce un arrêt qui peut confirmer ou infirmer l'arrêt de la cour d'appel. Dans le premier cas, le pourvoi est rejeté, l'arrêt de la cour d'appel s'applique. Dans le second cas, la Cour de cassation casse et annule l'arrêt de la cour d'appel. Les parties sont renvoyées devant une autre cour d'appel pour que l'affaire soit rejugée.

2 COMMENT LE DROIT PERMET-IL DE RÉGLER UN LITIGE ?

OBJECTIF BAC

Analyser une situation de droit et formuler le problème de droit

SITUATION JURIDIQUE

M. Y, dès le mois d'avril, fait occasionnellement des grillades sur sa terrasse qui est mitoyenne de celle de Mme X. Ils n'ont pas de bonnes relations de voisinage. Ils nourrissent un conflit depuis que M. Y a bâti un barbecue sur sa terrasse il y a deux ans. Mme X pense que M. Y fait exprès de cuisiner dehors quand elle est au calme sur sa terrasse pour lire et prendre un bain de soleil. Pour M. Y, Mme X ne supporte tout simplement pas d'avoir des voisins. Il a lui aussi le droit de profiter comme il l'entend de sa terrasse et de faire des barbecues. Mme X, excédée, estime que les grillades de M. Y sont une nuisance intolérable en raison des fumées et des odeurs qui troublent anormalement sa quiétude. Elle décide de porter plainte contre M. Y. Elle demande la démolition du barbecue.

DOCUMENT

> **Fiche pratique, vos droits, www.service-public.fr**
> On parle de trouble anormal de voisinage lorsque la nuisance invoquée excède les inconvénients normaux inhérents aux activités du voisinage.[...] C'est le juge du tribunal d'instance qui apprécie au cas par cas le caractère anormal de la nuisance en fonction notamment : de son intensité, de sa fréquence, de sa durée, de l'environnement dans lequel elle se produit, et du respect de la réglementation en vigueur.

1. Observez la situation conflictuelle ci-dessus et identifiez le litige qui en découle.
2. Formulez la question de droit que le juge devra trancher pour résoudre le litige en vous aidant de la décision de la cour d'appel de Caen, audience publique du jeudi 21 février 2002, qui fait jurisprudence.
3. Quelle est la juridiction compétente ?
4. D'après la jurisprudence, Mme X pourra-t-elle obtenir la démolition du barbecue ?

SITUATION JURIDIQUE (SUITE) :

Un procès-verbal d'un huissier de justice établit que M. Y, à la fin de son repas, dit haut et fort qu'« il remettait des branchages sur le feu car il n'y avait plus de fumée ». Ce témoignage est versé au dossier comme moyen des prétentions de la demanderesse sans que M. Y soit prévenu de l'existence de ce procès-verbal. Mme X intente un nouveau procès contre M. Y pour trouble anormal au voisinage et demande 2 000 euros de dommages et intérêts en réparation du préjudice qu'elle estime subir du fait de l'utilisation du barbecue par M. Y.

5. En vous aidant de la jurisprudence et de l'article 1240 du Code civil (ex article 1382 du Code civil), formulez une solution juridique au litige de Mme X et M. Y.
6. M. Y conteste la décision de justice (voir la question 5) : que peut-il faire ?
7. Sur quel motif pourrait-il obtenir l'invalidité de la décision de justice favorable à Mme X en première instance ?

DROIT

3 Qui peut faire valoir ses droits ?

Les personnes peuvent exprimer leur volonté et agir. Elles sont sujets de droit et dotées de la personnalité juridique. À ce titre, elles ont des droits et des obligations. Le droit distingue les personnes physiques, qui sont les êtres humains, et les personnes morales, qui sont des groupes de personnes agissant collectivement pour atteindre les buts communs qu'elles se sont fixés.

1 La personne physique

A Les éléments constitutifs

■ **La personne physique est dotée de droits et d'obligations dès sa naissance**, à condition qu'elle soit viable. La personnalité juridique dont elle est dotée disparaît au moment de son décès médicalement constaté, qui marque donc la fin de son existence. En cas d'absence (20 ans sans nouvelles) ou de disparition, les effets sont les mêmes qu'un décès. La succession est ouverte, le conjoint peut se remarier. En cas de retour de l'absent ou du disparu, les biens lui sont restitués mais le mariage reste dissous.

■ La personne est identifiée par son nom, sa nationalité, son domicile et son état civil :
- le **nom** comprend : le patronyme (nom de famille) transmis par filiation ou par le mariage, les prénoms, éventuellement les surnoms et pseudonymes. Le patronyme est soit le nom du père, soit le nom de la mère, soit leurs deux noms accolés dans l'ordre choisi par eux (article 311-21 du Code civil, modifié par la loi n° 2013-404 du 17 mai 2013 – art. 11) ;
- le **domicile** est le lieu et l'adresse où la personne tient habituellement sa résidence ;
- la **nationalité** est le lien qui relie la personne à un État. Elle s'acquiert par filiation, naissance sur le sol français, mariage ou naturalisation ;
- l'**état civil** d'une personne est l'ensemble des actes qui constatent les faits et qui sont rattachés à son existence comme sa naissance, son mariage et son décès. Les êtres humains ont une personnalité juridique qui commence avec l'acte de naissance et qui prend fin avec l'acte de décès.

> **À SAVOIR**
> Il existe un débat actuel pour introduire dans le droit français la notion de genre à la place de la notion de sexe masculin ou féminin. Le but serait de lutter plus efficacement contre les discriminations sexuelles. La notion juridique de genre existe dans le droit européen et dans les droits nationaux de nombreux pays notamment anglo-saxon. Pour en savoir plus visitez la page de la revue des droits de l'homme :
>
> **# presse**
> La notion de genre
> foucherconnect.fr/19pbstmg12

B La capacité juridique

La **capacité juridique** est la capacité d'une personne d'être dotée de droits et de pouvoir les exercer elle-même. On distingue la **capacité de jouissance** de la **capacité d'exercice**. La première consiste à avoir des droits et des obligations. La seconde est la capacité à les exercer soi-même. La pleine capacité, c'est avoir les capacités de jouissance et d'exercice.

3 QUI PEUT FAIRE VALOIR SES DROITS ? **COURS**

DROIT

Elle est acquise à la majorité, c'est-à-dire à l'âge de 18 ans (article 414 du Code civil) car c'est à partir de cet âge que les personnes juridiques sont jugées responsables de leurs actes, capables d'exercer leur volonté en pleine conscience et avec discernement.

> **À SAVOIR**
>
> Les animaux, en tant qu'êtres vivants doués de sensibilité (article 515-14 du Code civil, loi n° 2015-177 du 16 février 2015 – art. 2), sont protégés par le droit mais ils sont considérés en droit français comme des choses. Ils n'ont donc pas la capacité juridique. Leur maître en est responsable.

C L'incapacité juridique

L'incapacité juridique, c'est de ne pas être en mesure de jouir de tous ses droits ou de ne pas être capable de les exercer de façon autonome.

■ **L'incapacité de jouissance** n'existe plus depuis l'abolition de l'esclavage. Cependant, une personne peut ne plus jouir librement de ses droits suite à une condamnation. Elle peut par exemple être privée de ses droits civils ou familiaux comme dans le cas de la déchéance de l'autorité parentale.

■ **L'incapacité d'exercice** résulte d'un jugement insuffisant en fonction de l'âge ou de facultés mentales ou physiques altérées. Elle touche les mineurs en raison de leur jeune âge (moins de 18 ans) et les majeurs incapables. **Dans un but de protection, ces personnes ont des droits mais ce sont leurs représentants légaux qui les exercent à leur place** jusqu'à ce qu'ils soient capables de le faire eux-mêmes. Les mineurs, s'ils n'ont pas été émancipés avant leur majorité, n'ont pas le droit de signer un contrat. Ce sont les parents (ou les tuteurs légaux) qui les représentent. On distingue les actes de disposition et d'administration des tuteurs légaux. C'est eux qui administrent les biens pour le compte des incapables. Si le patrimoine d'un mineur par exemple musicien, artiste, sportif, génère des revenus conséquents, les parents administrent les biens et en disposent mais ils doivent capitaliser les revenus issus de son travail sur un compte dont il est titulaire. Il pourra alors jouir à sa majorité de ces sommes. En cas de conflit d'intérêt, le juge des tutelles peut nommer un administrateur des biens du mineur qui se substitue sur ce point aux parents.

■ **Le patrimoine des personnes physiques** est l'ensemble des droits et des obligations accumulé au cours de leur vie qui sont évaluées pécuniairement. **Les droits forment l'actif** qui est constitué des biens mobiliers et immobiliers. **Les obligations correspondent au passif**, constitué des dettes, qui obligent le débiteur envers ses créanciers. Toutes les personnes disposent d'un patrimoine qu'il est possible de transmettre en héritage à ses ayants droit qui sont les héritiers. Pour l'héritier, la valeur du patrimoine qui lui a été transmis s'ajoute à celui dont il disposait pour ne former qu'un seul patrimoine.

2 La personne morale

A Les éléments constitutifs

■ **La personne morale est un groupe de personnes ou de biens doté de la personnalité juridique** (c'est-à-dire de droits et d'obligations). Elle appartient à tout groupement qui a une expression collective pour défendre des intérêts licites (Cour de cassation, arrêt du 28 janvier 1852 Saint-Chamond c/Ray). La personnalité juridique de la personne morale est

© Éditions Foucher

distincte de celle des personnes physiques qui éventuellement la composent. Par exemple, une association est une personne morale qui est différente de la personnalité physique du président qui la représente.

■ **La personnalité juridique** des personnes morales **s'acquiert après des formalités administratives différentes en fonction du type de personne morale**. Les sociétés doivent être immatriculées au Registre du commerce et des sociétés (fichier R.C.S.). Les associations doivent être déclarées en préfecture. La fin de la personnalité morale intervient de plusieurs façons : soit après un terme qui est fixé par le législateur à 99 ans, soit après une décision des associés, soit sur une décision de justice qui met fin à son acte fondateur.

■ Il y a différents types de personnes morales. Elles se distinguent par leur statut de **droit privé** ou de **droit public** et leur **but lucratif ou non** :
- **les personnes morales de droit privé** sont : les groupements de personnes, à but lucratif comme les sociétés (SNC, SARL, SA…) ou à but non lucratif comme les associations, les syndicats (CGT, CFDT, FO…). Mais aussi les groupements de biens comme les fondations qui poursuivent un but d'intérêt général ;
- **les personnes morales de droit public** sont : l'État, les collectivités locales comme les régions, les départements, les communes, les groupements de communes, les territoires d'outre-mer et les établissements publics administratifs comme les hôpitaux et les lycées ;
- **les personnes morales de droit mixte (privé et public)** sont les établissements publics industriels et commerciaux (EPIC) comme le Commissariat à l'énergie atomique et aux énergies alternatives (CEA), la RATP ou encore l'Opéra national de Paris et les sociétés d'économie mixte comme la Semitag (Société d'économie mixte des transports en commun de l'agglomération grenobloise).

■ Les éléments d'identification de la personne morale sont : le nom, le siège social ou encore l'adresse de l'établissement principal, la nationalité et sa forme juridique :
- en principe, le **nom** est choisi librement par ses fondateurs. Pour les sociétés qui ont une activité commerciale, on parle de **dénomination sociale**. Elle est choisie librement alors que les sociétés civiles ont **une raison sociale** qui reprend le nom d'un ou des fondateurs éventuellement suivi de la mention « et compagnie ». Il ne faut pas confondre le nom de la personne morale qui est un élément de son identification avec l'enseigne commerciale ou les marques qui sont des signes distinctifs pour se faire connaître (ou localiser) par ses clients ou pour se distinguer des concurrents ;
- l'**adresse** de l'établissement principal ou le siège social tiennent lieu de domicile pour les personnes morales. Le siège social est le lieu défini dans les statuts des sociétés où se réunissent habituellement les organes de direction et d'administration et où sont conservés les actes officiels. L'établissement principal désigne le lieu où se déroule principalement l'activité de la personne morale. Il peut être distinct du siège social. Une personne morale peut disposer d'un établissement principal et d'établissements secondaires ;
- la **nationalité** d'une personne morale est celle du lieu où se situe son domicile ou son siège social ;
- sa **forme juridique** permet d'identifier le type de personne morale et le statut juridique qui lui est applicable. Pour les sociétés, elle doit être obligatoirement mentionnée accolée à la dénomination sociale.

B La capacité juridique

■ La **capacité de jouissance** des personnes morales est **limitée à la spécialité** déclarée dans l'objet de leurs statuts. Elles ne peuvent agir que pour les actes prévus par leurs objets

3 QUI PEUT FAIRE VALOIR SES DROITS ?   **OBJECTIF BAC**

et qui concourent à la réalisation de leurs buts dans le cadre de leurs spécialités. Ainsi une société de commercialisation de vêtements n'a pas le droit de vendre des fruits et légumes.

■ La **capacité d'exercice** de la personne morale est **inexistante** car elle n'agit pas par elle-même mais par l'intermédiaire des personnes physiques qui la représentent. Toutefois, la personne morale représentée par ses représentants a la capacité d'agir en justice (on dit « ester en justice ») pour défendre ses intérêts.

■ Les personnes morales disposent comme les personnes physiques d'un **patrimoine** mais celui-ci est distinct de ceux des personnes physiques qui les composent.

OBJECTIF BAC

SITUATION JURIDIQUE

Un véhicule conduit par M. X en état d'ivresse a heurté celui conduit par Mme Y, enceinte de 6 mois. Elle a été blessée. Cinq jours après l'accident, une autopsie et une expertise médicale établissent qu'elle a perdu le fœtus qu'elle portait suite au choc qui a provoqué des hémorragies intracérébrales fœtales.

Une information a été ouverte contre M. X des chefs d'homicide involontaire et de blessures involontaires ayant entraîné plus de 3 mois d'interruption temporaire de travail, par un conducteur en état d'ivresse.

Par un jugement, le tribunal a condamné M. X à une peine d'emprisonnement de 2 ans dont 1 avec sursis et, après avoir constaté l'annulation de plein droit de son permis de conduire, a fixé à 3 ans le délai pendant lequel le prévenu ne pourrait solliciter un nouveau permis. Le tribunal a également prononcé à son encontre l'interdiction d'exercer les droits civils, civiques et de famille pendant 5 ans. Mme Y s'est constituée partie civile pour obtenir réparation des préjudices subis.

M. X a interjeté appel (il a fait appel du jugement devant une cour d'appel).

Dans son arrêt, la cour d'appel a relaxé M. X de l'inculpation d'homicide involontaire et a réduit à 8 mois avec sursis la peine d'emprisonnement et à 15 mois le délai à l'expiration duquel le permis pourra être à nouveau sollicité. S'agissant des actions civiles, la cour a confirmé le jugement.

Mme Y s'est pourvue en cassation.

La Cour de cassation a rejeté le pourvoi et rendu un arrêt confirmatif de l'arrêt de la cour d'appel.

1. Qualifiez les parties devant la cour d'appel.
2. Quel est le problème de droit soulevé par cette situation devant la Cour de cassation ?
3. Qu'est-ce qui peut selon vous justifier la décision de la Cour de cassation ?

DROIT

4 Quels sont les droits reconnus aux personnes ?

Les personnes juridiques ont des droits subjectifs qui se composent de droits extra-patrimoniaux, attachés exclusivement à leur personne, et de droits patrimoniaux. Le droit de propriété a une grande importance juridique et économique, c'est un droit patrimonial qui porte sur les biens.

1 Les droits de la personne

Les droits subjectifs de la personne sont constitués des **droits extra-patrimoniaux** et des **droits patrimoniaux**. Ces droits sont protégés par l'ordre public. Ils doivent être respectés sous peine d'être pénalement sanctionnés.

A Les droits patrimoniaux

Ils se distinguent des droits extra-patrimoniaux car ils **sont évaluables pécuniairement** (ils ont une valeur monétaire). Ils peuvent être **vendus à une autre personne**. Les droits extra-patrimoniaux ne peuvent pas être cédés. Il n'est pas possible par exemple de vendre son droit d'aller et venir librement ou encore son droit de vote. Les droits extra-patrimoniaux sont **inaliénables, insaisissables et imprescriptibles**.

B Les droits extra-patrimoniaux

Ce sont essentiellement les **droits de la personnalité** comme les libertés fondamentales (les droits de l'homme inscrits dans la Constitution), les droits familiaux comme se marier, le respect de l'intégrité physique et le respect de l'intégrité morale ainsi que les droits moraux de l'auteur sur son œuvre.

a Le respect de l'intégrité physique

Il implique que le corps de l'être humain est inviolable et qu'il ne peut faire l'objet d'un droit patrimonial. Cela signifie qu'il ne peut pas faire l'objet d'un commerce. Les organes ne peuvent pas être vendus. Les opérations chirurgicales ne se font qu'avec l'accord du patient. Même si, sans disposition contraire réalisée de son vivant, un défunt est présumé donneur de ses organes à des fins médicales, la famille a toujours les moyens de s'opposer au prélèvement. Le droit au respect du corps humain est **imprescriptible**, il ne cesse pas après la mort.

b Le respect de l'intégrité morale

Il consiste à reconnaître le droit à la dignité humaine, à l'honneur, à l'image et au respect de sa vie privée :
- **le droit à la dignité humaine** implique par exemple l'interdiction des discriminations sous toutes ses formes ou encore l'interdiction d'exiger d'une personne un avantage sous la contrainte ou contre rémunération, c'est-à-dire toutes formes de traites humaines. À ce titre, les bizutages sont interdits et réprimés par une amende maximale de 15 000 euros et 2 ans d'emprisonnement si son contenu est dégradant et humiliant ;

© Éditions Foucher

4 QUELS SONT LES DROITS RECONNUS AUX PERSONNES ? **COURS**

DROIT

- **le droit à l'honneur** se traduit par exemple par le droit de réponse dans la presse à des propos jugés diffamatoires et qui portent atteinte à l'honneur. L'injure publique est pénalement sanctionnée, elle l'est d'autant plus si elle s'adresse à un fonctionnaire dans l'exercice de ses fonctions ou à une institution publique ; dans ce cas, elle est qualifiée d'**outrage** ;

- **le droit à l'image** est le droit pour toute personne de s'opposer à la diffusion d'une photographie la représentant prise ou diffusée sans son consentement. Sur le lieu de travail, un employeur doit avertir ses salariés s'ils sont filmés. Le droit à l'image est une des conséquences du droit à la vie privée ;

- **le droit au respect à la vie privée est un principe constitutionnel opposable aux juges**. Ce droit est également inscrit dans le Code civil. Il **est précisé par la jurisprudence** comme le droit à la protection du domicile, à l'intimité, à la vie affective, à la vie conjugale, à la santé, et au droit à l'image. Ainsi l'accès au domicile par les forces de police est encadré par la loi. Un médecin ne peut faire état d'un dossier médical sans le consentement du patient. Les accès à la correspondance ou aux données personnelles d'une personne sans son accord sont par principe interdits. Les écoutes téléphoniques sont réglementées. Le droit à la vie privée pour le salarié **existe même sur le lieu de travail**. L'employeur n'a pas le droit d'accéder aux fichiers et aux informations identifiés explicitement comme personnels ;

- **l'usage des réseaux sociaux a engendré de nouveaux risques** pour le respect de la vie privée des citoyens car les informations collectées par les sites sont disponibles longtemps. L'entreprise Google doit respecter en Europe **le droit à l'oubli** depuis une décision de la Cour de justice de l'Union européenne (CJUE) du 13 mai 2014. Concrètement, un internaute français doit pouvoir **demander le déréférencement des informations qui le concerne** lorsqu'elles sont accessibles à partir d'un moteur de recherche. Les moyens de collecte et l'usage qui est fait des informations ne sont pas toujours respectueux des droits de la personne. Un des risques les plus graves encourus par les utilisateurs, et en particulier les jeunes, est le harcèlement moral qui est pénalement répréhensible. Tous les citoyens disposent d'**un droit d'accès et de rectification** des données numériques qui les concernent. Depuis le 25 mai 2018, les organisations, qui, dans l'Union européenne, détiennent des fichiers contenant des données personnelles relatives aux personnes physiques doivent respecter le **règlement général sur la protection des données (RGPD)**. Elles ne sont plus obligées de les déclarer mais elles sont pleinement responsables du respect des droits des personnes et de la sécurité des données collectées en liaison avec la Commission nationale informatique et liberté (CNIL) qui est l'autorité administrative chargée de faire respecter ces droits. Dans chaque organisation est nommé un délégué à la protection des données qui est l'interlocuteur de la CNIL. Le 21 janvier 2019, la CNIL a prononcé une amende de 50 millions d'euros contre Google pour ne pas avoir respecté le RGDP, en particulier pour son manque de transparence sur l'utilisation des données des utilisateurs.

> **POUR EN SAVOIR PLUS**
>
> **Une loi importante pour la protection des internautes**
> La loi pour une République numérique (EINI1524250L) promulguée le 7 octobre 2016 accroît la protection des internautes en renforçant les obligations de loyauté envers les consommateurs des prestataires de services et les droits des personnes sur leurs données mises en ligne y compris en cas de décès. Elle consacre un droit à l'oubli numérique.

❷ Les droits sur les biens, le droit de propriété

■ **La propriété** est, d'après l'article 544 du Code civil, « **le droit de jouir et disposer des choses** de la manière la plus absolue, pourvu qu'on n'en fasse pas un usage prohibé par les lois ou par les règlements ».

■ **Le droit de propriété** sur une chose est un **droit absolu**. Il confère à son titulaire le **droit d'usage** (l'usus), le **droit d'en percevoir des fruits**, donc un revenu (le fructus), et le **droit d'en disposer à sa guise** y compris de la détruire (l'abusus). Son caractère est **absolu, exclusif et perpétuel**.

A Le caractère absolu du droit de propriété

Le **caractère absolu** du droit de propriété connaît cependant **des limites dans l'intérêt général et des tiers** :
- **il ne peut pas être invoqué pour un usage interdit par la loi.** Si par exemple une personne est propriétaire d'un drone, elle ne peut pas en disposer à sa guise car son usage est réglementé. L'article D133-10 du Code de l'aviation civile interdit le survol de certaines zones précisées par arrêté ministériel. C'est le cas des villes, des aéroports, des zones militaires et des centrales nucléaires. Le pilote qui survole une centrale encourt une peine de 1 an d'emprisonnement et une amende de 75 000 euros. De plus, filmer ou photographier des personnes avec un drone sans leur accord est interdit dans le cadre du droit au respect à la vie privé et du droit à l'image ;
- **l'abus de droit** est une limite au droit de propriété. L'abus de droit **est un usage déraisonnable de son droit**, que ce soit volontaire ou non. Bien entendu, l'**intention de nuire est un facteur aggravant devant un juge**. Il suffit qu'une alternative non préjudiciable à l'usage qui est fait du droit de propriété existe, mais qu'elle ne soit pas retenue par le propriétaire, pour que les faits à l'origine du litige soient qualifiés d'**abus de droit**. La baisse de luminosité dans le logement d'un voisin suite à une plantation peut donc constituer un abus de droit si des alternatives existent dans le choix des végétaux et le lieu de plantation ;
- le **trouble anormal du voisinage** est une autre limite au caractère absolu du droit de propriété. **C'est au juge d'apprécier le contexte** (trouble permanent ou non) **et l'ampleur** du trouble pour le qualifier d'anormal. Par exemple, une sonorisation forte qui dure et qui est répétée dans le temps peut constituer un trouble anormal du voisinage, même en journée. Entre 22 heures et 7 heures du matin il s'agit de tapage nocturne. L'amende forfaitaire est de 68 euros. Si elle n'est pas acquittée dans les 45 jours après le constat, elle est majorée.

B Le caractère exclusif du droit de propriété

Le **caractère exclusif** du droit de propriété signifie que le propriétaire peut s'opposer à tout usage qu'il n'autorise pas. Il est le **seul à décider de l'usage de son bien** ou de la façon d'en disposer. Le caractère exclusif est aussi limité par le droit. Les servitudes comme les droits de passage accordés aux voisins, les parties en copropriété, les clôtures et murs mitoyens illustrent ces limites. Un mur mitoyen appartient aux deux propriétaires voisins en indivision. Ils en sont copropriétaires d'une face à l'autre. Par conséquent, ils en partagent intégralement la charge d'entretien et le mur ne peut être modifié sans l'accord de l'autre propriétaire mitoyen.

C Le caractère perpétuel du droit de propriété

Le **caractère perpétuel** du droit de propriété provient du fait que ce droit **est imprescriptible, héréditaire et inviolable**. Il est imprescriptible car il n'a pas de limite temporelle au droit de propriété que la chose soit utilisée ou non. Il est héréditaire car le droit de propriété est transmissible aux héritiers. La propriété ne s'éteint donc pas avec le décès de la personne propriétaire. Ce droit est inviolable et sacré, il est un droit fondamental inscrit dans la Constitution. Personne ne peut contraindre une personne à céder sa propriété **sauf si c'est dans l'intérêt public** ; **dans ce cas, le propriétaire exproprié** reçoit une juste indemnisation.

4 QUELS SONT LES DROITS RECONNUS AUX PERSONNES ? **COURS**

D Le droit de propriété sur les biens corporels et incorporels

Le droit de propriété porte sur des biens corporels mais aussi incorporels. Les deux ont une valeur pécuniaire mais ils se distinguent l'un de l'autre car les biens corporels ont une existence physique alors que les biens incorporels sont immatériels.

a Les biens corporels

Les biens corporels sont les **biens meubles** et **immeubles**. Les biens meubles sont ceux qui peuvent être déplacés comme une table, un objet. Les biens immeubles sont des biens, qui, en raison de leur liaison avec le sol, ne peuvent pas être déplacés comme un terrain, une maison, un appartement dans un immeuble ou encore les arbres d'un terrain.

b Les biens incorporels

■ Les biens incorporels sont les droits qui s'exercent sur **un objet qui n'a pas d'existence matérielle**. Ils peuvent être le fruit de l'activité intellectuelle et protégés par le droit de la propriété intellectuelle comme les droits d'auteur ou les droits de la propriété industrielle sur les brevets et les marques :

- **le droit d'auteur est le droit d'un créateur sur son œuvre**. Il se compose d'**un droit moral** qui est un droit extra-patrimonial qui permet de contrôler les conditions d'exploitation et de diffusion de l'œuvre, ainsi que d'**un droit patrimonial limité dans le temps**, qui permet à l'auteur d'être rémunéré. Le droit d'exploitation de l'œuvre est cessible et il peut être transmis par héritage aux héritiers qui peuvent en tirer des fruits 70 ans après l'année de décès de l'auteur avant que l'œuvre tombe dans le domaine public. Le droit d'auteur est acquis à l'auteur dès la création de l'œuvre. Ce droit est protégé par le droit pénal. Ne pas le respecter est **un délit de contrefaçon** qui peut être puni de 3 ans d'emprisonnement et de 300 000 euros d'amende. Les dessins, les modèles de la mode ou du design, les logiciels, les œuvres littéraires et artistiques sont protégés par le droit d'auteur ;

- **le brevet** donne à celui qui le détient le droit de s'opposer à l'utilisation d'un procédé technique par ses concurrents durant une période de 20 ans, dans une aire géographique déterminée. Toutes les idées nouvelles ne sont donc pas brevetables car, pour être protégé, le procédé doit être une invention nouvelle, industrialisable qui apporte une solution technique à un problème technique ;

- **les marques** sont des signes distinctifs des produits d'une entreprise par rapport à ceux des concurrents. Le dépôt d'une marque auprès de l'Institut national de la propriété industrielle (INPI) donne à son propriétaire un droit exclusif de propriété sur la marque. Le propriétaire peut faire interdire l'usage d'une marque qu'il n'a pas autorisé car il a **un droit exclusif d'exploitation**. On parle de monopole d'exploitation. La protection est de 10 ans, elle est renouvelable sans limite. Cependant, pour qu'un signe devienne une marque protégée, il faut que le signe distinctif soit spécifique et non générique. Exemple : si les consommateurs venaient à utiliser le nom de la marque Nutella de la société Ferrero pour désigner toutes les pâtes chocolatées à base de noisettes, alors Nutella cesserait d'être une marque.

■ Les biens corporels et incorporels sont souvent associés. Lorsqu'un consommateur achète un pot de Nutella, il règle la valeur de la marchandise et celle de la marque. S'il s'agit de l'achat d'un jeu vidéo, à la valeur de la marque Nintendo viendra s'ajouter le prix du produit lui-même ainsi que la valeur des droits d'auteur qui rémunèrent les concepteurs du jeu.

ÉCONOMIE

5 Quels sont les grandes questions économiques et leurs enjeux actuels ?

L'économie est une discipline ancienne qui s'interroge depuis l'Antiquité sur la meilleure façon d'utiliser des ressources disponibles en quantité limitée pour satisfaire au mieux les besoins des acteurs de l'économie, qui sont communément appelés, agents économiques. Pourquoi les ressources sont-elles relativement rares ? Quelles sont les conséquences sur les choix économiques ?

1 Les agents économiques et les différents types de biens et services

A La notion de besoin

En économie, les besoins se définissent par rapport à une **sensation de manque** qui nous pousse à agir pour la faire cesser. Le manque s'éprouve. Il est facile d'imaginer ce qu'est un besoin à partir de la sensation de la soif ou de la faim. Cependant, la particularité des **besoins économiques** est qu'ils ne peuvent être satisfaits qu'en **se procurant des biens sur un marché**. Les besoins affectifs ne sont pas des besoins économiques.

B Les différents types de besoins

■ Les besoins doivent être **hiérarchisés**. Ils ne sont pas tous de même nature car certains mettent en jeu notre survie. Il faut donc les satisfaire en priorité. Si nous arrêtons de nous alimenter ou de boire durablement, l'issue est hélas fatale alors que si nous arrêtons d'utiliser notre téléphone portable, notre intégrité physique n'en sera pas affectée.

■ Ainsi, les économistes distinguent les **besoins primaires** des **besoins secondaires**. Il faut satisfaire en priorité les besoins primaires car ils sont vitaux, tandis que les besoins secondaires sont créés par la société :
- les **besoins primaires** (ou physiologiques) sont : se nourrir, boire, se vêtir, s'abriter des intempéries en se logeant et se soigner ;
- les **besoins secondaires** (ou sociaux) sont tous les autres besoins comme se divertir, se distinguer des autres avec des vêtements ou des accessoires à la mode.

■ Les besoins secondaires sont par nature illimités puisqu'ils répondent avant tout à un besoin de différenciation, de reconnaissance, d'appartenance à un groupe ou à une classe sociale ou d'expression d'un pouvoir d'appropriation d'une ressource rare convoitée par les autres.

■ Comme les besoins sont la somme des besoins primaires et secondaires de tous les individus, **ils sont globalement illimités tant nos désirs sont variés et infinis**.

C Les biens et les services

Les biens et les services sont utilisés pour satisfaire nos besoins. Le niveau de technologie, la quantité de travail ou la main-d'œuvre disponible pour transformer **les ressources natu-**

© Éditions Foucher

5 QUELS SONT LES GRANDES QUESTIONS ÉCONOMIQUES ET LEURS ENJEUX ACTUELS ?

COURS

ÉCONOMIE

relles **inégalement réparties** sur la planète, amènent parfois à ne produire qu'une quantité limitée de biens sur une période donnée.

ⓐ La classification des biens et services

■ Les biens sont classés par les économistes en fonction de plusieurs critères : leur utilisation finale, leur durée d'utilisation, ou leur forme matérielle ou immatérielle :
– les biens qui servent directement à la satisfaction de l'utilisateur final sont les **biens de consommation**. Ils sont détruits dans leur utilisation ou consommés. Celui qui satisfait ainsi ses besoins est un **consommateur**. Un vêtement, un sandwich sont des biens de consommation ;
– les biens qui sont utilisés pour produire comme les outils et les machines sont des **biens de production** ;
– les biens qui sont rapidement dégradés sont les **biens non durables** comme un aliment alors qu'une voiture est un bien dont la durée de vie est plus longue ;
– les biens qui ont une durée de vie longue sont qualifiés de **biens durables** ;
– les biens qui ont une existence physique sont des **biens matériels** ;
– les biens qui n'ont pas d'existence comme les logiciels ou les brevets sont dits « intangibles » : ce sont des **biens immatériels**.

■ Les services sont également immatériels. Ils ont la particularité d'être produits et consommés simultanément. Pour certains économistes, les services sont inclus dans les biens car ils sont une production.

ⓑ Les biens et services en quantité limitée

■ Dans les activités de production telles que la restauration, les biens sont en quantité limitée. En effet, il y a une limite au nombre de menus qu'un restaurant d'une enseigne de restauration rapide peut servir sur le temps du déjeuner. Cette limite est fonction du nombre de salariés, de l'organisation des tâches, des ingrédients disponibles. Même si le nombre de clients augmente subitement, il ne sera pas forcément possible de satisfaire leur appétit. On peut généraliser ce constat à toutes les activités de production comme l'agriculture, la pêche, l'extraction minière ou l'industrie.

> **À RETENIR**
>
> Les biens en économie et les services sont le résultat d'une activité de production qui transforme ou rend les ressources naturelles disponibles. Ces biens sont donc disponibles à un moment donné en **quantité limitée**. Il y a par conséquent une **rivalité** plus ou moins grande entre les acteurs de l'économie pour pouvoir les utiliser.

■ **La quantité de ressources disponible est donc une contrainte pour l'activité économique**. Cette contrainte peut être repoussée temporairement par la technologie employée mais la quantité de ressources disponibles dans la nature à un moment donné est nécessairement finie.

ⓒ Les biens et services en quantité illimitée

On dit que des biens **sont libres** lorsqu'ils sont **disponibles en quantité illimitée** et qu'il n'y a pas de rivalité entre les utilisateurs. L'air que nous respirons est un bien typiquement libre puisqu'il est disponible à l'infini et que notre respiration ne limite pas celle des autres êtres vivants. L'eau douce potable est en revanche devenue un bien économique précieux qui nécessite un traitement préalable avant de la consommer. D'autant que certaines régions du monde en manquent cruellement comme au Moyen Orient ou dans le Sahel.

© Éditions Foucher

D La rareté relative des biens et la valeur

■ La rareté est à l'origine de la valeur des biens car **plus un bien est rare, plus un agent économique est prêt à dépenser** pour se le procurer. Au contraire, **au fur et à mesure qu'un besoin est satisfait**, on lui **accorde moins de valeur**.

■ Ainsi, l'utilité de consommer une unité supplémentaire de bien **décroît proportionnellement à la satisfaction de nos besoins**. On appelle l'**utilité marginale, l'utilité de consommer une unité supplémentaire d'un bien ou d'un service**. Cette utilité est **décroissante**.

> **EXEMPLE**
> Pour comprendre, imaginez que vous avez soif. Quel que soit votre budget, vous payerez cher pour obtenir un verre d'eau mais après plusieurs verres d'eau, vous n'êtes plus prêt à dépenser beaucoup de ressources pour obtenir un nouveau verre.

2 Les décisions du consommateur et du producteur

A La rareté relative des ressources impose des choix rationnels

Les choix économiques des agents économiques sont en effet rationnels car ils **optimisent l'utilisation de ressources rares** :
– si un consommateur préfère les pommes aux poires et les poires aux raisins, alors il ne serait pas rationnel qu'il préfère les raisins aux pommes. **Les préférences des consommateurs sont donc logiquement ordonnées** ;
– si une personne fait un choix de consommation qui ne suit pas l'ordre logique, **il diminue la satisfaction** qu'il peut retirer de sa consommation d'un panier de biens, **donc ce panier lui est moins utile**. Ainsi, si le consommateur conserve les mêmes préférences que précédemment, le panier de biens composé de 3 poires, 2 pommes et une banane sera toujours préféré à celui composé de 2 poires, 2 pommes et 2 bananes car les poires lui procurent plus de satisfaction que les bananes. **Le consommateur rationnel cherche toujours à maximiser son utilité**.

B La rareté relative des ressources exerce une contrainte économique

La rareté a un impact **sur les décisions** des différents acteurs de l'économie :
– les dépenses ne permettent de satisfaire les besoins que dans la limite du budget disponible. Le **budget** est donc une **contrainte économique**. Le consommateur cherche à obtenir **la plus grande satisfaction possible** pour la dépense budgétaire la plus faible possible ;
– les producteurs doivent faire des choix qui tiennent compte de l'évolution des coûts de production pour rester **rentables**. Ils cherchent à avoir les **coûts les plus faibles possible** pour en tirer un **profit maximal** ;
– à cela s'ajoutent d'autres contraintes qui font l'objet de choix rationnels des acteurs de l'économie : le **temps, l'espace** et l'**information**. La durée d'activité est contrainte par le temps d'activité naturel des individus. Il y a des **coûts de déplacement** et d'**accès à l'information**.

5 QUELS SONT LES GRANDES QUESTIONS ÉCONOMIQUES ET LEURS ENJEUX ACTUELS ? | **COURS**

C Le calcul du coût d'opportunité

■ Ce coût permet de déterminer, entre deux alternatives, celle qui est **la plus avantageuse**, donc **la plus utile**. En raison des contraintes économiques, quelle que soit l'utilité que nous accordons à un bien ou à une action, **il n'est pas possible de satisfaire tous nos désirs**.

■ **Le coût d'opportunité est le coût du renoncement à une option**. Il faut comparer tous les coûts cachés des deux opportunités pour prendre la meilleure décision possible.

> **EXEMPLE**
> Faut-il signer un contrat de travail temporaire dans une entreprise de restauration rapide l'année de terminale pour se faire de l'argent de poche ou se consacrer entièrement à sa scolarité pour obtenir son baccalauréat ? Doit-on acheter un véhicule comptant ou emprunter ? Faut-il investir ou placer une somme d'argent ?

D Le coût moyen, le coût marginal et le prix de vente

Les décisions du producteur s'appuient sur la comparaison du **coût moyen**, du **coût marginal** et du **prix de vente**.

■ **Le coût moyen** correspond au coût total divisé par la quantité produite sur une période donnée. Il se calcule de la façon suivante : **coût moyen** = coût total / quantité produite.

> **EXEMPLE**
> Si une entreprise produit 1 000 unités pour un coût total de 20 000 €, le coût moyen d'une unité est de 20 € (soit 20 000 /1 000).

■ **Le coût marginal** est le coût d'une unité supplémentaire produite. Cela correspond à la variation relative des coûts pour une unité supplémentaire produite. C'est, d'un point de vue mathématique, le coefficient directeur de la tangente en un point de la courbe des coûts ou plus précisément, la dérivée en un point de l'équation des coûts : **coût marginal** = (dt coût total/dt)/ (dt quantité/dt)

> **EXEMPLE**
> Si cette même entreprise produit 1 001 unités pour 20 080 €, le coût marginal d'une unité est de 80 € (soit 20 080 € – 20 000 €) mais le coût moyen devient 20,06 € (20 080/1 001). Quand le coût marginal augmente, le coût moyen augmente.

■ **Le prix de vente unitaire d'un produit sur un marché concurrentiel est une constante** qui ne dépend pas de l'entreprise. On dit alors que **le producteur est « preneur de prix »**. En effet, le prix auquel il vendra sa production est celui que les **demandeurs sont prêts à payer**. S'il fixe un prix de 10 € l'unité alors que ses clients ne veulent pas payer plus de 8 €, il ne vendra pas ou devra baisser ses prix à 8 € pour écouler sa marchandise. Évidemment, ses prix unitaires ne doivent pas être inférieurs à ses coûts de production.

■ La décision du producteur de mettre en production dépend de la comparaison du coût moyen et du coût marginal par rapport au prix de vente unitaire. Les quantités optimales à produire correspondent soit à un optimum technique, soit à un optimum économique :
– l'**optimum technique** est atteint quand le coût marginal est égal au coût moyen. Cela se produit quand le coût moyen est au minimum. Le profit est alors maximal ;
– l'**optimum économique** est atteint quand le coût marginal est égal au prix unitaire de vente. Au-delà, il n'est plus rationnel de produire car chaque unité supplémentaire produite l'est à perte.

■ Si le coût moyen est supérieur au prix de vente unitaire, alors le producteur fait des pertes, de même si le coût marginal est supérieur au prix de vente unitaire.

■ Le choix du producteur se représente graphiquement de la façon suivante :

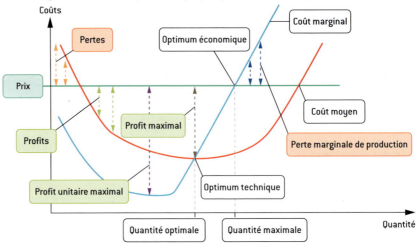

> **POUR ALLER PLUS LOIN**
>
> ▶ Pour bien comprendre le mécanisme, visionnez dans l'ordre ces deux vidéos :
>
> ▶ Vous comprendrez alors pourquoi ces courbes ont ces formes particulières et ferez le lien avec vos cours de mathématiques. Vous saurez qu'il est possible de mettre le problème du choix des quantités à produire en équation et de le résoudre numériquement.

3 Les échanges économiques

A La spécialisation des acteurs de l'économie

Elle est le **résultat des calculs de coûts d'opportunité** : les producteurs optimisent l'utilisation de leurs ressources en abandonnant les activités qui génèrent le moins de profits pour se concentrer sur celles qui leur sont individuellement les plus utiles. Pour satisfaire leurs besoins, les agents économiques sont en relation les uns avec les autres. Ils sont reliés par des **flux réels de marchandises** ou des **flux monétaires** grâce à l'intermédiaire d'un marché.

B Le marché

■ Le marché est le lieu réel ou fictif où se rencontrent toutes les offres des producteurs et toutes les demandes solvables des consommateurs. Sur le marché se forme un **prix d'équilibre** quand toutes les offres et toutes les demandes sont satisfaites.

■ Il existe 3 principaux marchés en économie : le **marché des biens et des services** où se rencontrent les offres et les demandes de biens et de services ; le **marché du travail** où se rencontrent les offres de travail de ceux qui recherchent un emploi et les demandes de travail des employeurs ; le **marché financier** où se rencontrent les agents économiques qui ont un excès d'épargne avec ceux qui ont un besoin d'épargne pour financer leur activité. En général, les ménages ont un excès d'épargne et ils offrent leur épargne aux entreprises qui ont un besoin de financement.

5 QUELS SONT LES GRANDES QUESTIONS ÉCONOMIQUES ET LEURS ENJEUX ACTUELS ? **COURS**

C Les agents économiques

Ils se distinguent par la fonction principale qu'ils assurent dans l'ensemble de l'économie.

a Les ménages

■ Un ménage est constitué par l'ensemble des personnes qui vivent sous un même toit. L'intérêt pour l'analyse de l'économie est que cet ensemble de personnes fait des choix budgétaires communs pour l'utilisation de ses ressources financières.

■ La fonction principale d'un ménage est de **consommer des biens et des services pour satisfaire ses besoins**.

> **ATTENTION**
>
> Il ne faut absolument pas confondre les notions de **famille** et de **ménage**. Les membres d'une famille sont liés entre eux par des liens de parenté sans nécessairement vivre sous un même toit et donc faire les mêmes choix de consommation courante. Par exemple, un étudiant n'habite pas forcément avec ses parents. Dans ce cas, il fait ses propres courses et ses choix de dépenses sont distincts de ceux de ses parents. On a bien une seule famille mais deux ménages.

b Les entreprises ou les sociétés non financières (SNF)

■ Une entreprise est un ensemble de ressources matérielles, humaines et financières coordonnées et structurées dans le but de produire des biens et services destinés à être vendus sur un marché.

■ La fonction principale de l'entreprise est de **produire des biens et des services marchands**, c'est-à-dire destinés à être vendus sur un marché.

c L'État ou les administrations publiques (APU)

■ L'État est l'agent composé des collectivités territoriales comme les communes, les départements, les régions, les administrations centrales tels que les différents ministères et les établissements de droit public comme la Sécurité sociale.

■ La fonction principale de l'État est de **fournir des biens et des services non marchands aux autres agents économiques**. On dit qu'ils sont non marchands car ils ne sont pas destinés à la vente. Ils sont financés par les impôts et les taxes prélevées sur les ressources des autres agents économiques.

> **REMARQUE**
>
> Il existe un autre secteur institutionnel pour la comptabilité nationale : **les institutions sans but lucratif au service des ménages (ISBLSM)** dont le rôle est de fournir des services non marchands aux ménages. Ce secteur est composé principalement d'associations, de syndicats, d'organisations à but non lucratif de droit privé dont la consommation est souvent rattachée à celle des ménages.

d Les institutions financières ou sociétés financières (SF)

■ Les institutions financières représentent l'agent économique composé des banques et des divers organismes de crédits auquel s'ajoute le Trésor public.

■ La fonction principale de cet agent est de **fournir des moyens de paiement aux autres agents économiques** et surtout de **financer leurs activités avec des prêts bancaires**.

e Le reste du monde

Le reste du monde regroupe tous les agents économiques de nationalités étrangères qui font des opérations d'importation et d'exportation avec les agents économiques nationaux. La fonction principale du reste du monde regroupe toutes les fonctions des agents économiques qui le composent, c'est-à-dire **la consommation, la production de biens** et de **services marchands** et **non marchands** ainsi que **le financement**.

D Le circuit économique

■ L'ensemble des nombreux flux d'échange forme le circuit économique, système qui permet d'avoir une **représentation d'ensemble du fonctionnement de l'économie**. Les agents sont liés les uns aux autres par des **flux réels** (achat de biens et services) qui circulent en sens inverse des **flux monétaires** (paiement de ces biens et services).

(1) La première relation représentée correspond aux fonctions principales des agents économiques. En effet, les entreprises produisent des richesses sous la forme de biens et de services que les ménages consomment.
(2) Il existe cependant d'autres relations économiques que celles qui correspondent aux fonctions principales des agents économiques comme celles qui sont représentées entre les ménages et les entreprises.

■ Dans le circuit économique, les dépenses des uns sont les ressources des autres, comme le montre le schéma ci-dessus. Les ménages achètent des biens et des services aux entreprises, ce qui a comme impact l'augmentation de leur chiffre d'affaires. Ces ressources financières sont utilisées par les entreprises pour rémunérer le travail fourni (par les ménages) aux entreprises. Le paiement des salaires est une dépense pour les entreprises mais c'est une ressource pour les ménages qui pourront l'utiliser pour satisfaire leurs besoins. Ceci illustre une opération de répartition de la richesse créée par les entreprises. Cette richesse peut aussi être distribuée à l'État sous la forme d'impôts et de taxes ou aux institutions financières sous forme d'intérêts liés aux remboursements d'emprunts.

■ Il y a 3 opérations principales réalisées dans le circuit économique : la **consommation** (parfois appelée aussi dépense), la **production** et la **répartition**.

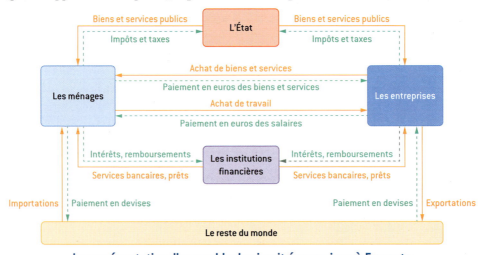

La représentation d'ensemble du circuit économique à 5 agents

■ Cette représentation permet d'acquérir une compréhension d'ensemble du fonctionnement de l'économie :
– **si le flux des achats des ménages diminue** (donc que la consommation baisse), alors le chiffre d'affaires des entreprises diminuera ;
– **si le chiffre d'affaires des entreprises baisse**, les entreprises chercheront à réduire leur production et leurs coûts de production. Par conséquent, les flux de travail et les salaires diminueront.

> **INFO**
> N'hésitez pas à mobiliser les ressources disponibles sur Internet pour faciliter votre compréhension du circuit économique.

■ Pour maintenir le niveau de production, il faut compenser la baisse de la demande des ménages auprès des entreprises par l'**accroissement des dépenses publiques** auprès des entreprises ou par **plus d'exportations vers le reste du monde** en réponse à la demande des agents économiques étrangers.

#vidéo
Le circuit économique
foucherconnect.fr / 19pbstmg15

E Les fonctions de la monnaie

■ La monnaie se définit par ses fonctions. Elle est un **équivalent universel des échanges**, une **unité de compte** et une **réserve de valeur** :
– un **équivalent universel des échanges** signifie qu'il est possible d'échanger une quantité de monnaie contre une quantité de n'importe quel bien ou service immédiatement et sans coût. On dit que la monnaie brise le troc car en échangeant les marchandises contre la monnaie, il est possible de comparer la valeur admise par tous de tous les biens et services. **Tous les prix sont exprimés en monnaie** ;
– une **unité de compte** puisque la monnaie est divisible en petites unités (les centimes) pour mesurer la valeur des biens et services de faible comme de grande valeur ;
– une **réserve de valeur** car la monnaie est en principe quasiment inaltérable dans le temps. Elle conserve sa valeur. Il est ainsi possible de différer un achat en conservant la quantité de monnaie qui correspond au bien ou au service convoité. Cette propriété permet à l'agent économique d'épargner pour réunir la somme nécessaire à un investissement important comme l'achat d'une voiture.

■ Les formes de la monnaie ont évolué dans le temps. La monnaie métallique sous forme de pièces de monnaie dite « divisionnaire », a peu à peu laissé place à la monnaie sous forme de billets de banque dite « fiduciaire », puis à la monnaie sous forme d'écriture de comptes à compte dite « scripturale ». Aujourd'hui, la monnaie circule principalement de façon électronique, elle s'est **dématérialisée**.

OBJECTIF BAC

EXERCICE 1

Identifier le type de besoin en cochant la bonne case.

Besoins	Type		Nature	
	Économique	Non économique	Primaire	Secondaire
1. Dormir				
2. Manger				
3. Surfer sur le réseau Internet				

EXERCICE 2

Déterminer les caractéristiques des biens en cochant la ou les bonnes colonnes.

Besoins	Type Économique	Type Non économique	Nature Primaire	Nature Secondaire	Utilisation Consommation	Utilisation Production	Durée d'utilisation Non durable	Durée d'utilisation Durable
1. Un steak								
2. L'eau de mer								
3. Un mouchoir en papier								
4. Un téléphone								
5. Une voiture familiale								
6. Un robot industriel								
7. Un brevet								

EXERCICE 3

Un lycéen de terminale se demande s'il doit s'engager en signant un contrat de 15 heures dans une entreprise de restauration rapide ou s'il doit attendre la fin de sa scolarité et mobiliser toute son énergie pour obtenir le baccalauréat.

On lui propose un contrat de travail temporaire de 15 heures par semaine sur 36 semaines de cours. Les horaires sont répartis le soir et le week-end. Il serait rémunéré au smic horaire, soit 10,03 € de l'heure. Après le baccalauréat, il envisage de faire un BTS et de travailler dans le commerce. Il s'est renseigné sur divers sites internet pour connaître le salaire des jeunes diplômés en sortie de BTS. Il observe que le salaire moyen est de 21 808 € brut par an. Il est tenté de signer son contrat dès la terminale car la proposition est alléchante. Cette expérience serait valorisante et lui donnerait une vraie première expérience du monde du travail dans une entreprise. De plus, il pourrait investir la somme gagnée pour financer son permis de conduire sans solliciter l'aide de ses parents. Toutefois, c'est un élève moyen qui a des activités extrascolaires, il se demande s'il ne devrait pas attendre un peu car il peut être difficile de tenir le rythme d'autant plus, qu'en cas d'échec au baccalauréat, les chances de poursuivre des études, même courtes, sont sérieusement compromises.

Pour l'aider à prendre une décision, calculer le coût d'opportunité du renoncement (option 2) :
– **option 1** : il décide de travailler en parallèle de son année de terminale en acceptant le contrat hebdomadaire de 15 heures par semaine ;
– **option 2** : il préfère mettre toutes les chances de son côté pour réussir son bac et renonce à ce contrat.

EXERCICE 4

Envisager les conséquences de la variation des autres flux sur les autres agents économiques en répondant logiquement à la question suivante « Que se passe-t-il si les entreprises ont des difficultés à rembourser leurs emprunts bancaires ? ». Rédiger la réponse.

> **À SAVOIR**
> Lorsque vous rédigez une argumentation économique, il peut être utile de schématiser les relations au brouillon à partir du circuit économique.

ÉCONOMIE

6 Comment se crée et se répartit la richesse ?

La richesse est produite dans les entreprises par l'action du travail des hommes. Les choix techniques des producteurs peuvent augmenter fortement l'efficience du travail, mesuré par le taux de productivité. L'ensemble des agents économiques contribuent directement ou indirectement à la production. En échange de cette contribution, la richesse est répartie entre ceux qui ont participé à la créer. C'est ce qu'on appelle le partage de la valeur ajoutée.

ÉCONOMIE

1 La combinaison productive

■ Pour produire, il faut des ingrédients : les matières premières, les outils (machines par exemple), le travail humain plus au moins qualifié, l'information, les savoirs ou les savoir-faire. Les éléments qui entrent dans le cycle de production sont appelés « input ». Ils contribuent à la création de la richesse sous forme de produits qui sont nommés « output ». Tous ces éléments contribuent à la **création de la richesse** sous forme de produits.

■ Les matières premières posent le problème de leur renouvellement car **leurs stocks sont épuisables**. La technologie permet de consommer moins de ressources pour le même résultat. C'est le cas des moteurs de voitures qui consomment beaucoup moins de carburant grâce au mélange électroniquement contrôlé de carburant et d'air.

■ Les informations et les compétences augmentent la polyvalence des salariés, ce qui permet d'**optimiser les processus de production**. Les compétences détenues par les salariés forment ce que l'on appelle le **capital humain**. Il est essentiel pour **développer de nouvelles technologies**.

A Les facteurs de production

L'économie retient **2 principaux facteurs de production : le travail et le capital**. En effet, pour agir sur la nature, extraire ou transformer des ressources naturelles, le producteur peut soit utiliser le travail de la main-d'œuvre, soit celui des machines, soit les deux. Pour un même niveau de production, il choisit en fonction de ses intérêts les quantités de travail ou de capital à utiliser. **Le rapport entre les quantités de facteur travail ou de capital employé est ce qu'on appelle la combinaison productive**.

a Le facteur travail

■ Le facteur travail s'apprécie en **quantité** et en **qualité** car plus les travailleurs sont qualifiés, plus ils sont aptes à utiliser des machines et à réaliser des opérations complexes.

■ **La quantité de travail** maximale disponible dans l'ensemble de l'économie est celle fournie par sa population active.

■ **La qualité du travail** dépend directement du niveau de qualification et de l'expérience acquise par les travailleurs.

■ Les informations, le savoir et les savoir-faire rendent le travail plus performant.

© Éditions Foucher

99

ⓑ Le facteur capital

Le facteur capital désigne l'ensemble des machines utilisées pour produire. Ce stock varie en fonction des investissements réalisés, soit pour en augmenter le nombre (on parle d'investissement de capacité), soit pour les moderniser (on parle d'investissement de modernisation), soit pour les renouveler (on parle d'investissement de renouvellement).

> **REMARQUE**
>
> Le facteur capital est le produit du travail des hommes qui ont fabriqué les machines.

ⓒ La fonction de production

Le **niveau de production** atteint en quantité et en qualité est une fonction des facteurs de production, capital (K) et travail (L). Grâce à la technologie employée et à la combinaison productive, la valeur de la production (Y) qui est l'« output » est supérieure à celle des facteurs de production qui sont les « inputs ». Cette fonction peut s'écrire mathématiquement : $Y = F (L, K)$.

B Le choix de la combinaison productive

■ Le choix de la combinaison résulte d'un calcul de coût d'opportunité. **Le producteur compare les coûts des différents facteurs de production** par rapport au niveau de production qu'il peut atteindre. Il tient compte de la technologie utilisée et des quantités relatives de facteurs de production employées pour faire son calcul.

■ Si le coût de l'heure de main-d'œuvre est plus élevé que le celui de l'heure d'utilisation des machines alors pour un niveau de production donné, le producteur préférera choisir une combinaison productive qui comportera plus d'heures machine que d'heure de main-d'œuvre. Ainsi il aura tendance à **substituer le facteur capital au facteur travail** ce qui a une conséquence sur le niveau d'emploi donc le chômage. Quand une combinaison productive comporte plus de facteur capital que de facteur travail on dit qu'elle est **plus intensive en capital qu'en travail**.

■ Si avec les machines, la qualité de la production n'est pas satisfaisante pour les demandeurs alors le producteur peut choisir une combinaison productive plus intensive en main-d'œuvre qu'en capital. Il peut faire ce choix malgré un coût plus élevé de la main-d'œuvre pour satisfaire la demande sur son marché.

■ On mesure **l'efficience de la combinaison productive** grâce au **taux de productivité.** Le taux de productivité est le rapport entre le résultat obtenu et les quantités de facteurs de production employés. On parle de productivité globale des facteurs mais il est possible de calculer la productivité pour chaque facteur de production capital (K) ou travail (L) :

$$\textbf{Productivité globale} = \text{Quantité produite}/(K + L)$$

> **ATTENTION**
>
> Il faut être attentif aux unités employées pour calculer la productivité physique (ou réelle) des facteurs. Les unités doivent être homogènes. Le plus souvent, il est pratique de rapporter les quantités produites au nombre d'heures de travail machine et de main-d'œuvre nécessaire pour produire. Pour comparer aisément et éliminer les problèmes d'unité, il est possible de faire une évaluation de la productivité en valeur :
>
> **Productivité** = valeur de la production en €/(valeur du capital en € + valeur du travail en €)

6 COMMENT SE CRÉE ET SE RÉPARTIT LA RICHESSE ? **COURS**

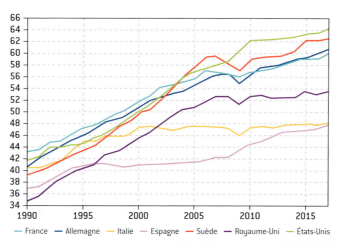

Productivité horaire du travail au sein des principaux pays de la zone euro, 1990-2017, en $ PPA 2010

■ L'informatique et plus globalement **les nouvelles technologies de l'information et de la communication (NTIC)** sont à l'origine des **gains de productivité réalisés à partir des années 2000**, en particulier aux États-Unis ; d'où l'importance pour une économie d'investir dans la formation. Pour la première fois dans l'histoire de l'humanité, l'**intelligence artificielle** permet de disposer de machines capables d'apprendre par elles-mêmes. Cet outil **révolutionne la façon de produire dans de nombreux secteurs d'activités**.

2 La mesure de la production et ses prolongements

A La valeur ajoutée

■ La valeur ajoutée mesure **la richesse créée sur une période donnée par une entreprise**. Elle se calcule en retranchant au chiffre d'affaires le coût des consommations intermédiaires achetées aux fournisseurs et non produites par l'entreprise.

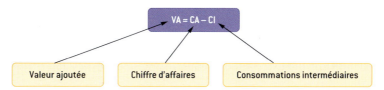

■ Le chiffre d'affaires est la somme des prix unitaires multipliés par les quantités vendues. Or, il existe des activités dont la production est réelle mais qui n'est pas vendue sur un marché. Pour calculer la valeur ajoutée du secteur non marchand (associations, services publics…), les comptables nationaux se fient au **coût total de leur production**.

101

B Le produit intérieur brut

■ Au niveau d'un pays, la richesse créée pendant un an est mesurée par le **produit intérieur brut (PIB)**. Il se calcule en additionnant toutes les valeurs ajoutées créées pendant 1 an sur le sol national par les unités de production marchandes ou non, qu'elles soient nationales ou étrangères :

> **PIB** = somme des VA + TVA + Droits de douane − Subvention à l'importation

■ Tous les agents économiques contribuent au PIB même si les entreprises (ici les sociétés non financières), en raison de leur fonction principale, sont les principaux contributeurs. Les gains de productivité réalisés dans les années 1970 ont permis un **très fort accroissement des richesses matérielles** dont l'équipement actuel du foyer des ménages témoigne de façon intuitive.

■ En 2018, le PIB de la France est de 3 067,8 mds $ soit 45 804 $ par habitant. **La France est à la 7e place du classement mondial par le PIB.** En économie, la croissance désigne généralement la **croissance du PIB d'une période à l'autre**. On mesure donc le **taux de croissance du PIB**. En 2018, en France, il est de **1,6 %.**

■ Si ce taux augmente, alors **le pays crée plus de richesse**. Si ce taux diminue mais reste positif, cela signifie que le pays crée de nouvelles richesses mais à un rythme plus lent. Si ce taux est négatif, alors la richesse créée diminue. Techniquement, on parle de **récession** quand le PIB décroît sur 2 trimestres. Si la décroissance du PIB dure plus de 1 an, on parle de **dépression**. En 2009, la France a connu une récession d'après l'Insee, avec un taux de croissance de − 2,8 % en valeur.

■ La technologie employée et la taille de la population active influencent le taux de croissance de l'économie. Dans les pays développés comme la France, le niveau d'automatisation de la production est tel qu'**il faut de plus en plus investir pour provoquer une croissance de l'économie**. Seule une modification radicale des modes de production grâce à des **innovations fortes** pourrait changer ce constat.

■ Le **niveau de richesse** atteint doit être interprété avec **prudence** pour plusieurs raisons :
– le PIB comptabilise la valeur ajoutée qui n'est pas forcément créée par des entreprises nationales. Ainsi, si les entreprises étrangères sont nombreuses dans le pays, ce dernier dépend des stratégies de ces entreprises qui peuvent se délocaliser là où les conditions d'activité leur sont favorables ;
– le PIB dans son mode de calcul ne tient pas compte des activités illégales ou encore domestiques ;
– le PIB comptabilise paradoxalement des activités qui dégradent la qualité de vie. Une industrie polluante crée de la valeur ajoutée sans pour autant dire que la pollution est un élément de la richesse désirable. Les entreprises de dépollution créent également une hausse du PIB ;

■ Le PIB peut être artificiellement augmenté par des activités comme la construction de logements qui n'ont pas d'effet durable sur la création de richesse. Ainsi en Chine, il existerait une cinquantaine de villes fantômes comme celle d'Ordos qui ont des équipements surdimensionnés alors qu'elles ont peu d'habitants par rapport au nombre de logements construits. L'immobilier représenterait 15 % du PIB de la Chine.

 # vidéo
Les affres de la mesure de la richesse en Chine et la difficulté d'une mesure objective du PIB
foucherconnect.fr / 19pbstmg67

6 COMMENT SE CRÉE ET SE RÉPARTIT LA RICHESSE ? **COURS**

■ Le PIB n'indique rien sur la **répartition des richesses**. Un PIB par habitant élevé peut masquer de fortes inégalités de revenus dans le pays si une faible partie de la population accapare l'essentiel des richesses. Le **taux de croissance** est le principal indicateur de la performance économique mais il doit, au regard de ce qui précède, être relativisé et complété par d'autres indicateurs plus qualitatifs comme l'**indice de développement humain (IDH)**.

3 La dynamique de la répartition des revenus

A Du revenu primaire au revenu disponible

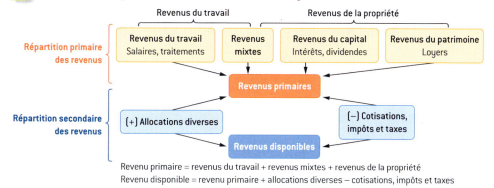

Revenu primaire = revenus du travail + revenus mixtes + revenus de la propriété
Revenu disponible = revenu primaire + allocations diverses − cotisations, impôts et taxes

> **REMARQUE**
> On appelle **revenus mixtes** les revenus issus du travail et du patrimoine car l'entrepreneur propriétaire de son entreprise se verse une rémunération mais il perçoit aussi une part du bénéfice.

L'origine des revenus dont dispose les ménages est diverse. Globalement, il y a les revenus du travail ; les revenus liés à la propriété de l'outil de production ou de biens patrimoniaux et les revenus qui proviennent de la solidarité des autres agents économiques. La **distribution primaire des revenus** se fait dans les organisations qui produisent de la valeur ajoutée. La **distribution secondaire des revenus** est le résultat de l'action de l'État qui tente de diminuer les inégalités de revenus entre les plus riches et les plus pauvres grâce au prélèvement de l'impôt et à la distribution d'allocation diverses.

B Le partage de la valeur ajoutée

Le partage de la valeur ajoutée consiste à **rémunérer tous ceux qui ont contribué directement ou indirectement à la création de la valeur**. Les bénéficiaires sont, dans l'ordre :
– **les salariés**, en récompense du travail fourni, qui perçoivent un salaire ;
– **les institutions financières** qui ont contribué aux investissements en accordant des prêts et sont rémunérées des risques pris sous forme d'intérêts financiers ;
– **l'État et les administrations publiques** qui fournissent un environnement favorable à l'activité économique grâce à l'éducation, au financement de la recherche fondamentale, à toutes les infrastructures de transport ou de communication, etc. Pour cela l'État perçoit des impôts et des taxes ;
– **les propriétaires du capital** qui perçoivent des parts du bénéfice appelées dividendes ;

– ce qui reste après ces opérations de répartition constitue **l'épargne de l'organisation** mise en réserve qui sert notamment à l'autofinancement.

■ Le partage de la valeur ajoutée est l'objet d'une négociation entre partenaires sociaux, c'est-à-dire les représentants des salariés et des employeurs car :

– **s'il se fait au profit des salariés**, cela favorise la consommation et la motivation au travail mais cela diminue aussi les capacités d'autofinancement de l'investissement qu'il soit de capacité ou de modernisation ;

– **s'il se fait au profit des actionnaires** au détriment des salariés, alors il y a un risque d'accroître les inégalités en confisquant une partie des richesses en sur-rémunérant le risque pris par les apporteurs de capitaux. Au contraire, une rémunération trop faible décourage la prise de risque des investisseurs.

doc
Le partage de la valeur ajoutée à prix courants en 2016
foucherconnect.fr 19pbstmg16

■ La part de la valeur ajoutée qui revient aux salariés s'est stabilisée à partir des années 1980. La part prélevée par l'État est croissante mais relativement faible alors que les marges d'exploitation reversées aux actionnaires et disponibles pour l'autofinancement se sont accrues jusqu'au début des années 1990 pour se stabiliser par la suite.

C Les revenus de transfert et le revenu disponible

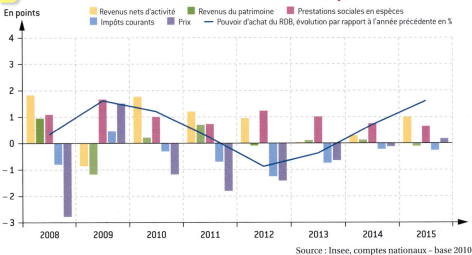

Source : Insee, comptes nationaux – base 2010

Contributions à l'évolution du pouvoir d'achat des ménages

■ Malgré la répartition secondaire, les **inégalités de revenus se sont accrues en France**. Le pouvoir d'achat des 10 % les plus pauvres a diminué sur cette période de 6,2 % alors que les 10 % les plus riches ont vu leur pouvoir d'achat augmenter dans le même temps de 11,8 %. Les plus riches gagnent 7,2 fois plus que les plus pauvres. Les revenus de transfert (allocations et aides aux ménages les plus fragiles) ne suffisent pas à réduire ces écarts. Ce phénomène s'explique en partie par le rôle des revenus du patrimoine qui s'ajoutent aux revenus du travail pour les plus riches.

■ Le revenu disponible des ménages est influencé par : le **montant du revenu primaire** qui dépend du partage de la valeur ajoutée, de la pression fiscale sous forme d'impôts et de taxes et des mécanismes de solidarité dont dépendent les revenus de transfert. Le revenu disponible en France a cru de 1,7 % en 2016 (TEF, Insee).

exo
Entraînez-vous
foucherconnect.fr 19pbstmg17

7 Comment les ménages décident-ils d'affecter leur revenu ?

Les dépenses des ménages pour satisfaire leurs besoins sont contraintes par les revenus disponibles. Ils font des choix budgétaires qui dépendent de la nature de leurs besoins et de l'évolution des prix. L'évolution de leurs postes de dépenses révèle leurs choix budgétaires.

1 L'arbitrage entre consommation et épargne

A Les déterminants de la consommation et de l'épargne

- Le **revenu disponible (Y)** peut soit être **consommé (C)**, soit être **épargné (S)** : Y = C + S.

- La **propension moyenne à consommer (PMC)** est la part du revenu en moyenne qui sert à consommer.

$$\text{PMC} = \text{Consommation (Z) / Revenu disponible (Y)}$$

Cette propension squi nous pousse à consommer varie à court terme mais est relativement stable à long terme. En France, elle est d'environ de 85 %.

- La **propension marginale à consommer (Pmc)** est la variation du montant consommé pour une variation d'une unité supplémentaire de revenu.

$$\text{Pmc} = \text{Variation de la consommation / Variation du revenu}$$

> **EXEMPLE**
> Si le revenu disponible augmente de 2 500 € à 2 800 € et la consommation de 1 600 € à 1 800 €, alors la Pmc est égale à : (1800-1600)/(2500-2000) = 0,4 soit 40 %. Ainsi, 40 % de l'augmentation des revenus est affectée à des dépenses de consommation. Autrement dit, pour 1 euro supplémentaire de revenu, l'agent économique consomme 0,40 euro de plus.

- La part des revenus consommés diminuent lorsque les revenus disponibles augmentent et que les principaux besoins de consommation sont satisfaits.

- Le **taux d'épargne** est la part de revenu épargné des ménages sur l'ensemble des revenus disponibles.

$$\text{Le taux d'épargne} = \text{Epargne (S) / Revenu disponible (Y)}$$

- La **propension marginale à épargner (Pms)** est la variation de l'épargne pour une variation d'une unité de revenu.

$$\text{Pms} = \text{Variation épargne (S) / Variation de revenu (Y)}$$

- Lorsque le revenu disponible est faible, la capacité d'épargne est très faible. Elle s'accroît progressivement quand l'augmentation du revenu est supérieure à celui des dépenses de consommation.

■ L'épargne dépend surtout de **facteurs culturels qui influencent notre comportement** face au risque. Traditionnellement, les Anglo-Saxons n'hésitent pas à financer leurs dépenses avec le crédit. Par conséquent, les taux d'épargne y sont faibles (entre 5 % et 8 %). Dans les pays latins, il y a souvent une plus grande aversion contre le risque que dans les pays anglo-saxons. En France, le taux d'épargne oscille autour de 15 % (14,3 % en 2017). Il est relativement stable dans le temps. Les ménages se constituent plus volontiers une épargne de précaution, ce qui explique en partie que les taux d'épargne y soient plus élevés.

■ Il y a 3 principaux motifs d'épargne :
– **acheter un bien coûteux** en reportant le temps de l'achat pour réunir la somme nécessaire ;
– **se prémunir contre les aléas de la vie** (maladie, licenciement, retraite, infortunes et sinistres divers). On parle d'épargne de précaution ;
– **se constituer un patrimoine pour le transmettre à ses descendants**. On parle d'épargne de solidarité. Le patrimoine net est l'ensemble des richesses accumulées, dettes déduites, qui permettront à un ménage ou un individu de disposer de revenus futurs. En France, tout âge confondu, il est de 113 000 euros en moyenne. Ceux qui disposent de revenus du patrimoine ont un pouvoir d'achat plus élevé que les autres car il dispose de revenus du patrimoine qui s'ajoutent aux revenus du travail.

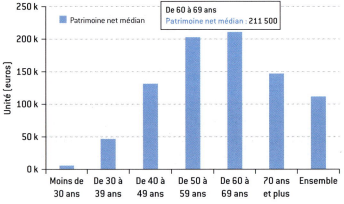

Source : Insee – © Observatoire des inégalités

Montant des patrimoines nets médians selon l'âge

■ Ce sont les plus de 60-69 ans qui disposent des patrimoines les plus élevés (4 fois plus que les 30-39 ans). 70 % du patrimoine est constitué de biens immobiliers, en général il s'agit du logement principal.

> **À SAVOIR**
> Le **comportement d'épargne** dépend également de l'évolution des taux d'intérêt. S'ils sont élevés, alors les ménages qui disposent d'un revenu disponible suffisant pour satisfaire leur besoin de consommation préfèrent épargner pour percevoir des intérêts plutôt que d'augmenter leurs dépenses.

B Le pouvoir d'achat des ménages

Le pouvoir d'achat des Français a baissé sur une longue période. Le partage de la valeur ajoutée est moins favorable aux salariés que dans les années 1970. La part des salaires dans la vie active (VA) est stable depuis les années 1990 autour de 55 %. Cependant, dans le même temps, **la part des revenus mixtes dans la VA qui rémunèrent les exploitants des petites entreprises s'est effondrée d'environ 5 %.** Cela peut expliquer en partie la **persistance de la crise dite « des gilets jaunes »** et la **fronde fiscale en 2019**. Le graphique montre que ces dernières années, le revenu disponible croît faiblement alors que pouvoir d'achat progresse encore moins vite.

7 COMMENT LES MÉNAGES DÉCIDENT-ILS D'AFFECTER LEUR REVENU ? **COURS**

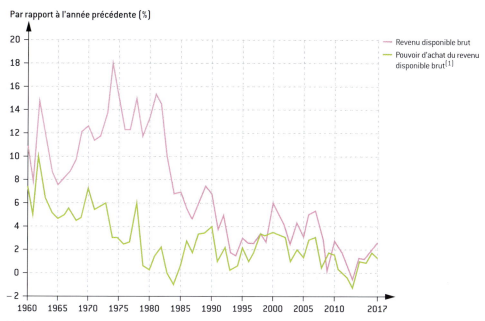

(1) L'évolution calculée au sens de la comptabilité nationale est déflatée à l'aide de l'indice du prix de la dépense de consommation finale des ménages.
Champ : France, ménages y compris entreprises individuelles.

Source : Insee, comptes nationaux annuels – base 2014

Évolution du revenu disponible brut et du pouvoir d'achat jusqu'en 2017

■ La crise économique de 2008 a fortement détérioré le pouvoir d'achat moyen car l'augmentation du chômage entraîne une diminution du revenu disponible moyen par ménage. Leurs revenus dépendent alors d'allocations diverses. L'**alourdissement de la fiscalité** qui en résulte pèse sur les **revenus du travail** et le **revenu disponible**.

■ Quand le **pouvoir d'achat baisse**, le **taux d'épargne diminue** généralement pour maintenir le niveau de vie.

■ **Le pouvoir d'achat de ceux qui disposent de revenus stables est plus affecté que les autres par l'inflation.** Pendant ces périodes, ceux qui perçoivent des pensions de retraite ou encore des traitements indexés sur des barèmes comme les fonctionnaires subissent des pertes de pouvoir d'achat de leurs revenus. Au contraire, en période de déflation, donc de baisse générale des prix, ces mêmes catégories voient leur pouvoir d'achat augmenter.

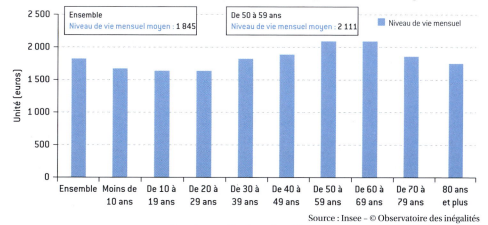

Source : Insee – © Observatoire des inégalités

Le niveau de vie selon l'âge

■ Le **pouvoir d'achat des 50-69 ans est plus élevé** que celui des autres tranches d'âges. Les jeunes de 20 à 29 ans ont le pouvoir d'achat le plus faible de la population. Généralement, les tranches d'âges qui disposent de meilleurs revenus ont la meilleure capacité d'épargne. Ils peuvent se constituer un patrimoine car **plus les revenus augmentent, plus la propension moyenne à consommer (PMC) diminue et le taux d'épargne augmente**.

2 L'évolution du mode de consommation

A Les coefficients budgétaires

Un coefficient budgétaire est le poids que représente une dépense pour acquérir un bien ou un service par rapport à l'ensemble des dépenses.

> **Coefficient budgétaire de l'alimentation** = dépenses alimentaires/total des dépenses

B La structure de la consommation

■ La consommation des ménages a fortement évolué depuis 50 ans :
– la part **des dépenses alimentaires** représente proportionnellement une part plus faible des dépenses des ménages (13,4 % des budgets en 2015 contre plus de 25 % en 1959). D'une part, l'élévation de la productivité dans le secteur agricole a entraîné une baisse des prix de production des denrées alimentaires et d'autre part, les revenus disponibles ont augmenté. Mécaniquement, la part de ces dépenses dans les dépenses de consommation diminue ;
– la part **des dépenses vestimentaires** a aussi fortement diminué. Elle ne représente que 3,9 % du budget total ;
– la part **des dépenses de transport**, après avoir progressé jusqu'au début des années 1980, s'est stabilisée. Elle ne représente qu'environ 13,2 % des dépenses ;
– la part **des dépenses en logement** pèse de plus en plus lourd dans le budget des ménages (un peu plus de 10 % du budget en 1959 contre 26,5 % du budget en 2015). Cela s'explique en partie par l'évolution des prix sur le marché immobilier ;
– de nouveaux postes budgétaires apparaissent comme la **communication** (2,6 % du budget), dont la part s'accroît depuis les années 1970. Ces dépenses sont liées en partie aux abonnements auprès d'opérateurs de téléphonie mobile ou aux fournisseurs d'accès à Internet. Ces dépenses sont pré-engagées sur la durée des contrats. Ainsi, la part de budget sur laquelle les ménages exercent leurs choix a tendance à se réduire.

■ Le pouvoir d'achat dépend également de l'**évolution des prix mesurée par l'indice des prix**. Si l'ensemble des prix augmente durablement (ce qu'on appelle l'**inflation**), alors le pouvoir d'achat des ménages baisse. En effet, avec le même revenu disponible, ils ne pourront acheter qu'une quantité plus petite de biens et services.

■ Les prix d'équipements manufacturés pour les ménages ont globalement diminué, ce qui n'est pas le cas des produits alimentaires et des biens de consommation courante, renforçant ainsi le sentiment de perte de pouvoir d'achat des ménages.

 # doc
Part des dépenses de consommation dans le revenu disponible brut
foucherconnect.fr/19pbstmg18

> **NE PAS CONFONDRE**
> ▶ L'**inflation** qui désigne la hausse générale des prix sur une longue période.
> ▶ La **déflation** qui désigne une baisse générale des prix sur une longue période.
> ▶ La **désinflation** désigne une diminution du taux de croissance de l'indice des prix.

8 Quels modes de financement de l'activité économique ?

Les institutions financières jouent un rôle important dans l'économie en donnant aux agents économiques les moyens de financer leurs activités. Les revenus des ménages sont limités, l'offre de crédit leur permet d'augmenter leur pouvoir d'achat et de disposer des ressources nécessaires à leurs achats. Les crédits permettent aussi aux entreprises de financer leurs investissements quand leur capacité d'autofinancement est insuffisante. On distingue un circuit de finance directe et un circuit de finance indirecte.

1 La situation financière des agents économiques

A Les capacités et besoins de financement

■ Lorsque les ressources financières sont supérieures aux dépenses, les agents économiques ont une **capacité de financement**. À l'inverse, quand les ressources sont inférieures aux dépenses, ils ont un **besoin de financement**.

■ Le système financier permet de **mettre en relation les agents qui ont une capacité de financement avec ceux qui ont un besoin de financement**. Ceux qui ont une capacité de financement peuvent alors prêter leurs ressources à ceux qui ont des besoins moyennant le paiement d'intérêts aux prêteurs (pour rémunérer le risque de non-remboursement qu'ils prennent). Le taux d'intérêt peut aussi être interprété comme le résultat de la confrontation de l'offre et de la demande de crédit sur le marché financier, donc le prix du capital prêté.

Capacité ou besoin de financement des secteurs institutionnels en 2017 (en milliards d'euros)

Secteurs institutionnels	2012	2013	2014	2015	2016	2017
Sociétés non financières	– 54,8	– 45,3	– 57,1	– 46,3	– 44,9	– 10,2
Sociétés financières	16,8	5,5	3,2	8,4	1,8	– 3,2
Administrations publiques	– 100,4	– 85,4	– 84,4	– 78,7	– 75,9	– 61,4
Ménages[1]	73,9	65,5	72,8	67,5	63,7	– 61
ISBLSM[2]	0,0	– 0,3	– 0,6	– 1,2	– 0,9	– 0,9
Économie nationale	64,6	59,9	66,1	50,3	56,1	– 12,8

Champ : France ; r : données révisées ; (1) : y compris les entrepreneurs individuels ; (2) : institutions sans but lucratif au service des ménages.

Source : Insee, Comptes nationaux 2017

■ En 2017, les entreprises (sociétés non financières) et l'État (les administrations publiques) ont diminué leur capacité de financement au même titre que la capacité de financement des ménages a diminué. Au final, le besoin de financement de l'économie diminue.

B L'autofinancement

■ L'autofinancement est **le financement de l'activité économique d'un agent économique par ses propres ressources**. Celui qui autofinance ne fait pas appel aux ressources extérieures donc au crédit. Ainsi, les ménages autofinancent leurs dépenses grâce à leur épargne. Les entreprises autofinancent leurs investissements grâce à leurs réserves prélevées sur les profits (épargne des entreprises) qui viennent augmenter leurs fonds propres.

■ D'après l'Insee, le taux d'autofinancement des entreprises est un indicateur qui rapporte l'épargne brute des entreprises à la valeur des nouveaux investissements.

> **Taux d'autofinancement** = épargne brute/formation brute de capital fixe

■ **Si ce taux augmente**, alors les entreprises utilisent davantage leurs propres ressources pour financer leur investissement.

■ **Si ce taux diminue**, alors les entreprises ont davantage recours aux sources de financement externes, comme le crédit bancaire. Elles empruntent.

\# doc
Taux de marge, d'investissement et d'auto-financement
foucherconnect.fr/19pbstmg19

2 Le financement direct et indirect

A Le financement direct et le marché financier

■ Le financement direct s'effectue sur le marché des capitaux. Sur ce marché, les agents économiques qui ont une capacité de financement et ceux qui ont un besoin de financement se rencontrent directement.

■ On distingue le marché primaire du marché secondaire : **sur le marché primaire**, les titres financiers sont émis pour la première fois puis achetés par les épargnants et **sur le marché secondaire**, leurs propriétaires peuvent les revendre.

■ Plus la capacité perçue d'une entreprise à valoriser ses investissements est grande, plus l'espérance de gain des investisseurs est forte et plus les titres émis par cette entreprise sont demandés sur le marché primaire et sur le marché secondaire.

■ La **bourse des valeurs** correspond au marché secondaire. Lorsqu'un titre est introduit en bourse, il est coté, c'est-à-dire qu'il obtient une valeur de marché. Cette valeur est différente du prix de son émission sur le marché primaire car elle varie suivant la loi de l'offre et de la demande. En bourse, les offres de vente et d'achat de titres financiers sont confrontées. C'est ce qu'on appelle la **cotation**. Ainsi, chaque titre a une valeur qui varie par rapport à son prix d'émission. Son cours de bourse est révélateur de l'état de l'offre et de la demande.

B Les titres financiers

Sur le marché financier des capitaux, les entreprises qui y sont autorisées peuvent récolter l'épargne publique de 2 façons :
– **soit elles augmentent leur capital en émettant des actions**. Les actions sont des titres financiers qui donnent droit à ceux qui en sont propriétaires, les actionnaires, à une part des bénéfices appelés **dividendes**. Les actions s'échangent sur le marché des actions à la bourse ;
– **soit elles émettent des emprunts obligataires sous la forme de titres financiers** appelés **obligations** qui seront remboursées à une date d'échéance. Les obligations donnent droit

8 QUELS MODES DE FINANCEMENT DE L'ACTIVITÉ ÉCONOMIQUE ? **COURS**

à ceux qui les détiennent au paiement d'intérêts. Les obligations s'échangent sur le marché obligatoire de la bourse.

C Le financement indirect et les banques

■ Le financement indirect est un mode de financement intermédié dans lequel les banques jouent le rôle d'intermédiaire entre ceux qui ont une capacité de financement et ceux qui ont un besoin de financement. On parle **d'intermédiation bancaire**.

■ Les banques définissent les conditions de crédit qu'elles accordent aux emprunteurs. Elles déterminent notamment le taux du crédit en fonction de la durée de l'emprunt et de la qualité de l'emprunteur. Moins l'investissement est risqué, plus l'emprunteur est jugé solvable, moins les taux d'intérêt accordés sont élevés.

■ Les conditions d'accès au crédit varient donc en fonction de l'appréciation qu'elles ont de la qualité de l'investissement à financer. Ainsi, les petites entreprises ont une capacité de négociation limitée face aux banques. Elles sont parfois prisonnières de conditions de financement moins avantageuses que celles obtenues par les grandes entreprises qui disposent d'un pouvoir de négociation plus fort ou de la capacité à accéder au circuit de financement direct en émettant des titres sur le marché primaire des capitaux.

D Le rôle de la banque centrale

■ La banque centrale est l'organisme qui garantit la **stabilité de la valeur de la monnaie** et qui **réglemente l'activité bancaire**. En Europe, dans la zone de circulation de l'euro, c'est la Banque centrale européenne (BCE) qui tient ce rôle. En France, la BCE est représentée par la Banque de France. Pour cela, elle fait varier la quantité de monnaie disponible dans l'économie (masse monétaire) pour qu'elle corresponde aux **besoins de paiement et de financement des agents économiques**.

■ La BCE oblige les banques commerciales à accorder à leur client un montant de crédit proportionnel aux montants déposés par leurs clients sur leurs comptes de dépôt et à leurs fonds propres. Ce montant est appelé réserves obligatoires (RO). Le rapport entre les réserves obligatoires et les fonds que détiennent les banques doit correspondre à un **taux de réserve obligatoire fixé par la BCE**. Si ce taux augmente, les banques commerciales sont obligées de **diminuer le montant des crédits accordés** ou de se **refinancer auprès de la banque centrale**.

■ Lorsque les banques commerciales se refinancent auprès de la banque centrale, elles lui empruntent de la monnaie dite « de banque centrale ». La banque centrale leur applique des taux d'intérêt appelés **taux directeurs**, ce qui augmente les coûts des banques commerciales. Elles reportent alors le coût des taux directeurs sur les taux de crédit appliqués à leurs clients. Ainsi, lorsque les taux directeurs augmentent, les taux de crédit augmentent. Il devient plus cher d'emprunter, les demandes de crédit des clients des banques commerciales diminuent. Comme il y a moins ou pas de crédits accordés, la quantité de monnaie en circulation dans l'économie augmente peu ou pas. Elle diminue si les emprunteurs remboursent leurs emprunts.

■ Si la quantité de monnaie en circulation dans l'économie, appelée **masse monétaire**, est trop grande par rapport à la valeur de la richesse créée, les producteurs augmentent leurs prix. Ainsi, il faut plus de monnaie pour acheter la même quantité de biens. Le pouvoir d'achat de la monnaie a diminué, ce que cherche à éviter la banque centrale. Cela crée de l'**inflation**.

■ La banque centrale régule donc le montant et le coût des crédits bancaires accordés par les banques commerciales.

ÉCONOMIE

9 Les marchés des biens et services sont-ils concurrentiels ?

Les entreprises sont en concurrence pour attirer les clients et ainsi augmenter leurs parts de marché. Tous les secteurs d'activité ne sont pas soumis à la même pression concurrentielle. La concurrence est plus forte s'il s'agit d'un marché exposé à la concurrence internationale. Les stratégies des entreprises pour accroître leur compétitivité et avoir une position dominante sur le marché peuvent modifier la structure de ce dernier.

1 Le degré de concurrence selon les marchés

A Les courbes d'offre et de demande du marché

■ La courbe de **demande est une fonction décroissante du prix**. Sur le marché des biens et services par exemple, les ménages subissent une **contrainte budgétaire** car **leurs revenus sont limités**. Par conséquent, plus les prix sont bas, plus ils peuvent acheter des biens pour satisfaire leurs besoins. Intuitivement, nous sommes plus enclins à acheter des vêtements pendant les soldes pour profiter des baisses de prix. Sur un marché, la demande doit être solvable, donc les demandeurs doivent disposer de la quantité de monnaie nécessaire pour procéder à l'échange.

■ La courbe **d'offre est une fonction croissante du prix** car plus le vendeur vend cher, plus il est incité à apporter des produits sur le marché pour augmenter son chiffre d'affaires.

■ Le **prix d'équilibre du marché** est le prix où toutes les offres et **toutes les demandes sont satisfaites**. Comme la courbe de demande est décroissante et celle d'offre est croissante, elles se coupent nécessairement en un point. Ce point est le point d'équilibre du marché. Ainsi sur un marché, au prix d'équilibre, **les quantités offertes et demandées sont égales.**

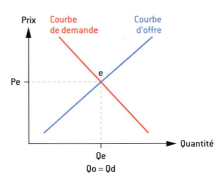

e   est le point d'équilibre du marché
Pe est le prix d'équilibre du marché
Qe est la quantité d'équilibre échangée sur le marché telle que les quantités offertes Qo soient égalent aux quantité demandées Qd

■ Le **prix d'équilibre sur le marché est égal au coût marginal de la production (P = Cm)**. Si le coût marginal est supérieur au prix de vente unitaire d'un produit, alors la **recette unitaire marginale est négative**. Il n'y a aucun intérêt à produire à perte. De plus, si le coût marginal est inférieur au prix du marché, alors le producteur fait un bénéfice mais il n'a aucun intérêt à arrêter la production car il peut encore vendre et réalisé du profit. Il s'arrête lorsque la recette marginale devient nulle, donc au prix de marché.

■ Les agents économiques **sont plus ou moins sensibles aux variations de prix** en fonction de leur **personnalité,** de l'**utilité** qu'ils perçoivent des biens ou services échangés et de la nature des produits.

■ On mesure la sensibilité des offreurs et demandeurs en calculant l'**élasticité de l'offre** ou de la **demande par rapport au prix** :

$$\text{Élasticité de la demande (e)} = \frac{\text{Variation relative des quantités demandées}}{\text{Variation relative des prix}}$$

$$e_{D/p} = \frac{\frac{q2-q1}{q1}}{\frac{p2-p1}{p1}}$$

■ L'élasticité de la demande par rapport au prix est négative tandis que l'élasticité de l'offre est positive.

■ On peut calculer sur le même principe l'élasticité prix de l'offre $e_{O/p}$ et l'élasticité de la demande par rapport au revenu disponible $e_{D/R}$. Dans ce cas, elle rend compte de la variation des quantités consommées pour une unité de revenu supplémentaire :
– **si $|e_{D/p}| = 0$, la demande est rigide**. C'est par exemple des produits de base consommés quels que soient les prix ;
– **si $0 < |e_{D/p}| \leq 1$, alors la demande est faiblement élastique**. C'est le cas des carburants dont la consommation ne peut descendre en dessous d'un certain seuil pour se déplacer quand les prix augmentent ;
– **si $|e_{D/p}| > 1$, alors la demande est l'élastique**. C'est le cas de la plupart des produits lorsque le marché est suffisamment large pour trouver des produits concurrents ;
– **si $|e_{D/p}| = \infty$, alors la demande est infiniment élastique**. Pour les produits de luxe, quand les prix augmentent, la demande augmente car ce sont des marqueurs sociaux.

B La loi de l'offre et de la demande

Cette loi permet de comprendre l'évolution des prix quand il y a un déséquilibre entre les quantités demandées et offertes. D'après cette loi :
– **si l'offre est supérieure à la demande, alors les prix baisseront** car les offreurs auront des invendus qu'ils chercheront à écouler pour diminuer leur coût en baissant les prix ;
– **si la demande est supérieure à l'offre, alors les prix augmenteront** car des demandes seront insatisfaites et donc le désir des acheteurs grandira. Ils seront prêts à accepter un prix plus élevé pour satisfaire leur besoin.

C La fixation des prix

■ Les prix se forment librement sur le marché suivant la loi de l'offre et de la demande.

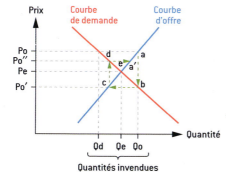

■ **Le mécanisme d'ajustement des prix vers le prix d'équilibre du marché est le suivant** : au point (a), les producteurs de blé, suite à une bonne récolte, offrent une quantité totale de blé supérieure au besoin du marché (la demande est Qd). Le prix de l'offre totale s'avère être supérieur à celui du marché. Pour vendre cette quantité de blé, il aurait fallu que les prix soient beaucoup plus faibles en Po' ce qui correspond au point (b) du diagramme.

■ Les demandeurs font jouer la concurrence entre les producteurs qui décident de baisser leurs prix en Po' pour éliminer les invendus. Mais à ce prix Po' les producteurs sont prêts à cultiver et offrir une quantité plus faible de blé (point c sur le diagramme). Par peur d'être rationnés, les demandeurs de blé seraient prêts pour cette quantité à accepter un prix plus élevé Po''. Au prix Po'' plus faible que le prix initial Po, la quantité offerte en (a') est légèrement inférieure à l'offre initiale.

■ Ainsi, selon la loi de l'offre et de la demande, les offreurs concurrents, pour maintenir leurs parts de marché, sont amenés à baisser progressivement leur prix jusqu'à ce que les quantités offertes et demandées s'égalisent au point d'équilibre du marché.

■ Le mécanisme d'ajustement mutuel qui conduit à un prix d'équilibre ne fonctionne correctement que s'il n'y a pas d'entrave à la libre concurrence entre les offreurs. Par conséquent, plus un marché se rapproche des conditions de la concurrence pure et parfaite, plus son fonctionnement est optimal. Dans la réalité, seuls les marchés financiers s'approchent des règles de la concurrence pure et parfaite. La plupart des autres marchés s'éloignent de cette norme théorique.

 ## Les marchés concurrentiels

■ **Un marché est dit « concurrentiel »** s'il est composé d'une **multitude d'acheteurs et d'offreurs** sans qu'un offreur soit en position d'**influencer le niveau des prix de vente des biens et services.** S'il y a quelques offreurs et une multitude de demandeurs, c'est un **oligopole**. S'il y a un seul offreur et une multitude de demandeurs, on parle **monopole**. S'il y a un seul acheteur pour plusieurs offreurs, c'est un **monopsone**.

■ On dit qu'un marché fonctionne idéalement suivant les règles de la **concurrence pure et parfaite** s'il respecte les hypothèses suivantes :
– **atomicité du marché**. Cela signifie qu'il y a une multitude d'offreurs et de demandeurs comme c'est le cas, par exemple, sur le marché mondial du café. Le marché de l'armement, lui, ne respecte pas cette hypothèse car seule la force publique est légitime. Donc au niveau national, il n'y a bien souvent qu'un seul client sur ce marché : l'État pour l'armée ;
– **l'homogénéité des produits et des services**. Cela signifie que les offres sont strictement identiques et substituables. Dans la réalité, c'est rarement le cas car les entreprises cherchent à différencier leur offre de celles des concurrents pour s'attirer les faveurs des clients. Les slogans publicitaires sont utilisés dans ce but ;
– **la transparence des marchés**. Elle implique que les informations sur toutes les offres et toutes les demandes soient accessibles de façon transparente à tous les acteurs du marché. Le but serait qu'ils puissent prendre des décisions rationnelles et optimales. Dans la réalité, pour les entreprises, les prix pratiqués en fonction de la « taille » de leurs clients est un secret. Si les concurrents avaient ce type d'information, ils pourraient ajuster leur stratégie de prix pour gagner des parts de marché ;
– **la libre entrée et libre sortie sur le marché**. Selon cette hypothèse, les entreprises doivent pouvoir entrer ou sortir d'un marché sans coût pour proposer ou retirer une offre. La réalité est différente. Sur le marché des produits pharmaceutiques, par exemple, la qualité de pharmacien est nécessaire pour pouvoir vendre des médicaments. De plus, les industriels

du secteur pharmaceutique doivent obtenir une autorisation de mise sur le marché de leurs produits ;

– **la parfaite mobilité des facteurs**. Les facteurs de production devraient aller librement là où l'espérance de profit est la plus forte. Dans la réalité, malgré des territoires économiquement sinistrés, la mobilité des travailleurs est relative.

■ **La concurrence imparfaite** est la réalité la plus fréquente des marchés qui ne respectent pas les hypothèses précédentes. Dans cette situation, le prix de marché ne correspond pas au **coût marginal de production**. La situation est sous-optimale, des offres et des demandes ne sont pas satisfaites.

■ Il est important de définir, quand on étudie un marché, « **le marché pertinent** ». C'est-à-dire le marché sur lequel porte la concurrence entre des offres comparables pour détecter l'apparition de monopole ou de cartel.

DÉFINITION

Un cartel est un ensemble d'entreprises sur un marché oligopolistique qui s'entendent pour contrôler les prix et se partager un surprofit.

■ Sur un marché concurrentiel, l'élasticité de l'offre et de la demande est d'autant plus grande que le marché est large et qu'il existe des offres substituables. Quand **deux offres sont substituables**, la variation du prix d'un produit influence les quantités consommées d'un autre produit.

EXEMPLE

On peut considérer que le thé est substituable au café. Pour mesurer si deux offres A et B sont substituables ou complémentaires, on calcule **l'élasticité croisée des produits**.

Élasticité croisée Da/pb = Taux de variation de la quantité demandée de A/Taux de variation des prix de B.

■ **Si cette élasticité est supérieure à 0,** alors les produits sont substituables ; l'augmentation du prix de A entraîne la hausse de la consommation de B. Si elle est inférieure à 0, les produits sont complémentaires ; la hausse du prix de A entraîne la baisse de la consommation de B.

■ La rivalité des entreprises entraîne la disparition des entreprises les moins performantes dont les coûts sont trop élevés pour être rentables par rapport à la taille de leur marché.

■ Au contraire, **les entreprises les plus performantes augmentent de taille** pour répondre à une demande croissante.

■ Ainsi une **sélection naturelle** s'opère sur les marchés et se traduit par la diminution du nombre d'entreprises qui offrent leurs produits sur le marché des biens et services. En France, il y avait plusieurs constructeurs automobiles, il n'en reste plus que deux : le groupe Renault et le groupe PSA Peugeot Citroën.

■ La concurrence sur les marchés peut conduire à une **concentration des secteurs d'activité** puis à une situation de monopole. La concentration du marché peut être calculée par divers indicateurs dont **l'indice de Gini** qui rapporte les parts de marché cumulés des petites entreprises aux parts de marché des grandes. Plus simplement, on peut observer la part de marché cumulé des plus grandes entreprises. Si elles sont très peu nombreuses et qu'elles détiennent plus de 50 % du chiffre d'affaires du marché, alors le **secteur est concentré**.

◾ Un **marché monopolistique** n'est pas favorable aux demandeurs. Le monopoleur fixe lui-même son prix sur le marché puisqu'il n'y a pas de concurrent les demandeurs sont obligés de l'accepter. Cela peut générer une rente appelée « **surprofit** » pour l'entreprise en **situation de monopole** et un **gaspillage de ressource pour l'économie**.

◾ Sur un marché concurrentiel au contraire, la **recherche de la performance** pousse en principe les entreprises au progrès technologiques pour différentier leurs offres. Cela entraîne normalement une **baisse des coûts de production ou/et un accroissement de la qualité de l'offre** en supprimant le surprofit car le prix de marché tend vers le coût marginal.

Les moyens de réduire l'intensité concurrentielle

◾ Les **innovations** permettent de réduire l'intensité de la concurrence **si les entreprises bénéficient de la protection juridique du brevet**. Le brevet est un titre de **propriété industrielle** qui interdit temporairement aux concurrents d'exploiter l'innovation d'une entreprise sans l'accord de l'entreprise qui le détient. Ainsi, l'entreprise innovante, pendant la durée du brevet, peut rentabiliser plus facilement ses investissements sans crainte de voir ses clients rejoindre la concurrence.

◾ La **différentiation des offres par rapport à la concurrence** réduit également l'intensité concurrentielle car si les offres sont très distinctes, **elles ne sont pas substituables**. Les innovations permettent également d'**améliorer la compétitivité hors prix des produits de l'entreprise** car celle-ci permet, d'une part, d'améliorer la qualité des produits ou des services et, d'autre part, de différencier une offre par rapport à celle des concurrents. Cela conduit parfois à une course à l'innovation entre les principaux concurrents comme c'est le cas sur le marché des téléphones mobiles entre l'entreprise américaine Apple et l'entreprise sud-coréenne Samsung.

◾ **Les ententes sont des accords entre les entreprises sur un marché**. Elles sont légales si elles ne modifient pas les rapports normaux de concurrence entre les entreprises au détriment d'un concurrent ou des consommateurs. **Les ententes sont illégales si elles sont anticoncurrentielles**. Par exemple, si les entreprises concurrentes s'entendent sur les prix afin de se partager les parts de marché, les consommateurs ne peuvent plus exercer leur libre choix. Ce type de pratique est sanctionné par le droit avec des peines d'amendes.

MANAGEMENT

Évaluation du Management au bac.. 118

THÈME 1 : À LA RENCONTRE DU MANAGEMENT DES ORGANISATIONS

1 Pourquoi est-il nécessaire d'organiser l'action collective ? 119

2 Comment appréhender la diversité des organisations ?................. 122

3 Qu'est-ce que le management des organisations ? 129

4 Comment le management permet-il de répondre aux changements de l'environnement ?.. 133

THÈME 2 : LE MANAGEMENT STRATÉGIQUE, DU DIAGNOSTIC À LA FIXATION DES OBJECTIFS

5 Qu'est-ce que la stratégie ?... 136

6 Comment élaborer le diagnostic stratégique ?......................... 137

7 Comment interpréter le diagnostic et le traduire en objectifs ? 141

8 Comment évaluer les objectifs et les pratiques ? 144

THÈME 3 : LES CHOIX STRATÉGIQUES DES ORGANISATIONS

9 Quelles options stratégiques pour les entreprises ? 147

10 Les stratégies des organisations publiques : quelles spécificités ?........ 152

11 Les organisations de la société civile peuvent-elles se passer de stratégie ?.. 155

MANAGEMENT

Évaluation du Management au bac

L'enseignement de management vise à donner aux élèves de Première STMG une introduction au fonctionnement des entreprises, des organisations publiques et des associations. Le management contribue aussi à la formation civique en permettant à chaque élève de mieux saisir les enjeux sociétaux des organisations auxquelles il est et sera quotidiennement confronté.

1 Le programme

■ Le programme de cette spécialité s'appuie sur le constat que toute personne, dans un cadre privé ou professionnel, rencontre des organisations de formes très différentes : être éclairé sur leur fonctionnement toujours plus complexe devient donc essentiel.

■ L'enseignement du management et celui des sciences de gestion et numérique doivent également être mis en relation avec le programme de droit et d'économie, qui décrit les cadres dans lesquels évoluent les organisations. De même doit-il mobiliser l'approche historique, vecteur de développement de l'esprit critique. Il offre ainsi à chaque élève un cadre de référence qui l'aide à construire son projet professionnel et favorise la poursuite d'études dans le domaine des sciences de gestion.

■ Le programme est construit autour de 3 grands thèmes :
- le **thème 1**, « **À la rencontre du management des organisations** », vise à installer les concepts clés du management dont il montre l'ancrage dans l'action collective au sein d'organisations d'une extrême diversité. Ce thème dégage les fondements essentiels du management à savoir répondre au développement et la pérennisation de l'organisation ;
- le **thème 2**, « **Le management stratégique : du diagnostic à la fixation des objectifs** », présente les principes d'élaboration d'une stratégie à partir d'un diagnostic et de la définition d'un système d'objectifs associés à des indicateurs de pilotage ;
- le **thème 3**, « **Les choix stratégiques des organisations** », aborde les options stratégiques possibles selon les spécificités des grands types d'organisation : entreprises privées, entreprises et organisations publiques, organisations de la société civile.

2 Les modalités d'évaluation

■ La spécialité Management est évaluée tout au long des années de Première et Terminale grâce aux notes des bulletins scolaires (coefficient 10) prises en compte pour la note finale.

■ L'élève est également évalué grâce à une épreuve finale, affectée d'un coefficient 16, en Terminale.

MANAGEMENT

1 Pourquoi est-il nécessaire d'organiser l'action collective ?

L'organisation s'impose comme une réponse à la nécessité de structurer, de coordonner et de conduire une action collective. Toute organisation suppose la constitution d'un groupe de personnes qui partagent un objectif commun et qui s'organisent durablement pour l'atteindre.

1 De l'action individuelle à l'action collective

■ Toute personne peut entreprendre une action individuelle pour réaliser certains objectifs (exemple : apprendre une langue étrangère). Néanmoins, de nombreuses activités ne peuvent être entreprises que collectivement, par la création d'un groupe de personnes associant leurs efforts vers la **réalisation d'un objectif commun** (exemple : créer un club de tennis).

■ L'action collective permet d'atteindre des **objectifs lucratifs (recherche du profit)** et **non lucratifs (sociaux, humanitaires…)**. Il est nécessaire de les hiérarchiser : les **objectifs principaux**, souvent à **long terme**, sont prioritaires par rapport aux objectifs secondaires à plus court terme.

> **EXEMPLES**
> ▸ L'**internationalisation** d'une entreprise est un objectif à long terme.
> ▸ La **réorganisation** d'un atelier est considérée comme un objectif à court terme.

■ L'action collective suppose donc la constitution d'un groupe de personnes qui ont des **intérêts et des objectifs communs** et qui s'organisent durablement pour l'atteindre. L'action collective se justifie par une **plus grande efficacité** que l'action individuelle.

2 De l'action collective à l'organisation

■ Pour que l'action collective soit efficace, il est indispensable que les différents membres du groupe s'**organisent** : sans organisation, certains participants à l'action collective peuvent, inconsciemment, nuire aux intérêts du groupe.

> **EXEMPLE**
> La restauration d'un monument historique par des bénévoles suppose une organisation, afin d'éviter des détériorations involontaires du bâtiment ou des actions dangereuses pour la sécurité des participants.

■ Le passage de l'action collective à l'organisation implique son inscription dans un **cadre juridique** donné. Le droit a ainsi prévu **différentes structures juridiques** adaptées à chaque type d'organisation en fonction de plusieurs critères : finalité lucrative ou non, recherche d'un intérêt privé ou mission de service public, dimension de la structure, etc.

■ Pour qu'une organisation fonctionne (et c'est d'ailleurs ce qui la différencie d'un groupe informel comme une foule), **les fonctions et les responsabilités doivent être réparties entre les différents membres du groupe** : il s'agit donc de diviser le travail en différentes

© Éditions Foucher

MANAGEMENT

tâches et d'affecter chaque tâche à une personne ou à un service. Mais pour permettre aux contributions individuelles d'être cohérentes et d'atteindre les buts assignés, il est également nécessaire de **coordonner les efforts de chacun**. L'organisation repose donc sur une **structure** en général **hiérarchisée**.

■ Le terme « organisation » désigne à la fois une **action** (celle d'organiser) et le **résultat de cette action** (un ensemble structuré relativement stable, doté de ses propres règles et finalisé, comme un hôpital ou une usine). Pour le sociologue français Michel Crozier, l'organisation est « une réponse au problème de l'action collective ».

> **À SAVOIR**
> De nombreux auteurs ont tenté de cerner le concept d'organisation. Fayol la compare à une machine, Simon à un organisme vivant, Wiener à un cerveau et Mintzberg à un système politique.

■ Toute organisation présente donc plusieurs éléments caractéristiques :
– un **objectif commun** partagé par les acteurs de l'organisation, qui est donc une entité finalisée ;
– un **statut juridique** (société commerciale, association, établissement public…) ;
– des **activités réalisées dans un champ géographique** donné ;
– des **ressources humaines, matérielles, immatérielles financières et technologiques** ;
– une **structure** qui intègre les différents membres de l'organisation et qui précise la répartition du pouvoir.

> **ATTENTION**
> **Ne pas confondre : « groupe organisé » et « organisation »**
> Un groupe organisé est caractérisé par l'interdépendance (ils sont dépendants les uns des autres) et l'interaction (l'action de l'un a une influence sur les autres) de ses différents membres. À cet égard, on peut dire qu'une classe d'un lycée est un groupe organisé. Mais ce n'est pas pour autant une organisation.

③ Le fonctionnement de l'organisation

Pour fonctionner avec efficacité, toute organisation doit mettre en œuvre des processus permettant de réaliser un certain nombre d'actions :

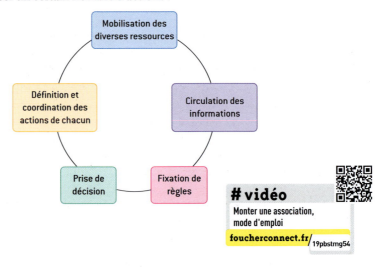

vidéo
Monter une association, mode d'emploi
foucherconnect.fr/19pbstmg54

OBJECTIF BAC

1 POURQUOI EST-IL NÉCESSAIRE D'ORGANISER L'ACTION COLLECTIVE ?

OBJECTIF BAC

Cas pratique : le théâtre Les gémeaux

ÉNONCÉ

À partir du document suivant, caractérisez l'organisation « Le théâtre Les Gémeaux ».

1. Présentation du théâtre des Gémeaux

Le théâtre Les Gémeaux est un ensemble de salles de spectacle ouvert à la fin des années 1960 et reconstruit en 1994 pour permettre le développement d'une action de diffusion culturelle menée depuis les années 1960 à cet emplacement. Il fait partie du réseau des « Scènes nationales » labellisé par le ministère de la Culture et il présente chaque année un programme consacré à la création contemporaine : jazz, danse, théâtre, art lyrique... L'établissement public territorial Vallée Sud-Grand Paris et le conseil départemental des Hauts-de-Seine sont associés au ministère de la Culture pour financer et administrer Les Gémeaux (15 salariés), dont le rayonnement s'étend sur toute l'agglomération parisienne. Bénéficiant du statut de la loi de 1901, reconnue Scène nationale, l'association Les Gémeaux accueille des metteurs en scène, chorégraphes et autres artistes internationaux qui viennent présenter leurs œuvres.

Une salle de jazz, le Sceaux What, accueille aussi des musiciens de grande renommée.

Les enfants trouvent également leur bonheur avec des spectacles adaptés. Chaque année, Les Gémeaux proposent aux établissements scolaires (maternelles, élémentaires et collèges) une saison « jeune public », permettant de découvrir des spectacles pendant le temps scolaire.

2. Le mot de la Directrice des Gémeaux, Francoise Letellier. Comment justifiez-vous vos choix artistiques ?

Nous existons, non pas pour constituer une clientèle, mais pour que des hommes se réunissent, s'élèvent dans la compréhension du monde et de la société dans laquelle ils vivent, en leur permettant d'aller à la rencontre d'œuvres d'art – vivantes – porteuses d'interrogations et d'émotions. Je reste attachée – c'est mon credo – à cette conception du théâtre comme lieu de dialogue. [...] Au théâtre, les valeurs universelles, celles qui fondamentalement nous relient les uns aux autres, trouvent à s'incarner en suscitant l'émotion ; le théâtre met en mouvement ces valeurs auxquelles nous sommes démocratiquement liés : la liberté, l'égalité, la fraternité. Et d'autres encore qui intéressent particulièrement et singulièrement l'art dramatique, comme la vérité, la justice ou l'amour, qui portent le sens profond de nos existences.

D'après http://www.lesgemeaux.com/

MÉTHODOLOGIE

Pour caractériser une organisation, il faut :
– **repérer son type** : entreprise (artisanale, industrielle, de service...), organisation à but non lucratif, organisation publique nationale ou locale... ;
– **exposer sa finalité, ses objectifs** : lucratifs ou non, économiques/sociaux, quantitatifs/qualitatifs, stratégiques/tactiques, échéance à long/court terme... ;
– **présenter ses principales caractéristiques** : dimensions, statut juridique, champ d'action, performances, nationalité... ;
– **décrire son environnement** : degré de complexité de stabilité et d'incertitude, composantes du macro et du micro-environnement... ;
– **présenter ses ressources** : financières, matérielles, humaines... ;
– **décrire son organisation et son mode de fonctionnement** : répartition et coordination des activités, organisation du travail,
– **répartition des pouvoirs**, système d'information et de communication, système de décision...

#corrigés
foucherconnect.fr
19pbstmg21

MANAGEMENT

2 Comment appréhender la diversité des organisations ?

Même si leurs domaines d'action sont aujourd'hui moins strictement délimités, les grandes formes d'organisations (entreprises privées, organisations et entreprises publiques, organisations de la société civile) présentent des spécificités qu'il convient de mettre en évidence.

1 Les critères de différentiation des organisations

■ Toutes les organisations n'ont pas la même **finalité**. Ce critère permet d'identifier **3 grandes catégories** d'organisations :

> **À SAVOIR**
> Cette classification est fondamentale mais elle simplifie une réalité plus complexe : par exemple, une entreprise peut être publique, privée ou mixte. De même, une association à but non lucratif peut réaliser des bénéfices. Ou encore, une entreprise privée peut être chargée d'une mission de service public...

■ Il est également possible de classer les organisations en fonction de **plusieurs critères** qui les caractérisent :
– la **dimension de l'organisation**, évaluée à partir de son effectif salarié, de son chiffre d'affaires... La réglementation française distingue les « micro-entreprises » de moins de 10 salariés (également appelées très petites entreprises (TPE)), les « petites et les moyennes entreprises » (PME) de 10 à 249 salariés, les « entreprises de taille intermédiaire » (ETI) qui en comptent entre 250 et 4 999, et les « grandes entreprises » (GE) dont l'effectif est supérieur ou égal à 5 000 ;
– le **domaine d'activité de l'organisation** : l'analyse sectorielle de l'Insee classe les organisations en fonction de leur activité principale. La classification de Colin Clark distingue les organisations du secteur primaire (agriculture, mines...), du secteur secondaire (industries...) et du secteur tertiaire (services...) ;

2 COMMENT APPRÉHENDER LA DIVERSITÉ DES ORGANISATIONS ? **COURS**

– le **contrôle de l'organisation et l'origine de son financement** : une organisation peut être contrôlée par une personne (ou une famille), par plusieurs actionnaires, par l'État… ;
– la **forme juridique de l'organisation** : ce critère permet de distinguer les associations, fondations, sociétés anonymes, entreprises individuelles, établissements publics administratifs, etc. ;
– le **champ géographique** dans lequel l'organisation évolue : local, national, international.

2 Les entreprises privées

A Les critères de classification

Une entreprise privée est une **unité économique, juridiquement autonome, organisée pour produire des biens ou des services sur un marché** (Insee). Il existe une grande diversité d'entreprises, qu'il est possible de classer selon différents critères simples et facilement utilisables.

> **À SAVOIR**
> Les entreprises privées produisent des biens et des services marchands. Les biens et services marchands sont destinés normalement à être vendus sur le marché à un prix calculé pour couvrir leur coût de production (Insee).

Le statut juridique	La taille	L'activité
▸ Le droit distingue nettement l'entreprise commerciale individuelle (qui ne possède pas de personnalité juridique distincte de celle de la personne physique qui l'exploite) et la société commerciale (SNC, SARL, SA…). ▸ Certaines entreprises sont publiques (c'est-à-dire contrôlées par l'État), mais la plupart des entreprises appartiennent aux propriétaires de parts sociales. Dans certains cas (coopératives), l'entreprise appartient aux salariés.	Elle se définit en fonction du chiffre d'affaires, de la valeur ajoutée, du total du bilan (ensemble des moyens détenus) ou des effectifs.	Elle se détermine en fonction du secteur (même activité principale) ou de la branche (en divisant l'entreprise en autant d'unités qu'il y a de produits).

B La création et la répartition des richesses

■ L'entreprise crée et répartit des richesses. La **valeur ajoutée** mesure la véritable richesse dégagée par l'entreprise à l'occasion de son activité de production.

■ Pour assurer sa **pérennité** (c'est-à-dire sa survie), l'entreprise doit satisfaire tous les acteurs qui l'ont aidée à réaliser son but et dont les intérêts ne sont pas toujours convergents. Elle répartit donc la richesse créée entre plusieurs bénéficiaires.

> **À SAVOIR**
> La valeur ajoutée se détermine de la façon suivante :
> **Valeur ajoutée** = valeur de la production − valeur des biens consommés par le processus de production

MANAGEMENT

Bénéficiaires	Catégories de revenus
Salariés	Salaires
Organismes publics (État et Sécurité sociale)	Impôts et cotisations sociales
Apporteurs externes de capitaux (banques)	Intérêts
Apporteurs internes de capitaux (actionnaires)	Dividendes
Entreprise elle-même	Autofinancement

■ Les entreprises ont donc une **finalité lucrative**. Aucune entreprise ne peut survivre durablement en réalisant des pertes. La plupart des entreprises ont comme objectif premier le **profit**. Si l'on assimile le **bénéfice** au profit de l'entreprise, les dirigeants de l'entreprise ont le choix d'affecter ce bénéfice aux **propriétaires** (bénéfices distribués aux actionnaires) ou à l'**entreprise** elle-même (dans le but de financer de nouveaux investissements).

C La responsabilité sociale et environnementale (RSE)

■ Certains dirigeants et propriétaires d'entreprises considèrent qu'une firme ne peut avoir pour seule finalité la réalisation de profits : une entreprise a également **une responsabilité sociale (à l'égard de ses salariés) et sociétale (à l'égard de son environnement)**. Les dirigeants doivent donc chercher à concilier les objectifs de l'entreprise avec ceux des salariés, des consommateurs, des riverains, etc. C'est l'enjeu du concept de « **citoyenneté d'entreprise** » qui se développe depuis les années 1970. Des auteurs comme Ramanantsoa ont montré qu'un comportement citoyen est devenu un impératif pour l'entreprise.

■ Pendant longtemps, le droit positif a considéré que la finalité d'une entreprise consistait uniquement à partager des bénéfices (Code civil, articles 1832 et 1833). Cette approche ignorait la responsabilité des entreprises à l'égard des différentes parties prenantes et plus généralement de leur environnement. La loi PACTE, promulguée le 23 mai 2019, ajoute à cette définition de l'entreprise la « considération des enjeux sociaux et environnementaux ».

La diversité des organisations publiques

A Le secteur public

■ D'un **point de vue structurel**, le secteur public, qui emploie plus de 5 millions de personnes sous statut spécifique (soit près d'un quart de la population effectivement employée), se compose de 4 grands domaines :
– la **fonction publique d'État** : éducation nationale, défense, justice… ;
– la **fonction publique territoriale** : régions, départements, métropoles, communes… ;
– la **fonction publique hospitalière** ;
– les **entreprises publiques et autres organismes publics**. Cette dernière catégorie, particulièrement hétérogène, regroupe des organisations publiques relevant de statuts et de modes de fonctionnement très variés.

■ D'un **point de vue conceptuel**, il est particulièrement difficile de préciser les frontières entre secteur privé et secteur public, la propriété du capital ne constituant qu'un critère de différenciation parmi d'autres (existence d'un statut spécifique, réalisation d'une mission d'intérêt général, contrôle de l'État, modes de gestion mis en œuvre…).

2 COMMENT APPRÉHENDER LA DIVERSITÉ DES ORGANISATIONS ?

> **À RETENIR**
> Parmi les organisations publiques, on distingue :
> - les entreprises publiques nationalisées ou à statut particulier (exemple : la SNCF) ;
> - les établissements publics et exploitants autonomes (exemple : l'Office national des forêts) ;
> - les organismes de droit privé, sous contrat, sous tutelle de l'État (exemple : France Télévision) ;
> - les organismes paritaires du service public (exemple : la Sécurité sociale).

■ Au sein même de la sphère publique, il convient ainsi de distinguer :
– le **secteur public qui regroupe les organisations gérées directement ou indirectement par l'État** ;
– le **service public qui concerne toutes les activités d'intérêt** général qui s'exercent de façon directe ou indirecte sous l'égide des pouvoirs publics centraux ou locaux. Elles sont soumises à certains principes juridiques majeurs (continuité, égalité, adaptation...) ;
– la **fonction publique** liée au statut de fonctionnaire et au régime juridique spécifique qui lui est applicable.

■ Les organisations publiques ont essentiellement 2 finalités : elles produisent des **services non marchands**, c'est-à-dire des services dispensés gratuitement à la collectivité ou à un prix très inférieur à leur coût de revient, et elles gèrent également des biens appartenant au **domaine public**. Ces administrations ont pour objectif de satisfaire les besoins collectifs et les intérêts communs que partagent les Français : elles fournissent un **service public**. Tout service public est gouverné par un certain nombre de principes : continuité, égalité et équité, adaptabilité.

> **À RETENIR**
> Un **bien public** présente 2 caractéristiques : on ne peut empêcher personne de l'utiliser ou de le consommer, et cette consommation ne nuit pas à celle d'autrui (exemple : une route, un éclairage public, etc.).

B Le financement des administrations publiques

■ Il relève d'un choix politique entre **fiscalisation** et **paiement du prix** par les utilisateurs. Il en résulte que l'utilisateur est considéré soit comme un **usager**, soit comme un **client**. L'évolution du secteur public conduit les différentes organisations publiques à tenir compte des **attentes des usagers** et à proposer des **services différenciés** plus conformes à leurs besoins. Peu à peu, l'usager devient un client à part entière.

■ Les « prélèvements obligatoires » désignent les **impôts** et les **cotisations sociales** versés par les agents économiques. Ils servent à **financer l'ensemble des dépenses des administrations publiques**.

4 Les organisations de la société civile

Les organisations de la société civile regroupent des réalités très diverses mais elles poursuivent toutes un **but non lucratif**. En font partie les églises, les partis politiques, les syndicats, les fondations, les organisations non gouvernementales (ONG), les associations. Leur point commun est de mener une activité dans un but autre que celui de partager des bénéfices.

A Les associations

■ Les associations sont régies par la **loi du 1er juillet 1901**, votée à l'instigation de Waldeck Rousseau. Les Français créent 60 000 associations chaque année. Si les associations doivent avoir un objet précisé dans les statuts, elles sont libres de s'organiser à leur guise en vertu du principe de la liberté associative.

> **DÉFINITION**
>
> **Article 1 de la loi du 1er juillet 1901** : une association est « la convention par laquelle deux ou plusieurs personnes mettent en commun, d'une façon permanente, leurs connaissances ou leur activité dans un but autre que de partager des bénéfices. »

■ Parmi les associations, on distingue :
– les **associations de fait « non déclarées »** : des personnes se regroupent de façon informelle autour d'une idée commune. L'association n'a pas besoin d'être déclarée pour exister, mais elle ne peut bénéficier de la personnalité morale ;
– les **associations « déclarées »** : par la déclaration, l'association acquiert une certaine capacité juridique : elle peut contracter, embaucher, agir en justice. Cette capacité n'est réelle que si la loi est respectée et l'association licite ;
– les **associations reconnues d'utilité publique** : en contrepartie d'obligations administratives, elles se voient attribuer une capacité juridique plus étendue, leur permettant, par exemple, de recevoir dons et legs.

■ Les associations, organisations à but non lucratif, ont pour principal objectif de **proposer des services non marchands** (c'est-à-dire proposés à un prix inférieur à celui du marché), destinés à satisfaire leurs adhérents ou l'ensemble d'une population (action humanitaire par exemple) conformément à leur objet. Elles peuvent se voir confier une **mission de service public** par une organisation publique.

■ Les activités associatives touchent tous les âges, toutes les catégories sociales, et sont présentes dans des domaines très variés. Il y a en France environ 1 300 000 associations déclarées qui emploient 16 millions de bénévoles et 1,8 million de salariés. La vie associative apparaît largement dominée par les secteurs sportif, culturel ou de loisir.

■ La mission des associations peut concrètement prendre 2 formes :
– **fournir des prestations de services aux adhérents** : c'est, par exemple, le cas d'un club de voile ou d'une association d'usagers ;
– **réaliser des actions sociétales** : aide humanitaire, médicale, banque alimentaire…

FOCUS SUR...

Les missions de l'association Solidarités Nouvelles

Fondée en 1985 à l'initiative de Jean-Baptiste de Foucauld, Solidarités Nouvelles face au chômage est une association loi 1901 qui propose aux chercheurs d'emploi un soutien personnalisé grâce à un réseau d'accompagnateurs bénévoles à travers toute la France. 2 900 chercheurs d'emploi sont accompagnés par 1 800 membres bénévoles répartis dans 136 groupes locaux de solidarité, avec un taux d'issue positive de 62 % en fin d'accompagnement. Solidarités Nouvelles face au chômage crée et finance aussi des emplois solidaires pour des chômeurs de longue durée, grâce au soutien de 3 800 donateurs.

2 COMMENT APPRÉHENDER LA DIVERSITÉ DES ORGANISATIONS ? **COURS**

■ Les associations disposent de plusieurs types de ressources :
– **humaines** : il s'agit des bénévoles. Une organisation à but non lucratif peut également embaucher des salariés ;
– **financières** : les besoins financiers sont couverts par les cotisations des adhérents, les apports des partenaires financiers, les subventions, etc. ;
– **matérielles** : elles forment la structure de l'organisation (constructions, matériels informatiques…) ou servent son activité (stocks de matières premières…).

> **REMARQUE**
> Les associations ont de plus en plus de difficultés pour se financer. Les subventions publiques diminuent et les dons privés ont parfois tendance à se raréfier en raison de la crise. L'inquiétude est de nouveau montée fin 2017 lorsque l'État a annoncé la fin des emplois aidés, mesure qui a touché le secteur associatif de plein fouet.

■ Comme toute organisation, une association doit, pour survivre, obtenir 2 catégories de résultats :
– les résultats pour laquelle elle a été créée : réaliser son objet ;
– les résultats qui assurent la satisfaction des besoins des participants (bénévoles…).

> **À SAVOIR**
> Toutes les organisations de la société civile ne sont pas des associations loi de 1901 : font également partie de cette catégorie les ONG, les syndicats ou les fondations.

B Les organisations non gouvernementales (ONG)

Une ONG est une **organisation de la société civile, d'intérêt public ou ayant un caractère humanitaire**, qui ne dépend ni d'un État, ni d'une institution internationale. Une ONG décide de manière autonome des actions qu'elle engage. Ses membres sont principalement des volontaires bénévoles. Ses ressources proviennent de **fonds publics** ou **privés**. Son action peut prendre la forme d'intervention de première urgence pour secourir des populations en danger en cas de catastrophes naturelles, de guerres, d'exodes, d'épidémies… Les ONG entreprennent aussi des programmes à plus long terme, moins médiatisés, d'aide au développement : éducation, santé, approvisionnement en eau, lutte contre la pauvreté, défense des droits de l'homme… Sont notamment des ONG : Médecins sans Frontière, Action contre la faim, Greenpeace, Handicap International…

> **FOCUS SUR…**
>
> **Une ONG : la Fédération internationale des Sociétés de la Croix-Rouge et du Croissant-Rouge (FICR)**
> Il s'agit d'une organisation humanitaire internationale, souvent connue sous le nom de Croix-Rouge ou de Croissant-Rouge. La FICR a été fondée à Paris au lendemain de la Première Guerre mondiale, afin de promouvoir la coopération entre les différentes organisations humanitaires. Avec ses 190 sociétés membres dans le monde, c'est la plus importante organisation humanitaire. Elle s'occupe de la promotion des valeurs humanitaires, de l'organisation des secours en cas de catastrophes, de la préparation aux catastrophes, de l'aide médicale communautaire et du développement des capacités locales.

127

C Les syndicats professionnels

Ils ont pour mission de **défendre les intérêts professionnels et économiques de leurs membres** (employés, ouvriers, cadres, employeurs, professions libérales...). Les syndicats cherchent à faire aboutir des revendications en matière de salaires, de conditions de travail, de prestations sociales (exemples : la CFDT, la CGT, la CFTC...).

D Les fondations

Ce sont des **organisations de droit privé** qui affectent des biens reçus par donations ou legs à la réalisation d'une œuvre non lucrative d'intérêt général. Ex. : fondation Abbé Pierre, fondation Copernic...

OBJECTIF BAC

Cas pratique : la finalité des organisations

ÉNONCÉ

Après avoir indiqué la nature des trois organisations présentées ci-dessous, vous préciserez leur finalité.

• Dès la fin du XIXᵉ siècle, les familles, réunies dans le mouvement nommé Familles de France, revendiquent d'être reconnues en tant que cellules de base, fondatrices de la société. Avec justesse et ténacité, Familles de France développe des actions fondamentales pour la promotion des familles et de leurs membres. L'association a été reconnue d'utilité publique par le décret du 14 mai 1935. Elle a pour objectif de défendre les intérêts matériels et éthiques des familles. Familles de France est le seul mouvement familial, libre de tout lien politique, confessionnel, syndical, idéologique ou géographique.

www.familles-de-france.org

• En qualité de discounter responsable, Groupe Auchan met un point d'honneur à faire du développement durable une réalité tangible du quotidien, tant au niveau de l'environnement écologique et sociétal des magasins que du mieux consommer à portée de tous. Le groupe est attaché à entretenir des relations loyales vis-à-vis de ses parties prenantes : clients, collaborateurs, fournisseurs et société civile. Cela en veillant à préserver les biens communs mondiaux et en limitant l'impact de ses activités sur l'environnement.

www.groupe-auchan.com/nos-engagements

• Établissement public à caractère industriel et commercial créé en 1964, l'Office national des forêts, premier gestionnaire d'espaces naturels en France :
– assure la gestion durable des forêts publiques : 4,7 millions d'hectares de forêts et espaces boisés en métropole (27 % de la forêt française) ;
– mobilise du bois pour la filière : l'ONF commercialise chaque année environ 40 % des bois mis sur le marché en France ;
– agit pour augmenter la valeur biodiversité des forêts : cela passe par l'extension du réseau de réserves (plus de 45 000 hectares de réserves biologiques en métropole et plus de 100 000 dans les DOM).

www.onf.fr

#corrigés
foucherconnect.fr/
19pbstmg21

3 Qu'est-ce que le management des organisations ?

Le management est le gouvernement des organisations. Il consiste à gérer une production collective en tenant compte d'une multitude de contraintes (financières, humaines, juridiques, environnementales etc.). Il a une dimension stratégique - la définition des buts de l'organisation - et une dimension éthique, notamment à travers la responsabilité sociétale des entreprises, ainsi qu'une exigence de transparence.

1 Les fonctions du management

Le management est donc **l'art de diriger une organisation** et de prendre les **décisions** nécessaires à la **réalisation des objectifs**. Les dirigeants d'une organisation ont 4 missions principales :

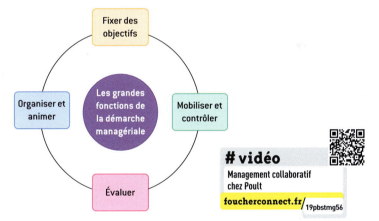

#vidéo
Management collaboratif chez Poult
foucherconnect.fr/19pbstmg56

A Fixer des objectifs

Toute organisation doit se fixer des **objectifs à plus ou moins long terme**. Ces objectifs concrétisent la **finalité de l'organisation**. La fixation des objectifs dépend des **perspectives d'évolution de l'environnement** de l'organisation ainsi que de ses **ressources** (capitaux financiers, ressources humaines, savoir-faire…).

> **FOCUS SUR…**
>
> Le groupe Ridoret est une entreprise d'origine familiale dont les deux activités principales sont la fabrication et la distribution de menuiseries. Ses objectifs annuels à partir de 2020 sont :
> - 2 % de la masse salariale en formation ;
> - 2,3 % de croissance ;
> - 2 % d'amélioration qualité ;
> - Nombre de menuiseries fabriquées : 100 000 ;
> - Nombre de chantiers de clients particuliers : 4 500 ;
> - Nombre de chantiers livrés sous appel d'offres : 250.

B Organiser et animer

■ De la **structure organisationnelle** dépend souvent l'efficacité de l'organisation. Il faut donc concevoir (et faire évoluer) la structure hiérarchique, éventuellement formalisée au moyen d'un **organigramme**.

■ Animer l'organisation suppose de **définir et mettre en œuvre des processus d'information et de décision**. Chaque salarié ou chaque service de l'organisation se voit confier un ou des objectifs à réaliser. Animer consiste également à **motiver les salariés**.

C Mobiliser et contrôler

■ Il appartient aux dirigeants de **mobiliser les acteurs d'une organisation** afin de rendre leur **travail plus efficace**. Ils doivent donc créer les **conditions** pour orienter les efforts des membres de l'organisation vers les **objectifs recherchés**. Il s'agit notamment de **faire accepter les décisions** aux principaux acteurs de l'organisation dont les intérêts sont parfois antagonistes.

■ Toute organisation a une **obligation de résultat** à l'égard de ceux qui contribuent à son existence et son fonctionnement (voire à l'égard de la collectivité dont elle utilise une part des ressources disponibles). Il appartient donc à l'équipe dirigeante d'exercer un **contrôle permanent de sa performance**. Le mot « contrôle » a un double sens : dans une perception anglo-saxonne, il signifie « diriger » ou « exercer un pouvoir ». Mais dans son second sens, que nous retiendrons ici, il signifie « vérifier » ou « surveiller ».

D Évaluer

L'équipe dirigeante doit **percevoir et analyser toute évolution défavorable** dès qu'elle se manifeste, alerter les responsables, les stimuler pour accélérer les adaptations qui pourraient se révéler nécessaires. L'évaluation d'une organisation ne se limite pas à la **surveillance d'indicateurs quantitatifs et financiers** (chiffre d'affaires, bénéfice…) : certains résultats sont de nature plus **qualitative** (même si des indicateurs chiffrés peuvent être mis en place) : notoriété de l'entreprise, respect de l'environnement…

2 Le management stratégique et le management opérationnel

■ La finalité du **management stratégique** consiste à **définir les grandes orientations de l'entreprise** sur un horizon temporel de moyen ou de long terme. Il appartient tout d'abord aux dirigeants de l'organisation de **hiérarchiser les principaux objectifs** (croissance, rentabilité, sécurité…), en prenant en compte les caractéristiques propres de l'entreprise et celles de son environnement. Dans un second temps, et à partir d'un **diagnostic externe** (environnement) et **interne** (forces et faiblesses de l'organisation), le management stratégique a pour objet de prendre des décisions importantes destinées à atteindre les objectifs retenus. Ces décisions concernent tous les acteurs de l'organisation, sont difficilement réversibles et engagent le groupe sur une durée supérieure à 3 ans. La pertinence de ces décisions est souvent **déterminante dans le succès ou l'échec d'une entreprise**.

■ La mise en œuvre des orientations définies par le management stratégique repose sur de nombreuses décisions et actions qui constituent le **cœur du management opération-**

3 QU'EST-CE QUE LE MANAGEMENT DES ORGANISATIONS ? **COURS**

nel. Il s'agit de piloter l'organisation en veillant à **optimiser l'utilisation des ressources disponibles** et de **coordonner l'action de ses différents membres** vers les objectifs fixés. Les principaux acteurs du management opérationnel sont les responsables fonctionnels (production, personnel, commercial...) et l'encadrement intermédiaire (chefs de service, contremaîtres...).

FOCUS SUR...

L'importance des managers intermédiaires

« Si les dirigeants et les directeurs de ressources humaines sont convaincus du rôle clé des managers intermédiaires, ceux-ci doivent cependant être accompagnés pour jouer pleinement leur rôle de manager. Il faut pour cela les impliquer dans le processus de décision et mieux valoriser leur fonction managériale. Dans le contexte de transformation des organisations que nous vivons actuellement, accéléré par la révolution digitale et technologique, les entreprises doivent agir rapidement pour que cette population joue vraiment son rôle. »

Frédéric Gautier, vice-président people EMEAR de Dassault Systèmes

---

■ L'action des acteurs opérationnels s'inscrit dans un **cadre temporel limité** (de quelques jours à 3 ans) et n'engage pas l'organisation de façon irréversible. Le management opérationnel s'inscrit dans un **cadre d'actions** défini par le management stratégique : les décisions opérationnelles doivent ainsi tenir compte des objectifs définis par la direction générale et des grands axes de leur mise en œuvre.

■ Le management opérationnel peut avoir une **influence** sur le management stratégique : la direction générale doit en effet tenir compte des informations ascendantes transmises par les acteurs de terrain : difficultés de production, réaction de la clientèle face à de nouveaux produits, résultats chiffrés, etc. Ces informations, souvent précieuses, permettent d'**orienter la stratégie**.

■ Dans les grandes entreprises, il est parfois difficile de **coordonner efficacement** management stratégique et management opérationnel : les décisions stratégiques sont quelquefois mal comprises et critiquées (exemple : fermeture d'un site de production) par les acteurs de terrain. C'est pourquoi il est important d'intégrer la culture de l'entreprise, ses valeurs ou son histoire, dans les choix stratégiques réalisés par la direction générale. Dans les petites entreprises, le management stratégique et le management opérationnel sont souvent assurés par les mêmes personnes et leur cohérence ne pose donc pas de problème.

3 Décisions stratégiques et décisions opérationnelles

■ De multiples décisions sont prises quotidiennement par les différents acteurs de l'organisation (dirigeants, mais aussi cadres, employés, ouvriers...). Les décisions prises par les dirigeants de l'organisation doivent servir les objectifs et les stratégies qu'ils ont eux-mêmes définis. Chaque décision est prise en tenant compte de **plusieurs facteurs** (caractéristiques de l'organisation, technologie utilisée, évolution du marché, contraintes légales, dynamique des relations sociales...). Il est possible de classer les multiples décisions en étudiant leur **horizon temporel** (court terme, long terme), leur **caractère répétitif** ou non, le **niveau hiérarchique du décideur**, etc.

MANAGEMENT

© Éditions Foucher

■ Le théoricien des organisations Igor Ansoff a ainsi proposé une **classification des décisions** en fonction de leur objet :

Les décisions stratégiques	Les décisions tactiques (ou administratives)	Les décisions opérationnelles
Elles concernent les relations de l'entreprise avec le milieu, et portent essentiellement sur les choix de marché et de produits afin d'obtenir une « adaptation de la firme à son milieu »	Elles sont relatives à la gestion des ressources : acquisition, organisation et développement des ressources.	Elles portent sur l'exploitation courante (établissement des plannings, gestion des stocks…). Elles ont pour objet de « rendre le processus de transformation des ressources le plus efficace possible ».

Comment évaluer l'efficacité du management ?

■ Tout au long de la mise en œuvre des décisions stratégiques, la fonction de pilotage doit analyser le **degré de réalisation des objectifs** en fonction de certains critères d'évaluation prédéfinis.

■ On peut distinguer 3 niveaux de contrôle, chaque niveau ayant un rôle précis :
– le **contrôle stratégique** permet aux plus hauts dirigeants d'évaluer les stratégies retenues et leur mise en œuvre. Sont notamment analysés les résultats globaux de l'entreprise et leur évolution, les structures et l'organisation destinées à atteindre les principaux objectifs ;
– le **contrôle de gestion**, basé le plus souvent sur la technique budgétaire, permet de maîtriser la gestion d'une entreprise en facilitant la prise de décision. Il vise à garder la maîtrise, dominer la gestion de l'entreprise. Le contrôle de gestion peut s'appuyer sur des **budgets**, la **comptabilité générale** ou **analytique** de l'entreprise. Les **tableaux de bord** constituent des instruments privilégiés d'information et d'analyse à court terme, qui permettent le **pilotage** de l'entreprise ;
– le **contrôle d'exécution** permet de vérifier, au niveau opérationnel, la conformité des tâches exécutées par rapport à celles qui étaient programmées. Ce contrôle peut être réalisé par l'encadrement hiérarchique ou par les opérateurs eux-mêmes.

MANAGEMENT

4 Comment le management permet-il de répondre aux changements de l'environnement ?

Le management doit s'adapter à un environnement en perpétuelle évolution, notamment sous l'effet des transformations numériques et technologiques, des mutations écologiques ou encore des nouvelles responsabilités sociétales.

1 L'organisation, un système complexe

■ L'organisation peut être analysée comme un système complexe, **en interaction avec son environnement**. Cette approche de l'organisation permet de mieux comprendre le fonctionnement d'une organisation et les intérêts de ses différents acteurs, les relations entre les différents organes et les besoins de coordination.

> **À SAVOIR**
> Un système est un modèle, une représentation du réel, composé d'un ensemble d'éléments en interaction, qui forme un tout organisé.

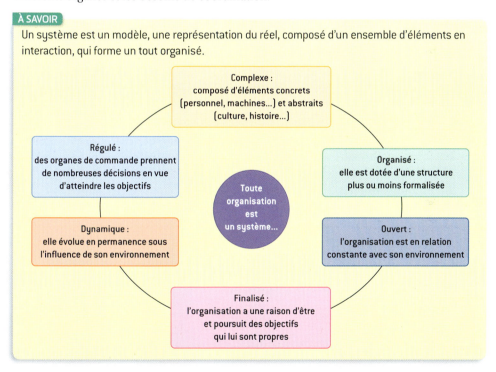

■ Toute organisation doit tenir compte des **intérêts respectifs des acteurs internes et externes** concernés par ses activités. Elle doit aussi rechercher son **équilibre** et sa **stabilité**, envisagé dans ses différentes dimensions : financière, politique, économique, sociale, technologique, écologique, juridique.

2 L'environnement de l'organisation et le management

■ Une organisation ne vit pas en autarcie mais entretient de **nombreuses relations avec ses partenaires** (fournisseurs, clients…), et reste **dépendante** des évolutions économiques, sociales, juridiques ou techniques.

> **À SAVOIR**
> L'environnement de l'organisation peut se définir comme l'ensemble des éléments qui ont une influence sur l'organisation, sans toutefois en faire partie. Il s'agit donc de forces extérieures qui agissent et réagissent au profit ou à l'encontre de l'organisation.

■ L'**environnement général** des organisations (ou **macro-environnement**) est composé de différents facteurs qui s'imposent à elles et définissent leur cadre d'action : politique économique, conjoncture mondiale, facteurs technologiques, sociaux ou environnementaux… L'organisation ne peut, en principe, modifier les variables de son environnement général mais une certaine influence sur le long terme est toutefois possible. L'activité de chaque organisation s'inscrit également dans un environnement qui lui est **spécifique** (**micro-environnement**) et sur lequel elle peut agir (fournisseurs, clients, usagers, concurrents…).

■ Afin de gérer les contraintes et de profiter des **opportunités** de leur environnement, les organisations doivent mettre en place une surveillance régulière de certaines variables clés, économiques, sociales, technologiques ou autres. On parle parfois d'« **intelligence** » ou de « **veille** » **économique**.

■ Ainsi, les pratiques de management sont en permanence confrontées à cet environnement évoluant sous l'effet des **nouvelles technologies**, des **mutations économiques** ou encore des **impératifs écologiques**. Elles sont également dictées par les spécificités de l'organisation concernée : sa taille, ses technologies, son histoire et sa culture ou la confrontation entre les intérêts individuels et les intérêts collectifs.

3 Les nouveaux enjeux du management

A La révolution numérique

■ La société connaît une révolution numérique. Dans ce contexte de **mutations technologiques**, certaines organisations peuvent modifier leur fonctionnement, redéfinir les relations avec leurs partenaires internes et externes et leurs pratiques de gestion. Les **nouvelles technologies** et la **digitalisation des activités** sont sources de développement : par exemple, une PME dont le champ d'action est initialement local peut, grâce à Internet, vendre ses produits dans le monde entier. Ou encore, de nouvelles activités émergent et se développent : partage d'appartements, de moyens de transport, cours en ligne…

■ Cependant, les mutations technologiques sont également porteuses de **risques** : de nouveaux concurrents peuvent apparaître (exemple : les sites de vente en ligne menacent le petit commerce et même la grande distribution) et la transformation digitale d'une entreprise, si elle est mal gérée, entraîne parfois une profonde désorganisation d'une entreprise ou d'une administration publique.

B Les menaces et contraintes écologiques

Les menaces et contraintes écologiques inscrivent le management dans un cadre juridique qui modifie les pratiques : de nombreuses **normes environnementales** doivent être respectées. Elles portent par exemple sur l'utilisation de certains matériaux ou produits, les conditions de production, l'impact carbone de leur activité. Certaines organisations peuvent également prendre des initiatives au-delà des normes imposées pour préserver l'environnement. D'autres mutations (sociales, sociologiques, économiques, juridiques, rapport au travail, avènement de l'intelligence artificielle, etc.) ont une incidence sur le management des organisations.

C La réponse des organisations

Conscientes des enjeux sociétaux, de plus en plus d'organisations cherchent à :
– **moins polluer et tenir compte des risques d'épuisement des ressources naturelles** (développement durable) ;
– **améliorer les conditions de production** (prohibition du travail des enfants chez les sous-traitants et les fournisseurs…) ;
– **mieux s'insérer dans leur environnement** (recrutement citoyen, mécénat…).

vidéo
L'agilité en entreprise
foucherconnect.fr/ 19pbstmg57

OBJECTIF BAC

Le projet de loi PACTE

Le 18 juin 2018, le projet de loi relatif au plan d'action pour la croissance et la transformation des entreprises (PACTE) a été présenté en Conseil des ministres. Le projet est examiné par le Parlement à partir du mois de septembre. Sous l'impulsion du rapport « L'entreprise, objet d'intérêt collectif » réalisé par Nicole Notat et Jean-Dominique-Senard, le projet ambitionne, entre autres, de rendre les entreprises plus justes en redéfinissant leur « raison d'être ». En proposant de modifier certaines dispositions du Code civil, le Gouvernement entend introduire dans la législation française des éléments issus de la réflexion autour de la prise en compte des intérêts des parties prenantes par les entreprises (et non uniquement ceux des associés), et de la responsabilité sociale des entreprises (RSE). Ces modifications ont vocation à s'appliquer à toutes les sociétés, y compris les sociétés civiles.

1. Analysez les changements possibles de la loi PACTE sur le management des entreprises.
2. Recherchez des exemples concrets de mise en œuvre de la RSE dans des entreprises.

corrigés
foucherconnect.fr/ 19pbstmg21

MANAGEMENT

5 Qu'est-ce que la stratégie ?

L'organisation met en place une démarche stratégique pour poursuivre ses finalités en tenant compte de ses ressources et de son environnement. La stratégie peut être perçue comme un ensemble de décisions majeures qui engagent l'avenir de l'organisation.

1 La définition de la stratégie

■ Pour atteindre ses objectifs tout en tenant compte de l'évolution de son environnement, l'organisation doit opérer un certain nombre de **choix stratégiques**, qui constituent des **axes de développement à moyen terme**. Pour les entreprises, les orientations stratégiques sont d'abord définies au niveau global, et ensuite par métiers. Pour les organisations publiques et les associations, les orientations sont liées aux missions qui leur sont assignées ou qu'elles se sont fixées.

■ Ces orientations stratégiques présentent certaines caractéristiques particulières : elles déterminent souvent l'**offre de produits et de services** de l'organisation. Elles portent sur le **long terme** et sont difficilement réversibles. Elles concernent de nombreux acteurs de l'organisation et peuvent conduire à une **réorientation de ses ressources**. Mais surtout, par leur importance, elles conditionnent l'avenir de l'organisation.

> **À SAVOIR**
>
> Selon le chercheur américain Alfred Chandler, la stratégie consiste à « déterminer les buts et les objectifs à long terme d'une entreprise, et à adopter les moyens d'action et d'allocation des ressources pour atteindre ces objectifs ». Par exemple, une entreprise peut, dans le cadre de sa stratégie, délocaliser sa production, conclure un accord de partenariat, développer son activité à l'international ou abandonner certaines cibles.

2 La démarche stratégique

■ La démarche stratégique met en évidence les **forces** et **faiblesses** de l'organisation ainsi que les **opportunités** et **menaces** de son environnement. À partir de ces éléments, l'organisation définit un **plan d'actions coordonnées** afin d'atteindre les objectifs fixés. Il s'agit de suivre rigoureusement différentes étapes d'élaboration et de mise en œuvre de la stratégie pour **rationaliser les principales décisions**. Ces étapes sont synthétisées dans un **plan stratégique** qui récapitule les grandes orientations de l'organisation, prévoit les moyens à mettre en œuvre et définit un **calendrier de réalisation**.

> **À SAVOIR**
>
> Si la stratégie a longtemps été planifiée dans un contexte plutôt stable et prévisible, elle est aujourd'hui sujette à des ajustements liés à un environnement fluctuant et incertain.

■ Néanmoins, l'efficacité de la planification stratégique repose sur la **connaissance** et la **stabilité de l'environnement de l'organisation**. Face à un environnement de plus en plus évolutif, de nombreuses organisations privilégient des **stratégies dites « émergentes »**. Ces stratégies se construisent progressivement dans un flux continu d'actions qui s'adaptent à l'instabilité de l'environnement.

6 Comment élaborer le diagnostic stratégique ?

Le processus stratégique passe par l'élaboration d'un diagnostic stratégique complet qui vise notamment l'identification des ressources mobilisables, des compétences distinctives de l'organisation et des facteurs clés de succès.

1 La veille stratégique

■ Bâtir une planification suppose de rassembler de multiples informations et de percevoir ce que sera l'avenir ; d'où la mise en œuvre de **méthodes prospectives et/ou de prévision** et d'un système de **veille stratégique**. Il s'agit d'un système mis en place par l'organisation qui permet de repérer tous les signaux en provenance de l'environnement ayant des potentialités d'impact sur l'entreprise ou l'association.

■ Par exemple, la veille stratégique peut concerner certaines **innovations techniques**, des **pratiques nouvelles** mises en œuvre par des concurrents ou encore des **évolutions géopolitiques** qui peuvent avoir une incidence sur l'organisation.

> **À SAVOIR**
> La veille stratégique regroupe différents moyens matériels et humains destinés à collecter et exploiter les informations nécessaires à la détermination et au suivi de la stratégie d'une organisation.

2 Le diagnostic interne

■ Pour repérer les points forts d'une organisation (sources d'avantages concurrentiels) et ses faiblesses, il est nécessaire d'analyser ses **différentes ressources**.

■ Le diagnostic interne vise donc à réaliser un **inventaire systématique des ressources disponibles** dans chaque grande fonction et à les évaluer de la même manière, par grande fonction (technique, commerciale, logistique...). Il permet donc de mettre en évidence les compétences distinctives de l'organisation.

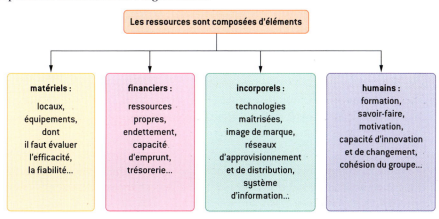

■ Il doit y avoir équilibre et complémentarité entre les ressources des différentes fonctions. Beaucoup d'organisations souffrent de **déséquilibres fonctionnels**. Par ailleurs, il faut comparer les ressources disponibles avec celles des principaux concurrents.

3 Le diagnostic externe

■ Le but du diagnostic externe est de repérer les évolutions de l'environnement pour chercher à **bénéficier des opportunités offertes** (stratégies offensives) et pour s'efforcer de **contourner les menaces** (stratégies défensives).

■ L'**analyse concurrentielle** conduit à mesurer l'intensité de la lutte concurrentielle, la menace de nouveaux arrivants, celle des produits de substitution, le pouvoir des clients et des fournisseurs, etc.

■ L'environnement marchand est constitué des **partenaires de l'organisation dans ses divers marchés**. L'analyse de son environnement marchand permet à une organisation de sélectionner ses partenaires et de négocier avec eux.

■ L'environnement non marchand est constitué de **toutes les structures sociales et institutionnelles** qui ont une incidence directe ou indirecte sur le fonctionnement de l'organisation et en particulier :

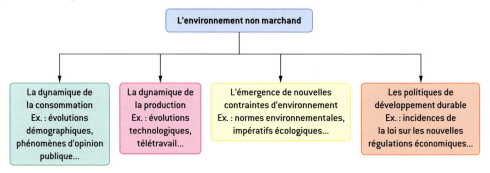

> **EXEMPLE**
>
> Guillaume Paoli et Nicolas Chartier peuvent être fiers de leur entreprise, Aramis Auto : ils ont très tôt identifié la distribution automobile comme un secteur où de profondes mutations allaient avoir lieu. C'est cette perception de leur environnement qui leur a permis de rapprocher automobile et Internet pour offrir à leur clientèle des véhicules à prix réduits. Aujourd'hui, Aramis Auto est le leader français de la distribution automobile multimarques.

■ Pour faire face aux évolutions actuelles ou prévues de leur environnement, les organisations cherchent souvent à modifier leur fonctionnement pour devenir plus **flexibles**, plus **réactives** et plus **solides**, grâce, par exemple, à des **alliances** avec d'autres organisations.

6 COMMENT ÉLABORER LE DIAGNOSTIC STRATÉGIQUE ? **COURS**

■ L'environnement peut constituer une **source d'opportunités** pour l'organisation : les relations entre entreprises, associations ou administrations publiques constituent un élément essentiel de la stratégie environnementale des organisations. Par exemple, des entreprises peuvent nouer des relations de **partenariats** (fournisseurs/clients, professionnels/sous-traitants…). De même, les relations entre organisations privées et administrations publiques se multiplient et prennent notamment la forme de contrats.

> **À SAVOIR**
>
> Une organisation doit pouvoir saisir les opportunités que lui offre son environnement local (exemples : présence d'une technopole, d'un pôle de développement, d'un pôle de reconversion, subventions accordées à des associations, création d'une pépinière d'entreprises…). Par ailleurs, les organisations peuvent aussi participer activement à la vie économique, culturelle et sociale de leur commune, département ou région : mécénat, créations d'emplois…

■ Dans certains cas, une organisation peut envisager une **riposte aux agressions de son environnement**. Par exemple, pour lutter contre des mesures protectionnistes d'un pays ou pour faire face à la concurrence de pays à bas coûts, une entreprise peut choisir de **délocaliser une partie de son activité**. En considérant à la fois les ressources et l'environnement d'une organisation, il est possible de synthétiser dans un tableau : d'une part les **opportunités** et les **menaces** liées à l'environnement et d'autre part les **forces** et les **faiblesses** révélées par le diagnostic des ressources internes. La **matrice SWOT** ainsi obtenue permet de synthétiser les différents résultats du diagnostic stratégique :

	+	−
Ressources	Forces **(S)**	Faiblesses **(W)**
Environnement	Opportunités **(O)**	Menaces **(T)**

> **MOT-CLÉ**
>
> SWOT est formé à partir des mots : **strengths** (forces), **weaknesses** (faiblesses), **opportunities** (opportunités) et **threats** (menaces).

 # vidéo
Veille et intelligence économique pour les TPE/PME
foucherconnect.fr/19pbstmg58

OBJECTIF BAC

L'évolution des skis Lacroix

La société Skis Lacroix, reprise en 1999 par Bertrand Roy, fabrique et commercialise des skis très haut de gamme, distribués principalement par des détaillants dans les stations alpines huppées, de Val d'Isère à Megève. « Les stations de ski ont vu arriver une clientèle de plus en plus riche, pour laquelle il n'y avait pas d'offre différenciée, comme avec les voitures par exemple. J'ai voulu proposer des skis à la fois élégants et technologiques, fruits de recherches très pointues », déclare Bertrand Roy.

À l'heure où la plupart des entrepreneurs s'efforcent de rationaliser leur production et de réduire leurs coûts, Bertrand Roy recherche au contraire les matériaux les plus raffinés, sans jamais se préoccuper de ce que cela pourrait coûter.

Le marché mondial du ski est en baisse. « Il se vendait 7 millions de paires de skis chaque année à la fin des années 1990 contre 3 millions aujourd'hui. » Pour asseoir son développement, la société va développer d'autres gammes de produits dans des secteurs connexes. Après les gants, elle vient de mettre sur le marché une gamme de vêtements d'hiver très haut de gamme.

Avec une cible aussi haut de gamme, Lacroix ne vend évidemment pas qu'aux riches Français. Aujourd'hui, 50 % du chiffre d'affaires provient de l'export. « En plus, notre clientèle achète plutôt ses skis sur son lieu de villégiature », rappelle Bertrand Roy. Fondé en 1967, Lacroix était à l'origine positionné sur les skis de compétition, avant de se réorienter dans les années 1980 vers le marché du luxe. Une manière de jouer sur l'image de la France ? « On aurait pu être suisse », dément Bertrand Roy. D'ailleurs, la part du marché national est appelée à baisser. « Nous souhaitons réduire la part des ventes en France de 50 à 20 %. »

© Foucher

1. Repérez les éléments d'information permettant d'alimenter le diagnostic interne et externe de l'entreprise.

2. Repérez les principales orientations stratégiques des skis Lacroix.

7 Comment interpréter le diagnostic et le traduire en objectifs ?

Le diagnostic stratégique conduit naturellement à la fixation d'objectifs stratégiques, décidés par les parties prenantes en tenant compte de la responsabilité sociétale de l'organisation.

1 Du diagnostic aux objectifs stratégiques

■ La finalité d'une organisation, souvent abstraite, doit être concrétisée par des **objectifs mesurables**, et **accessibles** à moyen terme. Ainsi, une finalité financière peut se traduire par des objectifs de rentabilité des capitaux investis. De même, des finalités humanistes sont parfois à la base d'objectifs concrets en matière de rémunération ou d'emploi.

■ En fonction des résultats du diagnostic stratégique, et de la réponse que l'organisation apporte à la question de son futur (que voulons-nous devenir compte tenu des évolutions prévisibles à moyen terme de l'environnement ?), la direction envisage **différents projets**.

■ Ces différents projets ne peuvent pas être tous réalisés. Il est donc indispensable de faire les choix les plus pertinents pour le développement et la pérennité de l'organisation, ainsi que pour l'exercice de son métier ou pour la réalisation de sa mission. Ces choix doivent prendre en compte les possibilités de mise en œuvre et les incidences financières du projet.

■ Les grandes décisions stratégiques aboutissent à la **fixation d'objectifs** qui se situent à des niveaux différents :
– **pour les organisations publiques**, les missions sont définies par les **pouvoirs publics** (État et collectivités territoriales) ;
– **pour les associations**, les missions sont fixées en **conformité avec les statuts** ;
– **pour les entreprises**, ils sont définis par la **direction générale** au niveau global et concernent ce qui a trait à leur identité, à leur métier, à la rentabilité d'ensemble, à la rémunération des apporteurs de capitaux…

■ La **responsabilité sociétale** des organisations doit être prise en compte dans la définition de leurs objectifs stratégiques

#vidéo
Qu'est-ce que la RSE ?
foucherconnect.fr/19pbstmg59

> **À SAVOIR**
> La responsabilité sociétale des organisations désigne la prise en compte par celles-ci des enjeux environnementaux, sociaux et éthiques dans leurs activités. Les activités des organisations sont ici entendues au sens large : activités économiques, interactions internes (salariés, dirigeants, actionnaires) et externes (fournisseurs, clients, autres).

■ Dans les entreprises, il est possible de mettre en lumière 6 grandes catégories d'objectifs stratégiques :

Objectif	Signification
Rentabilité	Correspond à une finalité de recherche de profit.
Pérennité	La survie de l'organisation peut par exemple nécessiter une diversification ou une internationalisation de l'activité.
Croissance	Permet la rentabilité à long terme de l'entreprise.
Flexibilité	Permet à l'entreprise de s'adapter aux variations de son environnement.
Satisfaction des objectifs personnels des dirigeants	Ces objectifs sont souvent distincts de ceux de l'entreprise…
Objectifs sociaux et sociétaux	Peuvent concerner l'emploi, la rémunération, la formation des salariés (objectifs sociaux) ou les externalités de l'entreprise (réduction des nuisances, mécénat…) pour les objectifs sociétaux.

■ La définition des objectifs stratégiques doit tenir compte des **ressources humaines**, **matérielles** et **financières** de l'organisation. Ces ressources doivent être immédiatement disponibles ou accessibles à court terme.

2 Les divergences d'intérêt des différentes parties prenantes

■ Les objectifs stratégiques fixés par l'équipe managériale sont inspirés et/ou appréciés par les parties prenantes de l'organisation (actionnaires ou associés pour une organisation privée, tutelle pour une organisation publique ; salariés ou agents ; syndicats, etc.).

■ Certains objectifs généraux (pérennité et croissance d'une entreprise, missions de service public d'une administration, respect des statuts d'une association) sont normalement partagés par les différents acteurs d'une organisation.

■ Néanmoins, propriétaires, dirigeants ou syndicats peuvent avoir des **intérêts contradictoires**. Par exemple, les salariés souhaitent augmenter leur rémunération, alors que les actionnaires cherchent à maximiser leur profit, et l'État à maîtriser les dépenses publiques. La diversité des objectifs poursuivis par les différents acteurs peut donc être **source de tensions et de conflits** au sein de l'organisation.

■ En particulier, une entreprise ne peut fonctionner de façon efficace sans une **adhésion des salariés aux grandes orientations** décidées et mises en œuvre par la direction. Plusieurs organes, dont l'existence et le mode de fonctionnement sont prévus par le Code du travail (comité social et économique, sections syndicales…) peuvent jouer un rôle dans la gestion de l'organisation et éventuellement constituer un contre-pouvoir face à la direction. Dans certaines organisations, il est prévu d'associer les salariés à la négociation et à la fixation des objectifs, ce qui contribue à limiter les tensions et les conflits d'intérêt.

> **À SAVOIR**
>
> Le comité social et économique (CSE) remplace le comité d'entreprise (CE). Les dispositions relatives au CE cessent de produire effet à compter de la date du 1er tour des élections des membres de la délégation du personnel du CSE. Les entreprises doivent créer un CSE le 1er janvier 2020 au plus tard.

7 COMMENT INTERPRÉTER LE DIAGNOSTIC ET LE TRADUIRE EN OBJECTIFS ? **OBJECTIF BAC**

3. La recherche d'un consensus et la résolution des conflits

■ La divergence entre **intérêt individuel** et **intérêt collectif** peut être le nœud de conflits. L'appropriation des objectifs stratégiques, gage de réussite pour l'organisation, passe pourtant par une recherche de convergence et de consensus.

■ Il est ainsi souhaitable de mettre en œuvre une **politique de prévention des conflits** qui peuvent avoir de lourdes conséquences, notamment financières. Pour cela, il est possible de :
– **repérer les conflits sociaux naissants** : observatoire social, enquêtes périodiques de climat social… ;
– **favoriser la coordination et la coopération des acteurs de l'organisation** : définition d'un projet d'entreprise, promotion du dialogue social, de la concertation et de la négociation… ;
– **élaborer une stratégie sociale** : actions sociales programmées à moyen et long terme ;
– **accroître la participation des salariés** à la vie de l'organisation ;
– **contrôler l'efficacité des mesures envisagées** : bilan social, audit social…

■ Les procédures de règlement des conflits déclarés au sein des entreprises sont généralement prévues dans la convention collective. Plus généralement, le traitement des conflits ouverts passe nécessairement par la négociation et le compromis.

OBJECTIF BAC

Des conflits chez Synergies

Créée en 1990 par Jean Le Naif, Synergies produit et vend du matériel d'exposition modulable pour les musées, les salons, l'événementiel. Monsieur Le Naif attribue le succès de Synergies au mode de management, résolument humaniste, qu'il a développé depuis plus de 20 ans : respect des salariés, confiance, autonomie et liberté dans le travail, recherche du consensus et prise de décision collective constituent les maîtres-mots du management de Synergies.

Monsieur Le Naif se refuse à imposer des ordres à ses collaborateurs : pas de directives précises et contraignantes, chaque chef d'équipe (maintenant appelé « cadre de proximité ») doit définir lui-même la nature et les frontières de son travail et les faire évoluer en fonction des contraintes extérieures (marchés, concurrence…) ou des souhaits exprimés par ses subordonnés (les ouvriers chargés de la fabrication sont désormais des « équipiers », acteurs de la communication, de la négociation et de l'organisation du travail, chaque équipe disposant d'une réelle autonomie organisationnelle).

Un conflit violent a toutefois éclaté entre le responsable des achats, le responsable export et le responsable technique chargé de la fabrication des nouveaux produits. En cause : la maîtrise des achats relatifs à un nouveau produit spécifique. Les cadres intermédiaires se disent « excessivement stressés » et « inquiets de l'avenir de l'entreprise ». Les conflits au sein des équipes de travail autonomes se multiplient : le choix des horaires, la répartition des tâches et les cadences de travail semblent être à l'origine de ces conflits…

© Foucher

1. Analysez le style de direction pratiqué par Monsieur Le Naif.
2. Montrez que certains dysfonctionnements constatés dans l'entreprise peuvent être corrélés à ce style de direction.

#corrigés foucherconnect.fr/19pbstmg21

MANAGEMENT

8 Comment évaluer les objectifs et les pratiques ?

Le pilotage managérial permet de tendre vers les objectifs stratégiques, en utilisant des indicateurs de résultat et en prenant des mesures d'adaptation permanente. Dans certains cas, en fonction des résultats obtenus, les objectifs et la stratégie de l'organisation peuvent être reconsidérés.

1 Le choix des indicateurs

■ La mesure de l'atteinte des objectifs stratégiques nécessite la définition d'un ou plusieurs **indicateurs** dont il convient de vérifier : la pertinence par rapport aux objectifs ; la variété ; la possibilité d'une évaluation dans le temps et dans l'espace et l'appropriation par les acteurs concernés.

■ Le choix des indicateurs doit par exemple permettre d'**analyser le nombre de conflits internes** et leurs origines.

■ Le contrôle stratégique permet aux plus hauts dirigeants d'évaluer les stratégies retenues et leur mise en œuvre. Sont notamment analysés les résultats globaux de l'entreprise et leur évolution, les structures et l'organisation destinées à atteindre les principaux objectifs.

■ Le système d'information de l'organisation fournit aux dirigeants un certain nombre d'indicateurs qui leur permettent de contrôler l'activité de l'organisation et d'envisager d'éventuelles actions correctives :

Principales catégories d'indicateurs

Indicateurs financiers	Indicateurs relatifs à la production	Indicateurs sociaux	Indicateurs environnementaux
▶ Coût de revient des produits ▶ Évolution du chiffre d'affaires ▶ Rentabilité des investissements	▶ Délais de production et d'acheminement des produits ▶ Niveau des stocks ▶ Nombre et durée des arrêts de production…	▶ Pyramide des âges ▶ Accès à la formation professionnelle ▶ Taux d'absentéisme…	▶ Actions destinées à préserver l'environnement ▶ Comparaison des performances de l'organisation par rapport à celles de ses principaux concurrents…

■ L'organisation peut également, dans certains cas, mettre en œuvre des **systèmes d'autorégulation** permettant de traiter les dysfonctionnements sans intervention de la direction.

FOCUS SUR…

Les critères d'évaluation des décisions stratégiques

Parmi les critères d'évaluation des décisions stratégiques, il est possible de distinguer :
- **les critères quantitatifs** : analyse de la productivité (efficacité des facteurs de production), calcul de la rentabilité (rapport entre un résultat obtenu et les moyens matériels et financiers mobilisés pour l'obtenir), comparaison d'indicateurs quantitatifs variés (coût kilométrique de

© Éditions Foucher

8 COMMENT ÉVALUER LES OBJECTIFS ET LES PRATIQUES ?

OBJECTIF BAC

réalisation d'une route pour une entreprise de travaux publics, impact d'une campagne anti-tabac sur la consommation de cigarettes pour le ministère de la Santé, évolution du nombre d'adhérents à une association suite à une réorientation stratégique de ses activités, etc.) ;
- **les critères qualitatifs** : ces critères, plus subjectifs, permettent par exemple d'évaluer la performance environnementale et sociétale d'une organisation, l'évolution de l'image d'une entreprise ou le degré de satisfaction des usagers d'un service public.

2 La prise en compte des indicateurs

■ Parmi les différents outils à la disposition des dirigeants, les **tableaux de bord** jouent un rôle important. Il s'agit de représentations chiffrées des principaux indicateurs nécessaires aux dirigeants pour le contrôle des programmes d'action. Les informations fournies périodiquement (parfois en « temps réel »), n'apportent pas une information complète sur le fonctionnement de l'organisation mais concernent certains **indicateurs-clés** particulièrement utiles.

vidéo
Tableaux de bord
foucherconnect.fr/19pbstmg60

■ Le but de cet outil est d'**alerter rapidement** les dirigeants en cas de difficultés et de leur permettre d'entreprendre dans les plus brefs délais les **actions correctives**. Par exemple, le tableau de bord social fournit des informations périodiques sur les temps de présence, les formations réalisées, les démissions, les arrêts de travail…

■ En fonction de l'origine des informations, il est possible de distinguer 3 modes d'actions correctives (ou régulation) :

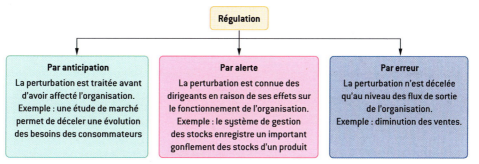

OBJECTIF BAC

Cas pratique : Devialet, un champion de l'innovation

ÉNONCÉ

À partir des annexes ci-dessous, vous réaliserez les travaux suivants :
1. Identifiez les principaux objectifs stratégiques de Devialet.
2. Montrez l'incidence pour Devialet des principales décisions stratégiques prises par ses dirigeants.
3. Expliquez la critique formulée par le dirigeant de Devialet à l'égard des modes de décision dans les grands groupes industriels.

Annexe I : Présentation de l'entreprise Devialet

Fondée en 2007 et basée à Paris, Devialet est la start-up la plus primée au monde pour ses inventions d'excellence dans le domaine du son.

Chez Devialet, nous conduisons au quotidien la plus belle et la plus excitante des aventures. Chaque jour, nos équipes commerciales, marketing, design, financières, logistiques, R & D, réinventent des façons de travailler iconoclastes et agiles pour donner accès au plus grand nombre à un son d'une qualité et d'une émotion incomparables, via nos technologies et nos produits de rupture.

https://www.devialet.com/fr-fr/presentation-recrutement/

Annexe II : Un entretien avec Quentin Sannié, P.-D.G. et cofondateur de Devialet

D'où est venue l'idée ?

Je suis le gars du business et de la stratégie. Emmanuel Nardin, cofondateur, est designer produit et c'est mon cousin germain. On avait un rêve de gosse : monter une société dans l'audio. [...] Toutes nos innovations sont le fruit de l'électronique, de la mécanique et du logiciel, tant pour l'amplification du son que pour les haut-parleurs. C'est à partir de cela qu'on a posé notre rêve de tout rafler et de conquérir le monde.

Et réaliser d'importantes levées de fonds...

La première, de 15 m € en 2010 auprès de Bernard Arnault (P.-D.G. du groupe LVMH, propriétaire du « Parisien » – « Aujourd'hui en France »), Xavier Niel, Marc Simoncini et Jacques-Antoine Granjon, a permis de miniaturiser nos technologies. Avec la seconde, de 100 M € en 2016 auprès d'investisseurs internationaux, on a pu créer des filiales en Allemagne, à Singapour, Hong Kong...

D'où viennent vos modèles ?

On a une usine en Seine-et-Marne pour les haut-parleurs. L'assemblage des Phantom, produits à 60 000 unités par an, est effectué en Normandie, près de Caen (Calvados), dans une usine Bosch. Les cartes électroniques viennent aussi de Normandie, le corps, des Pays de la Loire... C'est surtout stratégique car on doit avoir un accès rapide, direct, aux industriels qui travaillent sans devoir parcourir 11 000 km. On peut se le permettre sur des produits Devialet parce qu'ils sont à haute valeur ajoutée et que l'on contrôle l'ensemble de la chaîne de développement. [...] Vous avez conquis un secteur pourtant préempté par des géants japonais, américains... Qui invente la voiture électronique grand public ? Mercedes ? BMW ? Non, c'est Tesla, qui sort de nulle part... C'est toujours comme ça pour de telles innovations. Les cycles de décision ne rentrent pas dans un dispositif classique... En revanche, si un grand groupe dit à une équipe dédiée de ne pas respecter les règles et d'inventer les siennes, cela devient possible.

« La technologie Devialet a vocation à être intégrée dans les smartphones », Virginie de Kerantem, le 26/02/2018, le parisien.fr

Annexe III : Devialet crée un système audio embarqué pour voiture autonome

« Le système que nous avons inventé pour Symbioz Demo Car illustre parfaitement la mission de Devialet : mettre chaque jour nos technologies et notre savoir-faire au service d'innovations porteuses de sens, pour transmettre les émotions du son au plus grand nombre », explique Quentin Sannié, P.-D.G. de Devialet, cité dans un communiqué. [...] C'est en fait une suite logique de stratégie : Phantom est son produit étendard, une vitrine commerciale, lui permettant de montrer son savoir-faire et de prouver la richesse de sa technologie. Devialet s'inspire d'Apple pour sa distribution et de Tesla pour l'industrie : partir du haut de gamme pour progressivement arriver sur des produits plus grand public.

http://www.businessinsider.fr/devialet-renault-voiture-autonome-revolution-systeme-audio

MANAGEMENT

9 Quelles options stratégiques pour les entreprises ?

S'il existe des orientations stratégiques de natures communes que l'on retrouve dans de nombreuses organisations, les options stratégiques des entreprises sont marquées par l'environnement concurrentiel dans lequel elles évoluent.

1 La recherche d'un avantage concurrentiel

■ Pour atteindre ses objectifs, toute organisation doit opérer un certain nombre de **choix stratégiques**, qui constituent des **axes d'évolution** à moyen et long terme.

■ Les décisions relatives aux orientations stratégiques de l'entreprise sont fondamentales : la réussite (ou l'échec) d'une entreprise dépend souvent de sa **capacité à définir une stratégie pertinente**, qui tient compte de ses ressources et de l'évolution de son environnement.

■ Il appartient à chaque entreprise de déceler et d'étudier les sources potentielles d'un avantage concurrentiel (ou compétitif). L'avantage peut résulter de la dimension de l'entreprise (exemples : économies d'échelle, effets de synergie...) ou de ses ressources (exemples : innovation, progrès technique, potentiel humain...).

À SAVOIR

Théorisé par Michael Porter en 1985, l'avantage concurrentiel, ou avantage compétitif, est l'élément qui différencie fondamentalement l'offre d'une entreprise par rapport à ses concurrents, et qui constitue donc sa puissance de différenciation. La stratégie mise en place par une entreprise doit contribuer à la création puis à la pérennité de cet avantage.

■ Une entreprise peut segmenter l'ensemble de ses activités en différents **domaines d'activité stratégique (DAS)** dans lesquels sont menées des stratégies adaptées. Les choix stratégiques s'opèrent donc au niveau global et au niveau de chacun des domaines d'activités (construction de l'avantage concurrentiel par différenciation-sophistication-épuration ou par domination par les coûts, choix de marchés pertinents, etc.).

■ Le caractère éphémère de l'avantage concurrentiel (incertitude de l'environnement, intensité de la concurrence, rythme des innovations technologiques, etc.) conduit les entreprises à rechercher en permanence des **innovations** afin de recréer de **nouveaux avantages compétitifs**.

À SAVOIR

Un DAS (ou segment stratégique) est constitué d'un ensemble homogène de biens et/ou services proposés par l'entreprise, destinés à un marché spécifique ayant des concurrents déterminés et pour lequel il est possible de formuler une stratégie spécifique.
En pratique, il appartient à l'entreprise de définir des critères de segmentation permettant un découpage des activités. Cette opération de découpage est très importante car elle conditionne les orientations stratégiques futures.

© Éditions Foucher

Les stratégies globales

Au niveau global, une entreprise peut arbitrer entre une stratégie de spécialisation ou une stratégie de diversification.

A La stratégie de spécialistion

■ La spécialisation est la stratégie par laquelle une organisation limite son activité à un domaine spécifique, souvent fondé sur une compétence ou une technologie unique, pour **développer un avantage concurrentiel**.

■ Une entreprise suivant une telle stratégie peut en attendre **4 avantages** : réalisation d'économies d'échelle ; création d'effet d'expérience et de synergies ; obtention de la taille critique (ou nécessaire) dans la spécialité concernée ; consolidation de l'image.

■ La réussite d'une stratégie de spécialisation dépend de plusieurs conditions :
– le domaine d'activité doit être en phase de croissance ;
– les compétences et technologies mises en œuvre doivent être parfaitement dominées et actualisées.

■ De plus, l'entreprise reste vulnérable aux aléas conjoncturels et aux ruptures technologiques.

B La stratégie de diversification

■ La **diversification** consiste à **ajouter de nouveaux métiers** aux activités actuelles de l'organisation. Cette stratégie est très répandue dans la vie des entreprises car elle permet de répartir et donc de réduire les risques. Elle contribue également à améliorer la rentabilité de l'entreprise en l'orientant vers de nouveaux marchés plus porteurs.

> **EXEMPLE**
> Pendant longtemps, l'activité de la Fnac s'est limitée à la commercialisation de produits culturels : livres, disques… Mais le nouveau dirigeant du groupe a entrepris une stratégie de diversification horizontale qui conduit à proposer aux clients des robots ménagers, des produits de papeterie, etc.

■ La diversification peut être **technique** (nouvelles matières ou nouveaux procédés de fabrication…) ou **commerciale** (offre de nouveaux produits et/ou recherche de nouveaux segments de clientèle).

> **À SAVOIR**
> On parle de **diversification horizontale** lorsqu'on élargit progressivement la gamme de produits tout en conservant la même clientèle, le même marché. À l'inverse, la **diversification verticale** conduit à étendre la vente du produit actuel à une nouvelle clientèle sur de nouveaux marchés. La **diversification concentrique** combine les 2 axes précédents.

■ Avant la mise en œuvre de la diversification, l'entreprise doit arbitrer entre les différentes options de diversification (choix du secteur, évolution du métier).

■ La diversification peut entraîner des risques : réactions des concurrents, coûts élevés, compétences techniques insuffisantes…

9 QUELLES OPTIONS STRATÉGIQUES POUR LES ENTREPRISES ? **COURS**

3 Les stratégies de domaine

D'après Porter, une entreprise, pour chacun de ses domaines d'activité stratégique (DAS), peut opter pour l'une des 4 stratégies suivantes :

A La stratégie de domination par les coûts

Elle consiste à proposer une **offre dont le coût est inférieur à celui des concurrents**, ce qui permet de réduire les prix et donc d'**accroître la part de marché**. Si la méthode de réduction des coûts utilisée est imitable par les concurrents, elle ne procure pas de véritable avantage.

B La stratégie de différenciation

La stratégie de différenciation consiste à proposer une **offre ayant des caractéristiques différentes** de celle de la concurrence. Il existe 2 types de différenciations :
– la **différenciation vers le haut** ou **sophistication**, consiste à proposer une offre plus élaborée que l'offre de référence, mais à la vendre à un prix plus élevé. L'idéal consiste à augmenter le prix plus que le coût, afin de générer un profit supérieur. C'est le positionnement adopté notamment par Apple, BMW ou Häagen-Dazs.
– la **différenciation vers le bas** ou **épuration**, consiste au contraire à proposer une offre moins qualitative que l'offre de référence, mais à la vendre à un prix moins élevé. L'idéal consiste alors à réduire le coût plus que le prix, afin de générer un profit supérieur. C'est le positionnement adopté notamment par Bic, Ikea ou Ryanair.

C La stratégie de focalisation

Elle consiste à centrer l'essentiel de ses efforts sur un segment de marché de petite taille, afin d'éviter l'affrontement avec les plus puissants concurrents. On parle alors également de « stratégie de niche ». Cela conduit à choisir sur ce créneau une stratégie de domination par les coûts ou de différenciation. C'est le positionnement adopté notamment par les skis Lacroix (skis de luxe) ou par Meccamo (carburants pour modélisme).

		Avantage concurrentiel	
		Coûts moins élevés	**Différenciation**
Champ concurrentiel	**Cible large**	Domination par les coûts	Différenciation
	Cible étroite	Focalisation fondée sur des coûts réduits	Focalisation fondée sur la différenciation

4 Le développement de l'entreprise et la chaîne de valeur

A Une analyse de la chaîne de valeur

Elle permet de distinguer les activités de base créatrices de valeur des fonctions dites de support. Cette analyse donne à l'entreprise la faculté de mieux percevoir les sources de coût et de valeur, et donc ce qui la démarque de ses concurrents.

B Les choix stratégiques

Ils portent également sur les maillons de la chaîne de valeur que l'entreprise souhaite maîtriser (intégration, externalisation) et sur les modalités de son développement (croissance externe, croissance interne, partenariats), y compris à l'international.

C L'intégration

■ Elle consiste, pour une organisation, à effectuer un **regroupement avec d'autres entreprises**, dans le but de réaliser elle-même des activités nouvelles au sein de sa filière de production. Par exemple, un éditeur qui se regroupe avec une imprimerie réalise une opération d'intégration. L'intégration peut s'effectuer dans 3 directions principales : **en amont**, vers les approvisionnements ; **en aval** vers les débouchés ; **latérale**, vers des activités périphériques (centres de recherche, sociétés de financement...).

■ Lorsque l'entreprise poursuit un objectif d'intégration complète en amont et en aval, on parle de **stratégie de filière**.

■ L'intégration peut obéir à une **logique industrielle** : il s'agit de maîtriser toutes les étapes du cycle d'exploitation grâce à un contrôle des fournisseurs et des distributeurs. Mais souvent, l'intégration est liée à une **logique financière** : il s'agit alors d'un choix d'investissement destiné à améliorer la rentabilité de l'entreprise.

> **À SAVOIR**
>
> Quelle que soit la modalité juridique (fusion, absorption...), l'intégration peut générer des effets négatifs pour l'entreprise : réduction de la flexibilité, coût d'entrée et augmentation des coûts fixes. De plus, l'entreprise doit maîtriser de nouvelles compétences liées aux activités intégrées et la coordination de l'ensemble des activités est essentielle. Enfin, les rigidités créées rendent la firme plus sensible aux risques conjoncturels (activité cyclique, changements technologiques...).

D L'externalisation

■ Elle consiste à recourir au marché pour faire faire une activité réalisée jusque-là en interne par l'organisation. Beaucoup d'entreprises, dans le cadre de **stratégies de recentrage** sur leur métier principal, tendent à abandonner à des tiers des activités auxiliaires comme l'entretien des locaux, la restauration du personnel, la sécurité, les traitements informatiques (confiés à des sociétés d'infogérance), etc.

■ La stratégie d'externalisation s'accompagne souvent de **délocalisation des activités** confiées aux entreprises prestataires, parfois à l'étranger (exemple : centres d'appel en Irlande), et du recours au travail à distance (télétravail).

■ Certaines entreprises poussent à l'extrême la logique d'externalisation pour ne conserver que les **activités les plus stratégiques** (exemple : Coca-Cola vend les concentrés aux fabricants et garde la maîtrise de sa politique de communication) ou dégageant la plus forte valeur ajoutée.

> **À SAVOIR**
>
> Il n'est pas rare que des entreprises qui ont externalisé une ou plusieurs activités entreprennent la démarche inverse et réintègrent l'activité concernée. L'externalisation présente en effet de nombreux risques : coûts cachés, perte de savoir-faire, dépendance à l'égard de fournisseurs, coûts sociaux...

9 QUELLES OPTIONS STRATÉGIQUES POUR LES ENTREPRISES ? COURS

E Les stratégies de croissance

La plupart des entreprises cherchent à se développer. La croissance d'une entreprise peut se définir comme l'**augmentation des dimensions** et le **changement des caractéristiques** de l'entreprise (produits, marchés, technologies, financement, ressources humaines, organisation). Il s'agit donc d'un **double processus quantitatif** (les dimensions augmentent) et **qualitatif** (les structures changent). Il existe 2 principales stratégies de croissance :

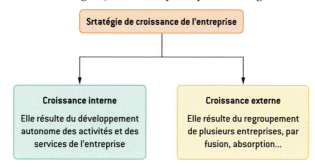

F L'internationalisation

La croissance d'une entreprise peut également reposer sur une **stratégie d'internationalisation**. Les nouvelles technologies permettent en effet aux entreprises même les plus modestes de commercialiser leurs produits à l'étranger. Des accords de partenariat avec des firmes étrangères permettent également de pénétrer de nouveaux marchés internationaux.

5 L'impact des technologies numériques dans les choix stratégiques

Les impacts des technologies numériques (plateformes et réseaux numériques mondiaux, données massives et intelligence artificielle, etc.) sont pris en compte dans l'élaboration des choix stratégiques. Les nouvelles technologies numériques sont sources d'opportunités et de risques :
– **opportunités**, car ces technologies permettent aux entreprises d'acquérir davantage d'informations sur leurs marchés, de mieux les stocker et les traiter. Elles offrent de nouvelles possibilités de communication pour les organisations et permettent aux entreprises d'atteindre de nouvelles cibles commerciales. Elles créent également de nouvelles opportunités d'activités (partages de biens meubles ou immeubles, réseaux relationnels, services à la personne…), dans le cadre notamment de l'économie collaborative ;
– **risques**, car il devient de plus en plus difficile pour une entreprise de protéger ses secrets industriels ou commerciaux, dans un contexte de guerre économique (espionnage…) L'exigence de transparence peut également nécessiter des changements de pratiques difficiles à mettre en œuvre.

EXEMPLES

Les technologies numériques peuvent favoriser l'inclusion, l'efficacité et l'innovation. Plus de 40 % des adultes en Afrique de l'Est paient leurs factures de services publics par téléphone mobile. En Chine, 8 millions d'entrepreneurs, dont un tiers de femmes, utilisent une plateforme de commerce électronique pour vendre des produits à l'échelle nationale et les exporter vers 120 pays. L'Inde a fourni une identité numérique à caractère unique à près d'un milliard de personnes en 5 ans.

MANAGEMENT

10 Les stratégies des organisations publiques : quelles spécificités ?

Malgré la diversité des organisations publiques, leurs stratégies se développent toutes dans des contextes contraints par le même respect des principes du service public (continuité, égalité, adaptabilité) garants de l'intérêt général.

1 Des activités encadrées et réglementées

■ Les finalités et les missions des organisations publiques sont définies et encadrées par la **réglementation** à partir de la demande des citoyens. Ainsi, la réglementation d'un établissement public (Crous, lycée, chambre de commerce, etc.) lui attribue une **compétence spécifique**, strictement définie par ses **statuts**.

■ D'un point de vue juridique, chaque organisation publique a comme finalité première la **satisfaction de l'intérêt général**.

■ La mise en œuvre des missions est soumise à de strictes **contraintes légales et budgétaires** : Code des marchés publics, nouvelle loi organique relative aux lois de finances (LOLF)... Ceci entraîne des conséquences sur la gestion des moyens et des ressources : ainsi, les dépenses et les recettes doivent être prévues au budget pour être autorisées.

■ Que ce soit au niveau national, territorial ou encore intercommunal, l'action publique s'inscrit dans le cadre des **politiques européennes**.

■ Et surtout, les principaux objectifs sont fixés et hiérarchisés par les élus en fonction de considérations **politiques** (objectif de décentralisation...), **économiques** (lutter contre le chômage...) et **sociales** (développer le logement social...). Par exemple, les offices publics d'HLM gèrent un parc de logements qui répondent à des normes administratives précises et qui sont destinés aux catégories sociales à revenus modestes. Cependant, comme les entreprises, les organisations publiques peuvent être confrontées à des choix décisifs pour leur avenir en termes de services rendus et de ressources à mobiliser.

2 Un encadrement de l'action des dirigeants des organisations publiques

Le cadre d'action des dirigeants des organisations publiques présente certaines **spécificités** liées à leur finalité et à leur statut :

La dépendance à l'égard du pouvoir politique	Les organisations publiques sont dirigées et orientées par le pouvoir politique, qu'il s'agisse des ministres, des présidents des conseils territoriaux ou des maires
L'absence de recours au marché	Sauf exception, les organisations publiques n'ont pas de concurrents et le prix de leurs services n'est pas fixé par une confrontation de l'offre et de la demande
Des usagers et pas des clients	Même si les organisations publiques tiennent de plus en plus compte des avis des usagers, elles ne se soumettent pas aux règles du marketing

© Éditions Foucher

| Des rigidités de fonctionnement | Ces rigidités sont liées au statut de la fonction publique, au cadre budgétaire, au code des marchés publics |

3 Les particularités de la stratégie des organisations publiques

■ Les dirigeants à la tête des organisations publiques disposent de certaines marges de manœuvre dans la **définition et la mise en œuvre des stratégies**. Les parties prenantes aux missions assurées par les organisations publiques constituent des contraintes ou des appuis supplémentaires aux choix effectués. D'une part, les stratégies des organisations publiques sont dirigées et orientées par le **pouvoir politique**, qu'il s'agisse des ministres, des présidents des conseils territoriaux ou des maires ; d'autre part, les organisations publiques doivent parfois faire face à l'action de **groupes de pression** (ou lobbies). Il s'agit de structures organisées pour représenter et défendre les intérêts d'un groupe donné.

À SAVOIR

Un groupe de pression ou groupe d'intérêt est un groupe social plus ou moins bien organisé qui exerce une pression sur les pouvoirs publics afin de défendre ses intérêts particuliers, qu'ils soient économiques, matériels, financiers, humanitaires ou moraux. Il peut chercher à promouvoir une évolution des lois ou des changements politiques qui leur sont favorables ou à les empêcher s'ils leur sont défavorables.

EXEMPLE

Les missions de service public confiées à l'établissement public de l'Opéra national de Paris sont définies par décret. Ces missions sont les suivantes :
- rendre accessibles au plus grand nombre les œuvres du patrimoine lyrique et chorégraphique ;
- favoriser la création et la représentation d'œuvres contemporaines, tant à Paris qu'en province ou à l'étranger ;
- contribuer à la formation et au perfectionnement des chanteurs, des danseurs et des chefs de chant ;
- participer au développement de l'art lyrique et chorégraphique en France.

■ De plus, le dirigeant d'une organisation publique doit respecter la procédure budgétaire, partager son pouvoir de décision (principe de séparation de l'ordonnateur et du comptable…) et se plier aux multiples règles qui restreignent sa liberté d'action : un proviseur de lycée, par exemple, n'est pas maître des investissements réalisés dans l'établissement qu'il dirige. Il doit obtenir l'aval (et les moyens) des autorités régionales dont il dépend dans ce domaine.

#vidéo
Quelle conception de l'action publique ?
foucherconnect.fr/19pbstmg62

FOCUS SUR…

Quelles sont les différences entre un EPA et un EPIC ?

Les établissements publics administratifs (EPA) sont des structures relativement autonomes qui dépendent, le plus souvent, d'un ministère. Il en existe beaucoup : Météo France, de nombreux musées, certaines écoles d'enseignement supérieur (Polytechnique, École des mines…), les parcs nationaux, Pôle emploi, etc.

> Les établissements publics à caractère économique et commercial (EPIC) : l'utilisation de leurs services est souvent payante (SNCF, RATP, Opéra de Paris...). D'anciens EPIC sont devenus des sociétés privées mais l'État détient toujours une partie de leur capital car, bien que les EPIC soient soumis à la concurrence comme les traités européens les y obligent, leur activité principale reste du domaine public (la Poste, EDF, Paris Aéroports...).

■ En définitive, la liberté d'action des dirigeants dépend avant tout du type d'organisation publique concernée. La Cour des comptes vérifie l'emploi des fonds publics et sanctionne les manquements à leur bon usage.

EXEMPLE
Entre 1982 et 1995, le Comité permanent amiante, créé et financé par des industriels du secteur, agit, notamment auprès des décideurs publics, pour encourager l'utilisation de l'amiante et éviter son interdiction. Pendant 12 ans, la politique de santé publique en matière d'amiante est entièrement confiée à ce comité de lobbying qui cherche à minimiser les risques de ce matériau pour la santé.

OBJECTIF BAC

La stratégie internationale de l'université de technologie de Troyes

Dès l'origine, l'Université de technologie de Troyes (UTT) a développé une politique renforcée à l'international qui s'appuie sur un réseau de partenaires de haut niveau consolidé dans le temps, basé sur la confiance et l'accompagnement. Tous les partenariats bénéficient de la notoriété internationale des travaux de recherche menés par l'UTT et de ses 133 enseignants-chercheurs, en lien avec les équipes disséminées partout dans le monde.

Parallèlement, l'Université de technologie de Troyes privilégie une politique spécifique en direction de deux régions cibles stratégiques : la Chine et l'Afrique.

L'UTT a fait le choix de l'international pour tous ses étudiants, un choix précurseur il y a 20 ans. Ceux-ci doivent tous suivre un semestre à l'étranger, d'étude ou de stage, et passent en moyenne 9 mois à l'international.

Dans le cadre de leur parcours sur-mesure, qui est une spécificité des UT, les étudiants doivent choisir une destination et des cours (UV) correspondant à leur profil, à leur spécialité et à leur souhait de carrière. La cohérence de leur parcours est une condition préalable à leur mobilité.

Au-delà de la partie académique, l'expérience réelle de l'international passe par une immersion totale et prolongée dans un environnement étranger, où ils partent individuellement (et non en groupe).

1. Quels peuvent être les grands axes de la stratégie d'une université ?
2. Pourquoi cette université a-t-elle développé une stratégie d'internationalisation ?

MANAGEMENT

11 Les organisations de la société civile peuvent-elles se passer de stratégie ?

Les organisations de la société civile, malgré leur grande diversité, ont en commun la poursuite d'un but non lucratif. Pour autant, le contexte dans lequel elles agissent (raréfaction des ressources, développement du tissu associatif, installation de formes de « concurrence », etc.) ne leur permet plus de faire l'économie d'une démarche stratégique.

MANAGEMENT

1 Les spécificités des organisations à but non lucratif

■ Les d'organisations de la société civile regroupent une grande diversité de structures, qui ont en commun la **poursuite d'un but non lucratif**. Pour autant, le contexte dans lequel elles agissent (raréfaction des ressources, développement du tissu associatif, installation de formes de « concurrence », etc.) ne leur permet plus de faire l'économie d'une **démarche stratégique**.

■ Contrairement aux entreprises, les associations ne doivent pas avoir comme objectif le partage des bénéfices. Cependant, l'absence de but lucratif n'interdit pas à une association d'avoir **une activité économique**, pourvu que les bénéfices qui en proviennent soient affectés à l'objet essentiel de l'association, qui demeure désintéressé. De plus, ces activités ne doivent pas concurrencer de façon déloyale les entreprises du secteur.

■ Dans les associations, les **statuts** jouent un rôle particulièrement important. Ils doivent préciser, notamment, l'objet de l'association, ses activités, les organes de direction et les modalités d'exercice du pouvoir. Souvent, les fondateurs précisent dans un préambule les motivations essentielles qui les ont conduits à créer l'association.

■ Les adhérents ont un droit de regard sur le fonctionnement de l'association. Ils se réunissent régulièrement en assemblée générale ordinaire, parfois en assemblée générale extraordinaire pour des événements ou des prises de décision importantes.

EXEMPLE

Fondés par Coluche en 1985, les Restos du Cœur est une association loi 1901, reconnue d'utilité publique, sous le nom officiel de « les Restaurants du Cœur – les Relais du Cœur ». L'association a pour but « d'aider et d'apporter une assistance bénévole aux personnes démunies, notamment dans le domaine alimentaire par l'accès à des repas gratuits, et par la participation à leur insertion sociale et économique, ainsi qu'à toute action contre la pauvreté sous toutes ses formes. »

© Éditions Foucher

2 Les orientations stratégiques des organisations à but non lucratif

Les stratégies des associations s'expriment essentiellement en termes de **développement de leur structure**, de **mobilisation de leurs ressources** financières et humaines, et d'**orientation de leur activité**.

A Le développement de l'organisation

■ Le **développement d'une organisation** à but non lucratif dépend principalement de sa **dimension** et de son **champ d'action** (international, régional…) ainsi que de l'**étendue de ses activités**. En conséquence, elle a le choix entre s'implanter ou non dans une zone précise, diversifier ou non ses activités, se centrer ou non sur une compétence précise.

> **EXEMPLE**
> Emmaüs a choisi progressivement de ne plus se limiter au mal-logement mais de s'intéresser aussi à l'insertion professionnelle des personnes les plus dans le besoin.

■ Pour développer sa structure et ses activités, une association peut, par exemple, mettre en œuvre des relations de partenariat avec d'autres structures, publiques ou privées, bâtir une politique de communication, élargir la gamme des activités proposées, etc. Le développement d'une association repose principalement sur l'**accroissement de ses ressources**.

B L'optimisation des ressources

■ Une organisation de la société civile peut chercher à **optimiser ses ressources**. Les ressources financières peuvent être de 3 ordres :
– les **ressources propres** de l'association qui sont les adhésions, les recettes de ventes, les recettes de spectacles ou d'animations diverses ;
– les **subventions** qui peuvent être versées par une organisation publique : commune, département, région mais aussi ministère, institution européenne, etc. ;
– les **donations** et les **legs privés** qui ne sont possibles que pour les associations reconnues d'utilité publique, c'est-à-dire ayant rempli un certain nombre de critères très stricts.

■ Une association peut s'engager durablement dans un partenariat avec l'État et obtenir des **subventions publiques** dès qu'elle exerce une activité se rattachant à un **service public** et qu'elle accepte un contrôle de son action stratégique et de sa gestion financière. Une association peut également accroître ses ressources financières par la recherche de sponsors ou de mécènes, l'organisation d'événements, etc.

 # vidéo
Les bénévoles
foucherconnect.fr/
19pbstmg63

C La recherche de ressources humaines

■ La recherche de ressources humaines est souvent au cœur des stratégies des organisations de la société civile : bien souvent, les associations fonctionnent grâce à leurs **bénévoles**, qui constituent pour elles une ressource fondamentale. En plus des **bénévoles**, les associations emploient parfois des salariés, soumis au droit du travail.

■ On peut aussi trouver des **volontaires**, dont le statut est à mi-chemin entre les bénévoles et les salariés. Les volontaires perçoivent une indemnité inférieure au Smic et bénéficient d'avantages sociaux (cotisation aux régimes de retraite et chômage).

11 LES ORGANISATIONS DE LA SOCIÉTÉ CIVILE PEUVENT-ELLES SE PASSER DE STRATÉGIE ? COURS

> **À SAVOIR**
> Le mécénat d'entreprise est un soutien financier, humain ou matériel apporté sans contrepartie directe par une entreprise à une association ou activité d'intérêt général (solidarité, environnement, culture, recherche…). Le sponsoring est un contrat par lequel une entreprise finance une association en échange d'une promotion et d'une publicité de sa marque.

D L'orientation de l'activité

Une organisation de la société civile peut choisir une stratégie visant à orienter son activité :

Le choix des missions
- Il faut avant tout décider des missions et donc des actions à mener.
- Cela induit des priorités, parfois lourdes de conséquences.

Ex : une association de lutte contre le cancer peut apporter son soutien à certains programmes de recherche, aider les malades et leur famille, faire du lobbying auprès de l'État, etc.

Le choix des partenaires
- Le choix des partenaires, qu'ils soient financiers ou non, est un choix stratégique majeur.
- S'associer avec d'autres organisations est une décision stratégique.

Ex : Médecins sans Frontières ne souhaite pas avoir recours à un financement public pour conserver son indépendance financière.

Les choix stratégiques de l'association

Le choix des investissements
- L'association doit choisir les investissements qu'elle souhaite réaliser.
- Faut-il par exemple envisager d'investir dans de nouveaux matériels ou privilégier une amélioration de la maintenance des équipements actuels ?
- Les choix ne sont pas dictés par un impératif de rentabilité mais par le souci d'une saine gestion de l'association.

Les choix budgétaires
- L'ensemble de ces options stratégiques se retrouve dans le budget de l'association.
- Le document comptable reflète les décisions prises et est voté par l'assemblée générale des membres de l'association.

3 La mise en œuvre des stratégies des organisations de la société civile

■ Pour réaliser leurs finalités sociales, culturelles ou sportives, les associations mettent en œuvre un **plan stratégique**. Il précise les **actions prioritaires**, les **décisions fondamentales** concernant les ressources de l'association ou encore l'**évolution de ses missions**.

■ Les actions spécifiques qui motivent leur existence conduisent les associations à mettre en place une **organisation proche de celle des entreprises**. Elles procèdent à des achats, organisent des équipes, mettent en place une logistique et gèrent des budgets. Les grandes associations ont aujourd'hui recours aux mêmes techniques avancées de management que les grandes entreprises : politique de qualité, tableaux de bords sociaux, études de marché, etc.

■ Comme les autres organisations, les associations sont dans l'obligation de **rendre des comptes** à leurs parties prenantes. Habituellement, l'assemblée générale annuelle donne lieu à l'approbation d'un rapport moral et d'un rapport financier. Des organisations font des appels publics à la générosité ou bénéficient de **subventions publiques**. Dès lors, s'impose une **exigence de transparence** de leurs objectifs et de l'affectation de leurs moyens (par exemple, publication d'un compte d'emploi annuel des ressources collectées auprès du public).

ZOOM SUR...

« L'ambition des Amis du musée Soulages est de faire rayonner le musée, d'accentuer son rayonnement à travers nos actions. Notre action globale s'inscrit en soutien de l'équipe du musée », explique Bernard Cayzac, le nouveau président, qui a l'ambition d'être le « développeur » de l'association pour les 4 années à venir. L'association compte aujourd'hui 750 membres. À l'aube de son mandat, Bernard Cayzac nourrit plusieurs ambitions. Parmi ses axes de travail, un renforcement de la communication en direction des membres mais également du grand public : « L'idée est d'intéresser davantage de monde à nos actions. C'est un beau challenge. » Une action d'envergure intéresse aussi le président, à savoir une démarche collective aux côtés de Conques et de Sylvanès dans le but de séduire davantage de mécènes : « L'idée est de regrouper les trois sites sous une même bannière pour une action collective en termes de mécénat », résume-t-il.

OBJECTIF BAC

La stratégie de LADAPT

LADAPT, l'Association pour l'insertion sociale et professionnelle des personnes handicapées, est une association loi 1901 reconnue d'utilité publique qui lutte pour l'intégration des personnes handicapées. L'association s'est focalisée sur un objectif précis : faire en sorte que la personne handicapée retrouve sa dignité par une réinsertion dans la société active et professionnelle. Ses actions sont centrées sur la scolarisation, la formation des adultes, l'intégration en entreprise de travailleurs issus d'établissements et services d'aide par le travail (ESAT). « Nous mettons en œuvre une politique de développement des adhérents et donateurs afin de rassembler de plus en plus de personnes sensibles à notre cause et à notre combat. » Emmanuel Constans, président de LADAPT.

16 338 personnes sont aujourd'hui accompagnées grâce à 2 433 salariés sur tout le territoire (dont 10,62 % de travailleurs en situation de handicap), 1 648 adhérents et 24 administrateurs qui permettent à LADAPT d'assurer son bon fonctionnement, 350 bénévoles qui accompagnent plus de 500 demandeurs d'emploi dans les 36 comités du Réseau des réussites.

Depuis 2012, convaincue de l'impérieuse nécessité de bousculer l'ordre des choses, l'association interpelle les candidats aux élections nationales et locales en leur demandant de s'engager sur les thématiques de santé, d'éducation, d'accessibilité, d'emploi. Cet appel prend la forme d'un Pacte citoyen.

2013, année européenne de la citoyenneté oblige, l'association lance son premier baromètre sur la citoyenneté des personnes handicapées. Participation à la vie de la cité et droit à mener une vie comme chacun, accès à la culture, au sport, à l'emploi, au logement, au transport…

En 2015, LADAPT lance la première Semaine européenne pour l'emploi des personnes handicapées : elle entraîne avec elle un réseau de partenaires engagés composé d'associations et d'entreprises implantées dans différents pays européens. Enfin, LADAPT lance, le 3 décembre 2015, le premier volet de sa campagne d'interpellation du grand public : #KillLaBetise. L'objectif : déconstruire les préjugés sur les personnes handicapées en provoquant le dialogue.

© Foucher

1. Montrez que LADAPT a orienté sa stratégie d'action au cours des années 2010.
2. Identifiez les ressources qui permettent à LADAPT de développer sa stratégie.

MATHÉMATIQUES

Évaluation des Mathématiques en contrôle continu	160
1 Suites numériques / **Algorithmique, programmation et suites**	161
Entraînement au contrôle continu	167
2 Fonctions de la variable réelle / **Programmation et fonctions**	170
Entraînement au contrôle continu	175
3 Dérivation	179
Entraînement au contrôle continu	182
4 Statistique / **Algorithmique et croisement de variables catégorielles**	188
Entraînement au contrôle continu	192
5 Probabilités conditionnelles	194
Entraînement au contrôle continu	196
6 Épreuves de Bernoulli, variables aléatoires / **Algorithmique, programmation et variables aléatoires**	199
Entraînement au contrôle continu	203

MATHÉMATIQUES

Évaluation des Mathématiques en contrôle continu

1 Les modalités d'évaluation

■ Le contrôle continu pour l'enseignement de mathématiques en première technologique comporte deux épreuves écrites passées aux 2e et 3e trimestres de l'année de première.

■ Chaque épreuve dure 2 heures :
– la partie 1 est un test de maîtrise des automatismes, noté sur 5 points, durant 20 minutes, sans calculatrice. Les feuilles-réponses sont ramassées dès que le test est terminé ;
– la partie 2 est composée de trois exercices indépendants, chacun noté sur 5 points (d'une durée de 30 minutes environ).

■ Les épreuves communes de contrôle continu de mathématiques sont affectées d'un coefficient 5.

2 Dans cet ouvrage

■ À la fin de chacun des 6 chapitres de cet ouvrage figurent des sujets d'entraînement corrigés pour chacune des deux parties des épreuves de contrôle continu (automatismes et exercices).

■ Accessibles par flashcode : des exercices supplémentaires, des documents sur la programmation et des fiches « Utilisation de la calculatrice », signalés par les pictos :

#doc
Utilisation de la calculatrice pour les suites
foucherconnect.fr/19pbstmg23

MATHÉMATIQUES

1 Suites numériques

Les suites permettent de modéliser des situations réelles discrètes simples choisies en lien avec les autres disciplines de 1re STMG et dans la vie quotidienne (évolution de l'effectif d'une population, d'une colonie bactérienne, du prix d'un article, d'un capital…).

1 Suite arithmétique et suite géométrique

A Suites arithmétiques

DÉFINITION

Une **suite arithmétique** est une suite numérique dont chaque terme s'obtient en ajoutant au précédent un nombre réel constant r appelé **raison**.

■ Pour tout nombre entier naturel n, $u_{n+1} = u_n + r$.

EXEMPLES

1° La suite (u_n) des nombres entiers naturels pairs est une suite arithmétique de premier terme $u_0 = 0$ de raison $r = 2$: pour tout entier naturel n, $u_{n+1} = u_n + 2$.
2° Soit (v_n) la suite arithmétique de premier terme $v_0 = 2$ et de raison $r = -1$;
$v_1 = v_0 + r$; $v_1 = 2 - 1$; $v_1 = 1$;
$v_2 = v_1 + r$; $v_2 = 1 - 1$; $v_2 = 0$;
$v_3 = v_2 + r$; $v_3 = -1$.

■ Une suite arithmétique de raison r est :
croissante, si $r > 0$; **décroissante**, si $r < 0$; **constante** si $r = 0$.

■ **La représentation graphique d'une suite arithmétique (u_n) dans un repère du plan est constituée de points alignés de coordonnées (n, u_n).**

B Suites géométriques

DÉFINITION

Une **suite géométrique** est une suite numérique dont chaque terme s'obtient en multipliant le précédent par une constante q appelé de **raison**.

> En STMG, on prend $q > 0$.

■ Pour tout nombre entier naturel $u_{n+1} = qu_n$.

EXEMPLE

On considère la suite géométrique (u_n) de premier terme $u_0 = 2$ et de raison $q = 0,9$.
$u_1 = qu_0$; $u_1 = 0,9 \times 2$; $u_1 = 1,8$;
$u_2 = qu_1$; $u_2 = 0,9 \times 1,8$; $u_2 = 1,62$;
$u_3 = qu_2$; $u_3 = 0,9 \times 1,62$; $u_3 = 1,458…$

■ Une suite géométrique de raison q strictement positive et de premier terme strictement positif est :
croissante, si $q > 1$; **décroissante**, si $0 < q < 1$; **constante**, si $q = 1$.

© Éditions Foucher

■ **Exemple de représentation graphique d'une suite géométrique :**

EXEMPLE

On considère la suite géométrique (u_n) de premier terme $u_0 = 1$ et de raison $q = 2$. $u_1 = 2u_0 = 2$; $u_2 = 2u_1 = 4$; $u_3 = 2u_2 = 8$. Sur la figure, on a placé les quatre premiers points de la représentation graphique de la suite (u_n). Ils sont situés sur une courbe qui n'a pas été étudiée en Seconde.

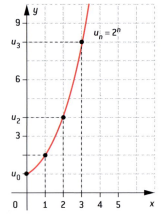

■ **Augmentation ou diminution de $x\%$ par heure, par mois, par an**

• Chaque fois qu'on est confronté à une situation du type « une population, un prix… augmente de $x\%$ tous les ans par mois, par heure », on peut définir une suite géométrique de raison $1 + \dfrac{x}{100}$.

• S'il s'agit d'une diminution de $x\%$, on peut définir une suite géométrique de raison $1 - \dfrac{x}{100}$.

EXERCICE RÉSOLU

ÉNONCÉ

Placement avec intérêts composés

Dans cet exercice, on donnera éventuellement des valeurs approchées des résultats arrondies au centime.

On place un capital $C_0 = 6\,000$ € à 1,25 % par an avec intérêts composés. Cela signifie que les intérêts d'une année s'ajoutent au capital, et que, l'année suivante, ils rapportent eux aussi des intérêts.

On note C_n le capital obtenu (ou « valeur acquise ») au bout de n années.

1. Calculer C_1, C_2, C_3.

2. a. Donner pour tout entier n, l'expression de C_{n+1} en fonction de C_n.

b. En déduire que les nombres C_0, C_1, C_2…, C_n sont des termes successifs d'une suite géométrique de premier terme C_0, dont on précisera la raison.

SOLUTION

1. • $C_1 = C_0 + \dfrac{1,25}{100} C_0 = C_0(1 + 0,0125) = 1,0125\, C_0$

$C_1 = 1,0125 \times 6\,000$; $C_1 = 6\,075$ €.

• $C_2 = C_1 + \dfrac{1,25}{100} C_1$. En procédant comme pour C_1 :

$C_2 = 1,0125\, C_1$; $C_2 \approx 6\,150,94$ €.

• De même, $C_3 = 1,0125\, C_2$; $C_3 = 1,0125 \times 6\,150,94$; $C_3 \approx 6\,227,83$ €.

2. a. Pour tout entier n, $C_{n+1} = C_n + \dfrac{1,25}{100} C_n$.

En procédant comme pour C_1, C_2 et C_3, on obtient : $C_{n+1} = 1,0125\, C_n$.

b. Pour tout entier n, $C_{n+1} = q\, C_n$ avec $q = 1,0125$.

La suite (C_n) est donc une suite géométrique de premier terme $C_0 = 6\,000$ et de raison $q = 1,0125$.

#doc
Utilisation de la calculatrice pour les suites

1 SUITES NUMÉRIQUES **COURS**

 Algorithme programmation et suites

A Notion de liste en informatique

DÉFINITION

Une **liste** en informatique est une collection **ordonnée** d'éléments (entiers, flottants, chaînes de caractères, booléens…) séparés par des virgules et mis entre crochets.

EXEMPLE

`L = [2, 3, 5, 8, 13]` est une liste de 5 entiers, distincte de la liste `[3, 2, 5, 8, 13]`.
`notes = ['1e3', 12, 9.5, 18]` est une liste de 4 éléments :
une chaîne de caractère (`1e3`), deux entiers (`12` et `18`) et un flottant (`9.5`).

REMARQUES

▸ Une liste d'entiers ou de flottants peut représenter une suite numérique comme la liste L.
▸ On peut visualiser une liste comme une série de « boîtes » dans lesquelles chaque élément de la liste est rangé. Les boîtes sont numérotées par un **indice**.
▸ **Attention : la numérotation commence à 0.**
`notes = ['1e3', 12, 9.5, 18]`

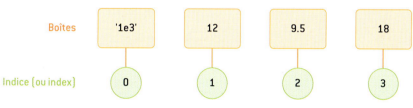

EXEMPLE

L'élément d'indice 0 de L, noté `L[0]`, a pour valeur 2 ; `L[1]` a pour valeur 3 ; `L[4]` a pour valeur 13.
`notes[0]` a pour valeur `'1e3'`, `notes[1]` a pour valeur 12, `notes[3]` a pour valeur 18.

■ **Générer une liste**

• Voyons d'abord le cas particulier de la fonction **range**. L'instruction `range(6)` permet de générer la liste `[0, 1, 2, 3, 4, 5]` (faire `list(range(6))` pour afficher la liste) et `range(1, 6)` permet de générer la liste `[1, 2, 3, 4, 5]`.

Attention : range(n) correspond à la liste des entiers de 0 à $n-1$ et range(n, m) à celle des entiers de n à $m-1$.

• Une liste peut être générée « **en extension** », c'est-à-dire en écrivant l'ensemble de ses éléments.

EXEMPLE

`jours = ['lundi', 'mardi', 'mercredi', 'jeudi', 'vendredi']`

• On peut également générer une liste par **ajouts successifs** d'un élément. L'instruction `L.append(x)` ajoute x à la fin de la liste L (append signifie « ajouter » en anglais).

EXEMPLES

L'instruction `jours.append('samedi')` crée la liste :
`['lundi', 'mardi', 'mercredi', 'jeudi', 'vendredi', 'samedi']`.
Le programme suivant crée la liste `[2, 4, 6, 8, 10]`.

```
L = []
for   k in range(1, 6):
      L.append(2 * k)
```

163

• On peut aussi générer une liste « **en compréhension** », notamment par une formule définissant ses éléments.

EXEMPLES

L'instruction `L = [2 * n for n in range(1,6)]` crée la liste `[2, 4, 6, 8, 10]`.
On peut ajouter une condition dans laquelle `!=` signifie ≠.
L'instruction `L = [2 * n for n in range(1,6) if n !=3]` crée la liste `[2, 4, 8, 10]`.

■ **Manipuler des éléments d'une liste et leur indice**

Le tableau suivant résume les principales manipulations sur les éléments d'une liste.

On considère la liste `L = [2, 4, 6, 8, 10]`.

Objectif	Instruction	Résultat
Obtenir le 3ᵉ élément de la liste, d'indice 2.	`L[2]`	6
Donner le nombre d'éléments de la liste.	`len(L)`	5
Rechercher l'indice d'un élément de la liste.	`L.index(8)`	3
Ajouter le nombre 12 à la liste.	`L.append(12)`	`[2, 4, 6, 8, 10, 12]`
Supprimer l'élément d'indice 2.	`del L[2]`	`[2, 4, 8, 10, 12]`

■ **Parcourir les éléments d'une liste**

Pour parcourir un à un les éléments x d'une liste `L`, on utilise `for x in L:`.

EXEMPLE

Le programme suivant calcule la somme des nombres de la liste `pairs`.

```
pairs = [2, 4, 6, 8, 10]
somme = 0
for i in pairs:
    somme = somme + i
```

La valeur de la variable `somme` en fin d'exécution est 30.

B Suites et situations algorithmiques

■ **Calculer un terme de rang donné d'une suite définie par récurrence**

On considère la suite (u_n) définie par $u_0 = 1$ et, pour tout entier naturel n,
$u_{n+1} = 2u_n + 3$. On souhaite calculer u_{20}.

• **Avec un tableur**

Comme ci-contre, on entre en B2 la valeur de u_0 et en B3 la
formule =2*B2+3 correspondant à la relation de récurrence.
On recopie la cellule B3 vers le bas jusqu'en B22.
La cellule B22 affiche la valeur de $u_{20} = 4\ 194\ 301$.

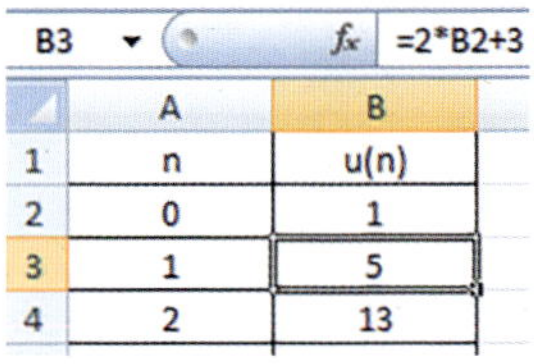

B3	▼	f_x	=2*B2+3
	A	B	
1	n	u(n)	
2	0	1	
3	1	5	
4	2	13	

• **Avec Python**

Langage naturel	Python

$u \leftarrow 1$
Pour k de 1 à 20
　　$u \leftarrow 2u + 3$
Fin Pour
	`u = 1`
	`for k in range(1, 21):`
	`    u = 2 * u + 3`

1 SUITES NUMÉRIQUES **COURS**

En fin d'algorithme, la variable u contient la valeur de u_{20}. Le programme Python fournit la valeur 4 194 301.

Attention, en Python range(1, 21) correspond à la liste des entiers consécutifs de 1 à 20. Pour que la boucle for s'exécute 20 fois, il faut donc indiquer range(1, 21).

■ Déterminer et représenter une liste de termes

• Cas d'une suite définie par son terme général

EXEMPLE

On considère la suite (u_n) définie, pour tout entier naturel n, par $u_n = n^2$. On souhaite calculer et représenter avec Python les termes de u_0 à u_{10}.

On exécute le programme suivant qui utilise le module pyplot de représentation graphique.

```
import matplotlib.pyplot as plt
L = [n**2 for n in range(11)]
plt.scatter(range(11), L)
plt.show()
```

Ce programme est présenté ici pour introduire de façon progressive l'utilisation du langage Python dans l'étude des suites.

Le programme commence par dresser la liste de toutes les ordonnées des points à tracer. La liste L est : [0, 1, 4, 9, 16, 25, 36, 49, 64, 81, 100].

Les points sont ensuite représentés. L'instruction plt.scatter(range(11), L) représente le « nuage de points » dont les abscisses sont données par la liste range(11) et les ordonnées par la liste L. Le mot « scatter » signifie dispersion en anglais.

C'est ce programme que nous utiliserons désormais pour faciliter l'appropriation de la notion de liste en informatique.

Voir la figure 1 page suivante.

• Cas d'une suite définie par récurrence

EXEMPLE

On considère la suite (u_n) définie par $u_0 = \dfrac{3}{4}$ et, pour tout entier naturel n, $u_{n+1} = u_n^{\,2}$.

On souhaite calculer et représenter avec Python les termes de u_0 à u_5.

On exécute le programme suivant.

Programme

```
import matplotlib.pyplot as plt
u = 3/4
L = [u]
for   k in range(1, 6):
      u = u ** 2
      L.append(u)
plt.scatter(range(6), L)
plt.show()
```

La liste L est : [0.75, 0.5625, 0.31640625, 0.1001129150390625, 0.010022595757618546, 0.00010045242572063329].

REMARQUE

On rappelle que l'instruction 'L.append(u)' ajoute u à la fin de la liste L.

Voir la figure 2 page suivante.

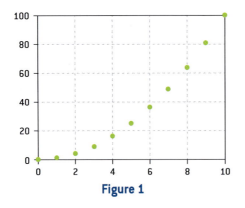
Figure 1

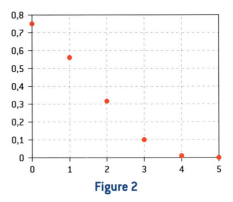
Figure 2

■ **Algorithme de seuil**

EXEMPLE

On considère la suite (u_n) définie pour tout entier naturel n par $u_n = 0{,}9^n$.
On admet que (u_n) est décroissante et on recherche le plus petit entier n pour lequel $u_n \leq 0{,}5$.
On ne sait pas combien d'itérations seront nécessaires, on utilise donc
une boucle `while` avec un compteur qui s'incrémente tant que u_n est supérieur à 0,5.

Langage naturel	Python

$n \leftarrow 0$
 Tant que $0{,}9^n > 0{,}5$
 $\quad n \leftarrow n+1$
 Fin Tant que
	`n = 0`
	 `while 0.9 ** n > 0.5:`
	 `    n = n + 1`

La valeur de la variable n en fin de programme est 7. On en déduit que $0{,}9^7$ est la plus petite puissance de 0,9 inférieure ou égale à 0,5.

#doc
Memento Python
foucherconnect.fr/19pbstmg24

1 SUITES NUMÉRIQUES · **ENTRAÎNEMENT AU CONTRÔLE CONTINU**

PREMIER EXERCICE

Partie I : Automatismes *Sans calculatrice (20 minutes, 5 points)*

Aucune justification n'est demandée.

1. Passer d'une formulation additive à une formulation multiplicative et réciproquement *(2 points)*

Recopier et compléter les phrases suivantes.

a. Augmenter de 30 %, c'est multiplier par... ;

c. Multiplier par 2, c'est augmenter de ...% ;

b. Diminuer de 40 %, c'est multiplier par... ;

d. Multiplier par 0,75, c'est diminuer de ...%.

2. Appliquer un taux d'évolution *(1 point)*

a. Calculer le prix soldé d'un article coûtant 80 € après une remise de 40 %.

b. Après une remise de 30 %, un article coûte 35 €. Combien coûtait-il avant remise ?

3. Calculer un taux d'évolution *(1 point)*

a. Entre 2017 et 2018, en France, le chiffre d'affaires du marché de la bande dessinée est passé de 500 à 510 millions d'euros. Quel taux d'évolution en pourcentage cela représente-t-il ?

b. QCM. Entre 2017 et 2018, le nombre de smartphones vendus dans le monde, en millions d'unités, est passé de 1464 à 1405, cela représente une diminution de :

• 8 % ; • 6 % ; • 4 % ?

4. Évolutions successives *(1 point)*

a. Un prix augmente de 30 % puis baisse de 30 %. Le prix est-il revenu à sa valeur initiale ?

b. Une baisse de 20 % suivie d'une baisse de 10 % est-elle équivalente à une baisse de 30 % ?

CORRIGÉ

1. a. $1 + \dfrac{30}{100} = 1,3$; **b.** 0,6 ; **c.** $2 = 1 + \dfrac{100}{100}$.
Donc : 100 % ; **d.** 25 %.

2. a. $80 \times \left(1 - \dfrac{40}{100}\right) = 48$. **b.** 50 €.

3. a. $\dfrac{510}{500} = 1,02 = 1 + \dfrac{2}{100}$. Donc : + 2 %.
b. 4 %.

4. a. Le coefficient multiplicateur correspondant aux deux évolutions est :
$\left(1 + \dfrac{30}{100}\right)\left(1 - \dfrac{30}{100}\right) = 1,3 \times 0,7 = 0,91$.

$0,91 = 1 - \dfrac{9}{100}$. Le prix a baissé de 9 %.
b. Non, à une baisse de 27 %.

À SAVOIR

Taux d'évolution et coefficient multiplicateur (rappel)

▶ Si t est le **taux d'évolution** de y_1 à y_2, alors $y_2 = (1 + t)y_1$.

$c = \dfrac{y_1}{y_2} = 1 + t$ est le **coefficient multiplicateur** de y_1 à y_2.

Exemples

1. Une hausse de 10 % pour une quantité passant de y_1 à y_2 se traduit par :

$y_2 = y_1 + \dfrac{10}{100}y_1 = \left(1 + \dfrac{10}{100}\right)y_1 = 1,1\,y_1$. Le coefficient multiplicateur est $c = 1,1$.

2. Une baisse de 10 % se traduit par :

$y_2 = y_1 - \dfrac{10}{100}y_1 = \left(1 - \dfrac{10}{100}\right)y_1 = 0,9\,y_1$. Le coefficient multiplicateur est $c = 0,9$.

▶ Deux évolutions (hausses ou baisses) successives, de coefficients multiplicateurs c et c', correspondent à une évolution globale (hausse ou baisse) de coefficient multiplicateur $c.c'$ (Ou : **pour deux évolutions successives, on multiplie les coefficients multiplicateurs**).

▶ Deux évolutions (hausse et baisse) sont **réciproques** si et seulement si leurs coefficients multiplicateurs c et c' sont tels que $c.c' = 1$.

MATHÉMATIQUES

DEUXIÈME EXERCICE

Partie II *Avec la calculatrice et le tableur (5 points)*

L'emploi de travailleurs handicapés

Suite à la loi de 2005 relative au handicap, tout employeur de plus de 20 salariés est soumis à l'obligation d'emploi de travailleurs handicapés : il est tenu d'employer des travailleurs handicapés dans une proportion d'au moins 6 % de l'effectif total du personnel.

Le tableau ci-dessous donne, de 2016 à 2018, le nombre total de salariés ainsi que le nombre de salariés handicapés d'une entreprise privée.

Année	2016	2017	2018
Nombre total de salariés	1 764	1 771	1 805
Nombre de salariés handicapés	60	62	65

1. Calculer le taux d'évolution de 2017 à 2018 du nombre de salariés handicapés dans cette entreprise. Arrondir à 0,1 %.

2. On suppose qu'à partir de 2018, le nombre de salariés handicapés augmente de 5 % chaque année dans cette entreprise, et on en modélise l'évolution à l'aide d'une suite. Ainsi, pour tout entier naturel n, on note u_n une estimation du nombre de salariés handicapés pour l'année $(2018+n)$. On a donc : $u_0 = 65$.

Indiquer sans justification la nature de la suite (u_n). Préciser sa raison.

3. On utilise une feuille de calcul automatisé pour obtenir les termes de la suite (u_n).

Quelle formule peut-on saisir dans la cellule C2 qui, recopiée vers la droite, permet de remplir ce tableau ?

	A	B	C	D	E
1	Année	2018	2019	2020	2021
2	Nombre de salariés handicapés	65			

4. a. Calculer u_3 (arrondir le résultat à l'unité). Interpréter le résultat.

b. Selon ce modèle, sachant que l'entreprise s'est fixée comme perspective d'employer au total 1 850 salariés en 2021, peut-on penser que l'obligation d'emploi des travailleurs handicapés y sera respectée en 2021 ?

CORRIGÉ

1. Le coefficient multiplicateur est : $\dfrac{65}{62} \approx 1,048 = 1 + 0,048$.

Le taux d'évolution est donc $t \approx 4,8\,\%$.

2. La suite (u_n) est une suite géométrique de raison 1,05.

3. =B2*1,05.

4. a. $u_3 = 1,05u_2$, $u_2 = 1,05u_1$, $u_1 = 1,05u_0$, d'où : $u_3 = (1,05)^3 u_0 = 65 \times (1,05)^3 \approx 75$.

u_3 est le nombre de salariés handicapés employés dans l'entreprise en 2021.

b. $\dfrac{75}{1\,850} \approx 0,041 = 4,1\,\%$. L'obligation d'emploi n'est pas respectée.

1 SUITES NUMÉRIQUES — ENTRAÎNEMENT AU CONTRÔLE CONTINU

TROISIÈME EXERCICE

Partie II *Avec la calculatrice et de l'algorithmique (5 points)*

Les dépenses d'assurance maladie

La loi de financement de la Sécurité sociale comprend un objectif national de dépenses d'assurance maladie, qui est voté chaque année par le Parlement.

Le montant des dépenses d'assurance maladie a été pour l'année 2016 de 185,2 milliards d'euros. Le Parlement a voté une croissance de ces dépenses de 2,1 % pour l'année 2017.

1. Montrer que le montant des dépenses d'assurance maladie voté pour l'année 2017 est de 189,1 milliards d'euros (à cent millions près). Pour estimer les montants des années suivantes, il a prévu chaque année une augmentation de 2,1 % de ces dépenses. On modélise à l'aide d'une suite (v_n) le montant, en milliards d'euros, des dépenses d'assurance maladie voté chaque année. On note v_0 le montant voté pour l'année 2016 et v_n le montant voté pour l'année $(2016+n)$, où n est un entier positif ou nul. On a ainsi $v_0 = 185,2$.

	A	B
1	n	v_n
2	0	185,2
3	1	189,1
4	2	
5	3	

On veut utiliser la feuille de calcul automatisé ci-dessus afin d'obtenir les valeurs successives de la suite (v_n).

2. Quelle formule peut-on entrer dans la cellule B3 de sorte que, recopiée vers le bas, elle permette d'afficher les valeurs de la suite (v_n) ?

3. Indiquer sans justification la nature de la suite (v_n). Donner la valeur de sa raison.

4. Déterminer une estimation du montant des dépenses d'assurance maladie pour l'année 2020. (Arrondir la valeur à la centaine de millions.)

5. On donne l'algorithme suivant :

$v \leftarrow 185,2$

$k \leftarrow 0$

Tant que $v < 210$

$\quad v \leftarrow v \times 1,021$

$\quad k \leftarrow k+1$

Fin Tant que

Interpréter la valeur de k à la fin de l'exécution de cet algorithme.

CORRIGÉ

1. Le coefficient multiplicateur de l'augmentation est : $1 + \dfrac{2,1}{100} = 1,021$. $185,2 \times 1,021 \approx 189,1$.

2. =$B2*1,021.

3. La suite (v_n) est une suite géométrique de premier terme $v_0 = 185,2$ et de raison $q = 1,021$.

4. 2020 correspond à $n = 4$. En complétant la colonne B jusqu'au rang 6, on obtient $v_4 = 189,1 \times (1,021)^3 \approx 201,3$. L'estimation du montant des dépenses d'assurance maladie en 2020 est donc de 201,3 milliards d'euros.

5. L'algorithme calcule les valeurs successives de v_k et s'arrête dès que $v_k \geq 210$, puis affiche k. Il permet de déterminer le nombre d'années nécessaires pour que les dépenses dépassent 210 milliards d'euros.

MATHÉMATIQUES

2 Fonctions de la variable réelle

Les fonctions permettent de modéliser des situations d'évolutions continues et d'étendre le champ des présentations graphiques rencontrées en mathématiques, dans la vie courante, en économie...

1 Fonctions de référence

■ Fonction carré

- C'est la fonction définie pour tout x par : $f(x) = x^2$.
- Son tableau de variation est :

x	$-\infty$	0	$+\infty$
Variation de f	↘	0	↗

- Sa courbe représentative, qui est une **parabole**, est donnée ci-dessous.

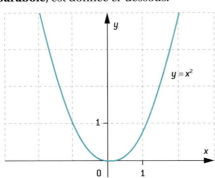

■ Fonction cube

- C'est la fonction définie pour tout x par : $f(x) = x^3$.
- Son tableau de variation est :

x	$-\infty$	$+\infty$
Variation de f	↗	

- Sa courbe représentative est :

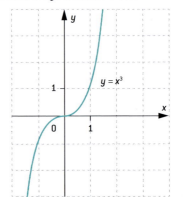

■ Fonction racine carrée

- C'est la fonction définie sur l'intervalle $[0, +\infty[$ par $f(x) = \sqrt{x}$.
- Son tableau de variation est :

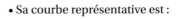

- Pour tout $x \geq 0$, $f(x) \geq 0$.

- Sa courbe représentative est :

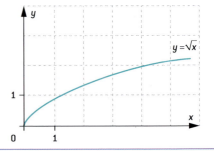

■ Fonction inverse

- C'est la fonction définie sur $]-\infty, 0[$ ou sur $]0, +\infty[$ par : $f(x) = \dfrac{1}{x}$.

- f est décroissante sur $]-\infty, 0[$ et f est décroissante sur $]0, +\infty[$; son tableau de variation est :

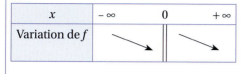

- Sa courbe représentative, qui est une **hyperbole**, est constituée par deux branches :

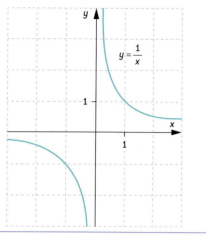

2 Fonctions polynômes de degré 2

Dans tout ce qui suit, a et b sont des constantes réelles avec $a \neq 0$.

■ La représentation graphique d'une fonction polynôme de degré 2 est une **parabole**.

A Fonctions $x \mapsto ax^2$

■ Le sens de variation des fonctions $f : x \mapsto ax^2$ est donné par les tableaux suivants :

Cas où $a > 0$			
x	$-\infty$	0	$+\infty$
$f(x) = ax^2$	↘	0	↗

f admet pour **minimum** $f(0) = 0$.

Cas où $a < 0$			
x	$-\infty$	0	$+\infty$
$f(x) = ax^2$	↗	0	↘

f admet pour **maximum** $f(0) = 0$.

■ La représentation graphique d'une fonction $x \mapsto ax^2$ admet l'axe des ordonnées pour axe de symétrie.

■ Les représentations graphiques des fonctions $f : x \mapsto ax^2$ et $g : x \mapsto -ax^2$ sont symétriques par rapport à l'axe des abscisses.

EXEMPLE

Sur la figure ci-contre, figurent les représentations graphiques des fonctions $f : x \mapsto ax^2$, avec : $a = -2$, $a = -1$, $a = -\dfrac{1}{4}$, $a = \dfrac{1}{4}$, $a = 1$, $a = 2$.

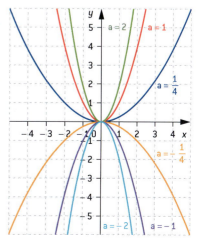

B Fonctions $x \mapsto ax^2 + b$

Dans un repère $(O;\vec{i},\vec{j})$, la représentation graphique de la fonction $x \mapsto ax^2 + b$ est la transformée par la translation de vecteur $b\vec{j}$ de la représentation graphique de la fonction $x \mapsto ax^2$.

EXEMPLE

Sur la figure ci-contre, les représentations graphiques d'équations $y = 1,2x^2 + 1,5$ et $y = 1,2x^2 - 2$ sont respectivement les transformées par les translations de vecteur $1,5\vec{j}$ et $-2\vec{j}$ de la représentation graphique d'équation $y = 1,2x^2$.

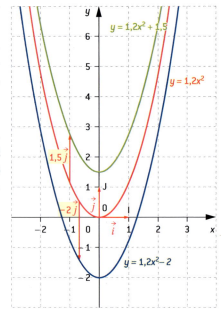

C Fonctions $x \mapsto a(x - x_1)(x - x_2)$

■ La représentation graphique de la fonction $x \mapsto a(x - x_1)(x - x_2)$ est une parabole ayant pour **axe de symétrie** la parallèle à l'axe des ordonnées coupant l'axe des abscisses au point d'abscisse $\dfrac{x_1 + x_2}{2}$.

■ Le **sommet** de cette parabole est le point (de la parabole) d'abscisse $\dfrac{x_1 + x_2}{2}$.

EXERCICE RÉSOLU

ÉNONCÉ

Soit f la fonction définie sur $[-2, 4]$ par $f(x) = (x+1)(x-3)$ et P sa représentation graphique dans un repère orthonormé, donnée ci-contre.

1. Déterminer les points d'intersections de la courbe P et de l'une des abscisses.
2. Déterminer une équation de l'axe de symétrie de la parabole P.
3. Déterminer les coordonnées du sommet S de P.
4. Donner le tableau de variation de la fonction f.
5. a. Déterminer graphiquement le signe de $f(x)$.
b. Déterminer par un tableau de signes le signe de $f(x)$.

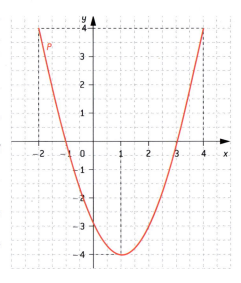

2 FONCTIONS DE LA VARIABLE RÉELLE — **COURS**

SOLUTION

1. Les coordonnées des points cherchés ont des coordonnées (x, y) qui vérifient $f'(x) = 3x^2 - 7,\xi$ et $y = 0$. Donc $(x+1)(x-3) = 0$, c'est-à-dire $x = -1$ ou $x = 3$. Les points cherchés ont pour coordonnées $(-1, 0)$ et $(3, 0)$.

2. L'axe de symétrie de la parabole P a pour abscisse : $\dfrac{-1+3}{2} = 1$. L'équation de cet axe est $x = 1$.

3. Le sommet S étant sur l'axe de symétrie de P, son abscisse est 1 et son ordonnée est : $f(1) = -4$.

4.

x	-2	1	4
$f(x) = (x+1)(x-3)$	4 ↘	-4 ↗	4

5. a. Sur la figure, on lit que les points de P d'ordonnée négative ont une abscisse comprise entre -1 et 3. D'où le tableau de signes :

x	-2		-1		3		4
Signe de $f(x)$		$+$	0	$-$	0	$+$	

b. $x+1 \geq 0$ équivaut à $x \geq -1$; $x-3 \geq 0$ équivaut à $x \geq 3$. On remplit le tableau de signes suivant :

x	-2		-1		3		4
$x+1$		$-$	0	$+$		$+$	
$x-3$		$-$		$-$	0	$+$	
$(x+1)(x-3)$		$+$	0	$-$	0	$+$	

③ Fonctions polynômes de degré 3

■ Les fonctions $f : x \mapsto ax^3$ sont :
– strictement croissantes sur $\mathbb{R}$ dans le cas où $a > 0$;
– strictement décroissantes sur $\mathbb{R}$ dans le cas où $a < 0$.

■ La représentation d'une fonction $x \mapsto ax^3$ est symétrique par rapport à l'origine du repère.

■ Les représentations graphiques des fonctions $f : x \mapsto ax^3$ et $g : x \mapsto -ax^3$ sont symétriques par rapport à l'axe des abscisses et l'axe des ordonnées.

■ Dans un repère $\left(O ; \vec{i}, \vec{j}\right)$, la représentation graphique de la fonction $x \mapsto ax^3 + b$ est la transformée par la translation de vecteur $b\vec{j}$ de la représentation graphique de la fonction $x \mapsto ax^3$.

■ La **racine cubique** d'un nombre réel c est la solution unique de l'équation $x^3 = c$, notée $c^{\frac{1}{3}}$ ou $\sqrt[3]{c}$.

MATHÉMATIQUES

173

Programmation et fonctions

A Fonctions en informatique

■ La syntaxe d'une fonction en langage Python est :
```
def nom(paramètre1, paramètre2):
    Instructions
    return résultats
```

> **ATTENTION**
> ▸ À ne pas oublier les deux points en fin de première ligne.
> ▸ À respecter l'indentation, c'est-à-dire le décalage à droite après la première ligne.
> ▸ À utiliser le mot-clé return pour renvoyer des résultats.

■ Une fonction peut avoir aucun, un ou plusieurs paramètres.

EXEMPLE

Exemple de fonction avec un paramètre
On peut définir en langage Python une fonction mathématique d'une variable réelle comme la fonction f définie par $x \mapsto x^3 - x$ de la façon suivante.

Fonction	Exécution : calcul de $f(-1)$
`def f(x):` `    return x ** 3 - x`	`>>> f(-1)` `0`

■ Le résultat éventuel d'une fonction, renvoyé par le mot-clé return est utilisable dans un programme ou une autre fonction.

B Résolution approchée d'une équation par balayage

■ On suppose que l'équation $f(x) = k$ admet une unique solution dans l'intervalle $[a, b]$ et que la fonction f est dérivable et strictement monotone sur cet intervalle. La fonction Python suivante fournit un encadrement de la solution obtenu par un balayage dont le pas figure en paramètre.

Cas où f est croissante sur $[a, b]$	Cas où f est décroissante sur $[a, b]$

`def balayage(pas):`
`    x = a`
`    while f(x) < k:`
`        x = x + pas`
`    return(x - pas, x)`
	`def balayage(pas):`
	`    x = a`
	`    while f(x) > k:`
	`        x = x + pas`
	`    return(x - pas, x)`

2 FONCTIONS DE LA VARIABLE RÉELLE

ENTRAÎNEMENT AU CONTRÔLE CONTINU

PREMIER EXERCICE

Partie I : Automatismes *Sans calculatrice (20 minutes, 5 points)*

Aucune justification n'est demandée.

1. Proportions et pourcentages *(2 points)*

a. Écrire sous forme décimale :

3,5 % ; 0,5 % ; 300 %.

b. Écrire sous forme de pourcentage :

0,3 ; 0,001 ; 10.

c. En 2018, en France, 691 283 entreprises ont été créées. 308 311 étaient des microentreprises, ce qui représente en proportion environ :

29 % ; 45 % ; 55 %.

2. Passer d'une écriture d'un nombre à un autre *(1 point)*

a. Écrire sous forme décimale chacun des nombres suivants : $E = 1{,}44 \times 10^4$; $F = 20{,}8 \times 10^{-3}$.

b. Écrire sous forme décimale, puis sous forme scientifique le nombre suivant :

$G = 3 \times 10^3 + 10^{-1} + 10^{-2}$.

3. Développer factoriser *(1 point)*

a. Développer réduire l'expression suivante : $E = (t-2)(t+2) - (t-2)^2$.

b. Mettre sous forme d'un produit de facteurs du premier degré l'expression suivante :

$F = (2x-3)^2 + (x-2)(2x-3)$.

4. Lire graphiquement l'équation réduite d'une droite *(1 point)* **QCM**

Une équation de la droite (AB) est :

a. $y = \dfrac{1}{4}x - 2$; **b.** $y = -\dfrac{1}{2}x + 4$; **c.** $y = -\dfrac{1}{4}x + 2$.

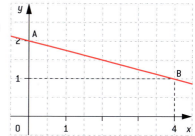

CORRIGÉ

1. a. 3,5 % = 0,035 ; 0,5 % = 0,005 ; 300 % = 3.

b. 0,3 = 30 % ; 0,001 = 0,1 % ; 1 000 %.

c. 45 %.

2. a. $E = 1{,}44 \times 10\,000 = 14\,400$; $F = 20{,}8 \times 0{,}001 = 0{,}0208$.

b. Écriture scientifique

La notation $a \times 10^n$ s'appelle l'écriture scientifique.

$G = 3 \times 0{,}001 + 0{,}1 + 0{,}01 = 0{,}113 = 133 \times 10^{-3}$.

3. a. $E = t^2 - 4 - (t^2 - 4t + 4) = 4t - 8$.

b. $F = (2x-3)[(2x-3) + (x-2)] = (2x-3)(3x-5)$.

4. La droite (AB) passe par le point A(0, 2). En remplaçant x par 0 dans chacune des 3 équations, seule l'équation du c donne $y = 2$. La réponse est la réponse **c**.

DEUXIÈME EXERCICE

Partie II *(5 points)*
Lectures graphiques

Soit f la fonction définie sur l'intervalle $\left[-\dfrac{3}{2}, 3\right]$ par : $f(x)=(x+1)(x-2)^2$. La courbe représentative $\mathscr{C}$ de f est donnée ci-contre.

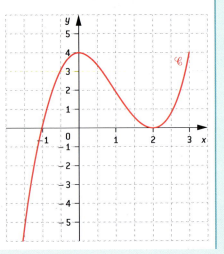

1. Résoudre graphiquement, ou par le calcul, l'équation $f(x)=0$.
2. Déterminer graphiquement l'abscisse du ou des points de $\mathscr{C}$ dont l'ordonnée est 4.
3. Résoudre graphiquement l'équation $f(x)=2$.
4. Donner dans un tableau le signe de $f(x)$ lorsque x varie dans $\left[-\dfrac{3}{2}, 3\right]$.
5. Proposer un tableau de variation pour la fonction f.

CORRIGÉ

1. L'équation $f(x)=0$ équivant à : $(x+1)(x-2)^2=0$, donc à $x+1=0$ ou $(x-2)^2=0$, $x=-1$ ou $x=2$.
2. Il y a deux points dont l'ordonnée est 4. Leurs abscisses sont 0 et 3.
3. Les solutions de l'équation $f(x)=2$ sont les abscisses des points de la courbe C dont l'ordonnée est 2. On trouve trois solutions : $x_1 \approx -0{,}75$; $x_2 = 1$; $x_3 \approx 2{,}75$.
4. On peut obtenir graphiquement le signe de $f(x)$.

x	$-\dfrac{3}{2}$		-1		2		3
Signe de $f(x)$		$-$	0	$+$	0	$+$	

On peut aussi étudier (dans un tableau) le signe de $(x+1)(x-2)^2$.

5. $f\left(-\dfrac{3}{2}\right)=\left(-\dfrac{1}{2}\right)\times\left(-\dfrac{7}{2}\right)^2=-\dfrac{49}{8}$ et $f(3)=4$.

D'où le tableau de variation suivant.

x	$-\dfrac{3}{2}$		0		2		3
$f(x)$	$-\dfrac{49}{8}$	↗	4	↘	0	↗	4

TROISIÈME EXERCICE

Partie II : *Avec le tableur (5 points)*
COÛT ET BÉNÉFICE

A. *Étude d'une fonction*

Soit f la fonction définie sur $[0, 60\,000]$ par $f(x) = -0{,}01(x - 5\,000)(x - 50\,000)$. Sa représentation graphique $\mathcal{C}$ est donnée par la figure ci-dessous.

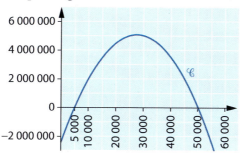

1. Quelle est la nature de la courbe $\mathcal{C}$?
2. Déterminer les coordonnées des points d'intersection de la courbe $\mathcal{C}$ avec l'axe des abscisses.
3. Déterminer les coordonnées du sommet S de la courbe $\mathcal{C}$.
4. Proposer un tableau de variation pour la fonction f.

B. *Application*

INFORMATION

Les coûts d'une entreprise du secteur du commerce et de la production

On considère une entreprise produisant au cours d'une période donnée une quantité q d'un certain produit.
- Le **coût total de production** est la somme des **coûts variables** (matières premières, frais d'achat, frais de stockage, main-d'œuvre...) qui dépendent de la quantité produite et des **coûts fixes** (location des locaux, amortissement des matériels, contrats EDF...) qui doivent être réglés même en l'absence de production.
- Un **coût total** est nécessairement positif.
- Si $C(q)$ est le **coût total de production**, en euros, pour q articles produits, $C(0)$ représente les **coûts fixes** (pour tout $q : C(q) > 0$).
- Pour q articles produits et vendus, on note $R(q)$ la **recette** (ou **chiffre d'affaires**), $C(q)$ le **coût total de production** (tous frais inclus).
Alors le **bénéfice** (ou **résultat d'exploitation**) est $B(q) = R(q) - C(q)$.
(Un « bénéfice » est donc « négatif » lorsqu'il y a perte.)

En 2021, une entreprise de l'agroalimentaire envisage de produire 60 000 tonnes d'un nouveau produit pour la France, et de le vendre 800 € la tonne. L'entreprise estime que la totalité de la production sera vendue.

Après plusieurs études, on admet que le coût total de production de x tonnes de produit en euros est $C(x) = 0{,}01x^2 + 250x + 2\,500\,000$.

1. Montrer que le bénéfice en euros pour x tonnes de produit fabriquées et vendues est donné pour tout x de $[0, 60\,000]$ par : $B(x) = -0{,}01x^2 + 550x - 2\,500\,000$.
2. Vérifier que, pour tout x de $[0, 60\,000]$, $B(x) = f(x)$, où f est la fonction définie au **A**.
3. Quelle quantité de produit, en tonnes l'entreprise doit-elle produire et vendre pour réaliser un bénéfice maximal ?

CORRIGÉ

A. 1. La courbe $\mathscr{C}$ est une parabole.

2. La courbe $\mathscr{C}$ coupe l'axe des abscisses aux points de coordonnées (5 000, 0) et (50 000, 0).

3. L'abscisse du sommet S est : $\dfrac{5\,000 + 50\,000}{2} = 27\,500$.

Avec une calculatrice, on obtient : $f(27\,500) = 5\,062\,500$.

Les coordonnées du sommet S sont : (27 500, 5 062 500).

> Voir le résultat du paragraphe ② **C** du cours.

4.

x	0	27 500	60 000
Variation de f	↗	5 062 500	↘

B. 1. $B(x) = R(x) - C(x)$.

$R(x) = 800x$, d'où $B(x) = 800x - (0{,}01x^2 + 250x + 2\,500\,000)$, $B(x) = -0{,}01x^2 + 550x - 2\,500\,000$.

2. Pour tout x de [0, 60 000] ;

$f(x) = -0{,}01(x^2 - 50\,000x - 5\,000x + 250\,000\,000)$;

$f(x) = -0{,}01(x^2 - 55\,000x + 250\,000\,000)$;

$f(x) = -0{,}01x^2 + 550x - 2\,500\,000 = B(x)$

3. Le bénéfice est maximal lorsque l'entreprise vend 27 600 tonnes de produit.

3 Dérivation

Cette étude donne notamment des outils pour minimiser des coûts dans le cadre des politiques pour la santé et le développement durable.

1 Approche graphique du nombre dérivé

A Sécante et tangente

■ **Sécante à une courbe en un point**

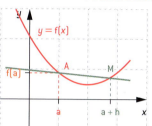

- La courbe $\mathscr{C}$ est la représentation graphique d'une fonction f. A est un point **fixe** d'abscisse a et d'ordonnée $f(a)$.
- On considère le point M de la courbe $\mathscr{C}$ d'abscisse $a + h$ et d'ordonnée $f(a+h)$.
- La droite (AM) est **sécante** à la courbe $\mathscr{C}$.

- Le **taux d'accroissement** de la fonction f entre les valeurs a et $a + h$ est :
$$\frac{f(a+h)-f(a)}{(a+h)-a} = \frac{f(a+h)-f(a)}{h}.$$

- Le taux d'accroissement $\dfrac{f(a+h)-f(a)}{h}$ est le **coefficient directeur** de la sécante (AM).

> **À SAVOIR**
>
> ▸ Le **taux d'accroissement** d'une fonction f entre les valeurs distinctes x_1 et x_2 est : $\dfrac{f(x_2)-f(x_1)}{x_2-x_1}$.
>
> ▸ Le **coefficient directeur** de la droite (AB) qui passe par les points $A(x_A, y_A)$ et $B(x_B, y_B)$ est : $m = \dfrac{y_B - y_A}{x_B - x_A}$.

■ **Tangente à une courbe en un point**

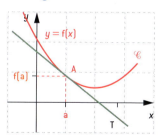

On imagine que le point M se déplace sur la courbe $\mathscr{C}$. En se rapprochant de A. L'abscisse $a + h$ de M se rapproche de l'abscisse a de A, c'est-à-dire que h se rapproche de 0. Lorsque h tend vers 0, les sécantes (AM) tendent vers une position limite représentée par la droite (AT) sur la figure, appelée **tangente à la courbe au point A**.

B Nombre dérivé en un point

DÉFINITION

- Soit f une fonction définie sur un intervalle et soit a un nombre fixé de cet intervalle. Le **nombre dérivé** de la fonction f en a, noté $f'(a)$, est, si elle existe, la limite finie quand h tend vers 0 du taux de variation $\dfrac{f(a+h)-f(a)}{h}$ de la fonction f au point a.
- **Si $f'(a)$ existe**, la fonction f est **dérivable en a**.

2 Fonction dérivée

A Définition

DÉFINITION

Soit f une fonction définie et dérivable sur un intervalle I.
La **fonction dérivée** de f est la fonction qui à tout x de I associe le nombre dérivé $f'(x)$ de f en x.

$$f' : x \to f'(x)$$

B Opérations sur les fonctions dérivables

Dans ce qui suit, f et g sont deux fonctions définies et dérivables sur un même intervalle I. k est une constante réelle quelconque.

$$(f+g)'(x) = f'(x) + g'(x) \qquad (kf)'(x) = kf'(x)$$

C Dérivée d'un polynôme de degré inférieur ou égal à 3

Le tableau suivant, dans lequel la variable est x, donne les résultats « à savoir ».

$f(x)$	$f'(x)$	Intervalle de validité
k	0	$]-\infty\,;+\infty[$
x	1	$]-\infty\,;+\infty[$
$mx+p$	m	$]-\infty\,;+\infty[$
$f(x) = ax^2 + bx + c$	$f'(x) = 2ax + b$	$]-\infty\,;+\infty[$
$f(x) = ax^3 + bx^2 + cx + d$	$f'(x) = 3ax^2 + 2bx + c$	$]-\infty\,;+\infty[$

EXEMPLE

• Soit f la fonction définie sur $\mathbb{R}$ pour : $f(x) = 3x + 2$.
Pour tout x de $\mathbb{R}$, $f'(x) = 3$.
• Soit f la fonction définie sur $\mathbb{R}$ pour : $f(x) = -3x^2 + 4x - 1$.
Pour tout x de $\mathbb{R}$, $f'(x) = 2(-3)x + 4 = -6x + 4$.
• Soit f la fonction définie sur $\mathbb{R}$ par $f(x) = -2x^3 - 6x^2 + 3x + 4$.
Pour tout x de $\mathbb{R}$, $f'(x) = 3(-2)x^2 + 2(-6)x + 3 = -6x^2 - 12x + 3$.

3 Construction et équation réduite d'une tangente

A Tracer une droite donnée par un point et son coefficient directeur (rappel)

■ **Coefficient directeur**

Soit $\mathcal{D}$ la droite d'équation $y = mx + p$ dans un repère $\left(O\,;\vec{i},\vec{j}\right)$.
m est le **coefficient directeur** de $\mathcal{D}$ et p est l'ordonnée à l'origine de $\mathcal{D}$.

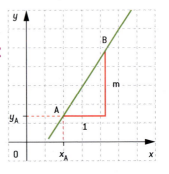

■ **Expression du coefficient directeur *m* d'une droite passant par deux points donnés.**

Soit $M_1(x_1, y_1)$ et $M_2(x_2, y_2)$ deux points de $\mathcal{D}$ d'abscisses différentes : alors $m = \dfrac{y_2 - y_1}{x_2 - x_1}$.

■ **Une méthode pour construire une droite passant par un point donné A et dont le coefficient directeur *m* est donné.** À partir du point $A(x_A, y_A)$ de la droite $\mathcal{D}$, d'équation $y = mx + p$, on obtient un deuxième point B de la droite $\mathcal{D}$ en ajoutant 1 à l'abscisse A et m à l'ordonnée de A : $x_B = x_A + 1$ et $y_B = y_A + m$.

B Construire la tangente à une courbe en un point

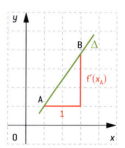

■ On remplace dans la méthode du **A** m par $f'(a)$ le coefficient directeur de la tangente.

■ À partir du point donné $A(x_A, y_A)$ où $y_A = f(x_A)$, on obtient un deuxième point B de la tangente $\mathcal{D}$ en ajoutant 1 à l'abscisse de A et $f'(x_A)$ à l'ordonnée de A : $x_B = x_A + 1$ et $y_B = y_A + f'(x_A)$.

C Équation de la tangente en un point à la courbe représentative de *f*

■ **Équation de la tangente à la courbe représentative d'une fonction au point d'abscisse *a***

$$y = f'(a)(x - a) + f(a).$$

EXEMPLE
Soit f la fonction définie sur $\mathbb{R}$ par $f(x) = 2x^2 - x - 1$.
On se propose de déterminer une équation de la tangente à la courbe $\mathcal{C}$ au point d'abscisse $a = 1$. Une équation de la tangente est donc : $y = f'(1)(x - 1) + f(1)$.
$f(1) = 2 - 1 - 1 = 0$.
Pour calculer $f'(1)$ il faut d'abord déterminer $f'(x)$.
Pour tout x de $\mathbb{R}$, $f'(x) = 2(2x) - 1$, $f'(x) = 4x - 1$. D'où $f'(1) = 3$.
L'équation de la tangente est donc : $y = 3(x - 1) + 0$; $y = 3x - 3$.

4 Sens de variation d'une fonction

■ **Le signe de la dérivée comme conséquence du sens de variation de la fonction**

THÉORÈME
Soit f une fonction dérivable sur un intervalle I.
- Si f est croissante sur I, alors $f'(x) \geq 0$ pour tout x de I.
- Si f est décroissante sur I, alors $f'(x) \leq 0$ pour tout x de I.
- Si f est constante sur I, alors $f'(x) = 0$ pour tout x de I.

■ **Le sens de variation d'une fonction comme conséquence du signe de la dérivée**

THÉORÈME
Soit f une fonction dérivable sur un intervalle I.
- Si $f'(x) > 0$ pour tout x de I, alors f est strictement croissante sur I.

- Si $f'(x) < 0$ pour tout x de I, alors f est strictement décroissante sur I.
- Si $f'(x) = 0$ pour tout x de I, alors f est constante sur I.

EXEMPLE

On considère la fonction f définie sur $[-2, 3]$ par :
$f(x) = x^3 - 3x^2 + 1$.
- Pour tout x appartenant à $[0, 3]$, $f'(x) = 3x^2 - 3(2x) + 0$, $f'(x) = 3x^2 - 6x$, $f'(x) = 3x(x - 2)$.
- Les solutions de l'équation $f'(x) = 0$ sont 0 et 2. $x - 2 \geq 0$ équivaut à $x \geq 2$.

Lorsque x varie dans $[0, 3]$, le signe de $f'(x) = 3x(x - 2)$ est donné par le tableau :

x	-2		0		2		3
$3x$		$-$	0	$+$		$+$	
$x - 2$		$-$		$-$	0	$+$	
Signe de $f'(x) = 3x\,(x - 2)$		$+$	0	$-$	0	$+$	

On peut alors remplir le tableau de variation suivant :

x	-2		0		2		3
Signe de $f'(x)$	0	$+$	0	$-$	0	$+$	
Variation de f	-19		1		-3		1

■ **Minimums et maximums**

La **lecture du tableau de variation** ou l'**observation de la représentation graphique** d'une fonction f permet de déterminer ses éventuels **extremums** (minimum m et maximum M) sur son intervalle de définition I. Si m et M existent, alors, **pour tout x de l'intervalle I, on a** : $m \leq f(x) \leq$ M.

■ **Théorème**

Si f est dérivable sur l'intervalle I et admet un maximum (ou un minimum) en un point a distinct des extrémités de I, alors $f'(a) = 0$.

PREMIER EXERCICE

Partie I : Automatismes *Sans calculatrice (20 minutes, 5 points)*

Aucune justification n'est demandée.

Le jour de l'épreuve d'évaluation, une feuille réponse (avec les tableaux et figures à compléter) est fournie.

1. Déterminer le signe d'une expression factorisée du second degré *(1 point)*

Compléter, après l'avoir reproduit, le tableau de signes suivant qui donne le signe de $(-x + 3)(2x + 1)$.

x	$-\infty$		$\ldots$		$\ldots$		$+\infty$
Signe de $(-x + 3)$		$\ldots$				$\ldots$	
Signe de $(2x + 1)$		$\ldots$				$\ldots$	
Signe de $(-x + 3)(2x + 1)$		$\ldots$				$\ldots$	

© Éditions Foucher

2. Lire graphiquement l'équation réduite d'une droite : QCM *(1 point)*

La droite $\mathcal{D}$ de la figure passe par les points A et B. Pour chacune des questions suivantes trouver la bonne réponse parmi les réponses proposées.

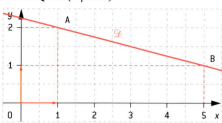

a. Le coefficient directeur de la droite $\mathcal{D}$ est :
0,25 ? ; 4 ? ; −4 ? ; −0,25 ?

b. Une équation de $\mathcal{D}$ est : $y = 0{,}25x - 2{,}25$?
$y = x - 9$? $y = -\dfrac{1}{4}(x-9)$? $y = 0{,}25x - 225$?

3. Déterminer graphiquement le signe d'une fonction ou son tableau de variation *(1 point)*

Le plan est muni du repère orthonormé $\left(O\,;\vec{i},\vec{j}\right)$ (unité : 1 cm). Soit f la fonction polynôme du second degré définie sur l'intervalle $[-1, 3]$ dont on donne la courbe représentative $\mathcal{P}$ sur la figure sur la figure suivante.

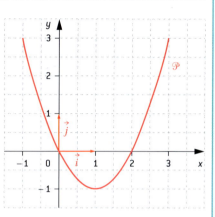

a. Donner, dans un tableau, le signe $f(x)$ lorsque varie dans l'intervalle $[-1, 3]$.

b. Proposer un tableau de variation pour la fonction f.

4. Lire graphiquement l'équation réduite d'une droite *(2 points)*

Les quatre figures ci-dessous donnent la représentation graphique de fonctions avec leur tangente au point A.

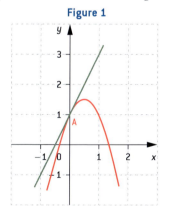

Figure 1

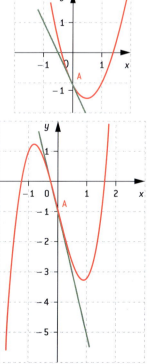

Figure 2

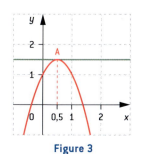

Figure 3

Figure 4

183

Pour chaque figure, indiquer sans explication l'équation réduite de la tangente en A à choisir parmi les huit équations suivantes :
$E_1 : y = 4x+1$; $E_2 : y = 2x+1$; $E_3 : y = -4x-1$; $E_4 : x = 0,5$;
$E_5 : y = -2x-1$; $E_6 : y = 1,5$; $E_7 : y = 2x-1$; $E_8 : y = 4x-1$.

CORRIGÉ

1. $-x+3 \geq 0$ équivaut à : $x \leq 3$; $2x+1 \geq 0$ équivaut à : $x \geq -\dfrac{1}{2}$. D'où le tableau ci-contre.

x	$-\infty$		$-\dfrac{1}{2}$		3		$+\infty$
Signe de $(-x+3)$		+		+	0	−	
Signe de $(2x+1)$		−	0	+		+	
Signe de $(-x+3)(2x+1)$		−	0	+	0	−	

2. a. On utilise le résultat rappelé au ③ **A** de ce chapitre.

Le coefficient directeur de $\mathcal{D}$ est : $m = \dfrac{y_B - y_A}{x_B - x_A} = \dfrac{1-2}{5-1} = -\dfrac{1}{4}$. La réponse est : $-0,25$.

b. L'équation de $\mathcal{D}$ ne peut être que : $y = -\dfrac{1}{4}(x-9)$.

3. a.

x	-1		0		2		3
Signe de $f(x)$		+	0	−	0	+	

b.

x	-1	1	3
$f(x)$	3 ↘	-1	↗ 3

4. • Figure 1 : la tangente passe par les points $A(0, 1)$ et $B(1, 3)$. Son coefficient directeur est donc : $m = \dfrac{y_B - y_A}{x_B - x_A} = \dfrac{3-1}{1-0} = 2$. Une seule équation convient : E_7.

• Figure 2 : la tangente passe par les points $A(0, -1)$ et $B(-1, 1)$. Son coefficient directeur est donc : $m = \dfrac{1-(-1)}{-1-0}$, $m = -2$. Une seule équation convient : E_5.

• Figure 3 : la tangente est horizontale. Son équation est donc de la forme : $y = k$. Une seule équation convient : E_6.

• Figure 4 : la tangente passe par les points $A(0, -1)$ et $B(1, -5)$. Son coefficient directeur est donc : $m = \dfrac{-5-(-1)}{1-0}$, $m = -4$. Une seule équation convient : E_3.

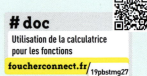

 # doc
Utilisation de la calculatrice pour les fonctions
foucherconnect.fr/19pbstmg27

DEUXIÈME EXERCICE

Partie II *(5 points)*

Avec le tableur

A. On considère la fonction f définie sur l'intervalle $[0, 10]$ par :
$$f(x) = -0,4x^2 + 4x - 8.$$

1. a. Calculer $f'(x)$ où f' désigne la fonction dérivée de la fonction f.
b. Étudier le signe de $f'(x)$ pour tout nombre réel x de l'intervalle $[0, 10]$.
c. En déduire les variations de la fonction f sur l'intervalle $[0, 10]$.
d. Quel est le maximum de la fonction f sur l'intervalle $[0, 10]$?

3 DÉRIVATION

ENTRAÎNEMENT AU CONTRÔLE CONTINU

2. La feuille de calcul ci-dessous, extraite d'un tableur, donne les images par la fonction f de quelques valeurs de l'intervalle $[0, 10]$.

	A	B
1	x	$f(x) = -0,4x^2 + 4x - 8$
2	0	$-8,0$
3	1	$-4,4$
4	2	$-1,6$
5	3	$0,4$
6	4	$1,6$
7	5	2
8	6	$1,6$

Quelle formule, destinée à être recopiée vers le bas, faut-il écrire en B2 pour compléter la colonne B ?

B. Une petite entreprise fabrique des chaudières à bois pour les petits immeubles. Pour des raisons de stockage, la production mensuelle q est comprise entre 0 et 10 unités.

Le coût total de fabrication mensuel, exprimé en milliers d'euros, est donné par la fonction C définie sur $[0, 10]$ par : $C(q) = 0,4q^2 + 1,5q + 8$.

Chaque chaudière est vendue 5,5 milliers d'euros.

1. Calculer la recette puis le bénéfice correspondant à 3 chaudières.

2. Montrer que le bénéfice mensuel $B(q)$, exprimé en milliers d'euros, est défini sur $[0, 10]$ par $B(q) = -0,4q^2 + 4q - 8$.

3. En utilisant la partie **A.** :

a. Déterminer pour quelles productions le bénéfice est positif.

b. Déterminer le nombre de chaudières à fabriquer et à vendre mensuellement pour que le bénéfice soit maximal.

c. Quel est alors ce bénéfice maximal ?

CORRIGÉ

A. 1. a. $f'(x) = -0,4(2x) + 4 = -0,8x + 4$.

b. $f'(x) \geq 0$ si et seulement si : $-0,8x + 4 \geq 0$; $4 \geq 0,8x$; $x \leq \dfrac{4}{0,8} = 5$.

$f'(x) < 0$ si et seulement si : $x > 5$. D'où le signe de $f'(x)$:

x	0		5		10
$f'(x)$		+	0	–	

c. D'où le tableau de variation :

x	0		5		10
Signe de $f'(x)$		+	0	–	
Variation de f	-8	$\nearrow$	2	$\searrow$	-8

d. f est maximale pour $x = 5$.

2. $= -0,4*A2\char`^2 + 4*A2 - 0,8$.

185

B. 1. Pour trois chaudières vendues, la recette est $3 \times 5,5 = 16,5$.
Le bénéfice est $16,5 - C(3) = 0,4$ millier d'euros.
2. $B(q) = 5,5q - C(q)$; $B(q) = 5,5q - (0,4q^2 + 1,5q + 8)$; $B(q) = -0,4q^2 + 4q - 8$.
3. a. $B(q) = f(q)$. On déduit de la feuille de calcul que $B(x) > 0$ lorsque x appartient à $[3, 7]$.
b. Le bénéfice est maximal lorsque l'entreprise produit et vend cinq chaudières.
c. Ce bénéfice maximal est alors de 2 000 euros.

TROISIÈME EXERCICE

Partie II *(5 points)*
Fonction polynôme de degré 3 et santé du sport
Conformément à l'usage de la langue courante, on utilise le mot « poids » pour désigner ce qui est en fait la masse.

On a tracé sur l'annexe la courbe 𝒞 représentant le poids, en kilogrammes, d'un sportif en fonction du temps, exprimé en années, sur une période d'étude de 5 années.

A. Étude graphique
Les résultats aux questions posées dans cette partie seront donnés en s'aidant du graphique de l'annexe, avec la précision que permet la lecture graphique et en faisant apparaître les traits de construction utiles. (Après avoir reproduit la figure. Le jour de l'épreuve, une feuille réponse avec la figure est fournie.)

1. Pendant combien de mois le poids du sportif est-il au-dessus de 85 kilogrammes sur la période étudiée ?

2. Quel est le poids minimum et le poids maximum du sportif sur la période étudiée.

Annexe
Un carreau en abscisse correspond à une échelle de temps de 1 mois.

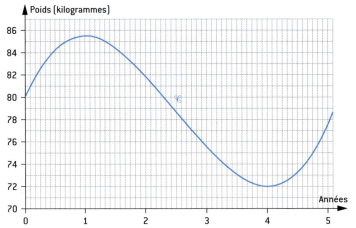

B. Étude d'une fonction
On admet que la courbe 𝒞 est la représentation graphique de la fonction f définie sur l'intervalle $[0,5]$ par : $f(x) = x^3 - 7,5x + 12x + 80$.

1. La fonction f' est la fonction dérivée de la fonction f. Déterminer $f'(x)$ pour tout réel x appartenant à l'intervalle $[0,5]$.

2. Montrer que $f'(x) = (x-1)(3x-12)$ pour tout réel x appartenant à l'intervalle $[0,5]$.

3 DÉRIVATION   **ENTRAÎNEMENT AU CONTRÔLE CONTINU**

3. a. Reproduire et compléter le tableau de signes suivant. (Ou compléter sur la feuille réponse.)

x	0	5
$x-1$		
$3x-12$		
$(x-1)(3x-12)$		

b. En déduire le tableau de variations de la fonction f sur l'intervalle $[0,5]$.

c. Cette étude de la fonction f sur l'intervalle $[0,5]$ confirme-t-elle les réponses à la seconde question de la partie A ? Justifier la réponse.

Dans une évaluation, la courbe et le tableau précédents sont donnés sur une feuille réponse ramassée à la fin de l'épreuve et ne sont donc pas à reproduire…

CORRIGÉ

A.1. Le poids est au-dessus de 85 kg pendant 8 mois.

2. Le poids minimal est de 72 kg et le poids maximal est de 85,5 kg.

B.1. Pour tout réel x de [0, 5], $f'(x) = 3x^2 - 7,5(2x) + 12$,

$f'(x) = 3x^2 - 15x + 12$.

2. Pour tout réel x de [0, 5],

$(x-1)(3x-12) = 3x^2 - 12x - 3x + 12$

$(x-1)(3x-12) = 3x^2 - 15x + 12 = f'(x)$

REMARQUE

On applique une formule du paragraphe ② **C**.

3. a. Pour remplir le tableau de signes, on résout : l'inéquation $x - 1 \geq 0$, équivalent à : $x \geq 1$, et l'inéquation $3x - 12 \geq 0$, équivalente à : $3x \geq 12$ et à : $x \geq 4$.

x	0		1		4		5
$x-1$		$-$	0	$+$		$+$	
$3x-12$		$-$		$-$	0	$+$	
$(x-1)(3x-12)$		$+$	0	$-$	0	$+$	

b. On en déduit le tableau de variation suivant.

x	0		1		4		5
$x-1$		$+$	0	$+$	0	$+$	
Variation de f	80		85,5		72		77,5

c. On retrouve les valeurs minimales et maximales obtenues graphiquement à la partie **A**.

© Éditions Foucher

MATHÉMATIQUES

MATHÉMATIQUES

4 Statistique

Dans cette étude, il s'agit de travailler avec des données réelles dans des domaines variés (économie, santé, démographie, sécurité routière, énergie...).

1 Tableaux croisés d'effectifs

EXEMPLE

On a relevé à un moment donné le taux de cholestérol (exprimé en grammes par litre de sang) et l'âge (en années) d'un échantillon de la population d'une région.
Les résultats sont consignés dans le tableau d'effectifs à double entrée suivant.
On peut lire, par exemple, que dans l'échantillon considéré il y a 8 individus entre 50 et 60 ans qui ont un taux de cholestérol compris entre 2,0 et 2,2.

Âge \ Taux	[20, 30[	[30, 40[	[40, 50[	[50, 60[	[60, 70[	[70, 80[	Total
[1,6 ; 1,8[	23	15	12	9	5	4	68
[1,8 ; 2,0[	14	13	11	9	7	5	59
[2,0 ; 2,2[	4	9	7	8	10	7	45
[2,2 ; 2,4[	0	3	5	5	8	9	30
[2,4 ; 2,6[	1	2	3	3	4	5	18
Total	42	42	38	34	34	30	220

- Notons A l'ensemble des personnes de la tranche d'âge [40, 50[.
- Notons B l'ensemble des personnes dont le taux de cholestérol est dans l'intervalle [2,0 ; 2,2[.
- La sous-population **A ∩ B** est l'ensemble des personnes qui possèdent conjointement les deux propriétés suivantes :
- leur âge appartient à l'intervalle [40, 50[;
- leur taux de cholestérol appartient à l'intervalle [2,0 ; 2,2[.

2 Calculs de fréquence

A Fréquence d'une sous-population

DÉFINITION

La **fréquence** d'une sous-population A dans une population E est le rapport des effectifs :
$f = \dfrac{n_A}{n_E}$.

EXEMPLE

On reprend l'exemple du paragraphe ①.

4 STATISTIQUE · **COURS**

- La **fréquence** f_A de la sous-population A dans l'ensemble E des 220 personnes est $f_A = \dfrac{38}{220} \approx 0,17$. De même la fréquence f_B de la sous-population B dans l'ensemble E est $f_B = \dfrac{45}{220} \approx 0,20$.

- La fréquence de A ∩ B est appelée **fréquence conjointe** de A et B, $f_{A \cap B} = \dfrac{7}{220} \approx 0,03$.

B Fréquence marginale

Dans les tableaux croisés d'effectifs, en plus des résultats proprement dits, une colonne à droite et une ligne en bas donnent les totaux correspondant à chaque ligne et à chaque colonne de données : ce sont les **marges** du tableau, la case en bas à droite donnant l'effectif total.

DÉFINITION

Dans un **tableau croisé d'effectifs**, une sous-population dont l'effectif figure dans une marge ne dépend que d'une seule variable et sa fréquence est qualifiée de **fréquence marginale**.

EXEMPLE

Dans l'exemple du ② **A**, f_A et f_B sont des **fréquences marginales**.

C Fréquence conditionnelle

DÉFINITION

Pour toutes sous-populations A et B d'effectifs non nuls d'une population E,

la **fréquence de B sachant A est** $f_A(B) = \dfrac{n_{A \cap B}}{n_A}$.

EXEMPLE

On reprend l'exemple précédent.

$n_{A \cap B} = 7$ et $n_A = 38$, d'où $f_A(B) = \dfrac{7}{38} \approx 0,18$.

■ Propriété

La **fréquence de B sachant A est** $f_A(B) = \dfrac{f_{A \cap B}}{f_A}$.

③ Algorithmique et croisement de variables catégorielles

A Sous-ensemble de données selon un critère

■ Avec un tableur

Des données figurent dans une feuille de tableur avec les variables en colonne.
Après sélection des données, la commande « Filtrer » du tableur permet de sélectionner les lignes correspondant à certains critères sur les variables.

EXEMPLE

Un tableau comprend les trois notes des élèves Alice, Bob et Ève. Après sélection des données, un clic sur l'icône « Filtrer » crée une petite flèche à droite du nom de chaque variable

MATHÉMATIQUES

© Éditions Foucher

189

(colonne). En cliquant sur cette flèche, il est possible de choisir un filtre numérique personnalisé par exemple pour n'afficher que les lignes pour lesquelles la note 1 est supérieure à 10.

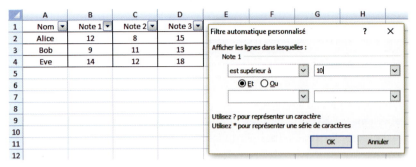

EXERCICE RÉSOLU

ÉNONCÉ

Deux filtres avancés ont été effectués ci-dessous sur un fichier tableur « employes ».

MÉTHODE

Pour filtrer selon des critères complexes, on utilise une boîte de dialogue figurant dans l'onglet « Données » / « Avancé » avec Excel :

« Plus de filtres / Filtre spécial » avec LibreOffice :

Expliquer la nature des critères de ces filtres, figurant dans les lignes 1, 2 et 3.

SOLUTION

Dans le premier filtre, le critère est :
(Sexe=F) ET (Fonction=Cadre) ET (Salaire>=2000).
Dans le second filtre, le critère est :
(Sexe=F ET Salaire>=2000) OU (Sexe=F ET Fonction=Cadre).

B Tableau croisé de variables catégorielles

■ **Avec un tableur**

Le tableur permet de créer des tableaux croisés dynamiques regroupant les données selon certaines catégories et effectuant les calculs demandés correspondants (sommes, moyennes, effectifs…).

4 STATISTIQUE **COURS**

EXEMPLE

On considère les deux variables « Nom » et « Ville » ayant chacune 6 valeurs. On souhaite regrouper les données par « Ville » et compter le nombre de noms pour chaque ville.

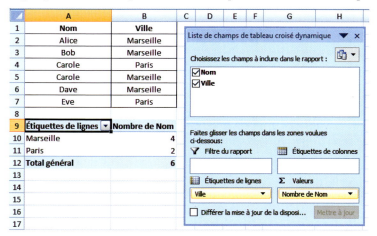

Avec Excel, cliquer dans le tableau de données et faire Insertion / Tableau croisé dynamique. Choisir les champs (c'est-à-dire les variables) à inclure dans le rapport, en « glisser » le cas échéant en colonne ou en ligne pour améliorer la lisibilité du tableau.

Avec OpenOffice ou LibreOffice, faire Données / Tableau croisé / Créer…

EXERCICE RÉSOLU

ÉNONCÉ

Le tableau croisé dynamique ci-dessous, indiquant des moyennes de salaires, a été produit à partir d'un fichier tableur « employes ».

Moyenne de Salaire	Cadre	Ouvrier	Secrétaire	Vendeur	Total général
F	2596,89	1851,015	2196,47	1634,11667	2118,841 ←
Comptabilité	2500		2196,47		2348,235
Production	3622,33	1851,015			2441,453333
Vente	2132,615 ←			1634,11667	1833,516
M	2882,155	1833,038	1805,42	2328,415	2139,175
Production	2882,155	1833,038	1805,42		2091,865
Vente				2328,415	2328,415
Total général	2691,978333	1838,17429	2000,945	1911,836	2129,008 ←

Interpréter les trois résultats indiqués par une flèche.

SOLUTION

Le salaire moyen des femmes est 2 118,84 €. Le salaire moyen des femmes cadres dans la vente est 2 132,61 €. Le salaire moyen dans l'entreprise est 2 129 008,00 €.

#doc
Exemples module Pandas de Python
foucherconnect.fr/19pbstmg28

MATHÉMATIQUES

191

EXERCICE

Partie II *(5 points)*

Passer d'un graphique aux données, remplir un tableau croisé d'effectifs

1. Dans un département, 5 900 personnes bénéficient de l'Allocation personnalisée d'autonomie (APA).

En utilisant le diagramme circulaire de l'annexe ci-après, calculer le nombre de personnes bénéficiant de l'APA à leur domicile puis le nombre de personnes bénéficiant de l'APA en établissement.

2. Sur l'histogramme de l'annexe, les résultats sont des nombres entiers.

En utilisant cet histogramme, reproduire et compléter le tableau suivant :

Tranches d'âges	Bénéficiaires à domicile (en %)	Bénéficiaires en établissement (en %)
[60, 75[	17	12
[75, 85[		
[85, 95[		
[95, 100[		
Total	100	100

3. Dans cette question, arrondir les résultats à l'unité.

a. Calculer le nombre de personnes âgées de 75 à 85 ans qui bénéficient de l'APA à leur domicile.

b. Quel est le nombre total de personnes de la tranche d'âge [75, 85[qui bénéficient de l'APA ?

c. Après avoir effectué les calculs nécessaires, reproduire et compléter le tableau suivant :

Tranches d'âges	Nombre de bénéficiaires à domicile	Nombre de bénéficiaires en établissement	Total
[60, 75[			
[75, 85[			
[85, 95[	1 322		
[95, 100[		149	
Total			5 900

4. Sur le document accompagnant cette étude statistique, on peut lire : « Si l'APA est accessible à partir de 60 ans, ce sont majoritairement les personnes de plus de 75 ans qui en bénéficient. En effet, plus de 85 % des allocataires ont dépassé cet âge ».

Ces deux affirmations sont-elles exactes ? (Justifier par le calcul.)

Annexe

Répartition des allocataires de l'APA

Pourcentages de bénéficiaires

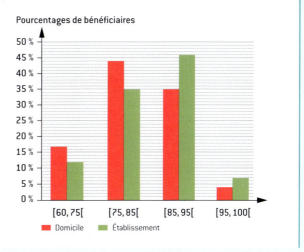

CORRIGÉ

1. Nombre d'allocataires à leur domicile : $5\,900 \times 0{,}69 = 3\,776$.
En établissement : $5\,900 - 3\,776 = 2\,124$.

2.

Tranche d'âges	[60, 75[	[75, 85[	[85, 95[	[95, 100[	Total
Bénéficiaires à domicile (en %)	17	44	35	4	100
Bénéficiaires en établissement (en %)	12	35	46	7	100

3. a. Les personnes âgées de 75 à 85 ans représentent 44 % des bénéficiaires de l'APA à domicile. $3\,776 \times 0{,}44 \approx 1\,661$. Il y a 1 661 personnes concernées.
b. Les personnes âgées de 75 à 85 ans représentent 35 % des bénéficiaires de l'APA en établissement. $2\,124 \times 0{,}35 \approx 743$. Au total, dans la tranche d'âge [75, 85[il y a : $1\,661 + 743 = 2\,404$ bénéficiaires de l'APA.
c.

Tranche d'âges	[60, 75[	[75, 85[	[85, 95[	[95, 100[	Total
Nombre de bénéficiaires à domicile (en %)	642	1 661	1 322	151	3 776
Bénéficiaires en établissement (en %)	255	743	977	149	2 144
Total	897	2 404	2 299	300	5 900

4. Il y a 5 003 personnes de plus de 75 ans sur 5 900. $\dfrac{5\,003}{5\,900} \approx 0{,}848$. Ce n'est pas (tout à fait) exact.

MATHÉMATIQUES

5 Probabilités conditionnelles

1 Vocabulaire, calcul des probabilités

A Vocabulaire

■ Dans une **expérience aléatoire**, Ω est l'ensemble (ou **univers**) de tous les résultats (ou **issues**) possibles.

> **REMARQUE**
>
> Une expérience est **aléatoire** lorsque son résultat (ou issue) ne peut être prévu et lorsque, renouvelée dans les mêmes conditions, elle ne donne pas nécessairement le même résultat.

■ Un **événement** est une partie de Ω.

■ Un **événement élémentaire** est un événement possédant un seul élément.

■ Deux événements A, B sont **disjoints** ou **incompatibles** si et seulement si $A \cap B = \varnothing$.

■ L'**événement contraire** d'un événement A est l'**événement $\overline{A}$** constitué des éléments de Ω n'appartenant pas à A.

EXEMPLES

On prélève au hasard une carte dans un jeu de 32 cartes.
• L'**univers Ω** est l'ensemble des 32 cartes.
• Il y a 32 **issues** possibles.
• « La carte tirée est un valet » est **un événement** que nous pouvons noter A.
• « La carte tirée est un cœur » est **un événement** que nous pouvons noter B.
• $A \cap B$ désigne l'événement : « La carte tirée est un valet et la carte tirée est un cœur » c'est-à-dire : « la carte tirée est le valet de cœur ».
L'événement $A \cap B \neq \varnothing$, c'est-à-dire l'événement $A \cap B$ n'est pas « **impossible** », donc les événements A et B ne sont pas **disjoints** (ou **incompatibles**).
• $A \cup B$ désigne l'événement : « La carte tirée est un valet ou un cœur ». Il y a 11 éléments dans $A \cup B$ (les 8 cœurs et les 3 valets autres que le valet de cœur).
• L'**événement contraire** de l'événement A est l'événement :
$\overline{A}$: « la carte tirée n'est pas un cœur ».

B Calcul des probabilités

■ La **probabilité d'un événement** A d'un univers fini Ω est la somme des probabilités des événements élémentaires qui constituent A. La probabilité de Ω est 1.

■ Pour tout événement A, $0 \leq P(A) \leq 1$.

■ L'**équiprobabilité** correspond au cas où tous les événements élémentaires ont la même probabilité.

Dans ce cas, la probabilité d'un événement élémentaire est : $\dfrac{1}{\textbf{nombre d'éléments de } \Omega}$

et pour tout événement A,

$$P(A) = \frac{\textbf{nombre d'éléments de } A}{\textbf{nombre d'éléments de } \Omega} = \frac{\textbf{nombre de cas favorables}}{\textbf{nombre de cas possibles}}.$$

© Éditions Foucher

5 PROBABILITÉS CONDITIONNELLES | **COURS**

- Pour tous événements **disjoints** A, B, $P(A \cup B) = P(A) + P(B)$.

- Pour tout événement A, $P(\overline{A}) = 1 - P(A)$. En particulier $P(\emptyset) = 0$.

- Pour tous événements A, B, $P(A \cup B) = P(A) + P(B) - P(A \cap B)$.

EXEMPLE

Une enquête, concernant l'hygiène alimentaire, a été réalisée sur un échantillon de 800 personnes. Les personnes sont réparties en trois groupes.

Type 1 : les végétariens ; type 2 : les végétariens qui mangent néanmoins du poisson ; type 3 : les non-végétariens. La répartition des personnes est donnée dans le tableau suivant.

	Type 1	Type 2	Type 3	Total
Femmes	22	105	313	440
Hommes	12	27	321	360
Total	34	132	634	800

On choisit, au hasard, une des 800 personnes de l'échantillon, chacune ayant la même probabilité d'être choisie. On définit les événements suivants :

A : « La personne choisie est non végétarienne » ;

B : « La personne choisie est un homme ».

Il y a équiprobabilité des tirages donc, d'après un résultat rappelé ci-dessus, $P(A) = \dfrac{634}{800}$;

$P(A) = 0{,}7925$; $P(B) = \dfrac{360}{800}$; $P(B) = 0{,}45$.

$A \cap B$ est l'événement : « La personne choisie est un homme non végétarien ».

$P(A \cap B) = \dfrac{321}{800} = 0{,}40125$.

$A \cup B$ est l'événement : « La personne choisie est non végétarienne ou est un homme ».

$P(A \cup B) = P(A) + P(B) - P(A \cap B)$; $P(A \cup B) = 0{,}79250 + 0{,}45000 - 0{,}40125$;

$P(A \cup B) = 0{,}84125$.

2 Probabilités conditionnelles

A Exemple

Dans un lycée, cette année, au baccalauréat, on a relevé les résultats suivants.

Élèves de terminale	Garçons	Filles	TOTAL
Réussite au baccalauréat	138	205	343
Échec au baccalauréat	33	24	57
TOTAL	171	229	400

Après la publication des résultats, on rencontre au hasard un élève parmi l'ensemble des élèves de terminale. Tous les élèves ont la même probabilité d'être rencontrés. On considère les événements suivants :

G : « L'élève est un garçon » ; A : « L'élève a obtenu son baccalauréat ».

On a $P(A \cap G) = \dfrac{138}{400} = 0{,}345$ et $P(G) = \dfrac{171}{400} = 0{,}4275$.

Cherchons maintenant la probabilité de rencontrer une personne admise au baccalauréat **sachant que** c'est un garçon.

La probabilité de rencontrer une personne admise au baccalauréat **sachant que** c'est un garçon est :

$\dfrac{138}{171} \approx 0,807$ (résultat arrondi à 10^{-3}).

Cette probabilité est appelée **probabilité de A sachant G**.

C'est une **probabilité conditionnelle**. On note $P_G(A)$ **la probabilité de A sachant G**.

On a $P_G(A) = \dfrac{138}{171} \approx 0,81$.

Les nombres 138 et 171 sont respectivement Card$(G \cap A)$ et Card(G). Nous constatons alors que, dans le cas de ces deux éléments G et A, que : $P_G(A) = \dfrac{\text{Card}(G \cap A)}{\text{Card}(G)}$.

> **REMARQUE**
>
> On peut remarquer que : $P_G(A) = \dfrac{138}{171} = \dfrac{\frac{138}{400}}{\frac{171}{400}} = \dfrac{P(G \cap A)}{P(G)}$.

B Cas général

D'une manière générale, lorsque les issues sont équiprobables, une probabilité conditionnelle est définie par l'égalité obtenue ci-dessus dans un cas particulier.

DÉFINITION

Lorsque les issues de l'univers Ω sont **équiprobables**, pour tous événements A et B de cardinaux non nuls, **la probabilité de B sachant A est $P_A(B) = \dfrac{\text{Card}(A \cap B)}{\text{Card}(A)}$**.

■ Propriété

La probabilité de B sachant A est $P_A(B) = \dfrac{P(A \cap B)}{P(A)}$.

PREMIER EXERCICE

Partie II *(5 points)*

Probabilités conditionnelles avec un tableau

Une entreprise comprend 375 salariés. Elle dispose d'un restaurant d'entreprise. Une enquête a été réalisée sur la fréquentation de ce restaurant par les salariés de cette entreprise.

Les résultats sont donnés dans le tableau ci-dessous.

	Hommes	Femmes	Total
Nombre de salariés qui mangent régulièrement au restaurant d'entreprise	110	55	165
Nombre de salariés qui mangent occasionnellement au restaurant d'entreprise	42	33	75
Nombre de salariés qui ne mangent jamais au restaurant d'entreprise	58	77	135
Nombre total de salariés	210	165	375

© Éditions Foucher

5 PROBABILITÉS CONDITIONNELLES **COURS**

On choisit au hasard un salarié dans la liste des 375 salariés de cette entreprise. Tous les salariés ont la même probabilité d'être choisis.

On considère les événements suivants :

F : « Le salarié choisi est une femme » ;

R : « Le salarié choisi mange régulièrement au restaurant d'entreprise » ;

O : « Le salarié choisi mange occasionnellement au restaurant d'entreprise ».

1. Traduire par une phrase l'événement $F \cap R$, puis calculer sa probabilité (arrondir le résultat au millième).

2. Traduire par une phrase l'événement $R \cup O$, puis calculer sa probabilité.

3. Calculer la probabilité que, sachant qu'il mange occasionnellement au restaurant d'entreprise, le salarié choisi soit une femme (donner le résultat sous la forme d'une fraction irréductible).

CORRIGÉ

1. $F \cap R$ est l'événement : « Le salarié choisi est une femme qui mange régulièrement au restaurant d'entreprise ».

On a équiprobabilité. Il y a 55 femmes qui mangent régulièrement au restaurant d'entreprise parmi les 375 salariés.

Donc, $P(F \cap R) = \dfrac{55}{375}$, en arrondissant à 10^{-3}, $P(F \cap R) \approx 0{,}147$.

2. $R \cup O$ est l'événement « Le salarié choisi mange régulièrement ou occasionnellement au restaurant d'entreprise ».

Il y a 165 salariés qui mangent régulièrement et 75 salariés qui mangent occasionnellement au restaurant d'entreprise.

D'où $P(R \cup O) = \dfrac{165 + 75}{375} = \dfrac{240}{375} = 0{,}64$.

3. On cherche $P_O(F)$. Il y a 33 femmes parmi les 75 salariés qui mangent occasionnellement au restaurant d'entreprise. D'où $P_O(F) = \dfrac{33}{75} = 0{,}44$.

DEUXIÈME EXERCICE

Partie II *(5 points)*

Épidémie hivernale : un QCM

Les périodes hivernales sont propices au développement de deux maladies : la gastro-entérite et la grippe saisonnière. Dans un lycée, le personnel de santé chargé du suivi médical des élèves a effectué une enquête auprès des 400 élèves du lycée.

• 10 % des élèves du lycée ont contracté la grippe saisonnière durant l'hiver dernier ;

• Parmi ces élèves, 25 % ont aussi contracté une gastro-entérite ;

• Parmi les élèves n'ayant pas contracté la grippe saisonnière durant l'hiver dernier, 15 % ont néanmoins contracté une gastro-entérite.

On choisit au hasard la fiche de suivi médical d'un élève de ce lycée, chaque fiche ayant la même probabilité d'être choisie. On considère les événements suivants :

• S : « L'élève a contracté la grippe saisonnière durant l'hiver dernier » et $\overline{S}$ son événement contraire.

• E : « L'élève a contracté une gastro-entérite durant l'hiver dernier » et $\overline{E}$ son événement contraire.

MATHÉMATIQUES

© Éditions Foucher

On donne le tableau suivant, partiellement complété, qui pourra être utilisé dans tout l'exercice. Il n'est pas demandé de le reproduire sur la copie.

L'élève...	A contracté une gastro-entérite	N'a pas contracté une gastro-entérite	Total
A contracté la grippe			
N'a pas contracté la grippe			
Total			400

1. L'événement $S \cap E$ correspond à :

a. « L'élève a contracté une gastro-entérite, sachant qu'il avait eu une grippe saisonnière. »

b. « L'élève a contracté une grippe saisonnière et une gastro-entérite. »

c. « L'élève a contracté une gastro-entérite ou une grippe saisonnière. »

2. La probabilité de l'événement $S \cap E$ est :

a. 0,25.   b. 0,025.   c. 0,16.

3. La probabilité que l'élève ait eu une gastro-entérite durant l'hiver dernier est :

a. 0,25.   b. 0,02.   c. 0,16.

4. Sachant que l'élève a eu une gastro-entérite au cours de l'hiver dernier, la probabilité qu'il ait eu la grippe saisonnière est :

a. Environ 0,156.   b. Environ 0,089.   c. 0,25.

CORRIGÉ

	Avec gastro-entérite	Sans gastro-entérite	Total
Avec la grippe	10	30	40
Sans la grippe	54	306	360
Total	64	336	400

1. Réponse b.
2. Réponse b.
3. Réponse c.
4. Réponse a.

6 Épreuves de Bernoulli Variables aléatoires

Il s'agit de reconnaître une situation aléatoire modélisable par une loi de Bernouilli, de calculer et d'interpréter dans différents contextes l'espérance d'une variable aléatoire.

1 Probabilité associée à la répétition d'épreuves aléatoires identiques et indépendantes de Bernoulli

A Épreuve de Bernoulli

■ Une **épreuve de Bernoulli de paramètre p** (nombre réel compris entre 0 et 1) est une épreuve aléatoire comportant deux issues :

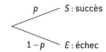

■ Le **paramètre** p est la probabilité de l'évènement « succès », $1 - p$ la probabilité de l'évènement « échec ».

EXEMPLE
Une urne contient dix boules indissociables au toucher : sept rouges et trois vertes. On prélève au hasard une boule dans l'urne, on note sa couleur. Toutes les boules ont la même probabilité d'être prélevées.
Le tirage d'une boule de l'urne est *une épreuve de Bernoulli* de paramètre $p = 0{,}7$, si on appelle « succès » obtenir une boule rouge. Si on appelle « succès » obtenir une boule verte, $p = 0{,}3$.

B Répétition d'épreuves aléatoires identiques et indépendantes de Bernoulli

■ On considère une épreuve aléatoire consistant à répéter n fois, de façon identique et indépendante, une épreuve de Bernoulli de paramètre p.

EXEMPLE
On reprend l'exemple du paragraphe **A**.
On note R l'événement : « la boule prélevée est rouge » ; on note V l'événement : « la boule prélevée est verte ». On remet la boule prélevée dans l'urne et on recommence l'expérience une seconde fois. Un résultat possible est noté par un couple, par exemple (R, R), la première boule est rouge et la seconde est rouge.
Il s'agit de la répétition de deux épreuves de Bernoulli identiques et indépendantes.

On peut construire *l'arbre pondéré* ci-dessous.

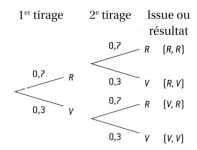

On admet la propriété suivante.

■ **Propriété**

Dans un **arbre des probabilités** associé à une répétition d'épreuves aléatoires identiques et indépendantes de Bernoulli, la probabilité d'obtenir un résultat est égale au **produit** des probabilités figurant sur le chemin conduisant à ce résultat.

On a donc : $P(R,R) = 0,7 \times 0,7 = 0,49$; $P(R,V) = 0,7 \times 0,3 = 0,21$; $P(V,R) = 0,3 \times 0,7 = 0,21$; $P(V,V) = 0,3 \times 0,3 = 0,09$.

2 Variables aléatoires

A Variable aléatoire discrète

EXEMPLE

Une urne contient 10 boules indiscernables au toucher.
Sur chacune d'elles est inscrit un nombre comme l'indique le tableau ci-dessous :

Nombre inscrit	1	2	5	10
Nombre de boules	4	3	2	1

Un joueur mise 4 €, tire une boule au hasard. Chaque boule a la même probabilité d'être tirée. Il reçoit le montant (en euros) inscrit sur la boule.

On peut rajouter une ligne « gain », au tableau de l'énoncé, dont les nombres sont obtenus en retirant la mise de 4 euros dans chaque cas.

Nombre inscrit	1	2	5	10
Nombre de boules	4	3	2	1
Gain en euros	−3	−2	1	6

Nous sommes donc amenés à introduire X qui associe à chaque tirage d'une boule le gain en euros susceptible d'être obtenu.

Chaque valeur possible du gain X, k, a une probabilité notée p_k.

On dit que X est une **variable aléatoire**.

L'ensemble des valeurs prises par la variable aléatoire X est $\{-3, -2, 1, 6\}$.

6 ÉPREUVES DE BERNOULLI VARIABLES ALÉATOIRES **COURS**

> **REMARQUES**
> ▶ X est une variable aléatoire **discrète**, car elle prend des valeurs isolées (ici : −3, −2, 1, 6).
> ▶ On note {X = −3}, l'événement « obtenir un "gain" de −3 euros ». On note P(X = −3) la probabilité de cet événement.
> ▶ {X ≤ 1} est l'événement « obtenir un gain inférieur ou égal à 1 euro ». On note P(X ≤ 1) la possibilité de cet événement.

> **À RETENIR**
> Une **variable aléatoire discrète X** prend, lors d'une expérience aléatoire, des valeurs $x_1, x_2, ..., x_n$ avec des probabilités $p_1, p_2, ..., p_n$.

B Loi de probabilité

EXEMPLE

On reprend l'exemple du **A**.
À l'aide du deuxième tableau de l'exemple du **A**, on obtient :
$P(X=-3) = \frac{4}{10} = 0,4$; $P(X=-2) = \frac{3}{10} = 0,3$; $P(X=1) = \frac{2}{10} = 0,2$; $P(X=6) = \frac{1}{10} = 0,1$.

On peut alors remplir le tableau suivant.

k	−3	−2	1	6
P(X = k)	0,4	0,3	0,2	0,1

Ce tableau définit une fonction $f : k \mapsto f(k) = P(X = k)$ appelée **loi de probabilité associée à la variable aléatoire X**.

DÉFINITION

Soit X une variable aléatoire discrète prenant, lors d'une expérience aléatoire, des valeurs $x_1, x_2, ..., x_i, ..., x_n$ avec des probabilités $p_1, p_2, ..., p_i, ..., p_n$.

La **loi de probabilité associée à X** est la fonction f qui à tout x_i associe $f(x_i) = P(X = x_i) = p_i$.

> **À RETENIR**
> En notant $p_i = P(x = x_i)$, on vérifie que la somme des p_i est égale à 1, ce que l'on note : $\sum p_i = 1$.

C Espérance

DÉFINITION

L'**espérance d'une variable aléatoire** X prenant m valeurs x_i avec les probabilités $p_i = P(X = x_i)$ est $E(X) = p_1 x_1 + p_2 x_2 + ... + p_m x_m$.

EXEMPLE

On reprend l'exemple du **A** et **B**.
L'espérance $E(X)$ de la variable aléatoire X est : $E(X) = \sum p_i x_i$, c'est-à-dire :
$E(X) = -3 \times 0,4 - 2 \times 0,3 + 1 \times 0,2 + 6 \times 0,1$,
$E(X) = -1$.
On peut interpréter l'espérance comme une « moyenne » des valeurs de la variable aléatoire.

D Loi de Bernoulli (0, 1) de paramètre p

DÉFINITION

La **loi de Bernoulli de paramètre p** est la loi de la variable aléatoire discrète X qui code le résultat d'une épreuve de Bernoulli : 1 pour « succès », 0 pour « échec » :

$$P(X=1) = p \qquad P(X=0) = 1-p.$$

3 Algorithmique, programmation et variables aléatoires

A Simuler une réalisation selon une loi de probabilité donnée

On considère la variable aléatoire X dont la loi de probabilité est donnée dans le tableau ci-contre.

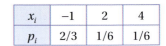

Pour simuler une réalisation de la variable aléatoire X, on peut utiliser le générateur de nombres pseudo-aléatoires du tableur, ALEA(), ou de Python, random(), qui produit un nombre au hasard dans [0, 1[. Il suffit de partager l'intervalle [0, 1[en trois parties de longueurs égales à chaque valeur p_i comme sur la figure ci-contre.

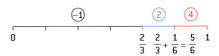

La simulation consiste alors à tirer un nombre au hasard entre 0 et 1 et à renvoyer la réalisation de X correspondant à la zone dans laquelle se situe le nombre tiré.

Simulation avec un tableur	Simulation avec Python
En cellule A1, on entre la formule : =ALEA() En cellule B1, on entre la formule : =SI(A1<2/3;-1;SI(A1<5/6;2;4)) La valeur affichée en B1 est une réalisation de X.	```from random import random
def simulX():
u = random()
if u < 2 / 3:
return(-1)
elif u < 5 / 6:
return(2)
return(4)```

REMARQUE

Avec Python, on peut directement utiliser la fonction choices du module random pour obtenir une liste de n réalisations de la variable aléatoire X par :
`choices([-1, 2, 4], [2/3, 1/6, 1/6], k = n)`.

B Simuler une réalisation selon une loi de Bernoulli

Il s'agit d'un cas particulier du cas précédent. La variable aléatoire X prend la valeur 1 (« succès ») avec la probabilité p et la valeur 0 avec la probabilité $1-p$.

On partage l'intervalle [0, 1[en deux parties de longueurs p et $1 - p$.

La simulation consiste alors à tirer un nombre au hasard entre 0 et 1 et à renvoyer 1 si le nombre tiré est dans l'intervalle [0, p[et 0 si le nombre tiré est dans [p, 1[.

Simulation avec un tableur	Simulation avec Python
| En cellule A1, on entre la valeur de $p$.<br>En cellule A2, on entre la formule :<br>=SI(ALEA()<$A$1;1;0)<br>La valeur affichée en A2 est une réalisation de $X$. | ```
from random import random
def bernoulli(p):
    if random() < p:
        return 1
    else:
        return 0
``` |

PREMIER EXERCICE

Partie I : Automatismes *Sans calculatrice (20 minutes, 5 points)*

Aucune justification n'est demandée.
Le jour de l'épreuve d'évaluation, une feuille réponse (avec les tableaux et figures) est fournie.

1. Calculs de pourcentages (dans un restaurant) (1,5 point)

Une enquête a été réalisée auprès de 1 000 habitants d'une ville où est implanté un restaurant. Les résultats sont les suivants.
- 10 % ont moins de 30 ans.
- 40 % ont entre 30 et 50 ans.
- 50 % ont plus de 50 ans.

À la question : « avez-vous déjà mangé dans ce restaurant ? » :
- 20 % des moins de 30 ans ont répondu « oui » ;
- 35 % des personnes âgées entre 30 et 50 ans ont répondu « oui » ;
- 60 % des plus de 50 ans ont répondu « oui ».

a. Compléter, après l'avoir reproduit, le tableau suivant :

	Ont répondu oui	Ont répondu non	Total
Ont moins de 30 ans			
Ont entre 30 et 50 ans			
Ont plus de 50 ans			
Total			1 000

b. Quelle est la proportion des habitants parmi les habitants de l'échantillon qui ont répondu oui ?

2. Proportions d'une proportion (1,5 point)

Une coopérative de fruits bio doit calibrer sa production de cerises, c'est-à-dire les trier selon leur taille. Elle produit des cerises burlats et des cerises griottes. Les cerises qui ont un calibre
```

trop petit seront écartées du stock et ne pourront pas être commercialisées. On sait que 70 % des cerises produites sont des burlats ; les autres sont donc des griottes. Parmi les burlats, 10 % sont écartées et parmi les griottes 25 % le sont également.

a. Quelle proportion, en pourcentage, de la production totale de la coopérative représente l'ensemble des burlats écartées ?

b. Même question qu'au a) en remplaçant « burlats » par « griottes ».

c. Montrer que 85,5 % des fruits produits sont conservés.

3. Lire un graphique (échantillonage) (2 points)

Dans une entreprise du secteur de l'automobile on affirme que 20 % des pièces d'un certain type sont défectueuses. On effectue à l'aide d'un tableur une simulation. Le graphique ci-contre donne l'évolution de la fréquence des pièces défectueuses de ce type dans un échantillon en fonction de la taille de l'échantillon.

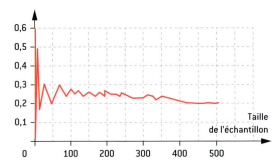

A. Vrai/Faux. Lorsque la taille de l'échantillon augmente :

a. La fréquence des pièces défectueuses augmente.

b. La fréquence des pièces défectueuses diminue.

c. La fréquence des pièces défectueuses a tendance à se stabiliser.

B. QCM. La probabilité de l'événement A « une pièce prélevée au hasard dans un lot important est défectueuse » est :

a. $P(A) = 0,3$ **b.** $P(A) = 0,02$ **c.** $P(A) = 0,2$

CORRIGÉ

	Ont répondu oui	Ont répondu non	Total
Ont moins de 30 ans	20	80	100
Ont entre 30 et 50 ans	140	260	400
Ont plus de 50 ans	300	200	500
Total	460	540	1 000

b. $\dfrac{460}{1\,000} = 0,46 = 46\,\%$.

2. a. $0,70 \times 0,10 = 0,07 = 7\,\%$.

b. $0,30 \times 0,25 = 0,075 = 7,5\,\%$.

c. Au total $7 + 7,5 = 14,5\,\%$ des fruits sont écartés, donc $100 - 14,5 = 85,5\,\%$ sont conservés.

3. A. Réponse **c.** : vrai ; Réponses **a.** et **b.** fausses.

B. Réponse **c.**

6 ÉPREUVES DE BERNOULLI VARIABLES ALÉATOIRES

ENTRAÎNEMENT AU CONTRÔLE CONTINU

DEUXIÈME EXERCICE

Partie II *(5 points)*

Arbre et variable aléatoire

Une urne contient quatre boules, indiscernables au toucher, numérotées de 1 à 4.

Une expérience aléatoire se déroule de la manière suivante :

On tire au hasard une première boule de l'urne et on note son numéro. Après avoir remis cette boule dans l'urne, on en tire au hasard une seconde dont on note aussi le numéro.

À l'issue de cette expérience, on obtient un couple de nombres (on rappelle que, par exemple, le couple (2, 3) est différent du couple (3, 2)).

1. À l'aide d'un arbre ou d'un tableau, établir la liste des 16 couples possibles.

2. Dans cette question, on donnera les probabilités sous la forme de fractions de dénominateur 16.

a. On note A l'événement « obtenir un couple de nombres pairs ».

Montrer que la probabilité de l'événement A est $\dfrac{4}{16}$.

b. On note B l'événement « obtenir un couple de nombres impairs ».

Calculer la probabilité de l'événement B.

c. On note C l'événement « obtenir un couple de nombres de parité différente » ; calculer la probabilité de l'événement C.

3. On organise un jeu.

Un joueur mise 2 € et réalise ensuite l'expérience aléatoire décrite ci-dessus.

• Si l'événement A est réalisé, le joueur reçoit 8 € de l'organisateur du jeu ;

• Si l'événement B est réalisé, le joueur reçoit 4 € de l'organisateur du jeu ;

• Si l'événement C est réalisé, le joueur reçoit 4 € de l'organisateur du jeu.

On désigne par X la variable aléatoire qui à chaque expérience associe le gain algébrique (positif ou négatif) du joueur.

Par exemple, s'il obtient le couple (2, 2), son gain est 6 €.

a. Déterminer les valeurs prises par la variable aléatoire X.

b. Donner la loi de probabilité de la variable aléatoire X.

c. Calculer l'espérance $E(X)$ de la variable aléatoire X.

CORRIGÉ

1. On peut réaliser l'arbre suivant :

Résultat du premier tirage	Résultat du second tirage	Résultat	Gain
1	1	(1,1)	2
	2	(1,2)	– 6
	3	(1,3)	2
	4	(1,4)	– 6
2	1	(2,1)	– 6
	2	(2,2)	6
	3	(2,3)	– 6
	4	(2,4)	6

Résultat du premier tirage	Résultat du second tirage	Résultat	Gain
3	1	(3,1)	2
	2	(3,2)	– 6
	3	(3,3)	2
	4	(3,4)	– 6
4	1	(4,1)	– 6
	2	(4,2)	6
	3	(4,3)	2
	4	(4,4)	6

Il y a 16 couples possibles.

2. a. Il y a quatre couples de nombres pairs : $(2, 2)$; $(2, 4)$; $(4, 2)$; $(4, 4)$.

Tous les tirages sont équiprobables, donc : $P(A) = \dfrac{4}{16}$.

b. Il y a quatre couples de nombres impairs : $(1, 1)$; $(1, 3)$; $(3, 1)$; $(3, 3)$.

Tous les tirages sont équiprobables, donc : $P(B) = \dfrac{4}{16} = \dfrac{1}{4}$.

c. Il y a huit couples de nombres de parité différente. $(16 - (4 + 4) = 8)$.

Donc, $P(C) = \dfrac{8}{16} = \dfrac{1}{2}$.

3. a. Rajoutons une colonne « gain » à l'arbre réalisé dans la question 1.

Les valeurs prises par la variable aléatoire X sont : – 6, 2, 6.

b. Il y a 8 tirages correspondant à un « gain » de – 6, donc : $P(X = -6) = \dfrac{8}{16}$.

Il y a 4 tirages correspondant à un gain de 2, donc : $P(X = 2) = \dfrac{4}{16}$.

Il y a 4 tirages correspondant à un gain de 6, donc : $P(X = 6) = \dfrac{4}{16}$.

La loi de probabilité de la variable aléatoire X est donc donnée par :

> **REMARQUE**
> On vérifie que
> $p_1 + p_2 + p_3 = 1$. $\left[\sum p_i = 1\right]$.

Valeurs de $X : x_i$	– 6	2	6
$P(X = x_i) = p_i$	$\dfrac{8}{16}$	$\dfrac{4}{16}$	$\dfrac{4}{16}$

c. L'espérance de la variable aléatoire X est :

$$E(X) = \sum p_i x_i = \dfrac{8}{16}(-6) + \dfrac{4}{16}(2) + \dfrac{4}{16}(6) \ ;$$

$$E(X) = -\dfrac{16}{16} \ ; \ \boldsymbol{E(X) = -1.}$$

6 ÉPREUVES DE BERNOULLI VARIABLES ALÉATOIRES — **ENTRAÎNEMENT AU CONTRÔLE CONTINU**

TROISIÈME EXERCICE

Partie II *(5 points)*

Le jour de l'épreuve d'évaluation, une feuille réponse (avec les tableaux à compléter) est fournie. Il n'y a donc pas à les reproduire...

Tableau croisé d'effectif, probabilités conditionnelles, variable aléatoire

Dans une usine, deux chaînes de montage A et B fabriquent les mêmes types de matériels pour les sièges d'entreprises. La chaîne A en fabrique trois fois plus que la chaîne B. 7 % de la production de la chaîne A est défectueuse contre 2 % pour la chaîne B.

A. 1. On considère une production de 1 200 matériels. Reproduire et compléter le tableau suivant.

Le jour de l'épreuve, une feuille réponse avec le tableau est fournie.

	Chaîne A	Chaîne B	Total
Nombre de matériels défectueux	63		
Nombre de matériels non défectueux			
Total			1 200

2. On prélève au hasard un matériel dans la production totale de l'usine et on admet que les prélèvements sont équiprobables.

a. Déterminer la probabilité que le matériel prélevé soit à la fois défectueux et produit par la chaîne A.

b. Déterminer la probabilité que le matériel prélevé ne soit pas défectueux.

c. Quelle est la probabilité, arrondie au millième, que le matériel prélevé provienne de la chaîne A sachant qu'il est non défectueux.

B. Un matériel défectueux peut présenter 1, 2 ou 3 défauts. Soit X la variable aléatoire qui, à un matériel prélevé au hasard dans la production, associe le nombre de défauts que ce matériel présente.

La loi de probabilité de X est donnée par le tableau suivant.

x	0	1	2	3
$P(X=x)$	0,942 5	0,031 8	...	0,006

1. Reproduire sur la copie puis compléter le tableau précédent.

2. Le prix de vente d'un matériel dépend du nombre de défauts qu'il présente.

Nombre de défauts	0	1	2	3
Prix de vente en euros	56	15	10	1

Soit Y la variable aléatoire qui, à un matériel prélevé au hasard dans la production, fait correspondre son prix de vente noté y.

a. Déterminer la loi de probabilité de Y.

b. Calculer l'espérance de Y. Interpréter le résultat obtenu.

MATHÉMATIQUES

© Éditions Foucher

CORRIGÉ

A. 1.

	Chaîne A	Chaîne B	Total
Nombre de matériels défectueux	63	6	69
Nombre de matériels non défectueux	837	294	1 131
Total	900	300	1 200

2. a. $p_1 = \dfrac{63}{1\,200} = 0{,}0525$.

b. $p_2 = \dfrac{294}{1\,200} = 0{,}0245$.

c. $p_3 = \dfrac{837}{1131} \approx 0{,}740$.

B. 1. $P(X=2) = 1 - [P(X=0) + P(X=1) + P(X=3)]$. $P(X=2) = 0{,}0197$.

2. a.

y_i	56	15
$p_i = P(Y=y)$	0,9425	0,0318
y	10	1
$p_i = P(Y=y)$	0,0197	0,006

b. $E(Y) = \Sigma p_i y_i$.

$E(Y) = 53{,}46$.

En moyenne, un matériel est vendu 53,46 euros.

FRANÇAIS

Évaluation du Français au bac 210

LA POÉSIE DU XIXE SIÈCLE AU XXIE SIÈCLE

1 L'écriture poétique 211

2 L'histoire de la poésie du Moyen Âge à nos jours 218

LA LITTÉRATURE D'IDÉES DU XVIE SIÈCLE AU XVIIIE SIÈCLE

3 L'écriture argumentative 229

4 L'histoire de la littérature d'idées du XVIe au XVIIIe siècle 235

LE ROMAN ET LE RÉCIT DU MOYEN ÂGE AU XXIE SIÈCLE

5 L'écriture romanesque 246

6 L'histoire du roman du Moyen Âge à nos jours 252

LE THÉÂTRE DU XVIIE SIÈCLE AU XXIE SIÈCLE

7 Le texte théâtral et sa représentation 263

8 L'histoire du théâtre du XVIIe siècle à nos jours 269

FRANÇAIS

Évaluation du Français au bac

Le Français est évalué à l'écrit et à l'oral à la fin de l'année de Première. Les compétences et connaissances évaluées sont la maîtrise de la langue et l'expression, l'aptitude à lire, à analyser et à interpréter des textes. On attend que vous mobilisiez une culture littéraire fondée sur les travaux faits en classe, ainsi que sur votre culture et vos lectures personnelles.

1 Le programme

4 objets d'étude sont étudiés au cours de l'année de Première, la poésie du XIXe au XXIe siècle, la littérature d'idées du XVIe siècle au XVIIIe siècle, le roman et le récit du Moyen Âge au XXIe siècle et le théâtre du XVIIe siècle ou XXIe siècle. **12 œuvres**, renouvelées par moitié tous les ans, sont inscrites au programme.

2 Les modalités d'évaluation

A L'épreuve écrite

■ L'épreuve écrite dure **4 heures** et est dotée d'un **coefficient 5**. Le sujet repose sur un **corpus de 1 à 5 documents**, et vous avez le choix entre deux travaux d'écriture : un **commentaire** ou une **contraction de texte suivie d'un essai**.

■ Le **commentaire** (noté sur **20 points**) porte sur un texte littéraire en lien avec les objets d'étude (sauf celui portant sur la littérature d'idées) et n'est pas extrait d'une des douze œuvres au programme. Le sujet est formulé de manière à vous guider dans votre travail.

■ La **contraction de texte** (notée sur **10 points**) **suivie d'un essai** (noté sur **10 points**) permet d'évaluer votre aptitude à reformuler une argumentation de manière précise, en respectant les idées de l'auteur. Le texte étudié comporte 1 000 mots environ et doit être contracté au quart (soit 250 mots environ). Le nombre de mots utilisés pour la contraction de texte doit être inscrit dans le devoir. Le sujet de l'essai est inscrit dans le cadre de l'objet d'étude sur la littérature d'idées.

B L'épreuve orale

■ L'épreuve orale dure **20 minutes**, précédée d'une préparation de 30 minutes, et est dotée d'un **coefficient 5**. La qualité d'expression est évaluée, ainsi que sa capacité à développer un propos et dialoguer avec l'examinateur.

■ La première partie de l'épreuve dure 12 minutes environ, et est notée sur 12 points. L'élève lit à voix haute le texte retenu et situe brièvement l'œuvre (2 points). Puis, il explique le passage sélectionné (8 points). Une question de grammaire portant sur une courte phrase ou quelques phrases du texte est ensuite posée (2 points).

■ Lors de la seconde partie de l'épreuve, notée sur 8 points, l'élève présente une œuvre qu'il a choisie parmi celles étudiées en classe. Une discussion avec l'examinateur s'ensuit.

© Éditions Foucher

FRANÇAIS

1 L'écriture poétique

Le terme poésie vient du grec *poiêsis*, qui signifie « création ». Platon rapproche ainsi le poète d'un dieu car il est capable de créer. La poésie classique, fondée sur la répétition rythmique et sonore, est dite « lyrique » (du grec λυρα qui désigne un instrument de musique) car elle emprunte à la musique la répétition et l'harmonie des sons. Connaître les règles de la poésie versifiée permet de commenter au mieux les textes à l'examen.

1 Le rythme

La poésie classique naît au XVIIᵉ siècle de l'agrégation de nombreuses règles utilisées précédemment. Nicolas Boileau est le premier à fixer dans son *Art poétique* un grand nombre de règles, fondées sur la **répétition rythmique et sonore**.

A Les différents types de vers

Le rythme de lecture d'un vers ainsi que son appellation sont dictés par le **nombre de syllabes** (pieds). Les vers les plus courants sont les suivants.

■ **L'octosyllabe (8 pieds) :**
  « Il n'y a pas d'amour heureux,
  Mais c'est notre amour à tous deux »
  Louis Aragon, « Il n'y a pas d'amour heureux », *La Diane française* (1946)

■ **Le décasyllabe (10 pieds) :**
  « Déjà la nuit en son parc amassait
  Un grand troupeau d'étoiles vagabondes »
  Joachim Du Bellay, *L'Olive* (1549)

■ **L'alexandrin (12 pieds) :**
  « Salut ! Bois couronnés d'un reste de verdure ! »
  Alphonse de Lamartine, « L'automne », *Méditations poétiques* (1820)

> **REMARQUE**
> Si vous devez nommer un vers comportant un nombre de syllabes différent, nul besoin de connaître leur nom savant. Dites simplement qu'il s'agit d'un vers de x syllabes. Personne ne vous reprochera de ne pas connaître le terme « hendécasyllabe ».

© Éditions Foucher

ZOOM SUR...

L'alexandrin et le décasyllabe

▶ L'alexandrin (considéré comme le vers le plus noble en poésie) et le décasyllabe ont un statut spécial. De par leur longueur, ils sont difficiles à prononcer d'une seule traite et exigent, en poésie classique, que l'on sépare le vers en deux parties, appelées **hémistiches** (nom masculin), à l'aide d'une pause que l'on nomme la **césure** (matérialisée comme ceci : //).

▶ Dans le **décasyllabe**, on peut trouver la césure :
- après la 4ᵉ syllabe, créant deux hémistiches que l'on peut symboliser ainsi : 4/6 :

« Ma vie à peine // a commencé d'éclore »
Jean Racine, *Esther* (1689)

- après la 5ᵉ syllabe (5/5), ce qui crée une certaine **monotonie** :

« Ainsi partagés, // boiteux et mal faits,
Ces vers languissants // ne plairaient jamais. »
Voltaire, *Dictionnaire philosophique*, Quatrième Volume (1764)

▶ Dans l'**alexandrin**, la césure doit traditionnellement couper le vers en **deux hémistiches égaux** (6/6) :

« Moi qui passais par là, // je crus voir une fée »
Victor Hugo, poème XXI, *Les Contemplations*, livre premier (1856)

▶ Cette pause ne doit jamais couper un mot en deux et les poètes s'en servent parfois pour mettre en avant le mot final du premier hémistiche, ou pour créer des **rimes internes**.

« Au commencement, **Dieu** // vit un jour dans l'espace
Iblis venir à lui ; // **Dieu** dit : "Veux-tu ta grâce ?" »
Victor Hugo, « Puissance égale bonté », *La Légende des siècles* (1859)

Dans ces vers, le même mot est répété avant et après la césure, créant une répétition et un parallélisme.

B La règle du « e » muet

Le « e » ne compte pas comme une syllabe lorsqu'il est placé à certains endroits, on dit alors qu'il est **muet**. Ainsi, le « e » est muet :
– quand il est situé **en fin de vers**, car il n'est jamais prononcé de manière accentuée ;
– dans un mot qui se termine par un « e » et si la première lettre du mot suivant est une voyelle ou un « h » non-aspiré.

« Que me font ces vallons, ces palais, ces chaumièr**(es)** ?
    1   2   3   4   5 6   7 8 9   10   11 12
[...] Un seul êtr**e** vous manqu**(e)**, et tout est dépeuplé. »
    1   2 3 4   5   6   7 8   9   10 11 12

Alphonse de Lamartine, « L'isolement », *Méditations poétiques* (1820)

ATTENTION

Dans le cas d'un mot suivi par une voyelle, si ce mot est terminé par -es ou -ent, on fait la liaison avec la voyelle suivante, ce qui signifie que le « e » ainsi suivi d'un -s ou de -nt ne peut pas être muet, sauf s'il est en fin de vers.

« Jusqu**es** aux piè**ges** mal tendus »
    1 2   3   4 5 6 7 8

Paul Verlaine, « Jusques aux pervers nonchaloirs », *Chansons pour elle* (1891)

REMARQUE

Par convention, lorsque vous scandez un vers (ou comptez le nombre de syllabes), le « e » muet est indiqué entre parenthèses. Si vous désignez la lettre « e » dans votre devoir, mettez-la entre guillemets. Si vous voulez évoquer le son du « e » muet, indiquez-le comme ceci : [ə].

© Éditions Foucher

1 L'ÉCRITURE POÉTIQUE **COURS**

C Les accents toniques

■ Ils sont essentiels au **rythme de prononciation** (ce que l'on appelle la **prosodie**). Un mot possède un accent tonique, c'est-à-dire une **syllabe sur laquelle la voix s'élève**. En français, il s'agit de la dernière voyelle non-muette d'un mot (voir la règle du « e » muet). En poésie classique, l'accent le plus important est celui de la **rime**.

DÉFINITION

La **prosodie** désigne la tonalité et l'inflexion donnée à la voix lorsque nous parlons. Dans le cas de la poésie, la prosodie se rapporte à la **musicalité des vers** ainsi qu'à leur **rythme** (accents toniques, césures, montée et descente de la voix...).

■ Dans le cas des **alexandrins** et des **décasyllabes**, un autre accent est à respecter : celui de la **dernière syllabe avant la césure** (en poésie classique, il ne faut pas terminer un hémistiche par une syllabe muette pour cette raison).

■ L'harmonie rythmique de ces vers dépend du bon placement de ces accents. D'autres accents servent à créer des subdivisions à l'intérieur d'un hémistiche et permettent de nombreuses **variations de rythme** qu'il faut savoir analyser. La **ponctuation** est d'une grande aide pour décomposer un vers.

■ Ces règles très contraignantes furent parmi les premières à être **négligées par les auteurs les plus modernes du XIXᵉ siècle**, qui utilisèrent l'effet de **déséquilibre** ainsi créé.

« Quand le **ciel** bas et **lourd** // **pè**se comm(e) un couver(cle) »
   1   2   3 / 1   2   3   //   1 2   3   4   5 6

Charles Baudelaire, « Spleen LXXVIII », *Les Fleurs du Mal* (1857)

ANALYSE GUIDÉE

Ici, le poème installe dès le premier vers une ambiance pesante et oppressante. Baudelaire pose un accent irrégulier sur « pèse » pour mettre en avant ce mot et mimer le mal-être de la dépression (« spleen » définit justement un sentiment de malaise dont on ne parvient pas à cerner l'origine). L'accent est irrégulier car il est placé directement après la césure. Deux accents successifs sont considérés comme inharmonieux, ce qui est le but du poète qui s'exprime sur la dépression et la perte de repères. Notez l'accent régulier sur « lourd », dernière voyelle de l'hémistiche, ainsi que sur « ciel ». Ces deux accents séparent l'hémistiche en deux parties égales de 3 syllabes chacune, créant ce qu'on appelle un rythme ternaire qui, comme dans la musique, donne une impression de rapidité.

D La diérèse et la synérèse

■ Un poète peut choisir de **séparer deux voyelles consécutives en deux syllabes différentes** afin d'obtenir le nombre de pieds souhaité : il s'agit d'une **diérèse**, comme le montrent les vers suivants, extraits du *Misanthrope* de Molière :

« Et je ne hais rien tant, que les contor**sions**
De tous ces grands faiseurs de protesta**tions** »

Les deux termes placés à la rime (en fin de vers) présentent une diérèse sans laquelle on ne pourrait pas avoir d'alexandrins.

FRANÇAIS

© Éditions Foucher

213

■ Si le nombre de pieds souhaité est atteint sans diérèse, deux voyelles consécutives sont considérées comme une seule syllabe. Il s'agit d'une **synérèse** :

« Vous serez au foyer une vieille accroupie,
Regrettant mon amour et votre <u>fier</u> dédain. »
Pierre de Ronsard, « Quand vous serez bien vieille », *Sonnets pour Hélène* (1578)

Le terme « fier » qui comprend pourtant deux sons, est considéré et prononcé comme une seule syllabe afin de préserver les douze syllabes de l'alexandrin.

E Les différents types de strophes

■ Équivalent poétique du paragraphe, la strophe est définie par **le nombre de vers qu'elle contient**. Les strophes les plus courantes sont le **distique** ou couplet (2 vers) ; le **tercet** (3 vers) ; le **quatrain** (4 vers) ; le **quintil** (5 vers) ; le **sizain** (6 vers) ; le **huitain** (8 vers).

■ Il est possible de trouver un **vers solitaire** dans un poème. Portez une attention toute particulière à ce vers et à sa relation au reste du poème.

2 Les jeux sonores

Ils sont primordiaux dans la poésie classique. Des sons se répètent en fin de vers (rimes), mais aussi au milieu des vers. C'est ce que l'on appelle les **assonances** et les **allitérations**, présents dans d'autres formes littéraires.

A L'assonance est la répétition d'une même voyelle

« Je fais souvent // ce rêv(e) étrang(e) et pénétrant », Verlaine, « Mon rêve familier », *Poèmes saturniens* (1866) : l'assonance en « en » accentue ici la douceur du rêve dont parle le poème.

B L'allitération est la répétition d'une même consonne

■ « **T**out en faisant **t**ro**t**ter ses pe**t**ites bo**tt**ines », Rimbaud, « Roman » *Cahiers de Douai* (1919) : l'allitération en « t » traduit ici la démarche coquette de la jeune fille.

■ Ces répétitions sont souvent utilisées pour **renforcer le sens du texte en imitant des sons** : « Pour qui **s**ont **c**es **s**erpents qui **s**ifflent **s**ur vos têtes ? », Racine, *Andromaque* (1667). L'allitération en « s » imite le son produit par les serpents.

C La richesse et les types de rimes

a La richesse des rimes

Vous devez être capables d'analyser les rimes. Elles peuvent être **pauvres, suffisantes** ou **riches**. Ces appellations correspondent au **nombre de sons répétés en fin de vers**. C'est ce qu'on appelle la **richesse des rimes** :

> **ATTENTION**
>
> **Un son est différent d'une syllabe**. Un minimum d'**une voyelle commune** (a, e, i, o, u, y) est nécessaire pour qu'il y ait rime. Cependant une consonne répétée correspond à un son lorsqu'on cherche à déterminer la richesse des rimes.

214

© Éditions Foucher

1 L'ÉCRITURE POÉTIQUE **COURS**

– **1 son** (obligatoirement une voyelle) = **rime pauvre**
   « Se trouva fort dépour**vue**
   Quand la bise fut ve**nue**. »
– **2 sons** (voyelle(s) et/ou consonne) = **rime suffisante**
   « La Cigale, ayant chan**té**
   Tout l'é**té**, »

[2 sons : [t] + [e]]

– **3 sons ou plus** (voyelles et consonnes) = **rime riche**
   « La Fourmi n'est pas prê**teuse** :
   C'est là son moindre défaut.
   Que faisiez-vous au temps chaud ?
   Dit-elle à cette emprun**teuse**. »

[3 sons : [t] + [∅] « eu » + [z]]

La Fontaine, « La Cigale et la Fourmi », *Fables* (1694)

ⓑ Les types de rimes

Les rimes peuvent également être **suivies** (ou plates), **croisées** ou **embrassées**. C'est ce qu'on appelle les **types de rimes** :
– **rimes suivies (ou plates) : aabb**…
   « Que savons-nous de plus ?… et la sagesse hum**aine**,
   Qu'a-t-elle découvert de plus en son dom**aine** ?
   Sur ce large univers elle a, dit-on, ma**rché** ;
   Et voilà cinq mille ans qu'elle a toujours che**rché** ! »
   Alfred de Musset, « Rêverie », *Poésies posthumes* (1888)
– **rimes croisées : abab**
   « Aimons toujours ! Aimons enc**ore** !
   Quand l'amour s'en va, l'espoir f**uit**.
   L'amour c'est le cri de l'aur**ore**,
   L'amour c'est l'hymne de la n**uit**. »
   Victor Hugo, « Aimons toujours ! Aimons encore ! », *Les Contemplations* (1859)
– **rimes embrassées : abba**
   « C'est le règne du rire amer et de la **rage**
   De se savoir poète et objet du mé**pris**,
   De se savoir un cœur et de n'être com**pris**
   Que par le clair de lune et les grands soirs d'o**rage** ! »
   Émile Nelligan, « La romance du vin », *Poésies complètes* (1899)

Ⓓ La syntaxe

■ La syntaxe de la poésie versifiée n'est pas la même que celle du roman ou de la littérature d'idées. En effet, même si la poésie classique préfère les phrases qui se terminent à la fin d'un vers, il est fréquent au XIXᵉ siècle de voir **des phrases qui n'épousent pas exactement le vers**.

■ On parle d'**enjambement** lorsque la phrase commencée au premier vers se termine au début du second. On appelle les éléments mis en valeur au début du second vers un **rejet**, tandis que les éléments accentués à la fin du premier vers portent le nom de **contre-rejet**. L'enjambement crée une sensation d'allongement du vers.
   « Demain, dès l'aube, à l'heure où **blanchit la campagne**,
   Je partirai. Vois-tu, je sais que tu m'attends. »
   Victor Hugo, « Demain, dès l'aube… », *Les Contemplations* (1856)

FRANÇAIS

© Éditions Foucher

215

ANALYSE GUIDÉE

▶ Ici, le poète utilise l'enjambement pour insister sur la sensation que le temps est arrêté au petit matin, quand le soleil n'est pas encore levé. Le groupe verbal « où blanchit la campagne » en position de contre-rejet au vers 1 pose l'atmosphère particulière de ce poème et constitue une image que le lecteur visualise instantanément. Le second groupe verbal mis en avant est « Je partirai », en rejet au début du vers 2. Il fait écho au thème du poème, révélé dans les deux derniers vers (« Et quand j'arriverai, je mettrai sur ta tombe/Un bouquet de houx vert et de bruyère en fleurs »). L'auteur décrit le cheminement matinal vers la tombe de sa fille Léopoldine, décédée quatre ans plus tôt. Ce « Je partirai » renvoie peut-être à sa propre mort inéluctable, par laquelle il pourra rejoindre sa fille. La phrase « je sais que tu m'attends », au vers 2, peut signifier que Léopoldine attend la visite de son père vivant sur sa tombe, ou bien une fois mort, dans l'au-delà.

▶ Il est possible de faire ces remarques, même si vous ignorez la vie de l'auteur. Cependant, l'examinateur aura un avis positif s'il voit que vous connaissez le recueil *Les Contemplations* et la signification du quatrième livre intitulé *Pauca Meae (Quelques vers pour ma fille)*. Étant donné l'omniprésence de Victor Hugo dans la littérature française et aux épreuves du bac, nous ne saurions trop vous conseiller de mémoriser ces informations.

③ L'écriture poétique ou la langue des images

A La forme est indissociable du fond

■ La poésie requiert une compréhension fine de la **forme** du texte, c'est-à-dire la syntaxe, la prosodie, les aspects sonores et visuels du texte. L'**analyse de la forme** doit toujours amener à parler du **sens du texte**, c'est-à-dire le **fond**. Si l'écrivain a choisi telle façon de s'exprimer, c'est parce que le poème veut dire telle chose.

■ Le **style** correspond à la manière d'écrire d'un écrivain, à sa façon singulière de trouver les mots qui parlent à tous, les formules et les tournures adéquates. Les figures de style utilisées font partie du style de l'auteur. Elles sont facilement repérables car elles s'éloignent de l'usage ordinaire de la langue, et donnent souvent un caractère **figuré** à l'écriture, sorte de « boîte à outils » de l'écrivain. La manière très personnelle dont il choisit, combine et place ces outils définit son style.

B Les figures de style les plus courantes

Sans être exhaustive, voici une liste de procédés stylistiques les plus courants en poésie utiles pour comprendre le sens du texte et se donner les moyens d'en analyser la forme.

■ L'**anaphore** et la **répétition** consistent à répéter un mot ou un groupe de mots en début de vers ou de phrase. Elles créent un effet d'insistance : « **Mon bras** qu'avec respect toute l'Espagne admire/**Mon bras**, qui tant de fois a sauvé cet empire » Corneille, *Le Cid*, I, 4.

■ La **métaphore** met en relation deux éléments, un comparé et un comparant, mais sans outil de comparaison. Elle s'appuie sur un point commun qui peut être sous-entendu : « La jeunesse est le printemps de la vie » (**comparé** : la jeunesse ; **comparant** : le printemps ; **point commun sous-entendu** : le commencement).

■ L'**hyperbole** consiste à exagérer fortement la réalité, de façon à frapper l'imagination : « Mon nom sert de rempart à toute la Castille » Corneille, *Le Cid*, I, 6. Ici, le personnage se

© Éditions Foucher

1 L'ÉCRITURE POÉTIQUE **COURS**

glorifie et montre sa force et sa notoriété. Il est connu dans toute la Castille et l'évocation de son nom suffit à en défendre les frontières.

■ L'**oxymore** est l'association dans le même groupe syntaxique de deux termes de sens opposés : « un clair-obscur », une « souffrance joyeuse », etc.

> **ATTENTION**
> Oxymore est un nom masculin : on écrit **un** oxymore.

■ L'**allégorie** consiste à personnifier une réalité abstraite, comme le fait le tableau de Delacroix *La Liberté guidant le peuple*, représentant une jeune femme qui incarne la révolte et la victoire de la liberté.

■ La **métonymie** consiste à remplacer un terme par un autre, auquel le premier mot est lié par un rapport de sens : le contenu pour le contenant (boire une **tasse** de café = boire le contenu de la tasse) ; la matière pour l'objet (croiser le **fer** = croiser l'épée) ; la partie pour le tout (une **voile** à l'horizon = un bateau à l'horizon).

■ L'**hypallage** consiste à rapprocher deux termes qui n'ont *a priori* pas de rapport entre eux. On s'attend à ce que l'un des deux mots soit rattaché à un troisième : « La chambre est **veuve** », Guillaume Apollinaire, « Hôtels », *Alcools* (1913).

En bref

> **REMARQUE**
> Dès la première lecture du texte, vous pouvez extraire beaucoup d'informations en procédant systématiquement de la façon suivante : posez-vous toutes les questions appropriées et notez les réponses au brouillon en quelques mots.

Analyser un poème :

- Période ?
- Siècle ?
- Mouvement littéraire ?
- Événements socio-culturels liés au poème ?

- Quels sont les liens entre le fond et la forme du texte ?
- Quels sont les procédés utilisés pour transmettre l'émotion, le message ?

- Quels sont les liens avec les autres auteurs, œuvres et courants artistiques ?

- Poème en prose ?
- Poème en vers ?
- Quels types de vers ou de rimes ?
- Respect des règles classiques ?

FRANÇAIS

2 L'histoire de la poésie du Moyen Âge à nos jours

Jusqu'à la fin du XVIIIe siècle, la poésie s'identifie au vers et se contente de quelques formes fixes telles que la ballade, le lai, le rondeau, la chanson de geste, l'ode ou encore le sonnet. À partir du XIXe siècle, les poètes commencent à enfreindre les règles très contraignantes de la poésie classique. Peu à peu, les limites du genre deviennent poreuses et la poésie s'ouvre au vers libre, à la prose et aux formes plus originales comme les calligrammes.

1 Les formes fixes de la poésie

A Les formes médiévales

Ces formes issues du Moyen Âge ont des fonctions et des aspects très différents.

■ La **chanson de geste** (du latin gesta : « actions »), comme l'épopée, relate les faits d'armes d'un chevalier. Elle est chantée sur un léger accompagnement musical et repose sur une succession de strophes inégales appelées des laisses. Elle est bâtie sur une assonance (une seule voyelle). La plus célèbre est la *Chanson de Roland*, qui est aussi un des tout premiers textes narratifs en ancien français.

■ La **ballade** est un poème lyrique (le poète y exprime toutes sortes de sentiments, notamment amoureux) de 3 strophes identiques terminées par un refrain et d'une demi-strophe appelée l'envoi, qui reprend les dernières rimes et le refrain. Les strophes sont généralement composées de 8 à 10 vers et les rimes suivent la structure ABABBCBC ou ABABBCC-DCD. Cette forme est réservée aux poètes virtuoses car elle est très contraignante. L'une des plus célèbres est la « Ballade des dames du temps jadis » de François Villon.

■ Le **lai** est un poème narratif. Il est souvent rédigé en octosyllabes et exprime la mélancolie et la sensibilité du poète. Marie de France est l'auteure la plus prolifique de cette forme, à tel point que l'on parle des Lais de Marie de France. L'histoire de Tristan et Iseult a été racontée plusieurs fois sous forme de lai.

■ Le **rondeau** est un poème de 3 strophes (5/3/5 ou 4/2/4 vers) contenant seulement 2 rimes. Le premier hémistiche du vers 1 est repris comme un refrain à la fin des strophes 2 et 3.

B L'ode, le sonnet et le haïku (XVIe siècle)

■ L'**ode** est un **poème lyrique** contenant 3 strophes appelées respectivement la strophe, l'antistrophe et l'épode. Elles comportent généralement le même nombre de vers. Il s'agit d'un poème énergique et enthousiaste où l'auteur exprime ses sentiments de manière **joyeuse**.

■ Le **sonnet** est composé de 4 strophes : deux quatrains et deux tercets en alexandrins. Les rimes des quatrains sont traditionnellement embrassées. C'est une forme particulièrement répandue : Ronsard est célèbre pour ses *Sonnets pour Hélène,* Baudelaire l'utilise beaucoup dans *Les Fleurs du mal,* comme le « Sonnet d'automne ».

© Éditions Foucher

2 L'HISTOIRE DE LA POÉSIE DU MOYEN ÂGE À NOS JOURS **COURS**

■ D'origine japonaise, le **haïku** est un poème très bref, un tercet habituellement de 17 syllabes. Il fait référence à un élément naturel pour parler du monde sans nécessairement faire intervenir l'humain. Sa forme lui confère un aspect fulgurant et interdit l'usage des artifices littéraires utilisés dans la poésie lyrique occidentale. Voici un haïku très célèbre, écrit par Bashô, un des principaux auteurs de haïkus japonais :

« Un vieil étang
Une grenouille qui plonge,
Le bruit de l'eau. »

2 La libération de la forme

A Le vers libre

Même si La Fontaine utilisait déjà le vers libre au XVIIe siècle, c'est surtout dès le XIXe siècle que les poètes s'éloignent petit à petit des formes classiques. Les poèmes en vers libres sont constitués de **strophes inégales** et de **vers de longueur variable**, **avec ou sans rimes**. Le poème « Marine » d'Arthur Rimbaud est un exemple de poème en vers libre.

B Les formes poétiques typographiques

■ Si l'on ne peut pas reconnaître une forme fixe, il n'est pas rare d'identifier un **motif** qui se répète dans la succession des vers, comme dans les poèmes en avalanche ou « boule de neige », dans lesquels chaque vers ou strophe comprend une syllabe de plus que le vers précédent. « Les Djinns » de Victor Hugo est un poème en avalanche où chaque strophe contient une syllabe de plus que la précédente.

> **DÉFINITION**
>
> La **typographie** définit les différentes façons d'utiliser et de combiner des lettres, des caractères et des formes en relief.

■ Dans les poèmes en **acrostiche**, les premières lettres de chaque vers constituent un mot ou une phrase « cachés ». Apollinaire joue ainsi avec le prénom Lou dans « Adieu », *Poèmes à Lou* :

[...]
Lentement la nuit noire est tombée à présent
On va rentrer après avoir acquis du zan
Une deux trois A toi ma vie A toi mon sang

La nuit mon cœur la nuit est très douce et très blonde
O Lou le ciel est pur aujourd'hui comme une onde
Un cœur le mien te suit jusques au bout du monde

L'heure est venue Adieu l'heure de ton départ
On va rentrer Il est neuf heures moins le quart
Une deux trois Adieu de Nîmes dans le Gard

Guillaume Apollinaire, « Adieu » recueilli dans *Poème à Lou* © Éditions Gallimard

■ Les **calligrammes** sont des poèmes dont les lettres, les mots et les vers forment un dessin en lien direct avec le contenu du poème. Le mot « Calligrammes » a d'ailleurs été employé pour la première fois par Apollinaire en 1918.

FRANÇAIS

© Éditions Foucher

219

C La poésie en prose

■ La poésie en prose se caractérise par l'**absence de vers et de rimes**. Cependant, on peut y retrouver certains des **thèmes chers à la poésie classique ou engagée** (l'amour, la mort, le temps qui passe, la tyrannie, l'horreur de la guerre).

■ On retrouve dans la poésie en prose le goût des **jeux avec les sons** grâce aux assonances et allitérations qui fonctionnent comme des **rimes internes**. La poésie en prose utilise aussi les mêmes figures de style que la poésie versifiée (métaphores, métonymie, etc. Voir fiche 1).

■ La démarche du poète est identique à celle des poètes « classiques » : il souhaite montrer un certain point de vue sur le monde, unique et furtif. Un poème en prose est rarement narratif, car son but n'est pas de raconter une histoire. La poésie en prose est donc souvent un texte **descriptif** et n'est narratif que s'il s'agit de raconter un évènement isolé, comme un instant éphémère pris sur le vif.

3 La mission du poète

A Le poète donne le monde à voir

■ Le poète est un écrivain particulier : il se donne une fonction dans la société. Pour la plupart des hommes, le monde est banal, monotone, répétitif. Le poète, lui, cherche à **retrouver l'émerveillement du premier regard** : il veut faire comprendre aux hommes qu'à force de regarder leur quotidien, ils ne le voient plus. Le poète a donc pour fonction de « réveiller » les hommes et de rendre au monde ce qu'il a de merveilleux, d'extraordinaire, de magique, d'effrayant, d'injuste…

■ Le poète peut revêtir d'autres rôles selon les courants littéraires : le **poète lyrique** et le **poète romantique** utilisent les émotions et le pouvoir de l'imaginaire pour transformer la réalité, le **poète engagé** montre davantage la réalité dans son aspect le plus injuste afin d'inciter les gens à agir.

B Les moyens utilisés

Les poètes **jouent sur la forme dans le but de nourrir le fond du texte**, de créer du sens (ou de jouer sur son absence et sur l'absurdité des choses).

> **REMARQUES**
>
> ▶ Il faut toujours percevoir le sens du texte puis étayer votre propos par des remarques formelles et/ou contextuelles (en lien avec le mouvement dont l'auteur se revendique ou s'éloigne, les conditions sociales, historiques et littéraires dans lesquelles l'œuvre a été produite). Ces deux types d'approches sont indissociables et doivent être abordées dans cet ordre. Le même conseil s'applique aux autres formes littéraires et aux autres parties du programme.
>
> ▶ Au bac, l'on attend de vous que vous maîtrisiez **l'évolution des mouvements poétiques du XIXe au XXIe siècle**, et que vous soyez capable de reconnaître un auteur qui s'éloigne de ces derniers. Attention, les barrières des siècles sont purement conventionnelles : certains textes publiés au XIXe siècle sont bien plus proches de la modernité des surréalistes du XXe siècle que du romantisme.

2 L'HISTOIRE DE LA POÉSIE DU MOYEN ÂGE À NOS JOURS — COURS

POUR ALLER PLUS LOIN

▶ Art et poésie

L'art pictural est sans doute le plus proche de la poésie car les tableaux, sculptures, photographies et films donnent à voir des images et des moments, tout comme la poésie. Certains mouvements littéraires (romantisme, surréalisme...) sont aussi des mouvements artistiques et de nombreux peintres s'en revendiquent. Faites appel à vos connaissances dans ces domaines, à condition que cela soit cohérent et que le sujet s'y prête. Voici quelques œuvres en lien avec cette partie du programme, présumées connues en classe de Première. Toute référence culturelle bien argumentée, citée de manière claire (ne parlez pas d'une œuvre sans en connaître le titre) et qui reste dans les limites du bon goût sera la bienvenue dans votre copie, dans une dissertation notamment.

▶ Romantisme

- Gustave Courbet, *Le Désespéré* (1843-1845)
- Eugène Delacroix, *Jeune orpheline au cimetière* (vers 1824), *La Liberté guidant le peuple* (1830)
- Pierre de Franqueville, *Orphée charmant les animaux* (1598)
- Caspar David Friedrich, *Ruines du monastère d'Oybin* (Le Rêveur), *Falaises de craie à Rügen* (1818-1819), *Voyageur contemplant une mer de nuages* (1818)
- Johann Heinrich Füssli, *Le Cauchemar* (1781)
- Francisco de Goya, *Tres De Mayo* (1814), *Saturne dévorant un de ses fils* (1819-1823)
- William Turner, *Paysage avec une rivière et une baie dans le lointain* (vers 1845)

Füssli, *Le cauchemar*, 1781

▶ Symbolisme

- Arnold Böcklin, *L'île des morts* (1886, série de 5 tableaux)
- Gustav Klimt, *Le Baiser* (1908-1909)
- Gustave Moreau, *Œdipe et le Sphinx* (1864), *Hercule et l'Hydre de Lerne* (1876)
- Edvard Munch, *Le Cri*, (1893)
- Pierre Puvis De Chavannes, *Marie-Madeleine au désert* (1869)

▶ Surréalisme

- Luis Buñuel, *Un Chien Andalou* (1929, court-métrage)
- Salvador Dali, *La persistance de la mémoire* (1931), *Montre molle au moment de la première explosion* (1954)
- René Magritte, *La trahison des images* (1928-1929), *Le château des Pyrénées* (1959)

Klimt, *Le baiser*, 1909

4 En bref

Moyen Âge

La **fin'amor** reprend la hiérarchie féodale (les rapports suzerain-vassal) et les transpose au couple amoureux en plaçant la dame au rang de seigneur et maître

- Chanson de geste
- Ballade
- Lai
- Rondeau

VILLON « La Ballade des pendus »

Chanson de Roland

XVIe siècle

Invention de l'imprimerie

La Pléiade : groupe de poètes lyriques et humanistes qui empruntent les codes des Anciens (auteurs latins et grecs de l'Antiquité)

RONSARD *Sonnets pour Hélène*
DU BELLAY *Défense et illustration de la langue française*

XVIIe siècle

- Monarchie absolue

Poésie classique : vise à plaire et à instruire. Les codes de la poésie classique sont repris dans les tragédies

RACINE
MALHERBE « Les larmes de Saint-Pierre »
BOILEAU *Le Lutrin, L'Art poétique*

XVIIIe siècle

- **Siècle des Lumières**
- Apogée du **commerce triangulaire** (tissus, armes à feu, coton, thé, épices, esclaves)
- Période très rude pour le peuple français : hivers glaciaux, famine, misère et criminalité
- **Révolution française**
- Apparition d'une nouvelle classe sociale : la **bourgeoisie**

Les Lumières et la prose argumentative laissent peu de place à la poésie, si bien que celle-ci est très peu représentée à cette période

VOLTAIRE
« Poème sur le désastre de Lisbonne »

XIXe siècle

- Alternance des régimes politiques (république et empire) avec des répercussions sur le milieu culturel et littéraire
- **Révolution industrielle**
- Émergence de la classe sociale des **ouvriers**

Poésie romantique : expression des sentiments et épanouissement personnel, contre la vision matérialiste et rationaliste de l'époque

Le Parnasse : en réaction à la « sensiblerie » romantique, accent sur la virtuosité technique au lieu des sentiments. Retour aux règles classiques

Poésie symboliste : expression plus libre de la poésie

LAMARTINE *Méditations poétiques*
HUGO *Les Rayons et les Ombres, Les Châtiments, Les Contemplations*
BAUDELAIRE *Les Fleurs du mal, Le Spleen de Paris*
Hugo et Baudelaire ont refusé l'appartenance à un mouvement particulier

XXe siècle

Les **deux guerres mondiales** changent radicalement la vision du monde et la place de l'homme et de la femme dans la société

Surréalisme : l'imaginaire et l'absurde redonnent sens au monde et à la vie quotidienne

Poésie engagée, poésie des tranchées, poésie de la résistance (entre 1914 et 1945)

Poésie contemporaine (après 1945)

Renouveau lyrique (1980)

APOLLINAIRE « Zone », *Calligrammes*
BRETON *Clair de terre*
DESNOS
QUENEAU *Oulipo*

XXIe siècle

Comme les **deux guerres mondiales**, les **attentats terroristes** de 2001 et du début du siècle ont transformé les modes de vie et les milieux culturels occidentaux

BONNEFOY

- La poésie contemporaine échappe aux règles des mouvements littéraires, mais réunit certaines de leurs caractéristiques : **sobriété** et **simplicité** pour exprimer la beauté du monde quotidien
- Expérimentation entre contraintes et liberté, rapprochement avec les **arts plastiques**
- Utilisation des blogs, sites, vidéos...

© Éditions Foucher

COURS

SE TESTER ET S'ENTRAÎNER

EXERCICE 1

Cochez la ou les bonne(s) réponse(s) et répondez aux questions posées.

1. La poésie est un :
❑ mouvement littéraire
❑ genre littéraire
❑ registre de langue

2. La poésie est écrite :
❑ en vers uniquement
❑ en prose uniquement
❑ en vers ou en prose

3. Un alexandrin est :
❑ un vers de huit syllabes
❑ un vers de dix syllabes
❑ un vers de douze syllabes (ou pieds)
❑ un vers de quatorze syllabes

4. La pause au milieu d'un vers de plus de huit syllabes s'appelle :
❑ une respiration
❑ un hémistiche
❑ une césure
❑ une pause

5. Les deux parties d'un vers de plus de huit syllabes s'appellent :
❑ des césures
❑ des moitiés
❑ des hémistiches
❑ des hémivers

6. Les divisions possibles du décasyllabe sont :
❑ 6/4 ❑ 5/5 ❑ 2/8
❑ 4/6 ❑ 8/2 ❑ 9/1

7. L'accent tonique peut se situer :
❑ sur la dernière syllabe d'un mot
❑ sur la première syllabe d'un mot
❑ sur l'avant-dernière syllabe d'un mot si la dernière est muette (ou élidée)

8. Lorsqu'une phrase commence sur un vers et se termine au milieu du vers suivant, cela s'appelle :
❑ un contre-rejet ❑ un excès
❑ un rejet ❑ un enjambement
❑ un dépassement

9. Combien de syllabes possède le vers suivant ? « Pour qui sont ces serpents qui sifflent sur vos têtes ? »

10. Quelle est la figure de style utilisée dans le vers ci-dessus :
❑ une métaphore ❑ une amphore
❑ une assonance ❑ une allitération
❑ une anaphore ❑ une allégorie
❑ une répétition

11. À quoi sert la figure de style employée dans ce vers : « Pour qui sont ces serpents qui sifflent sur vos têtes ? » ?

EXERCICE 2

1. Scandez le poème suivant (comptez les syllabes et donnez le nom du vers si vous le connaissez).

2. Analysez ce poème en notant au brouillon l'étude que vous en aurez faite.

1 Emportez-moi dans une caravelle,
Dans une vieille et douce caravelle,
Dans l'étrave, ou si l'on veut, dans l'écume,
Et perdez-moi, au loin, au loin.

5 Dans l'attelage d'un autre âge.
Dans le velours trompeur de la neige.
Dans l'haleine de quelques chiens réunis.
Dans la troupe exténuée des feuilles mortes.

Emportez-moi sans me briser, dans les baisers,
10 Dans les poitrines qui se soulèvent et respirent,
Sur les tapis des paumes et leur sourire,
Dans les corridors des os longs et des articulations.

Emportez-moi, ou plutôt enfouissez-moi.

Henri Michaux, « Emportez-moi », in *Mes Propriétés* recueilli dans *L'Espace du dedans* © Éditions Gallimard

FRANÇAIS

CORRIGÉ

Exercice 1

1. La poésie est un genre littéraire.

2. La poésie est écrite en vers ou en prose.

3. Un alexandrin est un vers de douze syllabes (ou pieds).

4. La pause au milieu d'un vers de plus de huit syllabes s'appelle une césure.

5. Les deux parties d'un vers de plus de huit syllabes s'appellent des hémistiches.

6. Les divisions possibles du décasyllabe sont 4/6 ou 5/5.

7. En français, l'accent tonique peut se situer sur la dernière syllabe d'un mot ou sur l'avant-dernière syllabe d'un mot si la dernière est muette (ou élidée).

8. Lorsqu'une phrase commence sur un vers et se termine au milieu du vers suivant, cela s'appelle un enjambement.

9. Le vers comporte 12 syllabes.

10. La figure de style utilisée est une allitération.

11. Ici, cette figure de style sert à imiter le son des serpents.

Exercice 2

1.

Emportez-moi // dans une caravell(e), 1 2 3 4 5 6 7 8 9 10	Décasyllabe régulier 4/6
Dans une vieill(e) // et douce caravell(e), 1 2 3 4 5 6 7 8 9 10	Décasyllabe régulier 4/6
Dans l'étrav(e), // ou si l'on veut, dans l'écum(e), 1 2 3 4 5 6 7 8 9 10	Décasyllabe 3/7 (irrégulier)
Et perdez-moi, // au loin, au loin. 1 2 3 4 5 6 7 8	Octosyllabe régulier 4/4
Dans l'attelag//e d'un autr(e) âg(e). 1 2 3 4 5 6 7 8	Octosyllabe irrégulier (soit la césure tombe 5/3, soit elle coupe le mot)
Dans le velours trompeur de la neig(e). 1 2 3 4 5 6 7 8 9	9 syllabes (on ne sait pas où placer la césure, peut-être 4/5 ?)
Dans l'haleine de quelques chiens réunis. 1 2 3 4 5 6 7 8 9 10 11	11 syllabes (on pourrait faire la dié-rèse « chi-en » pour avoir un alexandrin mais la césure coupe un mot)
Dans la troup(e) exténuée des feuilles mort(es). 1 2 3 4 5 6 7 8 9 10 11	11 syllabes, même avec la diérèse « exténu-ée »
Emportez-moi sans me briser, dans les baisers, 1 2 3 4 5 6 7 8 9 10 11 12	Alexandrin inhabituel : on doit décou-per 4/4/4, mais la césure se trouve entre le verbe et le complément
Dans les poitrines qui se soulèv(ent) et respir(ent), 1 2 3 4 5 6 7 8 9 10 11 12	Alexandrin irrégulier, césure possible après « qui » mais coupe la subordon-née.
Sur les tapis // des paum(es) et leur sourir(e), 1 2 3 4 5 6 7 8 9 10	Décasyllabe régulier 4/6
Dans les corridors des os longs et des articulations. 1 2 3 4 5 6 7 8 9 10 11 12 13 14 15	15 syllabes, rythme perturbé (allongé)
Emportez-moi, ou plutôt enfouissez-moi. 1 2 3 4 5 6 7 8 9 10 11	11 syllabes. On pourrait faire la dié-rèse « enfou-issez » mais la césure coupe un mot dans tous les cas.

224

© Éditions Foucher

COURS

2.

> **MÉTHODE**
>
> Commencez par noter au brouillon ce qui vous semble intéressant pour comprendre le texte (tout ne vous servira pas forcément, mais cette démarche ne prend pas plus de 5-10 minutes). Voici un exemple de raisonnement possible à la première lecture du texte, puis un exemple de ce qui peut apparaître sur votre brouillon.

Raisonnement semi-rédigé

• Vers irréguliers : 1944, Seconde Guerre mondiale, époque moderne, non-respect des règles classiques.

• Titre et vers 1 : « Emportez-moi » → thème du voyage ? (caravelle = bateau)

• v. 3 : « étrave »/« écume » → bizarre. Volonté d'être sous le navire ? dans l'écume ? de se confondre avec la mer ?

• v. 4 : « perdez-moi » confirme que le poète veut s'égarer, s'évader. MAIS → impératif (comme dans le titre et le v. 1)→ bizarre (normalement, on se perd soi-même, on ne demande pas aux autres de nous perdre).

• v. 5 « dans » → anaphore (vers 2, 3, 5, 6, 7, 8, 10 et 12). v. 5 = phrase nominale, comme les autres vers du deuxième quatrain.

• v. 6 « dans le velours trompeur de la neige » → la douceur invite encore à se confondre avec la nature ? à disparaître ? mais invitation trompeuse. Pourquoi ?

• v. 7 « dans l'haleine de quelques chiens réunis » renvoie à « l'attelage » du v.5 et fait penser aux chiens de traîneau. L'haleine, la neige et l'écume → matières poreuses, on peut s'y perdre et s'y « mélanger ».

• v. 8 « troupe exténuée des feuilles mortes » → « troupe » désigne les chiens ? ou des soldats ? « feuilles mortes » fait penser à l'automne → contraste avec l'hiver évoqué par la neige au v. 6. L'automne peut être une métaphore de la fin de la vie ?

• v. 9 anaphore « emportez-moi » ; douceur « baisers », « sans me briser »

• v. 10 à 12 : lexique du corps et de la vie « poitrines qui se soulèvent et respirent », « paumes », « sourire », « os », « articulations »

• v. 13 : « enfouissez-moi » → retour de la volonté de disparaître (enterré ?). Union avec la nature. MAIS on ne sait pas quelle est la volonté exprimée par le poète. Cette union peut-elle avoir lieu de son vivant ? Désire-t-il/doit-il mourir ? Le thème de la mort apparaît clairement au v. 8 avec les « feuilles mortes ». Sont-elles l'engrais qui entraîne la renaissance au printemps ? Est-ce une métaphore de la condition humaine ?

• Titre du recueil = *L'Espace du dedans*. Michaux cherche-t-il à explorer ce qui se passe à l'intérieur de chacun ? Voyage intérieur ? Imaginaire ? Désir d'être ailleurs en restant à l'intérieur de soi ?

Votre brouillon

Poésie en vers, mais moderne (vers irrégulier) non-respect des règles classiques. Thème du voyage v. 1 et titre, « étrave »/ « écume » v. 3 → sous le navire. Se confondre avec la mer. Se perdre, s'égarer, s'évader. « perdez-moi » v. 4, emploi étrange de l'impératif, comme avec « emportez-moi ». « velours trompeur de la neige » pourquoi trompeur ? Se confondre avec la nature ? Disparaître ? Mourir ? 1er quatrain : champ lexical de la mer. 2e quatrain : chiens de traîneau. Haleine fait penser à neige et écume. « troupe exténuée des feuilles mortes » → automne, contraste avec hiver (« neige » v. 6) engrais pour la renaissance au printemps ? Métaphore du cycle de la vie ? de l'homme ? Champ lexical des saisons.

© Éditions Foucher

FRANÇAIS

3ᵉ quatrain : champs lexicaux du corps et de la vie (v. 9-12)
« enfouissez-moi » : volonté de disparaître (enterré ?) Recueil : espace du dedans →
voyage intérieur ? Se connaître soi-même ? Être ailleurs tout en restant en soi ?

> **MÉTHODE**
>
> ▶ Entraînez-vous à ce travail de première lecture sur des poèmes que vous aimez. Évidemment, ces notes doivent être remises en ordre : par exemple, il faut regrouper les différents passages où le besoin de se confondre avec la nature a été identifié. *Idem* avec les différents champs lexicaux. La première lecture est linéaire, mais dans votre réponse, vous devez faire des liens entre des endroits différents du texte lorsque c'est possible.
>
> ▶ Le résumé peut vous entraîner à parler des thèmes évoqués dans le corpus, des champs lexicaux, des points communs ou différences entre les textes, des courants littéraires. Entraînez-vous à repérer tous ces éléments le plus rapidement possible, y compris avec des textes difficiles comme celui de Michaux.

SUJET DE TYPE BAC

Objet d'étude : La poésie du XIXᵉ au XXIᵉ siècle
Document A : Henri Michaux, « Emportez-moi ! », *Espace du dedans*, 1944
Document B : Charles Baudelaire, « Un hémisphère dans une chevelure », *Spleen de Paris*, 1862
Document C : Arthur Rimbaud, « Ma bohème », *Poésies*, 1870
Document D : Jules Laforgue, « La Cigarette », *Le Sanglot de la Terre*, 1880

Commentaire
Vous commenterez le poème de Henri Michaux (document A).

Contraction de texte
Vous résumerez le document D en veillant à mettre l'accent sur les idées essentielles de l'auteur. Votre réponse comportera environ 250 mots.

Essai
Comment est-il possible de susciter le désir d'évasion chez un lecteur/une lectrice ?

DOCUMENT A

« Emportez-moi »

Emportez-moi dans une caravelle,
Dans une vieille et douce caravelle,
Dans l'étrave, ou si l'on veut dans l'écume,
Et perdez-moi, au loin, au loin.

Dans l'attelage d'un autre âge.
Dans le velours trompeur de la neige.
Dans l'haleine de quelques chiens réunis.
Dans la troupe exténuée de feuilles mortes.

Emportez-moi sans me briser, dans les baisers,
Dans les poitrines qui se soulèvent et respirent,
Sur les tapis des paumes et leur sourire,
Dans les corridors des os longs et des articulations.

Emportez-moi, ou plutôt enfouissez-moi.

Henri Michaux, « Emportez-moi », in *Mes Propriétés* recueilli dans *L'Espace du dedans* © Éditions Gallimard

SUJET DE TYPE BAC

DOCUMENT B

« Un hémisphère dans une chevelure »

Laisse-moi respirer longtemps, longtemps, l'odeur de tes cheveux, y plonger tout mon visage, comme un homme altéré dans l'eau d'une source, et les agiter avec ma main comme un mouchoir odorant, pour secouer des souvenirs dans l'air.

Si tu pouvais savoir tout ce que je vois ! tout ce que je sens ! tout ce que j'entends dans tes cheveux ! Mon âme voyage sur le parfum comme l'âme des autres hommes sur la musique.

Tes cheveux contiennent tout un rêve, plein de voilures et de mâtures ; ils contiennent de grandes mers dont les moussons me portent vers de charmants climats, où l'espace est plus bleu et plus profond, où l'atmosphère est parfumée par les fruits, par les feuilles et par la peau humaine.

Dans l'océan de ta chevelure, j'entrevois un port fourmillant de chants mélancoliques, d'hommes vigoureux de toutes nations et de navires de toutes formes découpant leurs architectures fines et compliquées sur un ciel immense où se prélasse l'éternelle chaleur.

Dans les caresses de ta chevelure, je retrouve les langueurs des longues heures passées sur un divan, dans la chambre d'un beau navire, bercées par le roulis imperceptible du port, entre les pots de fleurs et les gargoulettes rafraîchissantes.

Dans l'ardent foyer de ta chevelure, je respire l'odeur du tabac mêlé à l'opium et au sucre ; dans la nuit de ta chevelure, je vois resplendir l'infini de l'azur tropical ; sur les rivages duvetés de ta chevelure je m'enivre des odeurs combinées du goudron, du musc et de l'huile de coco.

Laisse-moi mordre longtemps tes tresses lourdes et noires. Quand je mordille tes cheveux élastiques et rebelles, il me semble que je mange des souvenirs.

Baudelaire, « Un hémisphère dans une chevelure », *Spleen de Paris*, 1862

DOCUMENT C

« Ma bohème »

Je m'en allais, les poings dans mes poches crevées ;
Mon paletot aussi devenait idéal ;
J'allais sous le ciel, Muse ! et j'étais ton féal ;
Oh ! là là ! que d'amours splendides j'ai rêvées !
Mon unique culotte avait un large trou.
- Petit-Poucet rêveur, j'égrenais dans ma course
Des rimes. Mon auberge était à la Grande Ourse.
- Mes étoiles au ciel avaient un doux frou-frou

Et je les écoutais, assis au bord des routes,
Ces bons soirs de septembre où je sentais des gouttes
De rosée à mon front, comme un vin de vigueur ;
Où, rimant au milieu des ombres fantastiques,
Comme des lyres, je tirais les élastiques
De mes souliers blessés, un pied près de mon cœur !

Rimbaud, « Ma Bohème », *Poésies*, 1870

DOCUMENT D

« La cigarette »

Oui, ce monde est bien plat ; quant à l'autre, sornettes.
Moi, je vais résigné, sans espoir, à mon sort,
Et pour tuer le temps, en attendant la mort,
Je fume au nez des dieux de fines cigarettes.
Allez, vivants, luttez, pauvres futurs squelettes,

FRANÇAIS

Moi, le méandre bleu qui vers le ciel se tord,
Me plonge en une extase infinie et m'endort
Comme aux parfums mourants de mille cassolettes.
Et j'entre au paradis, fleuri de rêves clairs
Où l'on voit se mêler en valses fantastiques
Des éléphants en rut à des chœurs de moustiques.
Et puis, quand je m'éveille en songeant à mes vers,
Je contemple, le cœur plein d'une douce joie,
Mon cher pouce rôti comme une cuisse d'oie.

Laforgue, « La Cigarette », *Le Sanglot de la Terre*, 1880

OBJECTIF BAC

Le commentaire de texte

▶ Le texte de Michaux peut être abordé sous de nombreux angles. Cependant, le sujet de l'exercice de contraction de texte donne une piste de départ. Ces textes ont été rassemblés à cause de leur thème commun, celui de l'évasion. Il est très nettement perceptible chez Michaux dès le titre et le premier vers. Votre commentaire doit donc parler de ce thème. En revanche, un commentaire doit avoir deux ou trois parties et suivre un schéma précis qui est le suivant :

- une **introduction** de quelques lignes où vous présentez le(s) thème(s), le contexte, puis le texte (auteur, titre du poème, titre du recueil). L'introduction doit se terminer par une présentation de votre plan : « Dans un premier temps, nous aborderons… Dans un second temps, il sera question de… » ;

- un **développement** de deux ou trois parties. À l'intérieur de chaque partie, plusieurs idées sont accompagnées par des arguments et des exemples (citations du texte). Vous devez rédiger de manière claire en mettant en avant l'analyse, en utilisant des connecteurs logiques, en sautant des lignes entre chaque partie, en créant un alinéa chaque fois que vous changez d'idée. Faites des transitions d'une phrase ou deux entre chaque partie (rédiger les transitions au brouillon peut vous aider à trouver l'ordre idéal des parties) ;

- une **conclusion** pour résumer l'intérêt du texte, ouvrir sur d'autres questions et mettre en avant des liens potentiels avec d'autres textes ou œuvres.

▶ Surtout, **ne paraphrasez jamais un texte**, mais reformulez-le toujours avec vos mots. Paraphraser n'apporte aucune valeur à votre travail, cela ne fait que persuader votre correcteur que vous ne savez pas ce que vous faites, voire que vous avez un niveau très mauvais. Citez le texte en utilisant des guillemets et en indiquant le numéro des lignes (ou des vers). Une citation doit toujours être accompagnée par une interprétation. À l'inverse, **n'avancez jamais une idée sans la justifier par une analyse**.

3 L'écriture argumentative

La littérature d'idées rassemble des œuvres qui appartiennent à des genres littéraires différents mais qui partagent une volonté d'instruire, de convaincre, de persuader ou de débattre. Sa vocation première n'est pas de raconter une histoire (comme le récit) ou de rechercher l'esthétisme pur (comme la poésie). Si elle utilise la narration ou la beauté du langage, c'est dans un but de transmission de messages et d'idées.

1 Les fonctions du texte argumentatif et la rhétorique

■ La littérature d'idées cherche à :
– **enseigner**, lorsqu'elle transmet des **faits** et des **savoirs avérés** ;
– **convaincre**, lorsqu'elle utilise des **arguments** ;
– ou **persuader**, lorsqu'elle joue sur les **émotions** pour changer le point de vue d'un interlocuteur.

\# vidéo
Le concours d'éloquence des avocats du Barreau de Paris
foucherconnect.fr/19pbstmg31

■ Les moyens mis en œuvre pour enseigner, convaincre ou persuader forment un ensemble appelé la **rhétorique**. Aristote fait partie des premiers à avoir étudié l'art du discours dans la Grèce antique. Traditionnellement, la rhétorique comporte cinq parties :
– l'*inventio* (invention) : l'art de trouver des arguments et des procédés pour convaincre ;
– la *dispositio* (disposition) : l'art d'organiser ses arguments ;
– l'*elocutio* (élocution) : la capacité à trouver les mots justes qui mettent en valeur les arguments, c'est ce que l'on appelle le style ;
– l'*actio* : la diction, les gestes de l'orateur, etc. ;
– la *memoria* : les procédés pour mémoriser le discours.

■ La **rhétorique** englobe aujourd'hui la communication écrite et désigne un ensemble de **règles destinées au discours** (au sens général, le discours regroupe tout ce qui utilise le langage pour convaincre, à l'écrit comme à l'oral).

2 Les différents types de textes argumentatifs

A Avant le XVIe siècle, une argumentation entre oral et écrit

■ Avant l'invention de l'imprimerie en 1451, **les livres sont rares et coûteux**. Seuls les ouvrages religieux et scientifiques font partie de la littérature d'idées, et peu de gens sont capables de les lire. Les **discours publics** et les **chansons** remplissent donc majoritairement ce rôle de transmission (beaucoup furent retranscrits par la suite).

■ Les **sermons**, dont l'origine est très ancienne, sont des discours religieux destinés à **guider les croyants** dans leur vie quotidienne. Au XVIIe siècle, Bossuet compte parmi les grands orateurs et auteurs de sermons.

■ L'**éloge** sort du cadre religieux. Il consiste à **dresser un portrait flatteur** d'un individu ou d'une institution. Certains éloges sont passés à l'écrit, comme l'*Éloge du parasite* de Lucien de Samosate (IIe siècle) ou, plus récemment, *L'Oraison funèbre à Jean Moulin* par André Malraux, prononcée en 1964.

■ Le **blâme** permet d'affirmer son engagement. La visée est de convaincre le lecteur de l'aspect néfaste d'une idée, d'une institution, d'un événement... Le blâme est le contraire de l'éloge et, à ce titre, il existe aussi dès l'Antiquité, mais revient sur la scène littéraire au XVIe siècle (certains auteurs mêlent éloge et blâme, comme Erasme dans *L'Éloge de la folie* en 1509). Un exemple plus récent est la critique du régime de Napoléon III faite par Victor Hugo dans ses *Châtiments*.

■ Le blâme se rapproche du **pamphlet**, qui focalise la critique sur une personnalité haut placée, souvent en la tournant en ridicule. L'un des pamphlets les plus connus est l'article publié à la fin du XIXe siècle par Emile Zola sous le titre « J'accuse ! », dans lequel il prend la défense du capitaine Dreyfus, injustement accusé de trahison, et dénonce le comportement de personnages de haut rang dans la société.

B Le XVIe siècle et l'apparition de l'essai

Montaigne contribue quant à lui à l'apparition d'un genre nouveau au XVIe siècle : l'**essai**. Dans les *Essais*, Montaigne utilise une approche peu usitée jusqu'alors : il y parle de nombreux sujets de manière personnelle, allant jusqu'à décrire ses propres sensations, sentiments et pensées, pour ensuite tirer des conclusions philosophiques qui s'appliqueraient à tous. Ce **passage du personnel à l'universel** a inspiré de nombreux philosophes et écrivains. Les thèmes abordés sont souvent liés à un **engagement** : politique, social, humaniste, existentiel.

C La transmission par la narration

■ L'**apologue** est l'un des genres les plus répandus et les plus populaires de la littérature d'idées car il prend la forme d'un **récit**. Il s'agit donc d'un texte à la fois narratif et démonstratif : par le biais des personnages et de leurs actions, on cherche à démontrer un point de vue, à transmettre un message ou des valeurs (humanisme, esprit critique, modération, prudence, etc.). Les *Fables* de Jean de La Fontaine illustrent clairement cette définition : les personnages y sont très bien caractérisés et une **morale** finale explicite le message de l'auteur. Toutefois, les apologues ne sont pas toujours aussi clairs sur leurs intentions et, dans certains cas, le message est **implicite**.

La Barbe Bleue, Gustave Doré, 1862

■ Plusieurs genres font partie des **apologues** :
– les **utopies** et les **dystopies**, qui montrent un futur imaginaire idéal dans le cas de l'utopie (*Gargantua* de Rabelais), catastrophique dans le cas de la dystopie (*1984* de George Orwell ou *Le Meilleur des Mondes* d'Aldous Huxley) ;
– les **contes philosophiques** comme *L'Ingénu* ou *Micromégas* de Voltaire, les **contes** de Perrault (*Peau d'Âne*), de Grimm (*Hansel et Gretel*) et d'Andersen (*La Reine des Neiges*) ;
– les **paraboles** (textes religieux racontant les aventures des saints et servant de supports aux enseignements de l'Église) ;
– les **fables** (Ésope, La Fontaine...) et **fabliaux** (récits animaliers du Moyen Âge, avec ou sans morale finale).

3 L'ÉCRITURE ARGUMENTATIVE **COURS**

3 Les spécificités du texte argumentatif

A Les registres littéraires

Les meilleurs orateurs savent varier leur ton et susciter l'émotion qui guidera le mieux l'interlocuteur vers son idée. C'est pourquoi on peut trouver plusieurs registres dans un même texte. Voici les principaux registres employés dans la littérature d'idées.

> **RAPPEL**
>
> Un registre correspond à l'**intonation globale** d'un texte, d'un paragraphe ou d'une phrase. Il peut être utilisé dans n'importe quel genre (poésie, théâtre, roman, etc.).

a Le registre épidictique

■ Utilisé dans l'éloge et dans le blâme, il rassemble tous les procédés servant à provoquer soit l'admiration, soit le dégoût. Cela peut être par l'emploi de **superlatifs**, l'usage de **majuscules**, un **lexique mélioratif ou péjoratif**, l'**apostrophe**, etc.

■ Racine, dans la dédicace d'*Andromaque*, se sert du registre épidictique pour faire l'éloge d'Henriette d'Angleterre :

> « **MADAME**, Ce n'est pas sans sujet que je mets **votre illustre nom** à la tête de cet ouvrage. Et de quel autre nom pourrais-je **éblouir les yeux** de mes lecteurs, que de celui dont mes spectateurs ont été **si heureusement éblouis** ? On savait que **VOTRE ALTESSE ROYALE** avait **daigné** prendre soin de la conduite de ma tragédie. On savait que vous m'aviez prêté quelques-unes de **vos lumières** pour y ajouter de nouveaux ornements. On savait enfin que vous l'aviez **honorée de quelques larmes** dès la première lecture que je vous en fis [...]. »

b Le registre didactique

■ On présente des **faits** et des **connaissances**, on pose des questions et on y répond (ou on tente d'y répondre). Dans certains cas, on guide l'interlocuteur pour qu'il trouve lui-même la réponse à la question.

■ Dans *L'Écume des jours* de Boris Vian, Colin explique comment fonctionne son piano-cocktail. Les faits sont présentés par l'emploi des verbes que l'on pourrait appeler « univoques » : ils n'ont qu'un seul sens possible, sont clairs, mathématiques et l'apprentissage du fonctionnement de l'appareil est facile :

> « À chaque note, dit Colin, je fais correspondre un alcool, une liqueur ou un aromate. La pédale forte **correspond** à l'œuf battu et la pédale faible à la glace. Pour l'eau de Seltz, **il faut** un trille dans le registre aigu. Les quantités **sont en raison directe** de la durée : à la quadruple croche **équivaut** le seizième d'unité, à la noire l'unité, à la ronde la quadruple unité. »

c Le registre polémique

■ C'est une **critique virulente** de l'adversaire ou de l'interlocuteur **dans le but de convaincre d'autres personnes**. On cherche à provoquer un **débat** en portant des accusations et, de préférence, en apportant des preuves et des exemples pour étayer ce que l'on dit. À l'inverse du registre élogieux, on utilise des adjectifs, verbes et noms péjoratifs, des superlatifs et tout autre moyen de dénigrer ou affaiblir la parole de l'interlocuteur.

FRANÇAIS

© Éditions Foucher

■ Zola emploie le registre polémique dans *Mes Haines* :

« Je **hais** les **sots** qui font les **dédaigneux**, les **impuissants** qui crient que notre art et notre littérature meurent de leur belle mort. Ce sont les cerveaux **les plus vides**, les cœurs **les plus secs**, les gens enterrés dans le passé, qui feuillettent avec **mépris** les œuvres vivantes et tout enfiévrées de notre âge, et les déclarent nulles et étroites. »

d Le registre satirique

■ La **satire** est une **moquerie par le ridicule**. Molière fait la satire des médecins dans *Le Médecin malgré lui*. Sganarelle fait semblant d'être médecin, et tous les autres personnages sont convaincus qu'il l'est réellement alors que ses questions et son diagnostic sont ridicules, inefficaces et n'ont rien à voir avec la maladie qu'on lui demande de soigner. Cela montre qu'à l'époque, la foi envers la médecine était aveugle et qu'on prêtait aux médecins des compétences qu'ils n'avaient qu'en apparence.

■ Albert Cohen, dans *Belle du Seigneur*, emploie également le registre satirique : « Lisez les annonces de ces demoiselles de bonne famille, présentant bien, avec espérances directes et prochaines, comme elles disent. Lisez et vous verrez qu'elles veulent un monsieur non seulement aussi long que possible, mais encore énergique, ayant du caractère, et elles font des yeux émerveillés, comme si c'était beau et grand alors qu'en réalité c'est répugnant. Du caractère ! s'écria-t-il avec douleur. Du caractère, elles l'avouent ! Elles avouent, les angéliques effrontées, qu'il leur faut un cher fort et silencieux, avec chewing-gum et menton volontaire, un costaud, un viril, un coq prétentieux ayant toujours raison, un ferme en ses propos, un tenace et implacable sans cœur, un capable de nuire, en fin de compte un capable de meurtre ! Caractère n'étant ici que le substitut de force physique, et l'homme de caractère un produit de remplacement, l'ersatz civilisé du gorille. Le gorille, toujours le gorille ! ».

e Le registre ironique

> **REMARQUE**
>
> Les registres satirique et ironique font tous deux appel à l'ironie. On évoque un registre satirique ou ironique quand les procédés de l'un ou de l'autre sont majoritaires dans le texte, mais on parle simplement d'ironie ou de satire si l'on commente une phrase minoritaire dans un extrait.

■ Avec le registre ironique, **on dit le contraire de ce qu'on veut dire**, on fait semblant de **défendre la thèse inverse de la nôtre pour la tourner en ridicule**, en donnant des arguments faux, erronés, hors sujet…

■ Victor Hugo use de ce registre dans *Le Dernier Jour d'un condamné* :

« Il ne croit pas, ce geôlier, que j'aie à me plaindre de lui et de ses sous geôliers. **Il a raison. Ce serait mal à moi de me plaindre** ; ils ont fait leur métier ; **ils m'ont bien gardé** ; et puis, ils ont été **polis** à l'arrivée et au départ. **Ne dois-je pas être content ?** »

B Les procédés de l'argumentation

Pour ne pas ennuyer l'interlocuteur, de nombreuses figures de style permettent d'utiliser des images (sens figuré et jeux sur les mots), des procédés d'**insistance**, d'**atténuation** ou d'**opposition** peuvent aussi être employés.

3 L'ÉCRITURE ARGUMENTATIVE **COURS**

ⓐ Les figures d'animation, d'analogie, de substitution

■ La **comparaison** sert à décrire un objet, une personne ou une chose (le **comparé**) en utilisant une chose différente (le comparant) mais qui présente un ou plusieurs points communs avec l'objet décrit. Elle utilise un terme comparatif (comme, tel que, ainsi que, pareil à...) : « **Candide**, qui tremblait comme un philosophe... »

■ La **métaphore** est une comparaison plus frappante car elle n'utilise pas de terme comparatif et rapproche donc davantage les deux choses étrangères que l'on met en présence : « L'oeil de **faucon** de **Javert** » (Victor Hugo, *Les Misérables*), « **Vous** êtes **un beau ciel d'Automne**, clair et rose ! » (Baudelaire, « Causerie », *Les Fleurs du mal*).

■ La **métonymie** intervient lorsque l'on parle d'une partie d'un objet en désignant en réalité l'objet en entier, ou bien son contenu, comme dans les expressions « boire **un verre** d'eau » (= boire le contenu du verre), « croiser **le fer** » (= croiser l'épée), « **une voile** à l'horizon » (= un bateau au loin).

■ La **personnification** donne à une chose ou à un être vivant non-humain des caractéristiques humaines (sentiments, émotions, sensations, usage de la parole, pouvoir de décision et actions conscientes...) : « L'**habitude** venait me prendre dans ses bras et me portait jusque dans mon lit comme un petit enfant. » (Marcel Proust, *Du Côté de chez Swann*)

■ L'**antonomase** consiste à transformer un nom commun en nom propre et vice versa. Par exemple, on appelle « un **apollon** » un homme très attirant, un **Tartuffe** est un hypocrite (comme le personnage de la pièce éponyme de Molière).

ⓑ Les figures d'insistance

■ L'**hyperbole** regroupe tous les moyens par lesquels on peut exagérer et amplifier ce qu'on dit. Les comparatifs et superlatifs, ainsi que des termes au sens très fort peuvent être des procédés hyperboliques : « **Rien n'était si** beau... », « une harmonie **telle qu'**il n'y en eut jamais en enfer. », le « **meilleur** des mondes ».

■ L'**anaphore** est la répétition d'un même terme en début de phrase ou de groupe de mots : « Rien n'était **si** beau, **si** leste, **si** brillant, **si** bien ordonné que les deux armées. »

■ L'**accumulation** : souvent utilisée dans les descriptions, l'accumulation **renforce une impression** en enchaînant plusieurs éléments de même type. L'accumulation est similaire à l'énumération, mais elle s'applique à l'échelle d'une phrase ou d'un paragraphe, tandis que l'énumération est une suite de termes isolés. Dans les deux cas on utilise la ponctuation faible pour séparer chaque élément : virgule, point-virgule, etc. : « **Ici des vieillards** criblés de coups regardaient mourir leurs femmes égorgées, qui tenaient leurs à leurs mamelles sanglantes ; **là des filles** éventrées après avoir assouvi les besoins naturels de quelques héros rendaient les derniers soupirs ; **d'autres**, à demi brûlées, criaient qu'on achevât de leur donner la mort » Voltaire, *Candide*.

> **REMARQUE**
>
> On notera dans cet extrait l'usage des métaphores ironiques visant à accentuer l'immoralité de la guerre en présentant les faits comme héroïques. L'expression « après avoir assouvi les besoins naturels de quelques héros » signifie en réalité « après avoir été violées ».

■ Le **pléonasme** consiste à rassembler des termes qui ont un sens équivalent ou très proche, de sorte à former une répétition : « Les éclairs sont moins prompts, je l'ai **vu de mes yeux** » (Molière, *Mérope*).

FRANÇAIS

233

■ La **gradation** est une énumération dont chaque membre est plus grand que le précédent. Cela peut être une succession de nombres de plus en plus grands, de mots de plus en plus longs, comme dans cet extrait de *Candide* :

« Les canons renversèrent d'abord à peu près **six mille hommes** de chaque côté ; ensuite la mousqueterie ôta du meilleur des mondes environ **neuf à dix mille coquins** qui en infectaient la surface. La baïonnette fut aussi la raison suffisante de la mort de **quelques milliers d'hommes** » [*quatorze à quinze mille hommes, si l'on fait l'addition*]. Le tout pouvait bien se monter à une **trentaine de mille âmes**. »

■ L'**apostrophe** est le fait de s'adresser directement à une personnalité (ou à une chose que l'on personnifie) dans un texte :

« **Peuples** ! **écoutez** le poète !
Écoutez le rêveur sacré !
Dans votre nuit, sans lui complète,
Lui seul a le front éclairé. »
Victor Hugo, « Fonction du poète », *Les Rayons et les Ombres* (1840)

C Les figures d'opposition

■ L'**antithèse** consiste à opposer deux mots, deux expressions ou deux notions contraires : « Vous êtes **aujourd'hui** ce **qu'autrefois** je fus » (*Le Cid*, Pierre Corneille).

ATTENTION
Ne pas confondre l'antithèse avec l'oxymore.

■ L'**oxymore** est la combinaison de deux mots dont le sens est contraire, comme dans les expressions « **boucherie héroïque** » (dans *Candide* de Voltaire), « **clair-obscur** » (terme technique utilisé en peinture), « **souffrance céleste** » (dans *Les Misérables* de Victor Hugo).

D Les figures d'atténuation

■ L'**euphémisme** emploie une expression adoucie pour évoquer une idée désagréable, triste ou brutale, comme dans les expressions « elle nous a **quitté** » au lieu de « elle est **morte** », « J'ai été **remercié** » au lieu de « j'ai été **renvoyé** », « j'ai **deux mots** à lui dire » au lieu de « j'ai des **reproches** à lui faire ».

■ La **litote** consiste à dire peu pour suggérer beaucoup : « Ce n'est **pas mauvais du tout** ! » (pour dire que quelque chose est **très bon**). Lorsque Chimène dit à Rodrigue « Va, **je ne te hais point** ! » dans *Le Cid* de Pierre Corneille, cela signifie en réalité qu'elle est éperdument amoureuse de lui bien qu'il ait tué son père en duel.

4 En bref

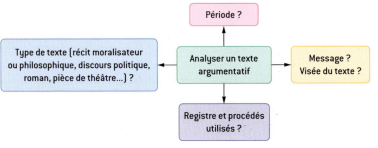

4 L'histoire de la littérature d'idées du XVIᵉ au XVIIIᵉ siècle

Dans chaque société, les progrès techniques et scientifiques changent profondément les modes de vie et les idées des populations ; c'est pourquoi le monde des idées est indissociable de l'état de la société et des savoirs.

1 Les XVIᵉ et XVIIᵉ siècles

■ La **Renaissance** est une période de retour aux idées des auteurs grecs et latins antiques. Les deux changements majeurs d'alors, qui donnent à la littérature d'idées sa popularité sous forme écrite, sont l'**invention de l'imprimerie par Gutenberg**, et la **publication des *Essais* de Michel de Montaigne**. Le raisonnement de l'auteur (des questions personnelles permettant une réflexion universelle) marque le début d'une nouvelle façon de pratiquer la philosophie et de débattre des idées.

■ De nombreux **contes** sont encore écrits à cette époque. Ils s'inspirent des fabliaux (petites fables) et des farces (petites comédies) du Moyen Âge pour aborder la question de la **morale**, de la **religion** ou du **savoir**. Marguerite de Navarre écrit ainsi *L'Heptaméron* et Boccace *Le Décaméron.*

■ Le roman n'est pas un genre privilégié de la littérature d'idées, mais *Gargantua* et *Pantagruel* de Rabelais opposent les idées obscurantistes du Moyen Âge à celles de la Renaissance.

■ Au XVIIᵉ siècle, la **littérature morale** existe encore : Pascal marche sur les traces de Montaigne et La Boétie en écrivant ses *Pensées,* et Perrault écrit *Les Contes de ma mère l'Oye.* Cependant, la **satire sociale** semble prendre de plus en plus de place sur la scène littéraire (avec les pièces de Molière, par exemple). Les lettres, maximes et portraits apparaissent. *Les Caractères* de La Bruyère sont célèbres pour leurs portraits satiriques.

■ De nombreux auteurs de l'époque sont reconnus aujourd'hui encore pour leurs idées : René Descartes (*Discours de la méthode, Méditations métaphysiques*), La Rochefoucauld (*Maximes*), Pascal, La Fontaine ou encore Molière.

2 La Querelle des Anciens et des Modernes

À la fin du XVIIᵉ siècle, une dispute secoue le milieu artistique, appelée la **Querelle des Anciens et des Modernes**. Les **Anciens** (comprenant La Fontaine, Boileau, La Bruyère) prétendent que tout a déjà été inventé, et qu'il est inutile d'essayer d'écrire des choses nouvelles. Les **Modernes** (Charles Perrault notamment) pensent quant à eux qu'il faut changer les codes et que la littérature est en train de passer de mode. Des auteurs comme Fénelon préfigurent la remise en cause des idées anciennes qui caractérisera le siècle suivant (*Traité de l'éducation des filles, Les Aventures de Télémaque*).

3 Le XVIIIe siècle ou siècle des Lumières

A Le mythe du « bon sauvage »

■ Depuis le XVe siècle et la découverte du Nouveau Monde, l'Europe est confrontée à ceux qu'on appelle les Indiens d'Amérique. Cette rencontre pousse certains auteurs, philosophes et hommes politiques à **remettre en cause le bien-fondé de l'esclavage** en mettant en avant la figure du « bon sauvage ». Cela donne lieu à des réflexions sur les cultures non-européennes, la tolérance, la discrimination, la religion, etc. L'esclavage n'est cependant aboli en France qu'au XIXe siècle.

■ Le **mythe du « bon sauvage »** consiste à glorifier la vie naturelle des indigènes car ils semblent n'avoir aucune préoccupation superficielle. Bougainville, dans sa description des Tahitiens, note que le sens de la propriété n'existe pas. Les indigènes fascinent par leurs mœurs différentes. Souvent, les descriptions qui en sont faites sont déformées par le regard de l'écrivain ou de l'explorateur. En Europe, on croit facilement ce que les explorateurs rapportent car il n'y a guère d'autres moyens de vérifier ces informations (rapport à la nudité, animisme, cannibalisme...). Le mythe du « bon sauvage » est ambigu car il est **invoqué à la fois pour critiquer la société dite « civilisée »**, et pour **avancer des arguments raciaux** (les indigènes auraient plus d'instinct que d'intelligence, et se rapprocheraient des animaux, d'où leur apparente joie de vivre). C'est donc à la fois un **concept humaniste et discriminatoire**, selon le point de vue de celui qui le manie.

B Le renouveau des idées

■ Le XVIIIe siècle, appelé rétrospectivement **siècle des Lumières**, apporte un souffle nouveau sur l'art. Le gigantesque projet de *l'Encyclopédie* mené par Diderot et D'Alembert montre la volonté qu'avaient les auteurs et les scientifiques d'**éclairer les peuples**, de **leur inculquer un certain savoir** afin de les **guider vers une plus grande liberté**. Cette idée débouchera sur la **Révolution Française**, et jusqu'au XIXe siècle sur les nombreuses insurrections et révoltes visant à instaurer une république par opposition aux monarchies et empires.

■ D'autres idées émergentes de cette période sont l'**anti-cléricalisme** (rejet des institutions religieuses, mais pas de Dieu) et l'**athéisme** (rejet de l'idée religieuse), la **tolérance** (qui donnera lieu plus tard au concept de laïcité toujours en vigueur actuellement en France) ou encore la **transmission du savoir au plus grand nombre**. Le XVIIIe siècle est le plus dense en matière de littérature d'idées.

■ Les autres genres qui connaissent un franc succès sont la **vulgarisation scientifique** (Buffon et son *Histoire Naturelle* et, bien entendu, *L'encyclopédie*) et le **discours politique** (Danton, Robespierre ou Condorcet nous ont légué des transcriptions de discours vibrants de conviction et d'émotion).

■ L'aboutissement de ce siècle des idées est la **Révolution Française** et la rédaction de la *Déclaration des droits de l'homme et du citoyen*, qui institue la liberté de la presse et la liberté d'expression, ainsi que l'égalité entre les hommes.

4 L'HISTOIRE DE LA LITTÉRATURE D'IDÉES DU XVIᵉ AU XVIIIᵉ SIÈCLE **COURS**

POUR ALLER PLUS LOIN

Voici un ensemble d'œuvres auxquelles vous pouvez faire référence dans vos travaux. Faites toutefois bien attention à leur date de création et de publication afin de ne pas faire de hors sujet dans votre devoir !

▶ **Sur la science**

Littérature : Isaac Newton, *Traité d'optique*, 1666.

Peinture : *Philosophe faisant un exposé sur le planétaire*, de Joseph Wright Of Derby, 1766

▶ **Sur la justice sociale**

Littérature :

- Fénelon, *Traité de l'éducation des filles*, 1687 ; *Lettre ouverte à Louis XIV*, env. 1693 ;
- Rousseau, *Discours sur l'origine et les fondements de l'inégalité parmi les hommes*, 1755 ; *Du Contrat social, 1762* ;
- Voltaire, *Traité sur la tolérance à l'occasion de la mort de Jean Calas,* 1763 (Voltaire y défend Jean Calas, condamné à mort et innocenté de manière posthume, grâce au travail de l'écrivain).

Peinture : Eugène Delacroix, *La liberté guidant le peuple,* huile sur toile, 1830.

Presse : Article « J'accuse ! » d'Émile Zola dans le journal *L'Aurore,* 1898.

▶ **Sur le mythe du « bon sauvage »**

Littérature :

- Bougainville, *Voyage autour du monde,* notamment le chapitre sur Tahiti, 1771
- Superman, *Action Comics* n° 1, Jerry Siegel et Joe Shuster, 1938
- Le Surfeur d'Argent, Stan Lee et Jack Kirby, *Les Quatre fantastiques* n°48, 1966

Cinéma : *Pocahontas*, de Walt Disney, 1995 (basé sur une histoire vraie)

▶ **Sur la religion**

Littérature : Denis Diderot, *Lettres sur les aveugles à l'usage de ceux qui voient*, 1749 ; *La Religieuse*, 1796

Chanson : Pierre-Antoine-Augustin de Piis, *L'inutilité des prêtres*, 1793. Bien d'autres plus tard par Georges Brassens (*Tempête dans un bénitier*), Léo Ferré (*Monsieur Tout-blanc*), Francis Blanche (*Sœur Marie-Louise*), Jean Ferrat (*Le sabre et le goupillon*)...

▶ **Sur la philosophie et la morale**

Littérature :

- Rabelais, *Pantagruel*, 1532 ; *Gargantua*, 1534
- Marguerite de Navarre, *L'Heptaméron*, 1558
- Montaigne, *Essais, 1571 à 1580*
- Étienne de La Boétie, *Discours de la servitude volontaire*, 1576
- René Descartes, *Discours de la méthode*, 1637
- La Rochefoucauld, *Maximes,* 1665
- La Fontaine, *Fables*, de 1668 à 1694
- Blaise Pascal, *Les Pensées,* 1670
- Charles Perrault, *Les Contes de ma mère l'Oye*, 1697
- Montesquieu, *De l'esprit des lois*, 1748
- Diderot et D'Alembert, *L'Encyclopédie*, 1750 à 1772

FRANÇAIS

4 En bref

- Savoir transmis par les **moines** grâce aux manuscrits
- Accès au savoir révolutionné avec l'invention de l'**imprimerie** par Gutenberg

XVIe siècle

RABELAIS *Pantagruel et Gargantua*
MONTAIGNE *Les Essais*
MARGUERITE DE NAVARRE *L'Heptaméron*
LA BOETIE *Discours de la servitude volontaire*

- Newton donne naissance à la **science moderne** en publiant son *Traité d'optique* en anglais et non plus en latin. Il définit la science comme un savoir accessible à tous et vérifié par des expériences reproductibles partout dans le monde
- Découverte de la gravitation universelle, qui contribue à **remettre en question l'ordre religieux et même social**

XVIIe siècle

DESCARTES *Discours de la méthode*
LA ROCHEFOUCAULD *Maximes*
PASCAL *Les Pensées*
FENELON *Traité de l'éducation des filles*
LA BRUYERE *Les Caractères*
PERRAULT *Les Contes de ma mère l'Oye*

- Les anciens systèmes politiques et les classes sociales supérieures sont fragilisés
- La science et la philosophie affaiblissent la mainmise de l'Église sur le savoir
- Les **valeurs humanistes de tolérance** se répandent peu à peu
- Le mythe du « bon sauvage » inspire quantité d'œuvres
- **Révolution française** et rédaction de la **Déclaration des droits de l'homme et du citoyen** qui institue la liberté de la presse et la liberté d'expression

XVIIIe siècle

MONTESQUIEU *Les Lettres persanes, De l'esprit des lois*
MARIVAUX *L'Île des esclaves, Le Barbier de Séville*
VOLTAIRE *Zadig, Candide, Traité sur la tolérance*
DIDEROT ET D'ALEMBERT *L'Encyclopédie*
ROUSSEAU *Le Contrat social*

SE TESTER ET S'ENTRAÎNER

EXERCICE 1

Cochez la ou les bonne(s) réponse(s) et répondez aux questions posées.

1. Parmi les registres littéraires suivants, lesquels sont souvent employés à des fins de moquerie ?
❑ pathétique   ❑ satirique
❑ ironique   ❑ polémique
❑ didactique   ❑ descriptif

2. Le blâme sert à :
❑ montrer son admiration
❑ montrer sa réprobation
❑ se moquer de ses contradicteurs

3. Le siècle des Lumières est le :
❑ XVIe siècle   ❑ XXIe siècle
❑ XVIIe siècle
❑ XVIIIe siècle
❑ XIXe siècle

4. Quelles œuvres exploitent le mythe du « bon sauvage » afin de critiquer la société du XVIIIe siècle ?
❑ *Le discours sur l'origine et les fondements de l'inégalité parmi les hommes*, Rousseau
❑ *Les Lettres persanes*, Montesquieu
❑ *Le Barbier de Séville*, Marivaux
❑ *L'Ingénu*, Voltaire
❑ *Gargantua*, Rabelais

5. Rappelez les deux événements qui ont marqué la littérature d'idées au XVIe siècle.

6. Résumez en quelques phrases la pensée des philosophes et écrivains des Lumières.

EXERCICE 2

Lisez les 3 extraits ci-dessous et reformulez la (ou les) thèse(s) des auteurs en une phrase.

REMARQUE

Pour analyser un texte argumentatif, il est essentiel de savoir **reformuler en termes simples la thèse de l'auteur** (qui est le résultat d'une argumentation, alors que l'hypothèse est une spéculation manquant de preuves, au même titre qu'une opinion).

© Éditions Foucher

COURS

Extrait 1 : Rousseau, *Discours sur l'origine et les fondements de l'inégalité parmi les hommes*, 1755.

Dès qu'un homme eut besoin du secours d'un autre ; dès que l'on s'aperçut qu'il était utile à un seul d'avoir des provisions pour deux, l'égalité disparut, la propriété s'introduisit, le travail devint nécessaire, et les vastes forêts se changèrent en des campagnes riantes qu'il fallut arroser de la sueur des hommes, et dans lesquelles on vit bientôt l'esclavage et la misère germer et croître avec les moissons.

Extrait 2 : Condorcet, *Réflexions sur l'esclavage des nègres*, 1781.

Cette justice inflexible, à laquelle les rois et les nations sont assujettis comme les citoyens, exige la destruction de l'esclavage. Nous avons montré que cette destruction ne nuirait ni au commerce, ni à la richesse de chaque nation, puisqu'il n'en résulterait aucune diminution dans la culture. Nous avons montré que le maître n'avait aucun droit sur son esclave ; que l'action de le retenir en servitude n'est pas la jouissance d'une propriété mais un crime [...]. Le souverain ne doit donc aucun dédommagement au maître des esclaves, de même qu'il n'en doit pas à un voleur qu'un jugement a privé de la possession d'une chose volée.

Extrait 3 : *Déclaration des droits de l'homme et du citoyen* (extraits), 1789.

Les représentants du Peuple français, constitués en Assemblée nationale considérant que l'ignorance, l'oubli ou le mépris des droits de l'homme sont les seules causes des malheurs publics et de la corruption des Gouvernements, ont résolu d'exposer, dans une déclaration solennelle, les droits naturels, inaliénables et sacrés de l'homme.

Article premier

Les hommes naissent et demeurent libres et égaux en droits. [...]

Article IV

La liberté consiste à pouvoir faire tout ce qui ne nuit pas à autrui : ainsi l'exercice des droits naturels de chaque homme n'a de bornes que celles qui assurent aux autres Membres de la Société la jouissance de ces mêmes droits. Ces bornes ne peuvent être déterminées que par la Loi.

Article XI

La libre communication des pensées et des opinions est un des droits les plus précieux de l'Homme : tout Citoyen peut donc parler, écrire, imprimer librement, sauf à répondre de l'abus de cette liberté, dans les cas déterminés par la Loi.

EXERCICE 3

Analysez les procédés utilisés par Rousseau et Condorcet dans les extraits 1 et 2 précédents (champs lexicaux, registres, figures de style).

MÉTHODE

Après avoir défini le « **quoi** » (la thèse que l'auteur défend), il faut montrer que vous comprenez le « **comment** », c'est-à-dire les procédés utilisés par l'auteur et le « **pourquoi** » (qu'est-ce qui fait que ces procédés sont efficaces et quel but poursuit l'auteur).

EXERCICE 4

À partir des sujets de rédactions suivants, issus d'épreuves passées, entraînez-vous à la reformulation et à la rédaction d'un ou plusieurs paragraphes.

1. Par quels moyens est-il possible de changer la société aujourd'hui ?

2. Dans quelle mesure la littérature peut-elle conduire une génération à agir ? Vous appuierez votre réflexion sur les textes du corpus, sur ceux que vous avez étudiés et sur vos lectures personnelles. Vous pourrez avoir recours à tous les genres de l'argumentation.

FRANÇAIS

© Éditions Foucher

OBJECTIF BAC

▶ Les mécanismes de la rhétorique sont complexes, mais il est possible de repérer les stratégies d'écriture qui fonctionnent dans un **contexte** donné et avec un **objectif** donné. Tout d'abord, il faut **sélectionner le registre le plus approprié à la situation et au public** :

– si vous vous placez dans la posture d'un **enseignant transmettant des connaissances**, le **registre didactique** vous permet d'invoquer la logique comme fondement de votre propos, ce qui renforcera la force de l'argumentation ;

– si vous êtes **indigné** et souhaitez mettre en avant les émotions de vos lecteurs, le **registre épidictique** est idéal. Si vous souhaitez faire appel à l'**humour** et à l'**esprit critique**, **les registres satiriques et ironiques** vous y aideront.

▶ L'essai est un exercice d'analyse où vous devez vous aussi convaincre un lecteur. Un des meilleurs entraînements pour cet exercice est de rédiger de courts paragraphes afin d'être capable, plus tard, d'écrire un essai complet (introduction, développement (paragraphe 1, 2, 3…), conclusion). Un paragraphe est toujours constitué d'**une idée** (argumentée) et d'**un exemple illustrant cette idée**. S'entraîner à rédiger seulement un ou deux paragraphes vous habitue à utiliser les connecteurs logiques, reformuler des thèses, analyser des procédés.

▶ Une bonne habitude est de **souligner les mots importants du sujet**.

CORRIGÉ

Exercice 1

1. Les registres littéraires utilisés à des fins de moquerie sont les registres ironique et satirique.

2. Le blâme sert à montrer sa réprobation.

3. Le siècle des Lumières est le XVIIIᵉ siècle.

4. Les œuvres exploitant le mythe du « bon sauvage » afin de critiquer la société du XVIIIᵉ siècle sont *Le discours sur l'origine et les fondements de l'inégalité parmi les hommes* de Rousseau et *L'Ingénu* de Voltaire.

5. Les deux événements ayant marqué la littérature d'idées au XVIᵉ siècle sont l'invention de l'imprimerie et la publication des *Essais* de Montaigne.

6. Les philosophes et écrivains des Lumières cherchent à rendre la connaissance accessible à tous, luttent contre les injustices, l'ignorance, le fanatisme et l'intolérance religieuse. L'invention de la démarche scientifique et la publication de l'*Encyclopédie* montrent la volonté de transmettre le savoir non plus seulement à une élite parlant le latin, mais à une population tout entière. Le combat de Voltaire dans l'affaire Calas illustre la façon dont les philosophes et écrivains des Lumières s'inscrivaient dans la vie publique de leur pays malgré la censure (Diderot fut enfermé peu de temps après avoir commencé la rédaction de l'*Encyclopédie* et Voltaire dut s'exiler en Grande-Bretagne pour continuer à publier ses textes).

Exercice 2

Extrait 1 : Rousseau, dans son *Discours sur l'origine et les fondements de l'inégalité parmi les hommes*, oppose l'état naturel de l'homme à son état civilisé : dans cet extrait, il évoque le basculement d'un état à l'autre, l'émergence de la notion de propriété et la construction des hiérarchies sociales à travers le travail et l'asservissement.

Extrait 2 : Condorcet milite contre l'esclavage, qu'il considère comme contraire à la notion de justice qui doit gouverner tous les hommes ; les esclavagistes sont pour lui comme des voleurs, et on ne peut pas considérer qu'un tort leur est fait si leurs esclaves sont libérés, car des êtres humains ne peuvent appartenir à d'autres, pas plus qu'un objet volé n'appartient à son voleur.

COURS

Extrait 3 : La Déclaration des Droits de l'Homme et du Citoyen fixe les fondements de la loi : les hommes sont libres et égaux ; leur liberté s'arrête où celle des autres hommes commence et la limite en est déterminée par la loi ; on ne peut les empêcher de parler, écrire, imprimer librement ce qu'ils pensent, dans des limites fixées par la loi.

Exercice 3

Rousseau utilise en premier lieu le registre didactique en présentant des faits comme avérés (« Dès qu'un homme eut besoin du secours d'un autre », « L'égalité disparut », « la propriété s'introduisit »). Il fait intervenir le registre ironique lorsqu'il évoque des « campagnes riantes » alors que ces campagnes sont témoins de l'esclavage des hommes. Il utilise une métaphore végétale pour décrire le développement de la misère qui suit dans les champs le rythme des saisons (« on vit bientôt l'esclavage et la misère germer et croître avec les moissons »).

Condorcet utilise exclusivement le registre didactique (l'expression « Nous avons montré » est répétée deux fois), accompagné par un lexique de la justice qui donne une force logique et morale à son argumentation (« justice inflexible, assujettis, droit, crime »). Il compare l'esclavage à un vol.

Exercice 4

1. Par quels <u>moyens</u> est-il possible de changer la <u>société</u> aujourd'hui ?

> **MÉTHODE**
>
> **Comment analyser ce sujet ?** La question posée vous invite implicitement à recenser les différents moyens d'action dans la société actuelle. Ce sujet implique de réfléchir aux nouvelles formes de littérature d'idées, qu'elles soient destinées à être lues ou non. Par exemple, comme un discours oral ferait l'objet d'analyses dans les livres de français, un discours relayé par une vidéo hébergée sur Internet peut être considéré comme digne d'une lecture et d'une analyse approfondie. Voici quelques exemples de paragraphes citant des exemples actuels. Entraînez-vous à écrire vos propres paragraphes en remplaçant les exemples par ceux qui vous sont plus familiers.

À l'heure actuelle, la littérature d'idées prend des formes très variées afin de transmettre un savoir, dénoncer des injustices ou promouvoir des actions bénéfiques. Dans la droite ligne des philosophes des Lumières, les vulgarisateurs sont des personnes cherchant à rendre compréhensibles des domaines souvent pointus et réservés aux initiés. Cela est particulièrement vrai dans des disciplines scientifiques dites « dures » comme la physique ou les mathématiques, mais l'histoire, la géographie, la linguistique, la sociologie, la psychologie ou la philosophie donnent lieu à un répertoire important d'œuvres de vulgarisation sous des formes très diverses : livres, articles de journaux, documentaires, articles sur internet, vidéos, conférences, etc. La vulgarisation a le même objectif que Diderot lorsqu'il écrit l'*Encyclopédie :* redonner du pouvoir au peuple en leur donnant la connaissance. Les sciences ne sont pas le seul domaine concerné : l'artisanat par exemple tient une place considérable dans l'*Encyclopédie* parce qu'il utilise des savoir-faire qui se seraient probablement perdus avec le temps.

La dénonciation des injustices est toujours d'actualité et les Lumières n'ont fait que donner un élan à la liberté d'expression, sans cesse remise en question. Un exemple actuel de moyen nouveau mis en place pour dénoncer une injustice est la campagne dénommée « L'affaire du siècle » qui prend à partie l'appareil judiciaire français afin de contraindre le gouvernement à durcir sa politique en matière de défense environnementale. Cette campagne s'appuie sur le pouvoir de diffusion d'Internet et sur la popularité des personnalités sur la plateforme Youtube (Mcfly et Carlito, par exemple), lesquelles ont rédigé des discours en utilisant les ressources de la rhétorique. La pétition est ainsi un moyen

FRANÇAIS

© Éditions Foucher

241

d'action politique qui, avec Internet et la communication quasi-instantanée, n'existaient pas au siècle des Lumières.

ATTENTION

Ne citez jamais d'œuvres ou d'auteurs contemporains sans en avoir une bonne connaissance. Les examinateurs vérifient vos sources et vous sanctionneront si vous pariez sur le fait qu'ils ne connaissent pas les mêmes œuvres que vous.

Des manifestations de rue, susceptibles d'attirer les caméras de télévision et les journalistes sont un autre moyen efficace de faire parler d'un mouvement, d'une cause, d'une possibilité d'action. Ainsi, le groupe Femen attire l'attention sur le sexisme en remettant en question les normes morales appliquées aux femmes et l'orientation des critères de définition de la pudeur.

La promotion d'actes bénéfiques fait aussi partie des moyens mis régulièrement en place pour changer la société et les rapports entre les êtres humains. Internet est largement mis à contribution à travers des vidéos et des articles, mais la littérature physique est bien présente. De nombreux ouvrages font recette, décrivant des moyens de vivre mieux en accord avec ses convictions, son environnement, ses concitoyens. Ainsi, *Comment combattre un dictateur quand on est seul, tout petit et sans armes ?* de l'écrivain et militant serbe Srdja Popovic décrit son combat pacifique contre la dictature de Slobodan Milosevic en Serbie et les différentes étapes d'un tel combat. Il enseigne maintenant l'activisme politique non-violent à l'université de New York.

Un autre exemple de littérature qui suit l'orientation des mœurs des nouvelles générations qui souhaitent avoir un impact moins négatif sur leur environnement et sur la société mondialisée en général, est Adoptez *La Slow Cosmétique* de Julien Kaibeck, qui cherchent à pousser les grands producteurs de cosmétique à rendre plus sains leurs produits, tant en termes de santé humaine que d'exploitation de la faune et de la flore.

2. Dans quelle mesure la <u>littérature</u> peut-elle conduire une <u>génération</u> à <u>agir</u> ? Vous appuierez votre réflexion sur les <u>textes du corpus</u>, sur ceux que vous <u>avez étudiés</u> et sur <u>vos lectures personnelles</u>. Vous pourrez avoir recours à <u>tous les genres de l'argumentation</u>.

MÉTHODE

Comment analyser ce sujet ? Ici, il vous est fortement conseillé de citer au moins une œuvre de chaque genre de l'argumentation, même si cela n'est pas obligatoire pour réussir l'épreuve. Chaque génération se trouve investie d'une ou plusieurs causes qui la concerne(nt) particulièrement (l'action climatique, la justice sociale, la répartition des ressources...). On vous demande de juger du rôle de la littérature (au sens large) dans la mobilisation des individus pour une cause donnée. C'est un sujet très vaste, et vous ne pourrez pas en couvrir tous les détails, mais c'est aussi un sujet ouvert. La majeure partie de votre devoir devra évoquer la littérature d'idée, mais vous pourrez aussi consacrer un paragraphe aux autres moyens de mobiliser une génération. La conclusion d'une telle réflexion doit être nuancée : la littérature joue un grand rôle, notamment à travers les genres comme la poésie, le discours, le conte philosophique, le pamphlet, les articles de journaux, mais d'autres moyens existent.

L'argumentation explicite et le registre didactique sont les voies les plus simples pour transmettre ses idées et inciter à agir. Ce sont souvent les intellectuels, qui savent manier la langue et les idées, qui utilisent ce genre d'argumentation. On peut penser aux *Lettres philosophiques* de Voltaire, qui ont un rôle capital depuis les Lumières et jusqu'à aujourd'hui. L'argumentation peut passer par une voie détournée en empruntant les codes de la narration : c'est l'apologue (ou à la rigueur le roman d'apprentissage dans lequel un personnage

SUJET DE TYPE BAC

subit des transformations intellectuelles et morales qui peuvent être interprétées par le lecteur comme une leçon de vie). Les *Fables* de La Fontaine sont un exemple célèbre, mais *Candide* de Voltaire utilise également le récit à des fins argumentatives pour faire la satire de la guerre. On peut citer aussi *Le Petit Prince* d'Antoine de Saint-Exupéry.

Finalement l'argumentation peut s'en remettre aux émotions et sentiments, c'est ce qu'on appelle la persuasion. La colère, le lyrisme, l'expression des sentiments sont employés pour persuader alors que la logique, l'objectivité et la didactique ont pour but de convaincre. On s'exprime souvent à la première personne dans ce type d'écrit, en espérant toucher les lecteurs qui ressentiraient la même chose. Les discours politiques, la propagande, les pamphlets, les lettres ouvertes ont recours à la persuasion. *Les Châtiments* de Victor Hugo condamnent ainsi de manière virulente les injustices et le règne de Napoléon III.

SUJET DE TYPE BAC

Objet d'étude : La littérature d'idées du XVIe siècle au XVIIIe siècle

Document A : Voltaire, *L'Ingénu*, 1767
Document B : Louis de Jaucourt, *Encyclopédie*, article « Sauvages », 1751-1772
Document C : Jean-Jacques Rousseau, *Discours sur l'origine et les fondements de l'inégalité parmi les hommes*, 1755

Commentaire

Vous commenterez le document A en vous focalisant sur la critique de l'Église formulée par Voltaire.

Contraction de texte

Vous résumerez le document C en reformulant la thèse de l'auteur. Votre réponse comportera environ 250 mots.

Essai

Montrez comment l'homme sauvage est défini au XVIIIe siècle et comment cette étude de l'état naturel de l'homme affecte la façon dont les écrivains perçoivent la société civilisée. Vous vous appuierez sur des éléments précis des textes ainsi que sur les œuvres que vous avez étudiées en classe et sur vos connaissances personnelles.

 # outil
Conseils pour réussir l'épreuve écrite et orale
foucherconnect.fr/19pbstmg32

DOCUMENT A

L'Ingénu

L'Ingénu avait une mémoire excellente. La fermeté des organes de Basse-Bretagne, fortifiée par le climat du Canada, avait rendu sa tête si vigoureuse que, quand on frappait dessus, à peine le sentait-il ; et quand on gravait dedans, rien ne s'effaçait ; il n'avait jamais rien oublié. Sa conception était d'autant plus vive et plus nette que, son enfance n'ayant point été chargée des inutilités et des sottises qui accablent la nôtre, les choses entraient dans sa cervelle sans nuage. Le prieur résolut enfin de lui faire lire le Nouveau Testament. L'Ingénu le dévora avec beaucoup de plaisir ; mais, ne sachant ni dans quel temps ni dans quel pays toutes les aventures rapportées dans ce livre étaient arrivées, il ne douta point que le lieu de la scène ne fût en Basse-Bretagne ; et il jura qu'il couperait le nez et les oreilles à Caïphe et à Pilate[1] si jamais il rencontrait ces marauds-là. [...]

Il fallait auparavant se confesser ; et c'était là le plus difficile. L'Ingénu avait toujours en poche le livre que son oncle lui avait donné. Il n'y trouvait pas qu'un seul apôtre se fût confessé, et cela le rendait très rétif. Le prieur lui ferma la bouche en lui montrant, dans l'épître de saint Jacques le Mineur, ces mots qui font tant de peine aux hérétiques : *Confessez vos péchés les uns aux autres*. Le Huron se tut, et se confessa à un récollet[2]. Quand il eut fini, il tira le récollet du confessionnal, et, saisissant son homme d'un bras vigoureux, il se mit à sa place, et le fit mettre à genoux devant lui : « Allons, mon ami, il est dit : *Confessez-vous les uns aux autres :* je t'ai conté mes péchés, tu ne sortiras pas d'ici que tu ne m'aies conté les tiens. » En parlant ainsi, il appuyait son large genou contre la poitrine de son adverse partie. Le récollet pousse des hurlements qui font retentir l'église. On accourt au bruit, on voit le catéchumène[3] qui gourmait[4] le moine au nom de saint Jacques le Mineur. La joie de baptiser un Bas-Breton huron[5] et anglais était si grande qu'on passa par-dessus ces singularités.

1. Caïphe et Pilate font partie des hommes responsables de la crucifixion du Christ dans la religion catholique.
2. Récollet : membre de l'ordre religieux catholique des Franciscains (appelés aussi l'ordre des frères mineurs).
3. Catéchumène : personne non-baptisée.
4. Gourmait : battait.
5. Huron : sauvage.

Voltaire, *L'Ingénu*, 1767

DOCUMENT B

Encyclopédie

SAUVAGES, (Géog. Mod.) : on appelle sauvages tous les peuples indiens qui ne sont point soumis au joug du pays, et qui vivent à part.

Il y a cette différence entre les peuples sauvages et les peuples barbares, que les premiers sont de petites nations dispersées qui ne veulent point se réunir, au lieu que les barbares s'unissent souvent, et cela se fait lorsqu'un chef en a soumis d'autres.

La liberté naturelle est le seul objet de la police des sauvages ; avec cette liberté la nature et le climat dominent presque seuls chez eux. Occupés de la chasse ou de la vie pastorale, ils ne se chargent point de pratiques religieuses, et n'adoptent point de religion qui les ordonne.

Il se trouve plusieurs nations sauvages en Amérique, à cause des mauvais traitements qu'elles ont éprouvés, et qu'elles craignent encore des Espagnols. Retirées dans les forêts et dans les montagnes, elles maintiennent leur liberté, et y trouvent des fruits en abondance. Si elles cultivent autour de leurs cabanes un morceau de terre, le maïs y vient d'abord ; enfin la chasse et la pêche achèvent de les mettre en état de subsister.

Comme les peuples sauvages ne donnent point de cours aux eaux dans les lieux qu'ils habitent, ces lieux sont remplis de marécages où chaque troupe sauvage se cantonne, vit, multiplie et forme une petite nation.

Louis de Jaucourt, *Encyclopédie*, 1751-1772

DOCUMENT C

Discours sur l'origine et les fondements de l'inégalité parmi les hommes

Gardons-nous donc de confondre l'homme sauvage avec les hommes, que nous avons sous les yeux. La nature traite tous les animaux abandonnés à ses soins avec une prédilection, qui semble montrer combien elle est jalouse de ce droit. Le Cheval, le Chat, le Taureau, l'Âne même ont la plupart une taille plus haute, tous une constitution plus robuste, plus de vigueur, de force, et de courage dans les forêts que dans nos maisons ; ils perdent la moitié de ces avantages en devenant domestiques, et l'on dirait que tous nos soins à bien traiter et nourrir ces animaux n'aboutissent qu'à les abâtardir. Il en est ainsi de l'homme même : en devenant sociable et esclave, il devient faible, craintif, rampant, et sa manière de vivre molle et efféminée achève d'énerver à la fois sa force et son courage. Ajoutons qu'entre les conditions sauvage et domestique la différence d'homme à homme doit être plus grande encore que celle de bête à bête ; car l'animal et l'homme ayant été traités également par la nature, toutes les commodités que l'homme se donne de plus qu'aux animaux qu'il apprivoise sont autant de causes particulières qui le font dégénérer plus sensiblement.

Rousseau, *Discours sur l'origine et les fondements de l'inégalité parmi les hommes*, 1755

SUJET DE TYPE BAC

OBJECTIF BAC

L'essai

▶ **Découvrir le sujet**

Le plus gros risque dans cet exercice est le **hors sujet**. Lisez l'énoncé plusieurs fois :
- deux ou trois fois avant la rédaction afin d'en comprendre toutes les parties. C'est le moment de **surligner les mots-clés** : « Montrez comment l'homme sauvage est défini au XVIIIe siècle et comment cette étude de l'état naturel de l'homme affecte la façon dont les écrivains perçoivent la société civilisée. » ;
- plusieurs fois pendant la rédaction pour vérifier que ce que vous dites est bien en relation avec le sujet et que vous n'avez pas oublié une partie du problème posé.

▶ **Reformuler**

Reformulez si besoin le sujet au brouillon en vous aidant des mots-clés :
- je dois **résumer les différents points de vue des auteurs** du corpus sur l'homme sauvage (attention à intégrer toutes les nuances entre les propos de Jaucourt, Rousseau et Voltaire) ;
- je dois montrer que l'étude des hommes sauvages amène les auteurs à une comparaison entre l'état naturel et l'état « civilisé » de l'homme. Jaucourt critique les méfaits de la ruée vers l'or et la conquête du Nouveau Monde, Rousseau valorise l'état naturel en employant le registre didactique, Voltaire fait de même à l'aide du registre satirique ;
- je ne dois évoquer <u>que</u> le XVIIIe siècle. Si je vois des parallèles avec le monde actuel, je peux en parler dans ma conclusion, mais la majeure partie de mon travail doit s'appuyer sur ce que je sais du XVIIIe siècle.

▶ **Structurer son propos**

On attend de vous que votre écrit soit structuré avec :
- une **introduction** où vous reformulez le problème, rappelez le titre et l'auteur des œuvres du corpus et annoncez ce que vous allez démontrer/expliquer ;
- un **développement** où vous devez séparer vos idées en paragraphes. Chaque paragraphe doit contenir **un argument** et **un exemple** tiré des textes, de vos lectures ou de vos connaissances personnelles. Il n'est pas interdit d'évoquer d'autres œuvres d'art du XVIIIe siècle.
- une **conclusion** où vous résumerez tout ce que vous avez écrit en quelques lignes. C'est uniquement après ce récapitulatif que vous pouvez parler des similitudes entre le XVIIIe siècle et aujourd'hui, et évoquer d'autres œuvres d'art ultérieures au XVIIIe siècle.

▶ **Respecter les règles d'écriture**

En **introduction**, évitez les formules trop générales ou prétentieuses comme « depuis la nuit des temps, l'homme se pose une grande question... ». Commencez simplement. Rappelez par exemple ce que vous savez du XVIIIe siècle : le mythe du « bon sauvage » et comment il a pu voir le jour (les progrès scientifiques qui ont permis la navigation en haute mer, la découverte de l'Amérique en 1492, la rencontre avec les indigènes...).

Sur la copie, ne faites pas figurer les mentions « introduction, développement et conclusion ». Utilisez des **alinéas** en début de paragraphe. Faites une **phrase de transition** entre chaque paragraphe et employez des **connecteurs logiques** (mais, pourtant, cependant, toutefois, ensuite, par conséquent, donc, ainsi...). Le correcteur doit voir (alinéas) et sentir (changement d'idée, phrase de transition) le passage d'une partie ou d'un paragraphe à l'autre.

FRANÇAIS

5 L'écriture romanesque

Le genre romanesque est difficile à définir, car il a revêtu des formes très diverses au cours du temps. L'élément principal qui caractérise un roman ou un récit est la présence d'une narration : quelqu'un raconte une histoire qui est un enchaînement d'événements, et au cours de laquelle des personnages cherchent à accomplir une quête. Cette définition est valable pour la plupart des récits, malgré quelques exceptions, notamment à partir du XXe siècle.

1 Le rôle du récit et du roman

■ Le récit permet le plus souvent de transmettre efficacement un enseignement grâce à une histoire qui donne envie aux lecteurs d'en connaître le dénouement. Le registre didactique est ainsi utilisé à travers les récits que l'on appelle les apologues : les fabliaux du Moyen Âge, les fables d'Ésope et de La Fontaine, les contes philosophiques, les paraboles de la Bible (voir fiche 3).

> **ANALYSE GUIDÉE**
>
> Jean Giono, dans la *Lettre aux paysans sur la pauvreté et la paix* (1938), use **du registre didactique** : « L'inutilité de toutes les guerres est évidente. Qu'elles soient défensives, offensives, civiles, pour la paix, le droit pour la liberté, toutes les guerres sont inutiles. La succession des guerres dans l'histoire prouve bien qu'elles n'ont jamais conclu puisqu'il a toujours fallu recommencer les guerres. » Ce registre didactique rassemble en effet les procédés utilisés afin d'enseigner des leçons au lecteur, à la manière des morales des fables de La Fontaine. Il s'agit de convaincre en utilisant des arguments et des exemples qui ont pour but de frapper l'imagination. Des figures de style comme l'**énumération**, l'**accumulation** ou l'**hyperbole** aident également à convaincre. Les **connecteurs logiques** jouent un grand rôle dans la cohérence du propos et rendent la lecture plus fluide.

■ Même lorsque cette visée argumentative n'est pas immédiatement perceptible, le récit propose souvent une vision du monde dont on peut tirer un enseignement, ou une critique de la société de l'époque. C'est le cas avec beaucoup de romans des Lumières et du XIXe siècle, où la société française connaît d'énormes évolutions politiques, sociales, technologiques et philosophiques.

■ Il ne faut pas non plus négliger l'aspect divertissant du récit ainsi que ses éventuelles vertus comiques, qui peuvent être commentées efficacement.

2 L'écriture romanesque

A Les types de narrateurs

■ Il convient toujours de **distinguer l'écrivain du narrateur**. En dehors de l'**autobiographie** (l'auteur raconte une partie de sa vie) ou de l'**auto-fiction** (l'auteur raconte sa vie en y mêlant des éléments fictionnels), l'écrivain se « dédouble » pour raconter une histoire. Afin d'éviter les contresens :
– parler de « **l'écrivain** » pour faire référence à la vie de l'auteur ou à ses intentions ;
– parler du « **narrateur** » pour désigner la personne qui raconte l'histoire.

5 L'ÉCRITURE ROMANESQUE — **COURS**

■ Il existe plusieurs types de narrateurs :
– **narrateur interne** : le narrateur est un personnage de l'histoire et parle à la première personne ;
– **narrateur externe** : le narrateur n'est pas directement impliqué dans l'histoire qu'il raconte, et parle à la troisième personne ;
– **narrateur omniscient** : ce n'est pas vraiment un troisième type de narrateur, car il est souvent associé au narrateur externe. Le narrateur omniscient connaît les pensées des personnages, et même la suite et la fin de l'histoire. Il peut ainsi distiller les informations au compte-gouttes pour susciter la curiosité du lecteur.

■ Un narrateur externe n'est pas toujours omniscient, de même qu'il peut arriver dans de rares cas qu'un narrateur interne soit omniscient : s'il raconte une histoire passée, certains détails qu'il a compris *a posteriori* viendront enrichir le récit, comme le ferait un narrateur omniscient. Il arrive aussi que le narrateur ait un statut divin ou similaire, qui lui confère une connaissance illimitée.

B Les points de vue et la focalisation interne

■ Même lorsque le narrateur est externe, celui-ci peut prendre le point de vue d'un personnage. Le récit est alors « contaminé » par le point de vue adopté. C'est ce que l'on appelle la **focalisation interne**. Un exemple très clair de « contamination » d'un récit est ce passage de *Germinal*, d'Émile Zola. À la fin de ce passage, le point de vue des bourgeois « contamine » le récit : la peur de ces derniers transforme les ouvriers en bêtes féroces.

> *Un groupe de bourgeois se retrouve face à une révolte d'ouvriers des mines (les houilleurs). Le début de l'extrait est raconté par le narrateur omniscient. Cependant le point de vue change à la fin de ce passage, quand on nous donne à voir l'émeute du point de vue des bourgeois épouvantés.*
> Les femmes avaient paru, près d'un millier de femmes, aux cheveux épars dépeignés par la course, aux guenilles montrant la peau nue, des nudités de femelles lasses d'enfanter des meurt-de-faim. Quelques-unes tenaient leur petit entre les bras, le soulevaient, l'agitaient, ainsi qu'un drapeau de deuil et de vengeance. D'autres, plus jeunes, avec des gorges gonflées de guerrières, brandissaient des bâtons ; tandis que les vieilles, affreuses, hurlaient si fort, que les cordes de leurs cous décharnés semblaient se rompre. Et les hommes déboulèrent ensuite [...] Au-dessus des têtes, parmi le hérissement des barres de fer, une hache passa, portée toute droite ; et cette hache unique, qui était comme l'étendard de la bande, avait, dans le ciel clair, le profil aigu d'un couperet de guillotine. « Quels visages atroces ! » balbutia Madame Hennebeau. Négrel dit entre ses dents : « Le diable m'emporte si j'en reconnais un seul ! D'où sortent-ils donc, ces bandits-là ? »
> Et, en effet, la colère, la faim, ces deux mois de souffrances et cette débandade enragée au travers des fosses, avaient allongé en mâchoires de bêtes fauves les faces placides des houilleurs de Montsou. À ce moment, le soleil se couchait, les derniers rayons d'une pourpre sombre ensanglantaient la plaine. Alors, la route sembla charrier du sang, les femmes, les hommes continuaient à galoper, saignants comme des bouchers en pleine tuerie. « Oh ! superbe ! » dirent à demi-voix Lucie et Jeanne, remuées dans leur goût d'artistes par cette belle horreur.
> Elles s'effrayaient pourtant, elles reculèrent près de Madame Hennebeau, qui s'était appuyée sur une auge. L'idée qu'il suffisait d'un regard entre les planches de cette porte disjointe, pour qu'on les massacrât, la glaçait. [...] C'était la vision rouge de la révolution qui les emporterait tous, fatalement, par une soirée sanglante de cette fin de siècle. Oui, un soir, le peuple lâché, débridé, galoperait ainsi sur les chemins ; et il ruissellerait

du sang des bourgeois, il promènerait des têtes, il sèmerait l'or des coffres éventrés. Les femmes hurleraient, les hommes auraient ces mâchoires de loups, ouvertes pour mordre, Oui, ce seraient les mêmes guenilles, le même tonnerre de gros sabots, la même cohue effroyable, de peau sale, d'haleine empestée, balayant le vieux monde, sous leur poussée débordante de barbares. Des incendies flamberaient, on ne laisserait pas debout une pierre des villes, on retournerait à la vie sauvage dans les bois, après la grande ripaille, où les pauvres, en une nuit, videraient les caves des riches. Il n'y aurait plus rien, plus un sou des fortunes, plus un titre des situations acquises, jusqu'au jour où une nouvelle terre repousserait peut-être.

Zola, *Germinal*, Partie V, chapitre 5

ANALYSE GUIDÉE

▶ Pour aller plus loin dans l'analyse, il faut identifier les points de vue multiples à l'intérieur de cet extrait : **le narrateur externe et omniscient passe graduellement d'un point de vue neutre au point de vue des bourgeois**. Zola s'applique d'abord à donner une description précise des conditions de vie des mineurs dans *Germinal*, mais certains procédés peuvent surprendre dans un récit dit « réaliste ». C'est parce que le naturalisme inventé par Zola se différencie du réalisme : en effet, une description purement scientifique des choses est possible, mais elle ne crée pas nécessairement une émotion forte chez le lecteur. Or, **Zola se concentre justement sur les effets qu'il peut créer chez ses lecteurs**, et c'est pour cela que le récit transforme parfois la réalité pour la rendre « plus réaliste », comme avec la technique de la focalisation interne.

▶ L'auteur cherche avant tout à montrer la souffrance des familles de mineurs, d'où l'emploi d'un **registre pathétique** assez fréquent et fort : « un millier de femmes, aux cheveux épars dépeignés par la course, aux guenilles montrant la peau nue, des nudités de femelles lasses d'enfanter des meurt-de-faim. », « les cordes de leurs cous décharnés semblaient se rompre ».

▶ On voit que le point de vue des bourgeois est présent également au milieu du passage, lorsque la hache est comparée à une guillotine. L'imaginaire des bourgeois de l'époque est hanté par les souvenirs ou les récits des insurrections lors desquelles beaucoup furent décapités.

C Les types de discours

Pour faire parler ses personnages, l'écrivain procède de plusieurs manières. Ce sont les **types de discours**.

a Le discours direct

Le dialogue ordinaire fait appel au discours direct où **les paroles prononcées par le personnage sont retranscrites intégralement**. Les verbes sont généralement au présent et au passé composé. On utilise les types de phrases appropriés (interrogations, exclamations…). La ponctuation est spécifique : on emploie les **tirets**, qui signifient un changement d'interlocuteur, et les **guillemets**. Parfois, des incises permettent d'insérer des verbes de paroles dans le dialogue sans fermer les guillemets : (« Va-t'en, dit-il »).

EXEMPLE

Elle s'écria : « Non ! Je ne partirai pas demain ! »

b Le discours indirect

Le discours indirect consiste à utiliser les **verbes de paroles suivis d'une proposition subordonnée conjonctive**. Les paroles des personnages sont résumées et intégrées dans le récit. Les verbes conservent les mêmes temps que dans le reste du récit et les repères de lieu et de temps changent. On n'utilise pas de guillemets, de tirets, ou de verbes de parole et les types de phrases (interrogations, exclamations) ne sont pas retranscrits.

> **EXEMPLE**
> Elle lui dit qu'elle ne partirait pas le lendemain.

C Le discours indirect libre

Cette forme de discours emprunte des éléments du discours direct et du discours indirect.

Emprunts au discours direct	Emprunts au discours indirect
▸ Types de phrases ▸ Marques orales ▸ Marques de subjectivité (les manières de parler des personnages)	▸ Pas de tirets ni de guillemets ▸ Utilisation des mêmes pronoms ▸ Les repères de temps et de lieu changent ▸ Les temps verbaux changent ▸ La parole est résumée

> **EXEMPLE**
> Elle se fâcha. Non ! Elle ne partirait pas le lendemain !

D L'ancrage spatio-temporel

■ L'**ancrage spatio-temporel** est différent si l'on se trouve dans le discours direct (que l'on nomme l'énoncé ancré) ou dans les discours indirect et indirect libre (qu'on appelle l'énoncé coupé).

> **À SAVOIR**
> On parle d'« **énoncé coupé** » parce que **le moment où l'on parle n'est pas le même moment que celui de l'histoire**. À l'inverse, dans le discours direct, l'énoncé est « **ancré** » car **le moment où le personnage parle est le moment de l'histoire**.

■ Ainsi, on fait la distinction entre « demain », qui est un terme ancré (la date évoquée dépend du moment où le mot est prononcé) et « le lendemain » qui est un terme coupé, dépendant du temps de l'histoire, et non pas du moment où le narrateur/écrivain parle.

■ L'énoncé est souvent ancré dans le cas d'un narrateur interne, alors qu'il est coupé si le narrateur est externe.

3 Le récit romanesque

A Le schéma narratif

■ L'immense majorité des récits suivent la même structure :

■ La chronologie peut être manipulée grâce au **retour en arrière** ou à l'**anticipation**, mais il est très rare qu'un récit échappe à ce schéma. *Molloy* de Samuel Beckett est un exemple de récit où l'action est cyclique et où l'histoire n'a ni réel début ni fin. Un autre exemple célèbre est *Ulysses* de James Joyce.

B Le schéma actanciel

Certains termes s'appliquent à tous types d'histoire pour caractériser les personnages. Soyez sûrs d'employer correctement les termes suivants :

ATTENTION

Évitez de parler de « héros », qui est un terme qui s'applique davantage au roman d'aventures et aux contes.

– **protagoniste** : le ou les personnages principaux (on les appelle parfois les sujets) ;

– **antagoniste/opposant** : le ou les personnages qui s'opposent aux protagonistes ;

– **adjuvant** : le ou les personnages qui aident les protagonistes dans leur quête ;

C Le rythme d'un récit

■ **Les procédés de l'accélération** : les plus simples sont les **compléments circonstanciels de temps** exprimant la rapidité, l'utilisation de nombreux **verbes d'action**, des **phrases plus courtes** (dans le récit comme dans le dialogue) et une ponctuation adaptée.

■ **Les procédés du ralentissement** : en inversant ces mêmes procédés, l'auteur peut facilement ralentir l'action afin de rendre le récit plus lourd, plus grave et solennel : les compléments circonstanciels de temps exprimant la lenteur et l'inaction, des verbes descriptifs, des verbes d'état, des verbes de pensées, des phrases longues avec des subordonnées et peu de ponctuation… Ces éléments paraissent évidents mais ne les négligez pas, car ils peuvent vous donner la clé de l'analyse d'un texte !

■ **Le retour en arrière** (ou **analepse**) : comme son nom l'indique, il s'agit d'un procédé qui permet à l'auteur de laisser le passé des personnages en suspens et d'y revenir ensuite. Cela peut être un levier très puissant du **suspense**.

CONSEIL

Évitez d'utiliser l'anglicisme « flashback », qui n'est pas véritablement un terme de l'analyse littéraire.

■ **L'anticipation** (ou **prolepse**) : il s'agit aussi d'un moyen de **créer une attente très forte chez le lecteur**. Le narrateur de Manon Lescaut est un maître dans l'art de la prolepse, comme quand il dit : « *Je n'eus pas le moindre soupçon du coup cruel qu'on se préparait à me porter* ». Dans ce roman, le narrateur est interne et raconte une histoire qu'il a déjà vécue, d'où sa connaissance des faits avant de les raconter. Ces prolepses interviennent de nombreuses fois dans le récit, alors que les personnages vont de désastres en catastrophes.

■ **L'ellipse narrative** : c'est un moyen de passer sous silence une période peu intéressante pour le lecteur, ou qu'on ne veut pas raconter (une nuit, un mois, plusieurs années, une génération…).

■ **Le rebondissement et le suspense** : le roman d'aventures, le roman policier et même le roman fantastique reposent sur le doute. Certaines informations sont cachées au lecteur afin de ménager le suspense et de maintenir l'attention du lecteur.

© Éditions Foucher

5 L'ÉCRITURE ROMANESQUE — COURS

POUR ALLER PLUS LOIN

Voici quelques exemples de procédés de manipulation du rythme du récit.

▶ **Extrait 1** : « Il s'était douché, rasé, et avait mis le costume de tergal vert qu'il portait en arrivant à l'hôtel la veille au soir. La pensée que le jour était enfin arrivé avait fait trembler sa main et il s'était légèrement coupé la lèvre en se rasant. Il saignait encore un peu, le goût salé dans sa bouche lui donna un haut-le-cœur. Il avait horreur du sang. La nuit dernière, au bureau de réception de l'hôtel, il avait senti le regard du réceptionniste glisser sur ses vêtements. Il portait son pardessus sous le bras, pour dissimuler son aspect minable. Mais le costume était neuf. Il avait fait des économies pour ça. Et pourtant l'homme l'avait regardé comme un pauvre type et lui avait demandé s'il avait fait une réservation. » Mary Higgins Clark, *La Nuit du renard*

Nous avons plusieurs **retours en arrière** dont l'un est fort long puisqu'il occupe tout un paragraphe. Le retour en arrière est signalé par un groupe nominal complément circonstanciel de temps « la nuit dernière ». Les verbes sont alors au plus-que-parfait (« avait senti », « avait regardé »). Le **plus-que-parfait** s'emploie pour exprimer des **actions antérieures à d'autres** (actions à l'imparfait comme « il portait »). Ainsi, dans la phrase « Elle portait le collier qu'elle avait fait », le plus-que-parfait dit que la confection du collier (« avait fait ») a eu lieu avant qu'il ne soit porté (« portait »).

▶ **Extrait 2** : « [...] le sommeil s'empara de mes sens, et m'offrit les rêves les plus agréables, les plus propres à délasser mon âme des idées effrayantes et bizarres dont elle avait été fatiguée. Il fut, d'ailleurs, très long, et ma mère, par la suite, réfléchissant un jour sur mes aventures, prétendit que cet assoupissement n'avait pas été naturel. » Jacques Cazotte, *Le Diable amoureux*

Dans cet extrait, on peut identifier l'**anticipation** grâce au groupe prépositionnel complément circonstanciel de temps « par la suite » ou encore au groupe nominal complément circonstanciel de temps également « un jour ».

▶ **Extrait 3** : « Par une nuit de tempête, à l'époque orageuse de la Révolution française, un jeune Allemand s'en revenait à son domicile sur le tard, à travers les vieux quartiers de Paris. Les éclairs luisaient et de sourds grondements de tonnerre retentissaient dans les rues étroites. Mais il convient tout d'abord que je vous parle de ce jeune Allemand. Gottfried Wolfgang était un jeune homme de bonne famille. Il avait étudié à Goettingue pendant quelque temps [...] Tel était Gottfried Wolfgang, et tel son état, au moment où commence ce récit. » Washington Irving, « Aventure d'un étudiant allemand ».

Dans ce **début *in medias res*** (l'histoire commence par une action, sans aucune présentation des personnages), nous avons un retour en arrière que l'on trouve dans le deuxième paragraphe : « Il avait étudié à Goettingue pendant quelque temps ». Le plus-que-parfait est utilisé pour exprimer une action antérieure à une autre (« un jeune allemand s'en revenait à son domicile »).

4 En bref

FRANÇAIS

6 L'histoire du roman du Moyen Âge à nos jours

Le roman trouve son origine dans l'épopée antique, avec notamment les œuvres de l'Iliade et l'Odyssée, et a évolué jusqu'à devenir la forme hétéroclite que l'on connaît aujourd'hui.

1 Le roman avant le XVIIe siècle

◼ L'Antiquité est l'époque des **grands récits épiques** : les **épopées**. Elles racontent les prouesses de héros surhumains, voire semi-divins (Ulysse, Hercule, Énée…).

◼ Au Moyen Âge, les **chansons de geste** prennent le relais de l'épopée en racontant les **exploits des chevaliers** : elles utilisent le registre épique, que l'on trouve également dans le roman moderne. Les registres narratif et descriptif sont employés, communs à tous les récits. C'est au Moyen Âge que se développent les fabliaux, ancêtres des fables de La Fontaine, qui mettent en scène des animaux et des humains en employant le registre didactique.

> **À SAVOIR**
>
> ▶ **Registre épique** : récit des exploits d'un personnage dont on exagère les capacités (notamment grâce à l'hyperbole).
> ▶ **Registre narratif** : permet de raconter un récit, une histoire.
> ▶ **Registre descriptif** : permet au lecteur de mieux imaginer le récit (notamment de manière visuelle).
> ▶ **Registre didactique** : a pour vocation d'enseigner tout en divertissant (d'où la morale des fables).

◼ Rabelais, écrivain de la Renaissance, est considéré comme le père du roman. Il a écrit des récits qui se rapprochent du roman dans sa forme actuelle et a contribué énormément à la diversification de la langue française en inventant des centaines de mots nouveaux. La Renaissance est marquée par ses œuvres comme *Gargantua* et *Pantagruel*.

2 Le roman au XVIIe siècle

◼ Au XVIIe siècle, quelques auteurs comme Honoré d'Urfé proposent des **récits merveilleux**, à la manière de l'épopée, dans lesquels des personnages mythologiques vivent des aventures dont les péripéties n'ont aucun lien apparent. Ces romans sont très longs, et leur popularité décroît rapidement. Les détracteurs du roman affirment qu'il s'agit d'un genre réservé à un public féminin sous prétexte qu'il met en scène des personnages amoureux dont on détaille les pensées et la psychologie, et qu'il ne montre pas d'exploits physiques ni guerriers.

> **EXEMPLE**
>
> Honoré d'Urfé écrit *L'astrée*, dans lequel des bergers et bergères, séparés dès le début du récit, cherchent à retrouver la personne qui hante leurs pensées. Le roman (environ 450 pages en format poche) est extrêmement long pour l'époque. Les lecteurs sont découragés par ce genre de récits, que l'on appelle le roman pastoral.

© Éditions Foucher

6 L'HISTOIRE DU ROMAN DU MOYEN ÂGE À NOS JOURS · **COURS**

■ Ces **romans héroïques** très longs laissent la place à des **romans plus courts et plus ancrés dans la réalité** comme *La Princesse de Clèves* de Madame de Lafayette. Son héroïne, mariée et néanmoins amoureuse d'un autre homme, résiste à son désir y compris après la mort de son mari. La force avec laquelle l'auteur décrit ce destin tragique et les émotions conflictuelles de l'héroïne lui valent d'être toujours lu aujourd'hui.

■ Le **roman épistolaire** naît également à cette époque avec des œuvres comme *Les Liaisons dangereuses* de Choderlos de Laclos.

3 Le roman au XVIIIᵉ siècle

■ Le XVIIIᵉ siècle voit le roman se diversifier et les limites de genres se troubler : en effet, les personnages ainsi que les thèmes abordés se multiplient. On ne peut plus définir le roman par des exploits guerriers, par l'exploration des sentiments ou par des personnages de la haute société :

– le **roman picaresque** (de l'espagnol « picaro : misérable, futé ») met en scène des personnages issus du peuple, aventuriers, volontiers voleurs, mendiants ou vagabonds. Ce personnage est un antihéros, il s'oppose aux figures telles que le chevalier ou le demi-dieu. *Gil Blas de Santillane*, de Lesage, ou encore *Le Paysan parvenu* de Marivaux sont des exemples français de ce genre né en Espagne ;

– le **roman sentimental** véhicule la sensibilité. Il raconte une histoire d'amour et se concentre sur la psychologie des personnages. Dans *La Nouvelle Héloïse*, de Jean-Jacques Rousseau, les sentiments des personnages sont beaucoup plus importants que leurs aventures ;

– les **dialogues philosophiques** sont l'occasion pour des écrivains comme Diderot d'énoncer leur vision du monde, de la société ou des hommes à travers une histoire, moins austère qu'un essai (*Le Neveu de Rameau, Jacques le Fataliste* sont des exemples de dialogues philosophiques de Denis Diderot) ;

– le **roman noir** est un genre populaire qui propose des scénarios mélodramatiques. Aussi appelé **roman gothique**, il est originaire d'Angleterre et se propage en Europe. *Le château d'Otrante*, d'Horace Walpole en est un des premiers représentants. Les écrivains français s'en empareront avec un léger retard et écriront *Une ténébreuse affaire* (Balzac), *Les Mystères de Paris* (Eugène Sue).

■ Mais de nombreux romans échappent à un classement fiable : *Les Lettres persanes* de Montesquieu changent de ton régulièrement et oscillent entre la nouvelle et le conte. Des œuvres comme *Candide, L'ingénu* de Voltaire ou *La Nouvelle Héloïse* de Rousseau ne rentrent pas dans une seule catégorie. On trouve dans ce dernier les premiers accents de ce qui deviendra le romantisme au siècle suivant.

4 Le roman au XIXᵉ siècle

■ Les genres évoqués précédemment continuent d'être en vogue, mais le XIXᵉ siècle marque le succès du **roman historique,** qui reprend un événement, parfois majeur de l'Histoire et y ajoute des personnages ou éléments fictifs. *Une nuit de Cléopâtre* est une nouvelle de Théophile Gautier qui s'inscrit dans ce genre, de même que *Les Martyrs* de Chateaubriand.

■ Balzac laisse sa marque comme le **romancier des mœurs**. Il étudie la vie des familles de son époque en détail et montre les effets sociaux et leurs causes. C'est son œuvre qui servira de base au **roman réaliste**.

FRANÇAIS

© Éditions Foucher

253

■ L'extension du roman réaliste se trouve dans le **roman naturaliste**, que Zola popularise dès 1865. Le **naturalisme** cherche à étudier le monde de manière scientifique pour le restituer du mieux possible. Le romancier prend pour modèle la **démarche scientifique** de la documentation, de la théorie et de l'expérimentation. Ce qui diffère entre le réalisme et le naturalisme, c'est la faculté qu'a Zola à transformer le réel pour le rendre plus vivant dans l'esprit du lecteur (voir fiche 5).

■ S'opposant au naturalisme, le **roman fantastique** met en scène des événements inexplicables et pour lesquels plusieurs explications cohabitent : l'une, rationnelle et logique, l'autre irrationnelle et surnaturelle.

■ Certains romans de Jules Verne se démarquent par leurs thèmes futuristes, jusqu'à donner naissance à un genre à part entière : la **littérature d'anticipation**. Celle-ci prend appui sur les dernières avancées scientifiques, voire sur des prototypes et des théories qui n'ont pas encore été testées scientifiquement, mais que Verne imagine dans des romans comme *De la Terre à la lune*, ou *Vingt mille lieues sous les mers*.

5 Le roman au XXᵉ siècle

■ Au XXᵉ siècle, l'**autobiographie** et l'**auto-fiction** émergent ainsi que le **Nouveau Roman**, qui veut donner un souffle moderne à la forme romanesque. Il remet en cause la nécessité pour un roman de raconter une histoire, et même d'avoir des personnages. Cela donne des récits dans lesquels les personnages et l'intrigue sont au second plan. Le narrateur, pour ces auteurs, ne peut pas être omniscient. Il est souvent multiple et indiscernable. Le réalisme est rejeté sous toutes ses formes.

■ La **science-fiction** et l'anticipation, longtemps considérées comme des sous-genres, deviennent peu à peu des sujets d'étude et des genres à part entière.

POUR ALLER PLUS LOIN

Les lectures essentielles
▶ Moyen Âge
La chanson de Roland (fin du XIᵉ siècle)
Yvain ou Le Chevalier au lion, de Chrétien de Troyes, 1177
Perceval ou le Conte du Graal, de Chrétien de Troyes, 1180 (inachevé)
Le Roman de Renart, 1170-1250
▶ Renaissance
Pantagruel et *Gargantua*, Rabelais, 1532 et 1534
▶ XVIIᵉ siècle
Fables, de Jean de La Fontaine, 1668-1694
La Princesse de Clèves, Madame de La Fayette, 1678
Les Aventures de Télémaque, Fénelon, 1699
▶ XVIIIᵉ siècle
Les Lettres persanes, Montesquieu, 1721
Le Jeu de l'amour et du hasard, Marivaux, 1730
Manon Lescaut, L'Abbé Prévost, 1731
Julie ou la Nouvelle Héloïse, Jean-Jacques Rousseau, 1761

Le Neveu de Rameau, Denis Diderot, 1762-1773

Jacques le Fataliste et son maître, Denis Diderot, 1778

Les Liaisons dangereuses, Choderlos de Laclos, 1782

Les Confessions, Jean-Jacques Rousseau, 1782 et 1789

▶ XIXᵉ siècle

Mémoires d'Outre-Tombe, Chateaubriand, 1803-1841

Le Rouge et le Noir, Stendhal, 1830

Notre-Dame de Paris, Victor Hugo, 1831

Le Père Goriot, Honoré de Balzac, 1834

La Chartreuse de Parme, Stendhal, 1849

Voyage au centre de la Terre, Jules Verne, 1864

L'Éducation sentimentale, Gustave Flaubert, 1869

Les Diaboliques, Jules Barbey d'Aurevilly, 1874

Bel-Ami, Guy de Maupassant, 1885

▶ XXᵉ siècle

Nadja, André Breton, 1928

Le Meilleur des mondes, Aldous Huxley, 1931

Voyage au bout de la nuit, Céline, 1932

L'Étranger, Albert Camus, 1942

Ravages, René Barjavel, 1943

La Peste, Albert Camus, 1947

Le Silence de la mer, Vercors, 1942

Vipère au poing, Hervé Bazin, 1948

Les Gommes, Alain Robbe-Grillet, 1953

Enfance, Nathalie Sarraute, 1983

▶ XXIᵉ siècle

La Horde du Contrevent, Alain Damasio, 2004

La Part de l'autre, Eric-Emmanuel Schmitt, 2005

Là où les tigres sont chez eux, Jean-Marie Blas de Roblès, 2008 (Prix Médicis)

HHhH, Laurent Binet, 2010

L'Île du point Némo, Jean-Marie Blas de Roblès, 2014

La Septième fonction du langage, Laurent Binet, 2014

Ils m'ont menti, Daniel Pennac, 2017

Les œuvres cinématographiques

Le roman étant probablement la forme littéraire la plus lue, il est également le genre le plus transposé sur d'autres supports :

- *Les Misérables,* de Victor Hugo, adapté par Robert Hossein en 1982 ;

- *Germinal,* d'Émile Zola, adapté par Claude Berri en 1993 ;

- *Les Liaisons dangereuses,* de Choderlos de Laclos, monument de la littérature épistolaire, adapté par Stephen Frears en 1988 ;

- *Madame Bovary,* de Gustave Flaubert, adapté par Vincente Minnelli en 1949 ;

- *Les Trois Mousquetaires,* d'Alexandre Dumas, adapté par George Sidney en 1948 ;

- *Le Comte de Monte-Cristo,* d'Alexandre Dumas, adapté par Claude Autant-Lara en 1961 ;

- *La Bête humaine,* d'Émile Zola, adapté par Jean Renoir en 1938.

6 En bref

Les écrits sont consacrés aux **héros légendaires**, aux divinités et aux demi-dieux. Ces récits sont écrits en latin ou en grec

Antiquité

Épopée — Raconte les exploits de héros comme Ulysse, Énée ou Hercule

HOMÈRE *L'Iliade et l'Odyssée*
VIRGILE *L'Énéide*

Moyen Âge

- La légende du roi Arthur naît en Bretagne
- Les récits sont lus à voix haute : peu de gens savent lire

Chanson de geste — Raconte les prouesses des chevaliers (Roland, Yvain, Lancelot, Perceval...)

Le Roman de Renart

XVIe siècle

- Savoir transmis par les **moines** grâce aux manuscrits
- Accès au savoir révolutionné avec l'invention de l'**imprimerie** par Gutenberg
- Création de l'Académie française par Richelieu (afin de fixer les règles de la langue française et les faire évoluer)

Rabelais écrit les premiers récits considérés comme les ancêtres des romans

RABELAIS *Pantagruel, Gargantua*

XVIIe siècle

- Règne de Louis XIV et apogée de la **monarchie absolue**
- Construction du château de Versailles
- Révocation de l'édit de Nantes
- Implantation de l'**esclavage**

- Les romans deviennent plus courts
- Naissance du roman épistolaire

MADAME DE LA FAYETTE *La Princesse de Clèves*

XVIIIe siècle

- Siècle des Lumières
- Apogée du **commerce triangulaire** (tissus, armes à feu, coton, thé, épices, esclaves)
- Période très rude pour le peuple français : hivers glacials, famine, misère et criminalité
- **Révolution française**
- Apparition d'une nouvelle classe sociale : la **bourgeoisie**

Roman picaresque (Le Diable boiteux...)
Roman noir
Roman sentimental
Dialogues philosophiques

HONORE D'URFÉ *L'Astrée*
DIDEROT *Le Neveu de Rameau, Jacques le Fataliste*
LACLOS *Les Liaisons dangereuses*

XIXe siècle

- Alternance des régimes politiques (république et empire) avec des répercussions sur le milieu culturel et littéraire
- **Révolution industrielle**
- Émergence de la classe sociale des **ouvriers**

Roman historique
Roman réaliste et naturaliste
Roman fantastique
Roman d'anticipation

JULES VERNE
BALZAC *La comédie humaine*
HUGO *Les misérables*
ZOLA *Rougon macquart*
STENDHAL *Le rouge et le Noir*
FLAUBERT *Madame Bovary, L'Éducation sentimentale*

XXe et XXIe siècles

- Les **deux guerres mondiales** changent radicalement la vision du monde et la place de l'homme et de la femme dans la société
- Comme les deux guerres mondiales, les **attentats terroristes** de 2001 et des années suivantes continuent de transformer les modes de vie et les milieux culturels occidentaux

Autobiographie et autofiction
Nouveau Roman — Remet en cause les règles du schéma narratif et actanciel
Science-fiction — Reconnaissance de la science-fiction comme genre littéraire à part entière

COURS

SE TESTER ET S'ENTRAÎNER

EXERCICE 1

Cochez la ou les bonne(s) réponse(s) et répondez aux questions posées.

1. Un narrateur qui en sait plus que le lecteur est :
❑ un narrateur interne
❑ un narrateur externe
❑ un narrateur omniscient
❑ une focalisation interne

2. Lorsqu'un narrateur n'est pas un personnage de l'histoire mais prend temporairement le point de vue d'un personnage, on appelle cela :
❑ un narrateur interne
❑ la focalisation interne

3. Dans le discours indirect libre, l'énoncé est :
❑ ancré
❑ coupé

4. Dans le discours indirect libre, on utilise :
❑ des verbes de parole
❑ des marques d'oralité et de subjectivité
❑ des guillemets et des tirets

5. Une ellipse narrative est un moyen de :
❑ rendre le récit plus lent
❑ rendre le récit plus rapide
❑ préciser certains événements de l'histoire
❑ ne pas raconter certains événements en détail

6. Quels procédés permettent d'accélérer le récit :
❑ des phrases longues
❑ des phrases courtes
❑ des verbes d'action
❑ des verbes d'état
❑ l'ellipse narrative
❑ les compléments circonstanciels de temps
❑ les compléments circonstanciels de lieu
❑ les descriptions

7. Transposez cette phrase au discours indirect, puis au discours indirect libre : Françoise dit : « ils sont venus hier, mais je ne voulais pas les voir ! »

8. Transposez cette phrase au discours direct : La veille, il avait pourtant posé cette carafe pleine sur sa table, il en était certain !

EXERCICE 2

1. Identifiez le type de narrateur et le point de vue utilisé dans le texte suivant, extrait des *Misérables*, de Victor Hugo.

2. Relevez le champ lexical de la lumière dans cet extrait. À qui ou à quoi est-il associé ?

3. Décrivez l'évolution des sentiments de Cosette tout au long de l'extrait. Appuyez-vous sur des citations précises.

4. Quelle est la figure de style utilisée dans la phrase « ce miel aigre des méchantes femmes » ? Expliquez son sens.

Il faut croire que, depuis plus d'une heure qu'il était là, au milieu de sa rêverie, il avait confusément remarqué cette boutique de bimbeloterie éclairée de lampions et de chandelles si splendidement qu'on l'apercevait à travers la vitre du cabaret comme une illumination.

Cosette leva les yeux, elle avait vu venir l'homme à elle avec cette poupée comme elle eût vu venir le soleil, elle entendit ces paroles inouïes : c'est pour toi, elle le regarda, elle regarda la poupée, puis elle recula lentement, et s'alla cacher tout au fond sous la table dans le coin du mur.

Elle ne pleurait plus, elle ne criait plus, elle avait l'air de ne plus oser respirer. [...]

– Eh bien, Cosette, dit la Thénardier d'une voix qui voulait être douce et qui était toute composée de ce miel aigre des méchantes femmes, est-ce que tu ne prends pas la poupée ?

Cosette se hasarda à sortir de son trou.

– Ma petite Cosette, reprit le Thénardier d'un air caressant, monsieur te donne une poupée. Prends-la. Elle est à toi.

FRANÇAIS

© Éditions Foucher

257

Cosette considérait la poupée merveilleuse avec une sorte de terreur. Son visage était encore inondé de larmes, mais ses yeux commençaient à s'emplir, comme le ciel au crépuscule du matin, des rayonnements étranges de la joie. Ce qu'elle éprouvait en ce moment-là était un peu pareil à ce qu'elle eût ressenti si on lui eût dit brusquement : Petite, vous êtes la reine de France.

Il lui semblait que si elle touchait à cette poupée, le tonnerre en sortirait.

Ce qui était vrai jusqu'à un certain point, car elle se disait que la Thénardier gronderait, et la battrait.

Pourtant l'attraction l'emporta. Elle finit par s'approcher, et murmura timidement en se tournant vers la Thénardier :

– Est-ce que je peux, madame ?

Aucune expression ne saurait rendre cet air à la fois désespéré, épouvanté et ravi.

– Pardi ! fit la Thénardier, c'est à toi. Puisque monsieur te la donne.

– Vrai, monsieur ? reprit Cosette, est-ce que c'est vrai ? c'est à moi, la dame ?

L'étranger paraissait avoir les yeux pleins de larmes. Il semblait être à ce point d'émotion où l'on ne parle pas pour ne pas pleurer. Il fit un signe de tête à Cosette, et mit la main de « la dame » dans sa petite main.

Les Misérables, Victor Hugo, tome II : Cosette (1862)

CORRIGÉ

Exercice 1

1. Un narrateur qui en sait plus que le lecteur est un narrateur omniscient.

2. Lorsqu'un narrateur n'est pas un personnage de l'histoire mais prend temporairement le point de vue d'un personnage, on appelle cela la focalisation interne.

3. Dans le discours indirect libre, l'énoncé est coupé.

4. Dans le discours indirect libre, on utilise des verbes de parole et des marques d'oralité et de subjectivité.

5. Une ellipse narrative est un moyen de ne pas raconter certains événements en détail.

6. Les procédés permettant d'accélérer le récit sont les phrases courtes, les verbes d'action, l'ellipse narrative et les compléments circonstanciels de temps.

7. Discours indirect : Françoise dit qu'ils sont venus hier, mais qu'elle ne voulait pas les voir. Discours indirect libre : Françoise les avait vus arriver la veille, mais elle n'avait pas voulu les voir.

8. Il s'écria : « Hier, j'ai pourtant posé cette carafe pleine sur la table, j'en suis certain ! »

Exercice 2

1. Dans *Les Misérables*, le narrateur est externe et omniscient, car il en sait plus que le lecteur. Dans ce passage, cependant, Jean Valjean est appelé « l'étranger », ce qui indique que le point de vue adopté est celui d'un autre personnage. Le texte donne de nombreux détails sur les pensées et les sentiments de Cosette, ce qui veut dire que le narrateur a pris le point de vue de celle-ci pour raconter ce passage, afin de le rendre plus intéressant pour le lecteur, qui se demande comment Jean Valjean va pouvoir l'aider.

2. Le lexique de la lumière est associé à Jean Valjean et à la boutique : « éclairée, lampions, chandelles, illumination, soleil ».

3. Cosette est d'abord effrayée « elle recula lentement, et s'alla cacher tout au fond sous la table dans le coin du mur ». Elle regagne peu à peu son courage : « Cosette se hasarda à sortir de son trou », mais sa peur est toujours présente : « une sorte de terreur », « Son visage était encore inondé de larmes ». Au fur et à mesure qu'elle réalise qu'elle pourra peut-être garder la poupée, son visage s'éclaire : « rayonnements étranges de la joie ». Sa surprise est grande : « Ce qu'elle éprouvait en ce moment-là était un peu pareil à ce qu'elle eût ressenti si on lui eût dit brusquement : Petite, vous êtes la reine de France ».

Elle se souvient ensuite que la Thénardier n'est sans doute pas sincère : « Il lui semblait que si elle touchait à cette poupée, le tonnerre en sortirait. Ce qui était vrai jusqu'à un certain point, car elle se disait que la Thénardier gronderait, et la battrait ». Les sentiments de Cosette sont confus et contradictoires, mais très intenses : « Aucune expression ne saurait rendre cet air à la fois désespéré, épouvanté et ravi ».
4. L'oxymore « miel aigre » illustre l'hypocrisie de la Thénardier qui fait semblant d'être douce devant Jean Valjean.

SUJET DE TYPE BAC

Objet d'étude : Le roman et le récit du Moyen Âge au XXIe siècle
Document A : François Rabelais, *Gargantua*, 1534
Document B : Aldous Huxley, *Le Meilleur des mondes,* 1932
Document C : Ievgueni Zamiatine, *Nous*, 1920
Document D : Alain Damasio, *La Zone du Dehors,* 2004

Commentaire
Vous commenterez le document D, *La Zone du Dehors*, en vous focalisant sur les possibles bénéfices du progrès scientifique, ses effets néfastes et la critique de la société actuelle.

Contraction de texte
Vous résumerez le document D en exposant ce que l'auteur tente de démontrer. Votre réponse comportera environ 250 mots.

Essai
Montrez que la manière de percevoir l'avenir change en fonction de l'époque.

DOCUMENT A

Gargantua

Toute leur vie était dirigée non par les lois, statuts ou règles, mais selon leur bon vouloir et libre arbitre. Ils se levaient du lit quand bon leur semblait, buvaient, mangeaient, travaillaient, dormaient quand le désir leur venait. Nul ne les éveillait, nul ne les forçait ni à boire, ni à manger, ni à faire quoi que ce soit… Ainsi l'avait établi Gargantua. Toute leur règle tenait en cette clause : FAIS CE QUE VOUDRAS, car des gens libres, bien nés, biens instruits, vivant en honnête compagnie, ont par nature un instinct et un aiguillon qui pousse toujours vers la vertu et retire du vice ; c'est ce qu'ils nommaient l'honneur. Ceux-ci, quand ils sont écrasés et asservis par une vile sujétion et contrainte, se détournent de la noble passion par laquelle ils tendaient librement à la vertu, afin de démettre et enfreindre ce joug de servitude ; car nous entreprenons toujours les choses défendues et convoitons ce qui nous est dénié. Par cette liberté, ils entrèrent en une louable émulation à faire tout ce qu'ils voyaient plaire à un seul. Si l'un ou l'une disait : « Buvons », tous buvaient. S'il disait : « Jouons », tous jouaient. S'il disait : « Allons nous ébattre dans les champs », tous y allaient. Si c'était pour chasser, les dames, montées sur de belles haquenées, avec leur palefroi richement harnaché, sur le poing mignonnement engantelé portaient chacune ou un épervier, ou un laneret, ou un émerillon ; les hommes portaient les autres oiseaux. Ils étaient tant noblement instruits qu'il n'y avait parmi eux personne qui ne sût lire, écrire, chanter, jouer d'instruments harmonieux, parler cinq à six langues et en celles-ci composer, tant en vers qu'en prose. Jamais ne furent vus chevaliers si preux, si galants, si habiles à pied et à cheval, plus verts, mieux remuant, maniant mieux toutes les armes. Jamais ne furent vues dames si élégantes, si mignonnes, moins fâcheuses, plus doctes à la main, à l'aiguille, à tous les actes féminins honnêtes et libres, qu'étaient celles-là. Pour cette raison, quand le temps était venu pour l'un des habitants de cette abbaye d'en sortir, soit à la demande de ses parents, ou pour une autre cause, il emmenait une des dames, celle qui l'aurait pris pour son dévot, et ils étaient mariés ensemble ; et ils avaient si bien vécu à Thélème en dévotion et amitié, qu'ils continuaient d'autant mieux dans le mariage ; aussi s'aimaient-ils à la fin de leurs jours comme au premier de leurs noces.

Rabelais, Gargantua, livre LVII, version modernisée (1534)

DOCUMENT B

Le Meilleur des mondes

Huxley décrit une société entièrement soumise au pouvoir de la science, plus particulièrement la biologie, qui a pour but d'éliminer le hasard (les incertitudes et les caprices de la nature) et de mettre en place une organisation basée sur l'argent. Les individus sont sélectionnés et condition- nés dès avant leur naissance. Ici le directeur expose à un groupe d'étudiants les diverses mani- pulations génétiques auxquelles il se livre au nom de l'ordre social. Les embryons sont sélection- nés et répartis en cinq groupes hiérarchisés depuis les « alphas » destinés à diriger la société, jusqu'aux « epsilons » voués aux travaux manuels. Les bébés deltas ont été soumis à une expé- rience destinée à créer chez eux une répulsion à l'égard des livres et des fleurs.

L'un des étudiants leva la main ; et, bien qu'il comprît fort bien pourquoi l'on ne pouvait pas tolérer que des gens de caste inférieure gaspillassent le temps de la communauté avec des livres, et qu'il y avait toujours le danger qu'ils lussent quelque chose qui fît indésirablement « déconditionner » un de leurs réflexes, cependant... en somme, il ne concevait pas ce qui avait trait aux fleurs. Pourquoi se donner la peine de rendre psychologiquement impossible aux Deltas l'amour des fleurs ?

Patiemment, le D.I.C. donna des explications. Si l'on faisait en sorte que les enfants se missent à hurler à la vue d'une rose, c'était pour des raisons de haute politique économique. Il n'y a pas si longtemps (voilà un siècle environ), on avait conditionné les Gammas, les Deltas, voire les Epsilons, à aimer les fleurs – les fleurs en particulier et la nature sauvage en général. Le but visé, c'était de faire naître en eux le désir d'aller à la campagne chaque fois que l'occasion s'en présentait, et de les obliger ainsi à consommer du transport.

- Et ne consommaient-ils pas de transport ? demanda l'étudiant.

- Si, et même en assez grande quantité, répondit le D.I.C., mais rien de plus. Les primevères et les paysages, fit-il observer, ont un défaut grave : ils sont gratuits. L'amour de la nature ne four- nit de travail à nulle usine. On décida d'abolir l'amour de la nature, du moins parmi les basses classes, d'abolir l'amour de la nature, mais non point la tendance à consommer du transport. Car il était essentiel, bien entendu, qu'on continuât à aller à la campagne, même si l'on avait cela en horreur. Le problème consistait à trouver à la consommation du transport une raison économiquement mieux fondée qu'une simple affection pour les primevères et les paysages. Elle fut dûment découverte. - Nous conditionnons les masses à détester la campagne, dit le Directeur pour conclure, mais simultanément nous les conditionnons à raffoler de tous les sports en plein air. En même temps, nous faisons le nécessaire pour que tous les sports de plein air entraînent l'emploi d'appareils compliqués. De sorte qu'on consomme des articles manufacturés, aussi bien que du transport.

Aldous Huxley, Le Meilleur des mondes, © Mrs. Laura Huxley, 1932,
© Plon, un département de Place des éditeurs, 1933 pour la traduction française

DOCUMENT C

Nous

Je descendis et assistai à un délire général. Les soleils de cristal taillé éclairaient un quai bourré de têtes devant un train vide et engourdi. Je ne la voyais pas, mais je la reconnus à sa voix souple et flexible comme une cravache. Ses sourcils relevés vers les tempes devaient être quelque part...

© Éditions Foucher

SUJET DE TYPE BAC

– Laissez-moi passer. Il me faut…

Des pinces me saisirent aux bras et aux épaules, je fus immobilisé :

– Non, remontez. On vous guérira, on vous remplira de bonheur jusqu'aux bords. Quand vous serez rassasié vous rêvasserez tranquillement, en mesure, et vous ronflerez. Vous n'entendez pas ce grand ronflement symphonique ? Vous êtes difficile : on veut vous débarrasser de ces points d'interrogation qui se tordent en vous comme des vers et vous torturent ! Courez subir la Grande Opération !

– Qu'est-ce que cela peut vous faire si je ne consens pas à ce que d'autres veulent à ma place, si je veux vouloir moi-même, si je veux l'impossible…

Une voix lourde et lente lui répondit :

– Ah, ah ! L'impossible ! C'est-à-dire rêver à des chimères idiotes pour qu'elles s'agitent devant votre nez comme un appât. Non, nous coupons cet appât et…

– Et vous le mangez, et vous en aurez besoin d'un autre. Il paraît que les anciens avaient un animal appelé « âne ». Pour le faire avancer, on lui attachait une carotte devant le nez de façon qu'il ne pût l'attraper. S'il l'attrapait, il la mangeait.

Ievgueni Zamiatine, Nous, 1920 traduction d'Hélène Henry

DOCUMENT D

La Zone du Dehors

Devant nous fendait la foule un couple d'étudiants, le me posé, la fille plutôt speed, qui nous permettait, en les collant, de traer plus vite vers notre objectif. Leur discussion était un régal. Elle faisait beaucoup sourire Capt… Il faut avouer qu'au moment où l'ambiance de la fête commençait à me faire douter de notre action tellement noire, subite, dure, cette conversation tombait on ne peut mieux pour nous réconforter… Capt me lançait des regards complices chaque fois que la fille revenait à la charge, dans une sorte de pure exaltation d'évangéliste procapsule…

– … Mais prends-en une, n'importe laquelle, essaie une fois au moins ! Je me suis ruinée pour toi et…

– Ça ne me dit rien…

– Ça ne te dit rien de pouvoir t'éclater toute la nuit, sans fatigue ? De te sentir bien dans ton corps ? De prendre ton pied, voguer avec ta barge, placide, avec en toi, bien au chaud, toutes les musiques qui font la fiesta ? Regarde-toi : t'es tout maussade. Allez, tiens ! Avale-moi ça et qu'on n'en parle plus ! Allez, gobe ! (…) Mais t'es complètement coincé, mon pauvre garçon ! Tu crois que je vais me traîner toute la soirée un technoréac comme toi ? Qu'est-ce que tu as ? T'es incompatible ? T'as peur ?

– On peut bien s'amuser sans, non ? C'est le principe qui me rebute. Mon état me suffit, pourquoi j'aurais encore besoin de…

– Incroyable d'être bouché à ce point ! Ce truc maximise tes plaisirs et il minimise tes problèmes, tu comprends ? Pourquoi tu crois que je me suis fait greffer ? Pour allumer dans les soirées et payer les biogices moins cher ? Si c'est le principe qui te déplaît, dis-toi bien que les technogreffes, c'est l'avenir. Avec ce qui pulse dans ma colonne, je sens plus vite, pense plus vite. Mes neuro-transmetteurs font la comète. Tu te rappelles comment j'étais lente en maths, avant ? Je finissais à peine la moitié d'un problème. Maintenant je le finis, et en entier, et juste ! Tous mes réflexes sont accélérés. Tu vois, quand je te parle, tu me crois si tu veux, mais pour moi les mots, je vais plus vite qu'eux, ma pensée, elle file, va plus vite. Ça fait un siècle que les ordinateurs nous ont dépassés, que les alliages sont plus fiables que nos os. Maintenant, on vient de trouver des fibres élastiques qui sont plus souples que nos muscles, qui se contractent plus vite et mieux, qui ne produisent pas d'acide lactique et qui sont virtuellement inusables !

– Il faut accepter le progrès ! Si la technologie offre de meilleures performances que nos corps – qui, entre parenthèses, sont vieux de quatre millions d'années, ils ont fait leur temps –, pourquoi ne pas en tirer les conséquences ? Au nom de quoi tu vas empêcher l'Homme d'évoluer ? Il faut remplacer tous nos organes archaïques et foireux. Les muscles, c'est dépassé : Tu cours un kilomètre, tu attrapes des crampes ! Alors ? Il faut les sortir, faire de la place pour les fibres.
– Je…
– Regarde à un autre niveau : l'art n'avance plus depuis le milieu du vingtième siècle. La philosophie, tous nos profs nous le disent, n'a pas créé un concept nouveau depuis Sartre, c'est-à-dire depuis 1930.
– 1980. Il est mort en 1980.
– On tourne en rond. Il faut passer un cap ! Avec les intratechnologies – mais tu le comprendras tout de suite si tu prends cette capsule – naissent en toi de nouvelles sensations, des impressions que tu n'as jamais eues, de nouvelles idées jaillissent, tu raisonnes différemment. C'est tout ton corps qui en est grandi, fortifié. L'art en profitera.
– Mais est-ce que tu maîtrises ce qui se passe en toi ? Tu te sens encore libre ? Je ne sais pas… Est-ce que…
– C'est difficile à expliquer. Il faut que tu essaies. Comment te dire ? Tous les biogiciels fonctionnent, en mode normal, de manière alternative. Tu ressens à la fois les perceptions dont tu as l'habitude, dans ton corps d'origine : tu vois, tu entends, tu touches le monde extérieur ; et à la fois celles que t'impulse, par l'intérieur, le boîtier. Les deux alternent très vite. Elles se mélangent sans que tu sentes ce qui vient de quoi, si bien que tu gardes tes repères normaux mais améliorés, modifiés dans un sens qui dépend du biogiciel. Par contre, et ça c'est le top, lorsque tu passes – disons trois minutes parce qu'après ça devient dangereux – en mode absolu, tu ne perçois plus que les sensations du biogice. Tu saisis ? Le monde extérieur, il disparaît ! D'abord, tu ne vois plus rien, tu ne sens plus ce que touches, tu n'entends rien, tu…
– C'est horrible !
– Horrible ? Pauvre garçon ! Mais tu es la musique, tu n'as plus besoin de l'entendre ! Il n'y a plus cette coupure intérieur/extérieur, plus de durée, plus d'espace, mais des sensations pures, le pur bonheur de vivre, sans limite qui te borne, sans repères qui te plombent ! Le présent est devenu liquide et il te boit. Les images ne sont plus ces figures imposées qui passent par ta rétine pour alimenter le cerveau : ton cerveau voit tout seul, par les nerfs. Il n'a plus besoin des yeux. Tu pourrais te les crever. Tu vois, tu vois…

La Zone du Dehors, Alain Damasio, Folio SF, 2004

OBJECTIF BAC

La contraction de texte

Cet exercice demande plus d'efforts qu'il n'y paraît. L'objectif est de résumer un texte souvent complexe en un minimum de mots, en n'oubliant aucune notion importante ni nuance de sens. Une des premières choses à faire est de **souligner les mots-clés du texte**, comme vous le feriez pour un énoncé. Ne soulignez que le strict minimum afin de conserver toutes les informations importantes sans ajouter des éléments non-essentiels à la bonne compréhension du texte. Condensez ensuite toutes ces informations en un minimum de phrases. N'oubliez pas de **donner le nom de l'auteur et le titre de l'œuvre**. Mentionnez le contexte (historique, social, etc.) uniquement si cela est essentiel à la compréhension du texte.

FRANÇAIS

7 Le texte théâtral et sa représentation

L'étymologie du mot théâtre signifie « lieu où l'on regarde » (du grec *theatron* « lieu » et *theaomai* « regarder, contempler »). C'est donc un terme qui désigne avant tout le lieu où l'on se rassemble pour assister à un spectacle. Il est important de se souvenir de cette fonction première lorsqu'on lit un texte théâtral : ce dernier n'a pas pour seule vocation d'être lu.

1 Les spécificités du genre théâtral

A La double énonciation

La double énonciation est le fait que les personnages sur scène et, par conséquent, le dramaturge, s'adressent aux autres protagonistes et aussi au public.

> **ATTENTION**
>
> Le **dramaturge** est un terme désignant spécifiquement les auteurs de pièces de théâtre. Il est préférable d'utiliser ce terme au lieu des mots « auteurs » et « écrivain », que l'on pourra employer à l'occasion pour éviter trop de répétitions dans une copie.

B La représentation théâtrale

Le **texte théâtral** s'accompagne toujours d'une **interprétation de la part du lecteur**, qui doit s'imaginer les personnages sur scène (costumes, postures, déplacements...). Une **représentation théâtrale** est **unique** et provient de l'**interprétation d'un metteur en scène**. C'est pour cela que l'on peut être surpris par une représentation, certaines pièces anciennes étant interprétées de manière contemporaine.

> **EXEMPLE**
>
> Le cinéaste Baz Luhrmann a ainsi adapté *Roméo et Juliette* au cinéma en remplaçant les costumes médiévaux par des vêtements contemporains, les chevaux par des voitures à moteur et les épées par des armes à feu.

2 Composition et paroles théâtrales

A La composition d'une pièce de théâtre

La pièce de théâtre est divisée en plusieurs parties et sous-parties qui s'apparentent aux chapitres d'un roman.

■ **Un acte** : le terme désigne un chapitre de la pièce. Traditionnellement, les tragédies comprenaient cinq actes, séparés par des pauses appelées **entractes** qui permettaient aux employés de la salle de remplacer les bougies consumées sur les lustres et aux spectateurs de se dégourdir les jambes.

FRANÇAIS

© Éditions Foucher

■ **Une scène** : il s'agit d'un sous-chapitre de la pièce. On change de scène à chaque fois qu'un personnage sort ou rentre sur la scène.

■ **Les didascalies** : ce sont toutes les indications concernant le **jeu des acteurs**, leurs gestes, leurs grimaces, les décors, les costumes, etc. Toutes les phrases en italique qui ne sont pas prononcées par un personnage sur scène sont des didascalies.

■ **L'exposition** : traditionnellement, l'exposition est **la première scène d'une pièce de théâtre** dans laquelle sont exposés l'**intrigue**, les **personnages** et les **conflits** qui existent

> **EXEMPLE**
> Lire à titre d'exemple la scène d'exposition de *Cyrano de Bergerac*, d'Edmond Rostand.

entre eux. Généralement, seuls quelques personnages secondaires sont présents sur scène lors de l'exposition et parlent ensemble du ou des héros (qui sont-ils, que font-ils…). Tout cela est fait dans le but de nous informer, nous, lecteur ou spectateur.

■ **L'intrigue** : synonyme d'« histoire », ce terme est à privilégier car il est plus littéraire. Il s'agit de toutes les actions qui conduisent un récit.

■ **Le coup de théâtre** : il désigne un rebondissement, un retournement de situation, un événement inattendu (souvent à la fin de la pièce, alors que l'on croit les héros perdus ou sauvés). L'expression « ***deus ex machina*** » (littéralement « dieu par la machine », « dieu artificiel ») désigne l'**événement inattendu qui renverse la situation à la fin d'une pièce**. Le dramaturge crée artificiellement un miracle qui fait penser à un acte divin par son aspect improbable.

■ **Le dénouement** : c'est la résolution du conflit ou du problème posé au début de l'intrigue. On retrouve ce terme dans le schéma narratif, juste avant la situation finale. Le terme « dénouement » fait partie de la famille du mot « nœud ». En effet, toute histoire est faite de tensions, de « nœuds » (c'est-à-dire ce qui ne fonctionne pas ou qui bloque entre les personnages, les humains et les dieux, l'homme et la nature…) et se termine par le relâchement de ces tensions (on dénoue les problèmes en défaisant les nœuds, d'où le terme « dénouement »).

B La parole au théâtre

■ **Les répliques** : elles représentent tout ce que dit un personnage avant qu'un autre personnage ne prenne la parole. Elles peuvent être extrêmement courtes (en théorie, une interjection d'une syllabe suffit), ou longues. Quand la réplique est véritablement très longue, il s'agit d'une **tirade**.

> **EXEMPLE**
> **RUY BLAS**. *Il va à la porte, l'entr'ouvre et revient.*   **Didascalie**
> Seigneur, ils dorment.   **Réplique de Ruy Blas**
> **DON SALLUSTE**.
> Parlez bas.   **Réplique de Don Salluste**
> Victor Hugo, *Ruy Blas* (1838), Acte I, scène 1

■ **La tirade** : c'est une réplique extrêmement longue. Certaines sont très célèbres, comme la « tirade des nez » ou la « tirade des non merci » toutes deux issues de *Cyrano de Bergerac* d'Edmond Rostand.

■ **Les stichomythies** : ce sont des enchaînements de répliques très courtes, parfois monosyllabiques.

#vidéo
La tirade des nez
foucherconnect.fr/19pbstmg34

7 LE TEXTE THÉÂTRAL ET SA REPRÉSENTATION **COURS**

■ **Le monologue** : la double énonciation est particulièrement visible lorsqu'un personnage parle seul sur scène et s'adresse implicitement aux spectateurs. C'est ce que l'on appelle un monologue. Le personnage peut se parler à lui-même, s'adresser à une divinité ou faire semblant de dialoguer avec l'être aimé, par exemple. En réalité, ce procédé est très utile au dramaturge lorsqu'il veut **montrer au spectateur l'état d'esprit du personnage**, ou lui donner des informations qui ne peuvent pas être transmises par les décors ou les gestes.

■ **L'aparté** : il s'agit d'une **réplique prononcée par un personnage à l'adresse des spectateurs** (ou à lui-même) **sans que les autres personnages présents sur scène ne l'entendent**. Ces derniers lui tournent souvent le dos, ou semblent occupés ailleurs. Attention, l'aparté ne doit pas être confondu avec le monologue.

> **EXEMPLE**
>
> **LE COMTE**, *embarrassé*. Monsieur, j'étais chargé... Personne ne peut-il nous entendre ?
> **BARTHOLO**, *à part*. C'est quelque fripon. *(Haut.)* Eh non, monsieur le mystérieux ! parlez sans vous troubler, si vous pouvez.
> **LE COMTE**, *à part*. Maudit vieillard ! *(Haut.)* Don Bazile m'avait chargé de vous apprendre...
> **BARTHOLO**. Parlez haut, je suis sourd d'une oreille.
> Beaumarchais, *Le Barbier de Séville* (1775), acte III, scène 2

3 Les règles du théâtre classique (XVIIᵉ et XVIIIᵉ siècles)

Le théâtre classique s'inspire du **théâtre antique** et doit respecter de nombreuses règles qui définissent ce que l'on peut montrer ou pas, et comment le montrer. Les auteurs classiques les plus connus sont Molière, Corneille, Racine, Marivaux, Voltaire.

A La structure classique

Une pièce de théâtre classique doit raconter une histoire délimitée dans le temps et l'espace de manière très précise. De plus, elle ne doit pas montrer certaines choses jugées contraires à la morale, et doit être crédible. Les règles à respecter sont les suivantes :
– **la règle des trois unités** : une pièce classique se déroule en une seule journée de 24 heures (**unité de temps**), en un seul lieu (**unité de lieu**) et ne raconte qu'une seule histoire (**unité d'action ou de péril**) ;
– **la bienséance** : une pièce classique ne doit pas montrer d'**actes violents**, d'**intimité physique**, de **nudité** ou de **sang**. Quelques exceptions existent comme la folie d'Oreste dans Andromaque, de Phèdre. En revanche, certains événements peuvent

> **INFO**
>
> Le mot « **obscène** » tire son origine de cette règle de la bienséance, car il signifie en latin : « hors de la scène ».

avoir lieu hors de la scène. Ainsi le spectateur n'est pas choqué visuellement et entend tout de même ce qui se passe ;
– **la vraisemblance** : l'action de la pièce doit être **crédible**. Les personnages doivent toujours avoir une raison de faire ce qu'ils font (même si cette raison est la folie).

FRANÇAIS

© Éditions Foucher

265

B La tragédie

■ La tragédie implique un **destin inéluctable** contre lequel le héros, souvent innocent et ingénu, se bat en vain et ne peut lutter (comme Britannicus, de la pièce du même nom, par Jean Racine). L'**antagoniste** est un personnage haut placé (Néron dans *Britannicus*), ou bien une divinité, raison pour laquelle le héros n'a aucune chance de dominer son propre destin. Le dénouement implique donc souvent la mort tragique du ou des personnages.

> **ATTENTION**
>
> Ne pas confondre « **dramatique** » et « **tragique** » : ce sont deux termes utilisés indifféremment dans la vie courante, mais qui ont en réalité des sens très différents :
> - « **dramatique** » vient du latin « *drama* » qui signifie action. Dramatique signifie donc un **moment où l'action est intense** ;
> - « **tragique** » provient de mots grecs qui désignaient un chant rituel accompagnant les sacrifices d'animaux lors des fêtes dionysiennes. D'où son sens : un événement tragique est **inévitable** et souvent **triste et solennel**.

■ Les registres littéraires les plus employés en tragédie sont :
– le registre **tragique** (fatalité du destin) ;
– le registre **pathétique** (expression de la souffrance) ;
– le registre **épique** (récit des exploits d'un ou plusieurs héros, récit de bataille…) ;
– le registre **lyrique** (expression des émotions) ;
– le registre **dramatique** (maintient le spectateur ou le lecteur dans un état d'attente : le suspense).

> **DÉFINITION**
>
> Les **registres littéraires** sont synonymes de « tonalité » ou de « ton ». Ne pas confondre « registre de langue » (familier, courant, soutenu) et « registre littéraire ». Un texte peut comprendre plusieurs registres littéraires.

C La comédie

■ La comédie est une pièce de théâtre cherchant à **faire rire en utilisant les différents types de comiques**. Le genre de la Grande Comédie, inventé par Molière, traite de sujets extrêmement graves et sérieux sur un ton humoristique. La comédie française du XVIIe siècle, telle qu'incarnée par les écrits de Molière, est issue de la *Commedia Dell'Arte* **italienne**, où des personnages (toujours les mêmes) improvisent des intrigues basiques agrémentées de plaisanteries stéréotypées (grimaces, coups de pied…). Ce genre s'exporte très bien dans tous les pays et notamment en France où on le nomme la **farce**. Molière reprend certaines intrigues souvent utilisées dans la farce comme le mariage arrangé d'une fille rebelle, mais donne à la comédie une profondeur inégalée en abordant des thèmes sérieux, et en utilisant tous les types de comique, et en se montrant plus subtil.

■ Les différents **types de comique** sont :
– le **comique de mots** : jeux de mots, répétitions, utilisation d'un vocabulaire trop soutenu ou grossier ;
– le **comique de gestes** : mouvements des personnages, coups, grimaces… ;

> **DÉFINITION**
>
> Le **quiproquo** est un des grands ressorts du comique au théâtre, qui implique qu'un personnage, un événement ou un objet soit pris pour un autre pendant une bonne partie de la pièce.

– le **comique de caractère** : Molière se moque beaucoup des médecins, des avocats, des bourgeois, en montrant que leur comportement est ridicule ;
– le **comique de situation** : quiproquo, actions faites par un personnage dans le dos d'un autre sur scène, etc.

■ Les **registres littéraires les plus employés en comédie** sont :
– le registre **comique** (faire rire et divertir, rendre plus tolérable un événement angoissant) ;
– le registre **satirique** (se moquer, corriger les gens en les ridiculisant) ;
– le registre **parodique** (transformer une œuvre existante dans un but comique) ;
– le registre **burlesque** (traiter un sujet vulgaire en style sérieux, et vice versa) ;
– le registre **ironique** (dire le contraire de ce que l'on pense dans le but de ridiculiser, de faire rire, ou de corriger. Il peut s'agir d'une moquerie)**.**

 ## La mise en scène

■ Le **metteur en scène** (ou **scénographe**) est celui qui transforme le texte en spectacle. Il est en général tenu de respecter les didascalies. Il peut seulement prendre des libertés avec ce qui n'est pas exprimé de manière claire par l'auteur dans le texte. Cependant, de nombreux metteurs en scène modernes choisissent de négliger certaines didascalies pour faire passer leur propre message ou rappeler l'actualité de telle ou telle pièce classique.

■ Le rôle du metteur en scène devient de plus en plus important à partir du XXe siècle. Les relectures d'œuvres anciennes permettent une **interprétation nouvelle** :
– les **décors contemporains** sont souvent très épurés : on ne garde que ce qui est essentiel aux déplacements des personnages, aucun élément n'est mis en avant, ce qui permet d'oublier la période à laquelle l'œuvre a été écrite et de se concentrer sur ce qu'elle peut dire de notre époque ;
– les **costumes** et le **maquillage** sont aussi un moyen pour le metteur en scène moderne d'actualiser la pièce. Le choix des acteurs lui-même révèle une vision particulière de l'œuvre ;
– le **jeu des acteurs** peut être réinterprété, comme dans les mises en scène modernes des *Caprices de Marianne* de Musset (1833), le personnage de Marianne s'est peu à peu transformé en un personnage révolté, ce qu'elle n'était pas dans la pièce d'origine ;
– l'**ambiance sonore** est aussi soignée dans les mises en scène modernes, en ajoutant de la musique, des chansons, des bruits de fond.

 ## Les différents types de personnages

■ Les pièces classiques utilisent des **intrigues récurrentes** et des **personnages similaires**. Ainsi, dans la tragédie comme dans la comédie, on trouve le personnage de la **confidente**. Celle-ci est en général la servante d'une dame noble. Le fait qu'elle soit sa confidente donne lieu à des scènes de dialogue où la dame se confie à sa servante et où la servante lui prodigue des conseils. C'est un moyen efficace de donner des informations aux spectateurs sans s'adresser directement à eux.

■ La **tragédie** met souvent en scène des personnages de **héros**, en reprenant les codes épiques de l'Antiquité. Ces personnages sont des hommes au caractère solide, presque surhumain. Ils sont confrontés à un destin inéluctable ou à des personnages monstrueux (Britannicus contre Néron dans *Britannicus* de Racine).

■ Dans la comédie, les héros sont remplacés par des personnages d'**anti-héros** comme Sganarelle dans *Le Médecin malgré lui* de Molière : c'est un personnage alcoolique, fainéant, parieur, misogyne, insolent et violent. La comédie étant grandement influencée par la farce, on y trouve souvent les mêmes types de personnages :

– le **vieillard** : il est tyrannique car c'est le chef de la famille. Le dramaturge se sert souvent de ce personnage pour critiquer l'ordre patriarcal et la domination des aînés. Il est victime des ruses des autres personnages qui profitent de sa naïveté, de son avidité ou de sa cruauté. Il arrive fréquemment que ces personnages soient cocus (*George Dandin, Tartuffe...*) ;

– le **jeune couple amoureux** : fille et fils de vieillards, ils s'aiment éperdument mais l'un est pauvre alors que l'autre est riche. Les pères s'opposent à leur union, et veulent les marier à un(e) autre. On trouve ce type de situation dans *Les Fourberies de Scapin, Le Médecin malgré lui, Le Mariage forcé, Tartuffe, Les Femmes savantes, L'École des femmes...*) ;

– le **valet** : au service du vieillard ou de son enfant, il est parfois le personnage principal, comme c'est le cas dans *Les Fourberies de Scapin*, de Molière. C'est un personnage qui compense son rang social très bas par un esprit rusé et des stratagèmes parfois cruels, mais toujours drôles. Parfois le valet est un simple paysan qui fait rire par sa simplicité et son langage rural, comme Valère et Lucas dans *Le Médecin malgré lui*.

6 En bref

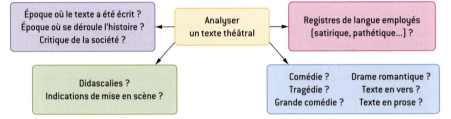

RANÇAIS

8 L'histoire du théâtre du XVIIᵉ siècle à nos jours

Le théâtre est très présent depuis l'Antiquité en Occident et a probablement des origines encore plus lointaines. Au Vᵉ siècle, des spectacles étaient donnés lors des fêtes dédiées à Dionysos, dieu de l'ivresse et de la création. La tragédie et la comédie existent déjà à cette époque et sont l'héritage de ce théâtre antique.

1 Le XVIIᵉ siècle ou l'âge d'or du théâtre classique

■ Le XVIIᵉ siècle est marqué par une volonté d'**imiter les auteurs grecs et latins de l'Antiquité**, ce qui explique la popularité de la **tragédie**. C'est en effet le genre théâtral le plus représenté à cette époque, et le plus respecté. On considère les auteurs de tragédies comme de grands écrivains, tandis que les auteurs de comédies sont largement dépréciés. Il faut attendre les premiers succès de Molière pour voir apparaître une **grande comédie** et la reconnaissance de ces auteurs, qui culminera avec le mécénat de Louis XIV.

■ À cette époque, les deux genres sont écrits en **vers**, souvent en **alexandrins** et respectent les **règles classiques**, même si la comédie est moins exigeante en la matière.

> **RAPPEL**
> Les **règles classiques** sont le respect des trois unités de temps, de lieu et d'action, de la vraisemblance et de la bienséance.

■ La **tragédie** met en scène un héros aux prises avec un destin immuable. Elle montre l'atrocité et la cruauté du monde et a un **pouvoir cathartique**, qui libère le spectateur de ses pulsions. La **comédie** vise à **instruire** et à **faire réfléchir** tout en faisant rire. Elle cherche à tourner en ridicule les défauts humains. Elle est souvent confrontée à la censure pour des raisons politiques ou religieuses.

> **DÉFINITION**
> **Catharsis** : effet de purification produit sur les spectateurs par une représentation dramatique. Voir des personnages assouvir leurs pulsions (meurtrières, suicidaires, amoureuses, etc.) permet aux spectateurs de mieux y résister eux-mêmes, sans passer à l'acte.

2 De nouveaux genres aux XVIIIᵉ et XIXᵉ siècles

■ Marivaux écrit au XVIIIᵉ siècle de nombreuses comédies alliant une analyse subtile du sentiment amoureux et l'observation de la société, grâce notamment au couple emblématique maître-valet. On appelle cette combinaison le **marivaudage**.

■ La séparation entre la tragédie et la comédie s'efface peu à peu avec l'arrivée de la **tragi-comédie** et du **drame romantique** aux XVIIIᵉ et XIXᵉ siècles. Les règles d'unité et de bienséance sont alors malmenées par des auteurs qui veulent écrire avec plus de liberté. Hugo défend ce nouveau genre dans la préface de sa pièce, *Cromwell*. Il soutient les qualités du comique, du grotesque et du ridicule comme l'avait fait Molière et rompt entièrement avec la règle des trois unités.

© Éditions Foucher

FRANÇAIS

◼ Le **vaudeville** est une comédie basée sur le **comique de situation**, il n'a pas d'intentions moralisatrices. Comme la farce, le vaudeville repose très peu sur la psychologie des personnages et se concentre sur un comique exubérant.

◼ C'est au XIXe siècle que naît le **théâtre réaliste**, avec Zola, qui tente de mettre à l'écrit sa théorie du naturalisme et pense que le théâtre doit s'ouvrir aux thèmes sociaux (les milieux pauvres, l'hérédité, l'alcoolisme). Il emploie un langage populaire.

3 Les bouleversements du XXe siècle

◼ Au XXe siècle, les auteurs continuent à se libérer des conventions théâtrales, tout en jouant avec elles. Les références antiques sont encore très présentes, notamment dans les réécritures (*Électre* de Giraudoux, *Antigone* d'Anouilh…).

◼ Dans les années 1950 apparaît le **théâtre de l'absurde**, né du traumatisme de la Seconde Guerre mondiale. Ce mouvement se rapproche du surréalisme et s'oppose au réalisme. Il est appelé ainsi car **les actions mises en scène sont rarement liées les unes aux autres**. Parfois la pièce est dépourvue d'histoire, comme dans *La Cantatrice chauve* d'Eugène Ionesco.

◼ Le **théâtre engagé** s'inspire des épreuves des guerres mondiales avec Jean-Paul Sartre, Albert Camus et Georges Bernanos, mais aussi de la guerre d'Algérie (Jean Genet) ou du racisme (Aimé Césaire). Il défend une cause, dénonce une injustice ou évoque l'absurdité du monde et de la condition humaine.

◼ Le rôle du **metteur en scène** est de plus en plus important au XXe siècle, et l'improvisation est de plus en plus admise. Cela relativise la toute-puissance de l'auteur au théâtre.

POUR ALLER PLUS LOIN

Les captations

Vous trouverez de nombreuses captations vidéo de pièces de théâtre classiques et contemporaines sur le site culturebox, lié à France Info.

Même si vous ne regardez pas chaque mise en scène entièrement, cela vous permet de voir les différents points de vue adoptés par les scénographes (observez les décors, les costumes, les différences de comportement des personnages d'une mise en scène à l'autre, l'ambiance sonore s'il y en a une.)

\# vidéo
Visionner des captations intégrales
foucherconnect.fr / 19pbstmg35

Les adaptations

De nombreuses pièces de théâtre ont fait l'objet d'adaptations cinématographiques, comme *Cyrano de Bergerac* d'Edmond Rostand réalisé par Jean-Paul Rappeneau avec Gérard Depardieu ; *Ruy Blas* de Victor Hugo, réalisé par Jean Cocteau avec Jean Marais (et dans une version plus libre *La folie des grandeurs* réalisé par Gérard Oury avec Louis De Funès), *Tartuffe* de Molière, réalisé par Friedrich-Wilhelm Murnau en 1925, ou par Gérard Depardieu en 1984.

8 L'HISTOIRE DU THÉÂTRE DU XVIIᵉ SIÈCLE À NOS JOURS — **COURS**

4 En bref

Antiquité

Naissance du théâtre à l'occasion des fêtes de Dionysos, vers le Vᵉ siècle

ESCHYLE *Les Suppliantes*
SOPHOCLE *Œdipe roi, Antigone, Électre*
EURIPIDE *Les Troyennes, Oreste, Médée*
SÉNÈQUE *Phèdre*

Moyen Âge

Le théâtre est pratiqué surtout par des amateurs

Le drame liturgique parle de faits religieux
Farce Pièce comique au dénouement heureux

XVIIᵉ siècle

- Création de l'**Académie française** par Richelieu (afin de fixer les règles de la langue française et les faire évoluer)
- Règne de Louis XIV et apogée de la **monarchie absolue**
- Construction du château de Versailles
- Révocation de l'édit de Nantes
- Implantation de l'**esclavage**

Règle des 3 unités
Tragédie Seul genre digne et noble du théâtre avant l'arrivée de Molière
Molière et la Grande Comédie

RACINE *Phèdre, Andromaque,*
CORNEILLE *Le Cid, Horace*
MOLIÈRE *Le Misanthrope, Le Médecin malgré lui*

XVIIIᵉ siècle

- **Siècle des Lumières**
- Apogée du **commerce triangulaire** (tissus, armes à feu, coton, thé, épices, esclaves)
- Période très rude pour le peuple français : hivers glacials, famine, misère et criminalité
- **Révolution française**
- Apparition d'une nouvelle classe sociale : la **bourgeoisie**

Déclin de la tragédie au profit de la comédie, qui échappe presque entièrement à la censure et aux règles trop strictes frappant la tragédie
Marivaudage

VOLTAIRE *Zaïre, Mahomet*
MARIVAUX *Les Fausses confidences, Le Jeu de l'amour et du hasard, L'Île des esclaves*

XIXᵉ siècle

- Alternance des **régimes politiques** (république et empire) avec des répercussions sur le milieu culturel et littéraire
- Révolution industrielle
- Émergence de la classe sociale des **ouvriers**

Drame romantique Les auteurs veulent réconcilier comédie et tragédie, mélangent les registres et refusent les unités classiques
Vaudeville Comédie fondée sur un comique de situations, caractérisée par une action endiablée
Théâtre réaliste

HUGO *Cromwell, Hernani*
MUSSET *On ne badine pas avec l'amour*
MÉRIMÉE *Jacquerie*
VIGNY *Chatterton*

XXᵉ et XXIᵉ siècles

- Les **deux guerres mondiales** changent radicalement la vision du monde et la place de l'homme et de la femme dans la société
- Comme les deux guerres mondiales, les attentats terroristes de 2001 et des années suivantes continuent de transformer les modes de vie et les milieux culturels occidentaux

- Importance croissante de l'acteur et du metteur en scène, devenus artistes créateurs
- Remplacement des conventions anciennes du théâtre

Théâtre engagé Le théâtre permet au dramaturge de défendre une cause (politique, sociale, éthique...)
Théâtre de l'absurde Le théâtre exprime l'absurdité tragique de l'existence humaine
Nouveau théâtre Abandon du texte au profit d'une improvisation collective des acteurs

SARTRE, *Les Mains sales*
CAMUS *Caligula, L'État de siège*
BERNANOS, *Dialogue des carmélites*
GENET, *Les Paravents*
CÉSAIRE, *Une saison au Congo, La tragédie du roi Christophe*
JARRY, *Ubu roi*
IONESCO, *Rhinocéros, La Cantatrice chauve*
BECKETT, *En attendant Godot*
ADAMOV

FRANÇAIS

271

SE TESTER ET S'ENTRAÎNER

EXERCICE 1

Cochez la ou les bonne(s) réponse(s) et répondez aux questions posées.

1. Les indications sur le jeu des acteurs et la mise en scène s'appellent :
❏ les apartés
❏ les monologues
❏ les didascalies
❏ les dramaturges

2. L'auteur d'une pièce de théâtre se nomme :
❏ un écrivain
❏ un scénographe
❏ un dramaturge
❏ un metteur en scène

3. Dans le théâtre classique, une pièce doit couvrir une période de :
❏ deux mois
❏ un mois
❏ une semaine
❏ une journée de 24 heures
❏ une heure

4. Quel terme sert à désigner le début d'une pièce de théâtre ?
❏ l'ouverture
❏ le commencement
❏ l'exposition
❏ la présentation
❏ la première scène

5. Un personnage parle seul sur scène. Cela s'appelle :
❏ une tirade
❏ un monologue
❏ un aparté

6. Un interprète parle sans que les autres personnages l'entendent. Il s'agit :
❏ d'un aparté
❏ d'un monologue
❏ d'une tirade
❏ d'un quiproquo
❏ d'une réplique

7. Pendant un dialogue, l'un des interlocuteurs prononce une réplique très longue. On l'appelle :
❏ un monologue
❏ un aparté
❏ une tirade

8. Résumez la règle de la bienséance.

9. En quelques phrases, expliquez comment la place du metteur en scène a évolué dans le milieu du théâtre entre le XVIIᵉ et le XXIᵉ siècle.

10. Pourquoi les metteurs en scène modernes utilisent-ils souvent des décors minimalistes et des vêtements contemporains lorsqu'ils montent des pièces anciennes ?

EXERCICE 2

1. Par quel moyen nous est révélé le mensonge du personnage dans cet extrait ?
2. À quoi tient le plaisir du spectateur dans cette scène de théâtre ?

George Dandin est un riche paysan, mari d'Angélique. De retour chez lui, il croise Lubin, le valet de Clitandre, lequel est amoureux d'Angélique.

LUBIN – Motus, il ne faut pas dire que vous m'ayez vu sortir de là.

GEORGE DANDIN – Pourquoi ?

LUBIN – Mon Dieu parce.

GEORGE DANDIN – Mais encore ?

5   LUBIN – Doucement. J'ai peur qu'on ne nous écoute.

GEORGE DANDIN – Point, point.

LUBIN – C'est que je viens de parler à la maîtresse du logis de la part d'un certain Monsieur qui lui fait les doux yeux, et il ne faut pas qu'on sache cela. Entendez-vous ?

GEORGE DANDIN – Oui.

10 LUBIN – Voilà la raison. On m'a enchargé de prendre garde que personne ne me vît, et je vous prie au moins de ne pas dire que vous m'ayez vu.
GEORGE DANDIN – Je n'ai garde.
LUBIN – Je suis bien aise de faire les choses secrètement comme on m'a recommandé.
GEORGE DANDIN – C'est bien fait.
15 LUBIN – Le mari, à ce qu'ils disent, est un jaloux qui ne veut pas qu'on fasse l'amour à sa femme[1], et il ferait le diable à quatre si cela venait à ses oreilles. Vous comprenez bien.
GEORGE DANDIN – Fort bien.
LUBIN – Il ne faut pas qu'il sache rien de tout ceci.
GEORGE DANDIN – Sans doute.
20 LUBIN – On le veut tromper tout doucement. Vous entendez bien ?
GEORGE DANDIN – Le mieux du monde.
LUBIN – Si vous alliez dire que vous m'avez vu sortir de chez lui, vous gâteriez toute l'affaire : vous comprenez bien ?
GEORGE DANDIN – Assurément. Hé comment nommez-vous celui qui vous a envoyé
25 là-dedans ?
LUBIN – C'est le seigneur de notre pays, monsieur le vicomte de chose... Foin ! je ne me souviens jamais comment diantre ils baragouinent ce nom-là, monsieur Cli... Clitandre.
GEORGE DANDIN – Est-ce ce jeune courtisan qui demeure...
LUBIN. – Oui. Auprès de ces arbres.
30 GEORGE DANDIN, à part. – C'est pour cela que depuis peu ce damoiseau poli s'est venu loger contre moi, j'avais bon nez sans doute, et son voisinage déjà m'avait donné quelque soupçon.
LUBIN – Testigué, c'est le plus honnête homme que vous ayez jamais vu. Il m'a donné trois pièces d'or pour aller dire seulement à la femme qu'il est amoureux d'elle, et qu'il
35 souhaite fort l'honneur de pouvoir lui parler. Voyez s'il y a là une grande fatigue pour me payer si bien, et ce qu'est au prix de cela une journée de travail où je ne gagne que dix sols.
GEORGE DANDIN – Hé bien avez-vous fait votre message.
LUBIN – Oui, j'ai trouvé là-dedans une certaine Claudine, qui tout du premier coup a compris ce que je voulais, et qui m'a fait parler à sa maîtresse.
40 GEORGE DANDIN, *à part*. – Ah coquine de servante !
LUBIN – Morguène cette Claudine-là est tout à fait jolie, elle a gagné mon amitié, et il ne tiendra qu'à elle que nous ne soyons mariés ensemble.
GEORGE DANDIN – Mais quelle réponse a fait la maîtresse à ce Monsieur le courtisan ?
LUBIN – Elle m'a dit de lui dire... Attendez, je ne sais si je me souviendrai bien de tout
45 cela. Qu'elle lui est tout à fait obligée de l'affection qu'il a pour elle, et qu'à cause de son mari qui est fantasque, il garde d'en rien faire paraître, et qu'il faudra songer à chercher quelque invention pour se pouvoir entretenir tous deux.
GEORGE DANDIN, *à part*. – Ah ! pendarde de femme.
LUBIN – Testiguiène, cela sera drôle, car le mari ne se doutera point de la manigance,
50 voilà ce qui est de bon. Et il aura un pied de nez avec sa jalousie. Est-ce pas ?

1. Faire l'amour à sa femme : faire la cour à sa femme

Molière, *L'École des femmes*, acte III, scène 4

CORRIGÉ

Exercice 1

1. Les indications sur le jeu des acteurs et la mise en scène s'appellent des didascalies.

2. L'auteur d'une pièce de théâtre se nomme le dramaturge.

3. Une pièce classique doit couvrir une période d'une journée de 24 heures.

4. Le début d'une pièce de théâtre s'appelle l'exposition.

5. Lorsqu'un personnage parle seul sur scène, il s'agit d'un monologue.

6. Lorsqu'un interprète n'est entendu que du public, il s'agit d'un aparté.

7. Une réplique très longue s'appelle une tirade.

8. La bienséance est une règle classique qui implique de ne jamais montrer d'actes violents, d'intimité physique, de nudité ou de sang sur scène.

9. Au XVIIe siècle, le metteur en scène a tous les pouvoirs lorsqu'il monte une tragédie. Les acteurs interprètent scrupuleusement le texte et les indications de jeu. Dans les comédies, les pièces inspirées de la *Comedia dell arte* sont souvent improvisées avec des trames narratives très simples, mais le metteur en scène reste tout-puissant. Molière, qui est à la fois auteur, metteur en scène et acteur, écrit des pièces plus complexes qui donnent plus d'importance au texte. Paradoxalement, ses pièces contiennent peu de didascalies, ce qui laisse une grande liberté aux futurs metteurs en scène. À partir du XXe siècle, l'improvisation et la liberté des acteurs sont peu à peu reconnues dans tous les genres. Le metteur en scène fait des choix significatifs, mais il n'est plus le seul créateur après l'auteur. Tous les artistes participent à la mise en scène.

10. Les metteurs en scène qui montent des pièces anciennes cherchent à focaliser l'attention du spectateur sur leurs éléments intemporels et/ou actuels (critique sociale, féminisme, dénonciation de l'hypocrisie…). L'utilisation de décors simples ou abstraits, ainsi que de vêtements modernes, déconnectent la pièce du temps de l'écriture. Le texte lui-même ne peut être modifié mais le metteur en scène peut jouer sur la façon dont il est perçu par les spectateurs de son temps.

Exercice 2

1. Lubin révèle à George Dandin le stratagème de son maître, alors même qu'il était chargé de garder le secret. Le spectateur découvre la ruse en même temps que George Dandin et s'amuse de la situation. Au début de l'extrait, le spectateur en sait plus que le personnage, ce qui crée une tension narrative : le spectateur veut savoir si Dandin découvrira la vérité et comment.

2. C'est une position satisfaisante pour le public, dont la curiosité est piquée. De plus, le comique de situation est très efficace car Lubin révèle tout à Dandin sans savoir qui il est. À cela s'ajoute un comique de caractère car Lubin est très amical envers Dandin et lui affirme que Clitandre est un honnête homme car il le paye bien. Enfin, les interjections et le vocabulaire populaire participent au comique de mots : « Foin ! », « Testigué ! », « Testiguiène ! », « Morguène ».

SUJET DE TYPE BAC

Objet d'étude : Le théâtre du XVIIe siècle au XXIe siècle
Document A : Molière, *L'École des femmes*, III, 4, 1662
Document B : Marivaux, *La Double inconstance*, I, 1, 1724
Document C : Jelinek, *Ce qui arriva quand Nora quitta son mari* (1979)

Commentaire
Vous rédigerez le commentaire du document A.

Contraction de texte
Vous résumerez le document B en vous concentrant sur les moyens utilisés par les dramaturges pour dénoncer la condition féminine dans la société. Votre réponse comportera environ 250 mots.

Essai
Comment est-il possible de dénoncer une injustice à l'heure actuelle ?

DOCUMENT A

L'École des femmes

Arnolphe, dit M. De La Souche, désire se marier avec une jeune fille nommée Agnès. Cependant, pendant qu'Arnolphe est en voyage, Agnès est séduite par Horace, à qui elle raconte qu'un certain M. De la Souche cherche à la séduire, mais qu'elle ne l'aime pas. Horace rencontrera Arnolphe et, ignorant qu'il est M. De la souche, lui raconte toutes ses aventures avec Agnès. Lors d'une discussion entre les deux hommes, Horace raconte comment il s'est fait chasser par Agnès qui lui a lancé une pierre, à laquelle était attachée une lettre.

HORACE :
Et j'ai compris d'abord que mon homme était là,
Qui sans se faire voir conduisait tout cela :
Mais ce qui m'a surpris et qui va vous surprendre,
C'est un autre incident que vous allez entendre,
5   Un trait hardi qu'a fait cette jeune beauté,
Quelque intelligence : quelque complicité dans la maison.
Et qu'on n'attendrait point de sa simplicité ;
Il le faut avouer, l'amour est un grand maître,
Ce qu'on ne fut jamais il nous enseigne à l'être,
10 Et souvent de nos mœurs l'absolu changement
Devient par ses leçons l'ouvrage d'un moment.
De la nature en nous il force les obstacles,
Et ses effets soudains ont de l'air des miracles,
D'un avare à l'instant il fait un libéral :
15 Un vaillant d'un poltron, un civil d'un brutal.
Il rend agile à tout l'âme la plus pesante,
Et donne de l'esprit à la plus innocente :
Oui, ce dernier miracle éclate dans Agnès,
Car tranchant avec moi par ces termes exprès,
20 « Retirez-vous, mon âme aux visites renonce,

Je sais tous vos discours : et voilà ma réponse »
Cette pierre ou ce grès dont vous vous étonniez,
Avec un mot de lettre est tombée à mes pieds,
Et j'admire de voir cette lettre ajustée,
25   Avec le sens des mots ; et la pierre jetée ;
D'une telle action n'êtes-vous pas surpris ?
L'amour sait-il pas l'art d'aiguiser les esprits ?
Et peut-on me nier que ses flammes puissantes,
Ne fassent dans un cœur des choses étonnantes ?
30   Que dites-vous du tour, et de ce mot d'écrit ?
Euh ! n'admirez-vous point cette adresse d'esprit ?
Trouvez-vous pas plaisant de voir quel personnage
A joué mon jaloux dans tout ce badinage ? Dites...

ARNOLPHE :

35   Oui, fort plaisant.

HORACE :

Arnolphe rit d'un rire forcé.

Riez-en donc un peu,
Cet homme gendarmé d'abord contre mon feu,
40   Qui chez lui se retranche, et de grès fait parade,
Comme si j'y voulais entrer par escalade,
Qui pour me repousser dans son bizarre effroi,
Anime du dedans tous ses gens contre moi,
Et qu'abuse à ses yeux par sa machine même,
45   Celle qu'il veut tenir dans l'ignorance extrême :
Pour moi je vous l'avoue, encor que son retour.
En un grand embarras jette ici mon amour,
Je tiens cela plaisant autant qu'on saurait dire,
Je ne puis y songer sans de bon cœur en rire.
50   Et vous n'en riez pas assez à mon avis.

ARNOLPHE, *avec un rire forcé.*

Pardonnez-moi, j'en ris tout autant que je puis.

HORACE

Mais il faut qu'en ami je vous montre la lettre.
55   Tout ce que son cœur sent, sa main a su l'y mettre :
Mais en termes touchants, et tous pleins de bonté,
De tendresse innocente, et d'ingénuité ;
De la manière enfin que la pure nature
Exprime de l'amour la première blessure.

60   **ARNOLPHE**, *bas.*

Voilà, friponne, à quoi l'écriture te sert,
Et contre mon dessein l'art t'en fut découvert.

SUJET DE TYPE BAC

HORACE *lit.*

Je veux vous écrire, et je suis bien en peine par où je m'y prendrai. J'ai des pensées que je dési-
rerais que vous sussiez ; mais je ne sais comment faire pour vous les dire, et je me défie de mes
paroles. Comme je commence à connaître qu'on m'a toujours tenue dans l'ignorance, j'ai peur
de mettre quelque chose, qui ne soit pas bien, et d'en dire plus que je ne devrais. En vérité je ne
sais ce que vous m'avez fait ; mais je sens que je suis fâchée à mourir de ce qu'on me fait faire
contre vous, que j'aurai toutes les peines du monde à me passer de vous, et que je serais bien
aise d'être à vous. Peut-être qu'il y a du mal à dire cela, mais enfin je ne puis m'empêcher de le
dire, et je voudrais que cela se pût faire, sans qu'il y en eût. On me dit fort, que tous les jeunes
hommes sont des trompeurs, qu'il ne les faut point écouter, et que tout ce que vous me dites,
n'est que pour m'abuser ; mais je vous assure, que je n'ai pu encore me figurer cela de vous, et
je suis si touchée de vos paroles, que je ne saurais croire qu'elles soient menteuses. Dites-moi
franchement ce qui en est : car enfin, comme je suis sans malice, vous auriez le plus grand tort
du monde, si vous me trompiez. Et je pense que j'en mourrais de déplaisir.

ARNOLPHE :

Hom chienne.

HORACE :

Qu'avez-vous ?

ARNOLPHE :

Moi ? rien ; c'est que je tousse.

HORACE :

Avez-vous jamais vu, d'expression plus douce,
Malgré les soins maudits d'un injuste pouvoir,
Un plus beau naturel peut-il se faire voir ?
Et n'est-ce pas sans doute un crime punissable,
De gâter méchamment ce fonds d'âme admirable ?
D'avoir dans l'ignorance et la stupidité,
Voulu de cet esprit étouffer la clarté ?
L'amour a commencé d'en déchirer le voile,
Et si par la faveur de quelque bonne étoile,
Je puis, comme j'espère, à ce franc animal,
Ce traître, ce bourreau, ce faquin, ce brutal…

Molière, *L'École des femmes*, III, 4, 1662

DOCUMENT B

La Double inconstance

Silvia, Trivelin et quelques femmes à la suite de Silvia. Silvia paraît sortir comme fâchée.

Trivelin – Mais, Madame, écoutez-moi.

Silvia – Vous m'ennuyez.

Trivelin – Ne faut-il pas être raisonnable ?

Silvia, *impatiente* – Non, il ne faut pas l'être, et je ne le serai point.

Trivelin – Cependant…

Silvia, *avec colère* – Cependant, je ne veux point avoir de raison : et quand vous recommence-
riez cinquante fois votre cependant, je n'en veux point avoir : que feriez-vous là[1] ?

Trivelin – Vous avez soupé hier si légèrement, que vous serez malade, si vous ne prenez rien
ce matin.

Silvia – Et moi, je hais la santé, et je suis bien aise d'être malade ; ainsi, vous n'avez qu'à renvoyer tout ce qu'on m'apporte, car je ne veux aujourd'hui ni déjeuner, ni dîner, ni souper ; demain la même chose. Je ne veux qu'être fâchée, vous haïr tous tant que vous êtes, jusqu'à tant que j'aie vu Arlequin, dont on m'a séparée : voilà mes petits résolutions, et si vous voulez que je devienne folle, vous n'avez qu'à me prêcher d'être plus raisonnable, cela sera bientôt fait.

Trivelin – Ma foi, je ne m'y jouerai pas[2], je vois bien que vous me tiendriez parole ; si j'osais cependant...

Silvia, *plus en colère* – Eh bien ! ne voilà-t-il pas un cependant ?

Trivelin – En vérité, je vous demande pardon, celui-là m'est échappé, mais je n'en dirai plus, je me corrigerai. Je vous prierai seulement de considérer...

Silvia – Oh ! vous ne vous corrigez pas, voilà des considérations qui ne me conviennent point non plus.

Trivelin, *continuant* – ...que c'est votre souverain qui vous aime.

Silvia – Je ne l'empêche pas, il est le maître : mais faut-il que je l'aime, moi ? Non, et il ne le faut pas, parce que je ne le puis pas ; cela va tout seul, un enfant le verrait, et vous ne le voyez pas.

Trivelin – Songez que c'est sur vous qu'il fait tomber le choix qu'il doit faire d'une épouse entre ses sujettes.

Silvia – Qui est-ce qui lui a dit de me choisir ? M'a-t-il demandé mon avis ? S'il m'avait dit : « Me voulez-vous Silvia ? » je lui aurais répondu : « Non, Seigneur ; il faut qu'une honnête femme aime son mari, et je ne pourrais pas vous aimer. » Voilà la pure raison, cela : mais point du tout, il m'aime ; crac, il m'enlève, sans me demander si je le trouverai bon.

Trivelin – Il ne vous enlève que pour vous donner la main[3].

Silvia – Eh ! que veut-il que je fasse de cette main, si je n'ai pas envie d'avancer la mienne pour la prendre ? Force-t-on les gens à recevoir des présents malgré eux ?

Trivelin – Voyez, depuis deux jours que vous êtes ici, comment il vous traite. N'êtes-vous pas déjà servie comme si vous étiez sa femme ? Voyez les honneurs qu'il vous fait rendre, le nombre de femmes qui sont à votre suite, les amusements qu'on tâche de vous procurer par ses ordres. Qu'est-ce qu'Arlequin au prix d'un prince plein d'égards, qui ne veut pas même se montrer qu'on ne vous ait disposée à le voir ? d'un prince jeune, aimable et rempli d'amour ? car vous le trouverez tel. Eh, Madame, ouvrez les yeux, voyez votre fortune, et profitez de ses faveurs.

Silvia – Dites-moi, vous et toutes celles qui me parlent, vous a-t-on mis avec moi, vous a-t-on payés pour m'impatienter, pour me tenir des discours qui n'ont pas le sens commun, qui me font pitié ?

Trivelin – Oh, parbleu ! Je n'en sais pas davantage, voilà tout l'esprit que j'ai.

Silvia – Sur ce pied-là[4], vous seriez tout aussi avancé de n'en point avoir du tout.

1. Que feriez-vous là : que ferez-vous alors ?
2. Je ne m'y jouerai pas : je ne me risquerai pas.
3. Pour vous donner la main : pour vous épouser
4. Sur ce pied-là : dans ces conditions.

Marivaux, *La double inconstance*, I, 1, 1724

DOCUMENT C

Ce qui arriva quand Nora quitta son mari

Bureau du chef du personnel. Le chef du personnel est assis à sa table. Nora joue les désinvoltes, touche à tout, s'assoit un court instant puis bondit et tourne en rond. Son attitude contraste avec sa tenue plutôt minable.

NORA. Je ne suis pas une femme abandonnée par son mari. Je suis une femme qui est partie d'elle-même. Automatiquement. Ce qui est plus rare. Je suis Nora, la Nora de la pièce d'Ibsen. Pour l'instant, je me réfugie dans un métier pour fuir un état d'âme confus.

CHEF DU PERSONNEL. Dans ma position, vous imaginez bien qu'un métier n'est pas une fuite, mais l'aboutissement d'une vie.

NORA. Mais je ne veux pas aboutir ma vie ! J'aspire à ma réalisation personnelle.

CHEF DU PERSONNEL. Avez-vous déjà réalisé quelque chose ?

NORA. J'ai essayé la culture et l'élevage des vieux, des faibles, des débiles, des malades et aussi des enfants.

CHEF DU PERSONNEL. Ici, nous n'avons pas de vieux, pas de faibles, pas de débiles, pas de malades, pas d'enfants. Nous avons des machines. Devant la machine l'homme doit tendre à n'être rien et c'est alors, alors seulement, qu'il redeviendra quelque chose. Moi, dès le début, j'ai choisi la voie la plus difficile pour une carrière.

NORA. Je veux me débarrasser de mon image de garde-malade, c'est une marotte. C'est beau ce rideau qui se détache sur le mur triste comme les affaires ! Les objets inanimés ont donc aussi une âme, je ne m'en suis aperçu que depuis que je suis libérée de mon mariage.

CHEF DU PERSONNEL. Employeurs et cadres doivent protéger et favoriser le libre épanouissement de la personnalité des travailleurs dans l'entreprise Avez-vous des certificats ?

NORA. Mon mari m'aurait sûrement délivré un certificat de bonne ménagère et bonne mère, mais j'ai tout foutu en l'air à la dernière minute.

CHEF DU PERSONNEL. Nous exigeons des certificats de tierces personnes. Vous ne connaissez pas de tierces personnes ?

NORA. Non. Mon époux me souhaitait enfermée à la maison, parce que la femme ne doit jamais aller voir ailleurs. Elle doit regarder en elle-même ou... son mari.

CHEF DU PERSONNEL. Ce n'était pas un supérieur légal, ce que, moi, je suis, par exemple.

NORA. Si, c'est un supérieur. Dans une banque. Je vous conseille de ne pas vous laisser endurcir, comme lui, par votre position.

CHEF DU PERSONNEL. La solitude qui existe là-haut, au sommet, engendre toujours un durcissement. Pourquoi avez-vous fichu le camp ?

NORA. J'étais un objet, j'ai voulu devenir sujet sur mon lieu de travail. Peut-être puis-je, par mon simple aspect, apporter un nouveau rayon de soleil dans ce triste atelier d'usine.

CHEF DU PERSONNEL. Nos locaux sont clairs et bien aérés.

NORA. Je veux hisser la dignité et le droit de l'homme jusqu'au libre épanouissement de la personnalité.

CHEF DU PERSONNEL. Vous ne pouvez absolument rien hisser, vous avez besoin de vos mains pour quelque chose de plus important.

NORA. Le plus important, c'est que je devienne un être humain.

CHEF DU PERSONNEL. Ici, nous employons exclusivement des êtres humains ; certains le sont plus, d'autres moins.

NORA. Il fallait d'abord que je quitte mon foyer pour devenir un être humain.

CHEF DU PERSONNEL. Beaucoup de nos employées feraient des kilomètres pour trouver un foyer. Pourquoi changer de lieu ?

NORA. Parce que je le connaissais déjà.

CHEF DU PERSONNEL. Vous tapez à la machine ?

NORA. Tout le travail de bureau, la broderie, le tricot, la couture.

CHEF DU PERSONNEL. Pour qui avez-vous travaillé ? Nom de l'entreprise, adresse, numéro de téléphone.

NORA. Privé

CHEF DU PERSONNEL. Privé n'est pas public. Devenez d'abord publique et vous pourrez vous défaire de votre position d'objet.

NORA. Je crois que je suis spécialement douée pour aboutir des choses extraordinaires. J'ai toujours méprisé l'ordinaire.

CHEF DU PERSONNEL. Pourquoi vous croyez-vous prédestinée à « l'extraordinaire » ?

NORA. Je suis une femme mue par des mouvements biologiques compliqués.

CHEF DU PERSONNEL. Quelles sont vos qualifications dans ce domaine que vous appelez « l'extraordinaire » ?

NORA. J'ai une nature souple. Je suis douée pour l'art.

CHEF DU PERSONNEL. Alors vous devez vous remarier.

NORA. J'ai une nature souple et rebelle, je ne suis pas une personnalité simple, je suis multiple.

CHEF DU PERSONNEL. Alors vous ne devez pas vous remarier.

NORA. Je me cherche encore.

CHEF DU PERSONNEL. À l'usine, tout le monde se trouve tôt ou tard, l'un ici, l'autre là. Par chance, moi je suis pas obligé de faire un travail d'ouvrier.

NORA. Je crois que mon cerveau se refuse encore à travailler à la machine parce qu'il ne sera pas vraiment utilisé.

CHEF DU PERSONNEL. Nous n'avons pas besoin de votre cerveau.

NORA. Comme il est resté en friche pendant mon mariage, je voulais maintenant...

CHEF DU PERSONNEL, *l'interrompt.* Vos poumons et vos yeux sont en bon état ? Pas de problèmes de dents ? Sensible aux courants d'air ?

NORA. Non. J'ai toujours pris soin de mon corps.

CHEF DU PERSONNEL. Alors vous pouvez commencer tout de suite. Auriez-vous d'autres qualifications que vous auriez oubliées ?

NORA. Je n'ai rien mangé depuis plusieurs jours.

CHEF DU PERSONNEL. Extraordinaire !

NORA. D'abord, je veux m'atteler à l'ordinaire, mais c'est provisoire, après je m'attaquerai à l'extraordinaire.

© l'Arche éditeur Paris 1933, *Ce qui arriva quand Nora quitta son mari* de Elfriede Jelinek.
Traduit de l'allemand par Louis-Charles Sirjacq.

HISTOIRE-GÉOGRAPHIE

Évaluation de l'Histoire-Géographie au bac 282

HISTOIRE

LA RÉVOLUTION FRANÇAISE (1789-1815)

1 L'Europe bouleversée par la Révolution française (1789-1815) 283
Sujet d'étude n° 1 : le 10 août 1792, la chute de la monarchie et le basculement vers
une république révolutionnaire 288
Sujet d'étude n° 2 : les puissances européennes contre Napoléon : la bataille de Waterloo 290

LES TRANSFORMATIONS POLITIQUES ET SOCIALES DE LA FRANCE DE 1848 À 1870

2 Politique et société en France sous la Deuxième République et le Second Empire 293
Sujet d'étude n° 1 : Victor Hugo sous la Deuxième République et le Second Empire 297
Sujet d'étude n° 2 : les établissements Schneider au Creusot sous la Deuxième République
et le Second Empire 299

LA TROISIÈME RÉPUBLIQUE : UN RÉGIME, UN EMPIRE COLONIAL

3 La Troisième République avant 1914 : un régime, un empire colonial 301
Sujet d'étude n° 1 : l'instruction des filles sous la Troisième République avant 1914 306
Sujet d'étude n° 2 : vivre à Alger au début du XXᵉ siècle 307

LA PREMIÈRE GUERRE MONDIALE ET LA FIN DES EMPIRES EUROPÉENS

4 La Première Guerre mondiale bouleverse les sociétés et l'ordre européen 310
Sujet d'étude n° 1 : la bataille de la Somme : juillet-novembre 1916 313
Sujet d'étude n° 2 : l'Autriche-Hongrie de 1914 au traité de Saint-Germain 314

GÉOGRAPHIE

LA MÉTROPOLISATION : UN PROCESSUS MONDIAL DIFFÉRENCIÉ

5 Les villes dans le monde 317
Sujet d'étude n° 1 : Lyon, les mutations d'une métropole 320
Sujet d'étude n° 2 : Londres, une ville mondiale 322

UNE DIVERSIFICATION DES ESPACES ET DES ACTEURS DE LA PRODUCTION

6 Métropolisation, littoralisation des espaces productifs et accroissement des flux 325
Sujet d'étude n° 1 : les espaces des industries aéronautique et aérospatiale européennes 328
Sujet d'étude n° 2 : Rotterdam, un espace industrialo-portuaire européen de dimension
internationale 329

LES ESPACES RURAUX : UNE MULTIFONCTIONNALITÉ TOUJOURS PLUS MARQUÉE

7 Des espaces ruraux aux fonctions de plus en plus variées 332
Sujet d'étude n° 1 : les espaces périurbains en France 335
Sujet d'étude n° 2 : l'agritourisme en France 337

LA CHINE : DES RECOMPOSITIONS SPATIALES MULTIPLES

8 Urbanisation, littoralisation, mutations des espaces ruraux 339

© Éditions Foucher

HISTOIRE

Évaluation de l'Histoire-Géographie au bac

L'Histoire et la Géographie aident les élèves à acquérir des repères temporels et spatiaux, leur permettent de discerner l'évolution des sociétés, des cultures, des politiques et les confrontent à l'altérité par la connaissance d'expériences humaines antérieures et de territoires variés.

1 Le programme

■ Le programme de Première, qui est centré sur la France de la Révolution de 1789 à la Première Guerre mondiale, est divisé en thèmes comprenant chacun une question obligatoire et deux sujets d'étude proposés.

■ Les thèmes d'Histoire abordés en classe de Première sont :
– Thème 1 : L'Europe bouleversée par la Révolution française (1789-1815) ;
– Thème 2 : Les transformations politiques et sociales de la France de 1848 à 1870 ;
– Thème 3 : La Troisième République : un régime, un empire colonial ;
– Thème 4 : La Première Guerre mondiale et la fin des empires européens.

■ Les thèmes de Géographie abordés en classe de Première sont :
– Thème 1 : La métropolisation : un processus mondial différencié ;
– Thème 2 : Une diversification des espaces et des acteurs de la production ;
– Thème 3 : Les espaces ruraux : une multifonctionnalité toujours plus marquée ;
– Thème 4 conclusif : La Chine : des recompositions spatiales multiples.

2 Les modalités d'évaluation

■ L'Histoire-Géographie est évaluée en **contrôle continu** et affectée d'un **coefficient 5**. En classe de Première, l'élève a deux épreuves écrites qui ont lieu aux deuxième et troisième trimestres. Une épreuve écrite de contrôle continu a également lieu dans le courant de l'année de Terminale.

■ Chaque épreuve de Première dure **2 heures** et se compose de **2 parties** :
– des **questions de connaissances** (10 pts) : le questionnement peut consister à caractériser un espace, une période, un événement, un personnage, justifier une affirmation, localiser et identifier des lieux ou phénomènes, choisir des dates-clés, définir une notion ;
– une **analyse de document** (10 pts) : l'analyse porte sur un ou sur deux documents au maximum. Ces documents renvoient aux sujets d'étude liés aux thèmes du programme d'Histoire et de Géographie. Le candidat choisit l'un des deux sujets d'étude proposés.

> **REMARQUE**
> Les réponses doivent sélectionner des informations contenues dans le(s) document(s) mais nécessitent également des connaissances du cours.
> La capacité à rédiger est un critère d'évaluation essentiel.

© Éditions Foucher

HISTOIRE

1 L'Europe bouleversée par la Révolution française (1789-1815)

La Révolution, débutée en 1789 et s'achevant avec le sacre de Napoléon 1er en 1804, n'anéantit pas seulement la monarchie absolue française mais bouleverse l'Europe tout entière.

1 L'émergence d'une nation de citoyens égaux en droits

A Des revendications qui fragilisent la monarchie

■ En février 1789, les Français sont invités à élire les députés qui les représenteront aux **états généraux** convoqués par le roi Louis XVI à Versailles début mai 1789. Censée apporter des solutions à la **crise financière et économique** qui touche le royaume, cette réunion des trois ordres se présente comme l'occasion pour les Français de revendiquer un certain nombre de **droits**.

■ Des **cahiers de doléances** sont donc rédigés par les assemblées chargées d'élire les représentants. Les membres du tiers état réclament **la fin de certains privilèges et de l'absolutisme**. Cette possibilité de s'exprimer débouche sur un contexte pré-révolutionnaire qui oppose le tiers état à la noblesse et au clergé, attachés à leurs privilèges.

Le cahier des doléances, demandes et représentations de l'ordre du tiers état de l'isle de Corse en mai 1789

> **DÉFINITIONS**
> ▶ **États généraux** : réunion des trois ordres (clergé, noblesse et tiers état) convoqués par le roi.
> ▶ **Cahiers de doléances** : registres rédigés au printemps 1789 par les Français des trois ordres où figurent leurs revendications (doléances).

B Vers une souveraineté nationale

■ Le processus révolutionnaire est enclenché par l'échec des états généraux. Déçus, les députés du tiers état se proclament « **Assemblée nationale** » le 17 juin 1789. Rejoints par quelques membres de la noblesse et du clergé, ils forment le 9 juillet l'**Assemblée nationale constituante**. Ils prétendent représenter la souveraineté nationale et veulent instaurer une constitution. Dans la nuit du **4 août 1789, ils abolissent les privilèges et certains droits seigneuriaux**. C'est la fin de la société d'ordres, la volonté d'**égalité** l'emporte.

> **DÉFINITION**
> **Droits seigneuriaux** : ensemble des droits fiscaux, symboliques et judiciaires détenus par un seigneur sur les paysans de sa seigneurie.

■ Le 26 août 1789, l'Assemblée nationale constituante adopte la **Déclaration des droits de l'homme et du citoyen**. Cette proclamation de principes universels est inspirée par les philosophes des Lumières et par la Déclaration d'indépendance des États-Unis de 1776. Elle débute par « Les hommes naissent et demeurent libres et égaux en droits ». Ce texte égalitariste définit les droits des Français et pose les bases d'une nouvelle société. La Déclaration reconnaît la **souveraineté de la nation** et proclame la **séparation des pouvoirs**. Elle consacre la « volonté générale » au détriment de l'arbitraire royal. En quatre mois, les Français passent donc du statut de sujets du roi de France à celui de **citoyens** disposant de **droits** et de **devoirs**. La monarchie absolue de droit divin n'est plus qu'un ancien régime dont les fondements sociaux et politiques ont théoriquement disparu.

vidéo
Extrait du film officiel du centenaire de la Déclaration des droits de l'homme et du citoyen
foucherconnect.fr/19pbstmg38

DÉFINITIONS

▶ **Absolutisme** : système politique où le roi détient toute l'autorité politique.

▶ **Souveraineté nationale** : principe selon lequel l'autorité politique émane de la nation constituée par l'ensemble des citoyens.

② La chute de la monarchie et l'expérience d'une République en guerre

A L'échec d'une monarchie constitutionnelle

La diffusion des idées nouvelles permet d'aboutir à la mise en place d'une **monarchie constitutionnelle en 1791**. Dans ce système, **le roi partage le pouvoir avec l'Assemblée législative**, dispose du droit de veto, mais la rupture entre le souverain et le peuple se confirme. Opposé à la restriction de son pouvoir, hostile aux réformes religieuses et administratives de l'Assemblée législative, le roi **Louis XVI** tente de fuir à l'étranger le 20 juin 1791. Arrêté à Varennes, forcé de revenir à Paris, il perd l'adhésion de l'opinion. Décrédibilisée, la monarchie constitutionnelle s'achemine vers sa fin.

Louis XVI en habit de sacre, peint par Duplessis en 1777

DÉFINITIONS

▶ **Constitution** : loi fondamentale qui organise le fonctionnement d'un État. Elle fixe l'attribution des pouvoirs et définit les droits et les devoirs des citoyens.

▶ **Droit de veto** : possibilité pour le roi de suspendre temporairement le vote d'une loi par l'Assemblée législative, de s'opposer à une décision.

1 L'EUROPE BOULEVERSÉE PAR LA RÉVOLUTION FRANÇAISE (1789-1815)

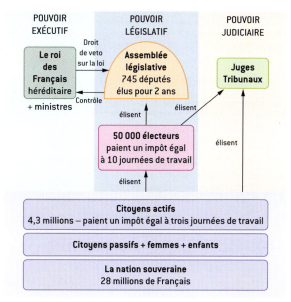

La Constitution de 1791

B La naissance de la République

■ Louis XVI, qui a convaincu l'Assemblée législative de déclarer la guerre à l'Autriche le 20 avril 1792, sous prétexte d'étendre la Révolution à l'Europe, espère secrètement une défaite de la France, ce qui lui restituerait ses pleins pouvoirs. Rapidement, l'invasion du territoire français par les troupes étrangères engendre une situation d'urgence. Le 10 août 1792, les **sans-culottes** envahissent le palais des Tuileries, contraignent l'Assemblée à suspendre le roi et à l'emprisonner avec sa famille. Le 20 septembre 1792, l'invasion étrangère est stoppée à Valmy. Une nouvelle assemblée, la **Convention**, est élue au suffrage universel masculin. Le **22 septembre 1792**, la **République** est proclamée.

> **DÉFINITION**
> **Sans-culottes** : classes populaires favorables aux idées de la Révolution. Ils tiennent leur nom du fait qu'ils portent des pantalons et non pas des culottes comme les aristocrates.

■ La République naît dans un contexte de guerre, de violences et de divisions entre les députés **Girondins** et **Montagnards**. Ces derniers obtiennent l'exécution de Louis XVI guillotiné le 21 janvier 1793. La Convention mobilise 300 000 hommes (**levée en masse**) pour la **guerre contre l'Autriche** et doit faire face à la **révolte des royalistes** en Vendée et en Bretagne. En septembre 1793, la guerre civile débouche sur la **Terreur légale du Comité de salut public**. Cette forme autoritaire de gouvernement conduite par **Robespierre** cherche à sauver la Révolution. Elle impose des mesures économiques d'urgence, surveille la population et élimine les opposants ou suspects. La Terreur aboutit à un bain de sang : 130 000 morts et 40 000 exécutions sur le territoire français. Cet épisode prend fin en juillet 1794 avec la **chute brutale de Robespierre** arrêté puis exécuté le 28 juillet 1794.

> **DÉFINITIONS**
> ▶ **Girondins** : Républicains (souvent originaires du Sud-Ouest) modérés et opposés aux violences des sans-culottes.
> ▶ **Montagnards** : Républicains proches des idées populaires défendues par les sans-culottes. Ils siègent en haut des gradins de l'Assemblée (d'où leur nom).

285

C En bref

3 La domination napoléonienne

A L'instauration d'un nouveau régime

■ Le **9 novembre 1799** (18 brumaire de l'an VIII selon le calendrier républicain), le général Napoléon Bonaparte entreprend un **coup d'État** et fonde le **Consulat**. La République demeure le régime officiel mais le pouvoir revient en réalité au Premier consul Bonaparte.

■ Bonaparte consolide son régime par l'adoption du **Code civil** qui unifie le droit en France. Il stabilise la nouvelle monnaie, le **franc germinal**, par la création de la **Banque de France**. Chaque département est placé sous l'autorité d'un **préfet** qui rend des comptes au pouvoir central. Le régime signe avec le pape un **concordat.** Bonaparte censure la presse, limite la liberté d'expression et rétablit par la force l'esclavage aux Antilles. La propagande bonapartiste lui permet de renforcer son pouvoir jusqu'au sacre du 2 décembre 1804 qui lui donne le titre d'**empereur des Français**. Bonaparte devient Napoléon Ier, une nouvelle dynastie apparaît.

> **DÉFINITION**
> **Concordat** : alliance politique et religieuse entre l'État et la papauté (église catholique).

■ L'empereur prétend mettre fin à la Révolution débutée en 1789 et **garantit l'ordre social, politique, économique et religieux** en France. Il conserve de la Révolution de 1789 les droits civils attribués aux citoyens. Il confirme la suppression des privilèges et l'égalité devant la loi. Cependant, **l'Empire est bien un régime autoritaire** qui supprime les libertés et le droit d'expression. Napoléon n'admet aucune opposition et prétend surveiller la population. Le pouvoir napoléonien s'avère donc autoritaire, personnel et héréditaire. La Révolution débouche ainsi sur une sorte de nouvelle monarchie.

B La conquête de l'Europe

■ Des **campagnes militaires victorieuses** permettent à Napoléon d'agrandir le territoire français composé de 130 départements sur une superficie de 750 000 km². Lui-même roi d'Italie, il place des membres de sa famille sur les trônes d'Europe. La France impériale atteint son apogée en 1811.

1 L'EUROPE BOULEVERSÉE PAR LA RÉVOLUTION FRANÇAISE (1789-1815) **COURS**

■ Napoléon profite de ces conquêtes pour moderniser et unifier l'administration des États au moyen de la langue française. Il instaure l'égalité civile, la liberté de culte, l'unité des poids et mesures, supprime la dîme, les droits féodaux et tente d'imposer partout le **Code civil** (appelé Code Napoléon à partir de 1807). Perçu dans un premier temps comme un libérateur, Napoléon finit par incarner l'oppression. **Son régime s'effondre provisoirement en 1814 et définitivement en 1815**, victime d'une septième **coalition européenne**.

Le congrès de Vienne : une restauration de l'ordre monarchique et de la paix en Europe

■ Du 18 septembre 1814 au 9 juin 1815 se tient à Vienne un congrès qui réunit les grandes puissances européennes. **La carte politique du continent européen est redessinée par les puissances qui ont vaincu Napoléon**.

■ Ce remaniement profite aux plus grandes puissances qui affirment leur conservatisme :
– les frontières de la France sont ramenées à celles de 1791 ;
– la Belgique est annexée par le royaume des Pays-Bas ;
– la Savoie et le comté de Nice reviennent au royaume de Piémont-Sardaigne ;
– les Polonais sont partagés entre la Russie, la Prusse et l'Autriche qui en profitent pour agrandir leur territoire ;
– la Confédération germanique rassemble 38 États allemands sous l'autorité autrichienne.

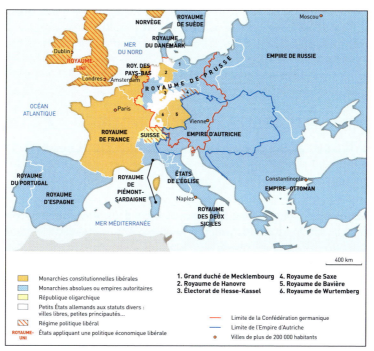

L'Europe en 1815, après la défaite de Napoléon et le congrès de Vienne

■ Le Congrès de Vienne marque le **triomphe des monarchies autoritaires** hostiles aux idées libérales répandues par la Révolution de 1789. Les royautés et les empires **s'opposent à l'indépendance des minorités** : ils nient le droit des nationalités à obtenir leur pleine souveraineté. Belges, Polonais, Italiens du Nord, Finlandais et Irlandais vivent sous l'autorité d'un autre peuple. La France est désormais entourée de petits **États tampons** (Pays-Bas, Piémont-Sardaigne, Confédération helvétique) censés protéger les grandes puissances d'une éventuelle invasion française. Dans ce contexte, l'Allemagne et l'Italie ne sont toujours pas unifiées. L'Angleterre maîtrise plus que jamais les espaces maritimes de la mer du Nord, de la Méditerranée et de l'océan Indien.

■ Le sommet diplomatique de Vienne confirme donc le rôle prédominant des empires et la volonté de neutraliser la France révolutionnaire. Ce nouvel **équilibre européen** freine les tentations d'indépendance et de liberté des peuples européens mais ambitionne également d'établir une paix durable après vingt années de guerre.

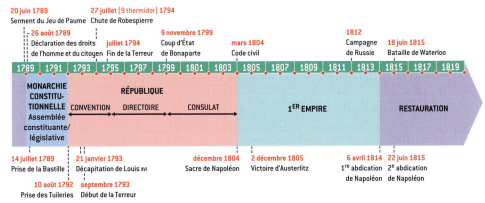

Chronologie politique de la Révolution à la Restauration

Sujet d'étude n° 1 : le 10 août 1792, la chute de la monarchie et le basculement vers une république révolutionnaire

La journée du 10 août 1792 marque une rupture et une nouvelle étape dans l'histoire de la Révolution. Elle conduit la monarchie constitutionnelle à sa perte et prépare l'arrivée de la République.

A Le contexte historique

■ Depuis le 20 avril 1792, **la France est en guerre contre une coalition de monarchies européennes** (menées par la Prusse et l'Autriche). Le 11 juillet, en raison des premières défaites militaires, la patrie est déclarée en danger. La menace extérieure se précise.

■ Le roi Louis XVI est entré dans un double jeu : il prétend adhérer à la monarchie constitutionnelle mais espère une défaite de la France dans cette guerre pour retrouver ses pleins pouvoirs. Seules les monarchies étrangères seraient en effet capables de restaurer l'**absolutisme** en France. La **fuite du roi jusqu'à Varennes en juin 1791** l'expose à l'hostilité des révolutionnaires.

1 L'EUROPE BOULEVERSÉE PAR LA RÉVOLUTION FRANÇAISE (1789-1815) COURS

■ **L'opinion publique** se radicalise et se montre de plus en plus **hostile au roi**. Les sans-culottes ne croient plus en l'avenir de la monarchie parlementaire (ou constitutionnelle) et aspirent à un régime plus démocratique.

B La prise des Tuileries

■ Dans la nuit du **9 au 10 août 1792**, des révolutionnaires prennent possession de l'Hôtel de Ville, siège du gouvernement, et forment une **Commune insurrectionnelle**. Le roi et sa famille quittent en urgence le palais des Tuileries pour se mettre sous la protection de l'Assemblée.

■ Les insurgés marchent sur les Tuileries où ils fraternisent avec les gardes nationaux. Mais ils se heurtent rapidement aux gardes suisses engagés au service du roi. Ces derniers sont massacrés lors de l'attaque du palais et seuls 200 environ réussissent à s'échapper.

> **DÉFINITIONS**
>
> ▶ **Garde nationale** : regroupement de citoyens armés ayant pour mission de garantir l'ordre à Paris comme en province à partir de l'été 1789. La Fayette dirige ce mouvement au début de la Révolution.
>
> ▶ **Tuileries** : il s'agit du palais parisien des rois de France construit dans le prolongement du Louvre et qui fut détruit à la fin du XIXe siècle.

■ Cette journée révolutionnaire se solde par la mort d'un millier de personnes (dont 600 Suisses). En matinée, la foule fait pression sur l'Assemblée pour qu'elle suspende et interne le roi. Elle décide alors d'**élections anticipées au suffrage universel** pour être remplacée par une nouvelle assemblée, la **Convention**, chargée de donner au pays une nouvelle Constitution. Le pouvoir se répartit provisoirement entre l'Assemblée discréditée, la Commune insurrectionnelle qui dirige Paris et le comité exécutif chargé de remplacer le roi et composé de six personnalités, dont **Danton**.

La prise des Tuileries du 10 août 1792, Jean Duplessis-Bertaux, château de Versailles

C Vers une République révolutionnaire

■ Spontanée ou préparée, la journée du 10 août 1792 fait basculer la Révolution dans une nouvelle phase. Elle a été perçue comme une seconde Révolution. Il s'agit de tourner la page de la monarchie constitutionnelle pour mettre en place un **nouveau régime plus démocratique et sans roi**. Cet événement révolutionnaire se retourne contre la royauté mais aussi contre l'Assemblée élue qui doit céder face à la colère de la rue. La Révolution n'est plus le fait de la bourgeoisie mais des **catégories sociales populaires**.

■ Le 10 août confirme l'échec final de la Constitution de 1791 et ouvre une période d'**instabilité politique**. Cet épisode aboutit à l'expression d'une nouvelle violence collective mais débouche aussi sur la **proclamation de la République le 22 septembre 1792**.

vidéo
Extrait du film officiel du bicentenaire de la prise des Tuileries
foucherconnect.fr/19pbstmg39

Sujet d'étude n° 2 : les puissances européennes contre Napoléon : la bataille de Waterloo

Le **18 juin 1815**, la bataille de Waterloo, intervient dans un contexte où se jouent des enjeux à la fois français et européens.

A Les forces en présence

■ En mai 1815, après un premier exil sur l'île d'Elbe, Napoléon revient en France et chasse du pouvoir Louis XVIII (épisode des **Cent Jours**). En réaction à cet événement, une **septième coalition internationale** se met en place pour éliminer définitivement le régime napoléonien. L'objectif de Napoléon est d'empêcher la jonction des troupes étrangères installées en Belgique avec celles qui stationnent en Alsace. Il décide donc d'attaquer l'ennemi dans la région de Waterloo.

■ Les deux camps en présence opposent les forces suivantes :

Forces françaises	Forces de la septième coalition (armée des Alliés)
Napoléon et son frère Jérôme aidés par le maréchal Ney : 71 600 soldats. Bilan : 11 500 morts (dont 14 généraux).	▶ Duc de Wellington (forces britanniques) et le maréchal prussien Blücher. ▶ Britanniques, Allemands et Prussiens, Néerlandais (Belges et Hollandais) : 68 000 soldats. Bilan : 12 200 morts.

1 L'EUROPE BOULEVERSÉE PAR LA RÉVOLUTION FRANÇAISE (1789-1815)   **COURS**

B La bataille de Waterloo

■ Les Anglo-Hollandais organisent sur le terrain un **système défensif sous-estimé par Napoléon**. Suite à de fortes pluies, le terrain boueux rend les déplacements de l'infanterie et des canons difficiles. En début d'après-midi, les attaques des troupes françaises (dont celles du maréchal Ney) se heurtent à une forte résistance britannique. Vers 15 heures, la cavalerie française envoyée par assauts successifs échoue à entamer les bataillons ennemis. Les soldats autrichiens renforcent le positionnement des Anglais. Napoléon n'a plus d'autre choix que de faire intervenir la Vieille Garde, décimée, contre toute attente, par la cavalerie anglaise. L'empereur est évacué de justesse. La bataille de Waterloo se solde par un **véritable désastre**. **10 000 Français se retrouvent prisonniers**.

> **DÉFINITIONS**
> ▶ **Infanterie** : ensemble des soldats qui combattent à pied.
> ▶ **Vieille Garde** : corps d'élite de la garde impériale composée de vétérans assurant la sécurité de Napoléon.

■ Les opérations militaires en Belgique (où se trouve Waterloo, à vingt kilomètres de Bruxelles) tuent en quatre jours un total de 23 700 hommes et en blessent plus de 65 000. Cette bataille marque l'**ultime défaite de Napoléon** et la **fin de l'ambition française à diriger l'Europe**. Celle-ci entrevoit enfin la possibilité de revenir à une paix durable. Napoléon abdique une seconde fois le 22 juin 1815. Il tente en vain de céder son trône à son fils. Le sort de la France est confié à ses ennemis qui la contraignent à une amende et à la capitulation le 5 juillet 1815.

Andrieux, *La bataille de Waterloo, 18 juin 1815*

vidéo
La fin de la bataille de Waterloo, extrait du film *Waterloo*, de Bondarchuck
foucherconnect.fr/19pbstmg40

ENTRAÎNEMENT AU CONTRÔLE CONTINU

EXERCICE 1

Document : organigramme de la constitution de 1791

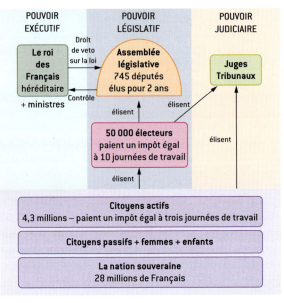

1. Quels aspects de cette constitution témoignent de son caractère démocratique ?
2. Quelles limites voyez-vous à cette dimension démocratique de la constitution de 1791 ?

EXERCICE 2

Identifiez les événements liés aux dates suivantes : mai 1789 ; 17 juin 1789 ; 4 août 1789 ; 26 août 1789 ; 10 août 1792 ; 22 septembre 1792 ; 21 janvier 1793 ; 28 juillet 1794 ; 9 novembre 1799 ; 2 décembre 1804.

HISTOIRE

2 Politique et société en France sous la Deuxième République et le Second Empire

De 1848 à 1870, l'instabilité politique de la France est en grande partie liée aux nombreuses mutations sociales et économiques qui transforment le pays entré dans la révolution industrielle. Les Français sont divisés entre conservatisme et libéralisme.

1 1848 : l'affirmation des grands principes démocratiques et républicains

■ Le renversement de la **monarchie de Juillet**, en février 1848, intervient dans un contexte européen de conquête des libertés. En quelques jours, le régime monarchique de Louis-Philippe est renversé. Le « **Printemps des peuples** », nom donné à cette période révolutionnaire de 1848, débouche en France sur la naissance de la IIe République (la première datait de 1792).

> **À SAVOIR**
>
> La **monarchie de Juillet** est le nom du régime politique de la France de juillet 1830 à février 1848.

■ Dans l'enthousiasme général, le gouvernement, composé de républicains convaincus et de socialistes, instaure le **suffrage universel** (tout en le refusant aux femmes). Il crée en parallèle des **ateliers nationaux** pour fournir du travail aux chômeurs victimes de la crise économique. La République semble donc revendiquer une **dimension démocratique et sociale** en faveur des populations les plus modestes.

> **DÉFINITION**
>
> **Ateliers nationaux** : organisation par l'État du 27 février au 21 juin 1848 d'ateliers censés faire travailler sur des chantiers les ouvriers parisiens victimes du chômage. Cette expérience sociale se solde par un échec.

■ En 1848, 9 millions d'électeurs disposent désormais du droit de vote (contre 200 000 auparavant). Les idéaux de la Révolution de 1789, tels que la fraternité, guident l'action politique. Le 27 avril 1848, grâce aux efforts de Victor Schœlcher, l'esclavage est aboli. 260 000 personnes bénéficient de cette mesure. La liberté de la presse est rétablie. La peine de mort pour raison politique est supprimée. Le souvenir de la Révolution guide donc l'action des républicains au pouvoir. Cependant, cet unanimisme républicain ne dure pas.

2 Une République mise en cause : la rupture de juin 1848 et l'échec de 1851-1852

■ La victoire des républicains modérés aux élections d'avril 1848 met un terme au climat libéral et social des premiers mois. Les députés décident la fermeture des ateliers nationaux considérés comme des foyers de propagation des idées socialistes. Du 20 au 23 juin 1848,

HISTOIRE

293

l'**insurrection ouvrière** qui s'ensuit est très dure-
ment réprimée. Le bilan se solde par la mort d'environ
20 000 personnes. Le régime républicain entre dans un
conservatisme anti-ouvrier. La **question sociale** n'est
plus une priorité. En décembre 1848, Louis Napoléon
Bonaparte (neveu de Napoléon Ier) est élu président de
la République. Le **parti de l'Ordre** l'emporte. Il limite
la liberté d'expression et allonge d'une heure la durée
quotidienne de travail.

> **DÉFINITION**
>
> **Question sociale** : expression
> qui désigne l'ensemble des
> interrogations portées sur les
> changements qui touchent le
> monde du travail, l'économie
> tout entière et en particulier la
> classe ouvrière dans une période
> d'accélération de l'industrialisation
> en France au XIXe siècle.

■ En mai 1850, une réforme exclut du droit de vote
3 millions d'ouvriers. Dirigé par Louis Napoléon Bona-
parte, le régime est aux mains des **monarchistes**. Se retrouvant dans l'impossibilité légale
de se présenter une seconde fois au poste de président, Louis Napoléon Bonaparte entreprend un **coup d'État le 2 décembre 1851** et met donc fin par la force à la IIe République.
En novembre 1852, il fait approuver lors d'un vote plébiscitaire le **rétablissement de l'empire** fondé sur une constitution proche de celle que son oncle Napoléon institua en 1799. Il
devient **Napoléon III**, empereur des Français, le 2 décembre 1852.

> **DÉFINITIONS**
>
> ▶ **Républicains** : défenseurs de la disparition de la monarchie au profit d'un régime démocratique
> qui garantit les libertés fondamentales.
> ▶ **Socialisme** : idéologie opposée aux inégalités sociales nées du capitalisme et de la propriété
> privée. Le socialisme rêve d'une société idéale marquée par l'égalité et le partage.

③ Une France du Second Empire en pleine transformation économique et sociale

■ Le Second Empire de Napoléon III limite sévèrement la liberté d'expression mais finit
par se libéraliser quelque peu, devenant une **monarchie parlementaire**. Du temps de ce
régime, la France se modernise à une vitesse accélérée.

■ Une véritable **mutation économique et sociale** transforme le pays. La **révolution industrielle** se confirme et fait sortir la France de la crise. Le **libre-échange** choisi par Napoléon III aide à maintenir un **niveau de croissance économique satisfaisant**. Les réseaux de
transport comme celui du chemin de fer se densifient et aident à la circulation des hommes
et des marchandises. Le **télégraphe** relie les grandes villes et accélère les flux d'informations. Les **façades maritimes** en plein développement (création du port de Saint-Nazaire)
aident le pays à mieux intégrer la mondialisation en cours. Le système bancaire et financier
se développe dans un cadre capitaliste où l'État investisseur mène une politique volonta-
riste. L'essor d'une bourgeoisie pousse à la consommation des nouveaux biens vendus dans
les **grands magasins**, comme la Samaritaine à Paris.

■ Paris devient la vitrine des grands changements qui bouleversent la vie des Français. La
capitale accueille des événements mondiaux tels que les **expositions universelles** de 1855
et de 1867. Le baron Haussmann, préfet de la Seine, fait de Paris un modèle d'urbanisme
(appelé **hausmannisation**). Les grands boulevards, les égouts et les adductions d'eau, les
parcs, les façades d'immeubles, les gares, les nouvelles places publiques mais aussi les nouveaux ponts font sortir Paris de son passé médiéval. La ville se modernise à toute allure et

adopte une nouvelle ossature grâce à des percées et trouées qui aèrent son tissu urbain. Ce **réaménagement** spectaculaire s'étend à beaucoup de villes françaises.

■ Tous les Français ne profitent cependant pas de cette marche vers le progrès. Les campagnes tardent à se moderniser. Elles demeurent le conservatoire de nombreux **archaïsmes**. Le pouvoir limite à des œuvres de charité sa politique sociale envers les plus démunis. Victor Duruy, ministre de l'instruction publique de 1863 à 1869, rencontre beaucoup de difficultés à appliquer sa réforme scolaire au profit du plus grand nombre. Le développement économique français se trouve dépassé par celui de l'Angleterre, des États-Unis et de l'Allemagne.

Rue de Paris, temps de pluie, Gustave Caillebotte, 1877

4 La chute du Second Empire et l'unification allemande : l'« Année terrible » 1870-1871

■ De juillet 1870 à juin 1871, la France traverse l'une de ses pires épreuves. Le chancelier Bismarck parvient à trouver un prétexte diplomatique pour que **Napoléon III déclare la guerre à la Prusse le 19 juillet 1870**. En six semaines, la France perd de nombreuses batailles. Le 2 septembre 1870, retranché à Sedan, Napoléon III se rend. Cette défaite militaire sans appel aboutit le **4 septembre 1870 à la proclamation de la IIIe République** à Paris. Le Second Empire s'effondre brutalement.

■ Léon Gambetta, ministre de l'Intérieur dans le nouveau gouvernement de la Défense nationale, veut poursuivre la guerre contre la Prusse. Paris subit cinq mois de siège et finit par capituler. Le 18 janvier 1871, les Prussiens proclament la naissance de **l'Empire d'Allemagne** (Reich) dans la galerie des glaces du château de Versailles. L'Allemagne est désormais un pays unifié sous l'autorité de l'empereur Guillaume Ier.

■ Le 18 mars 1871, une **insurrection** éclate à Paris dans le quartier de Montmartre. Après des mois de siège, les classes populaires parisiennes ne souhaitent pas être désarmées. La **Commune de Paris** s'oppose au gouvernement français installé à Versailles et impose une autogestion d'inspiration communiste. Durant un peu plus de deux mois, les Communards élaborent un système politique, économique, social et culturel autonome en faveur des milieux populaires. Cette expérience prend fin dramatiquement lors de la « **Semaine sanglante** » du 21 au 28 mai 1871. La répression militaire engendre la mort d'au moins 10 000 personnes. Cet épisode de guerre civile clôt l'« **Année terrible** » selon Victor Hugo.

La colonne Vendôme a été édifiée par Napoléon Ier en 1810 pour célébrer sa victoire d'Austerlitz. Elle fut détruite en 1871 par les Communards qui y voyaient un symbole d'oppression (on repère une barricade à l'entrée de la place)

Portait de Napléon III en uniforme de général de brigade dans son cabinet des Tuileries en 1862, Jean-Hippolyte Flandrin

2 POLITIQUE ET SOCIÉTÉ EN FRANCE SOUS LA DEUXIÈME RÉPUBLIQUE ET LE SECOND EMPIRE

Sujet d'étude n° 1 : Victor Hugo sous la Deuxième République et le Second Empire

■ Victor Hugo entame sa carrière politique au temps de la **monarchie de Juillet**. Proche du roi Louis-Philippe, il obtient la fonction de **pair de France** en 1845. En 1848, il devient **maire du 8ᵉ arrondissement de Paris** et siège parmi les députés monarchistes sous la Deuxième République. Il participe, sans y adhérer pleinement, à la répression contre l'insurrection ouvrière de juin 1848. Il soutient la candidature de Louis Napoléon Bonaparte pour le poste de président de la République. Il poursuit sa carrière de **député** mais s'oppose de plus en plus au conservatisme du régime. Monarchiste modéré, Hugo se rallie petit à petit à la cause républicaine et s'attaque à la politique menée par le pouvoir exécutif.

> **DÉFINITION**
> **Pair de France** : titre qui permet de siéger parmi les rangs de la Chambre des pairs. Cette haute assemblée fonctionna du temps de la Restauration (1814-1830) et de la Monarchie de Juillet (1830-1848).

■ Dans son discours à l'Assemblée législative du 17 juillet 1851, Victor Hugo s'oppose à la rééligibilité du président Louis Napoléon Bonaparte qui entend modifier la Constitution pour entamer un deuxième mandat. Victor Hugo tente vainement de résister au **coup d'État** de ce dernier le 2 décembre 1851. Ayant failli être arrêté, il part en **exil** pour la Belgique le 11 décembre 1851. Bien que son nom figure dans la liste officielle des bannis, l'écrivain est autorisé à rentrer en France mais s'y refuse catégoriquement. Il devient la **figure emblématique de l'opposition** à Louis Napoléon Bonaparte devenu Napoléon III.

Photographie d'Hugo en exil à Guernesey sur le rocher des Proscrits en 1853

■ En juillet 1852, il termine un **pamphlet** intitulé *Napoléon le Petit* qui circule clandestinement en France. En août 1852, par prudence, Victor Hugo s'exile de nouveau à Jersey, dans l'archipel anglo-normand, en bordure du Cotentin. En

> **DÉFINITION**
> **Pamphlet** : texte idéologique, engagé, qui combat avec ardeur un régime, une institution ou un personnage politique.

novembre 1853, il publie, grâce à un éditeur belge, *Les Châtiments*, où il dénonce en vers le despotisme de Napoléon III. C'est dans l'île voisine de **Guernesey**, à **Hauteville House**, qu'il s'installe en 1854. De là, il poursuit sa carrière d'écrivain. Il y prolonge sa lutte contre Napoléon III et s'engage en faveur de différentes causes comme l'indépendance de la Pologne ou encore l'abolition de la peine de mort. En mai 1870, Victor Hugo appelle à renverser le Second Empire. Cela lui vaut une ultime procédure judiciaire pour mépris envers la personne impériale.

■ Trois jours seulement après le désastre de Sedan qui marque la chute de Napoléon III, le 5 septembre 1870, Victor Hugo rentre à Paris où il est acclamé. Son exil de presque 19 ans prend fin. Il va devenir l'une des icônes de la IIIe République qui l'honore comme l'un de ses pères. Il clôt son parcours politique en devenant sénateur en 1876. À sa mort, en mai 1885, Victor Hugo bénéficie de **funérailles nationales**. Cet événement attire deux millions de personnes. Son corps est transféré au **Panthéon**. Son souvenir reste associé à la lutte en faveur de la République et des pauvres.

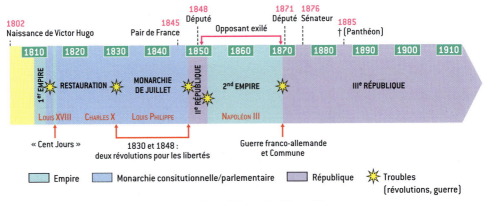

Chronologie politique de Victor Hugo

2 POLITIQUE ET SOCIÉTÉ EN FRANCE SOUS LA DEUXIÈME RÉPUBLIQUE ET LE SECOND EMPIRE

Sujet d'étude n° 2 : les établissements Schneider au Creusot sous la Deuxième République et le Second Empire

■ En 1836, le **site industriel du Creusot** en Bourgogne est racheté par les frères **Adolphe** (1802-1845) et **Eugène Schneider** (1805-1875), **maîtres de forges** originaires de Lorraine. Les besoins croissants en chemins de fer, en bateaux, en armement et en charpentes métalliques permettent à l'affaire Schneider de prospérer. L'accélération du **développement industriel français** à l'époque du Second Empire aide Eugène Schneider à faire du Creusot une immense usine connue pour son gigantesque **marteau-pilon à vapeur** de 100 tonnes permettant de forger des plaques métalliques de grandes dimensions.

> **DÉFINITIONS**
>
> ▸ **Maître de forge** : patron d'une entreprise de métallurgie servant à produire du fer, de la fonte et de l'acier.
> ▸ **Marteau-pilon** : machine-outil de forge fonctionnant à la vapeur spécialement créée par l'ingénieur François Bourdon pour le site du Creusot en 1841 et qui au moyen d'une tige centrale permet d'aplanir du fer.
> ▸ **Aciérie** : usine qui produit de l'acier en gros volumes.

Marteau-pilon du Creusot, carte postale du début du XXe siècle

■ La prospérité des Schneider leur permet d'étendre leur influence sur le monde des affaires, de la finance et de la politique. En 1867, Eugène dirige le Corps législatif (l'assemblée du Second Empire). Il siège au conseil d'administration de la compagnie ferroviaire Paris-Lyon-Marseille. Il poursuit son ascension en devenant régent de la Banque de France et en partageant la direction de la banque « Société générale ». Cette diversification des activités familiales lui permet de regrouper les maîtres de forges dans un organisme de défense des intérêts de la profession. Trois générations succèdent aux deux frères, ce qui fait des Schneider une **véritable dynastie de capitaines d'industrie**.

■ Devenu un **site industriel de réputation mondiale**, Le Creusot emploie jusqu'à 20 000 personnes en 1914. L'objectif des Schneider est de retenir leurs employés grâce à une **organisation collective typique du paternalisme**. Celui-ci consiste à contrôler l'espace local de l'usine, de ses environs, et à gérer au mieux la vie des ouvriers qui bénéficient d'un système de retraite par épargne. Les Schneider font construire un réseau d'écoles qui aide au recrutement des futurs employés formés à l'« esprit maison ». Un hôpital et une maternité permettent de mieux prendre soin des employés. De manière à fixer la main-d'œuvre, des cités ouvrières avec maisons individuelles et jardinets améliorent la vie quotidienne des ouvriers.

> **DÉFINITION**
>
> **Paternalisme** : stratégie d'entreprise qui vise à attribuer aux employés des avantages économiques et sociaux de manière à les faire adhérer à un système de subordination les plaçant sous l'autorité supposée bienveillante de leur patron.

■ Les Schneider entendent défendre une morale fondée sur le **libéralisme** et sur les **valeurs religieuses et familiales**. Ils font édifier des églises, entretiennent une police locale et encadrent la vie collective en finançant des associations sportives ou culturelles censées éloigner les ouvriers des idées socialistes. Leur politique sociale encourage la diffusion d'une morale au service de l'hygiène, de l'ordre et du respect de la hiérarchie.

■ Le Creusot apparaît donc comme une « **ville-usine** » façonnée par une dynastie d'industriels qui imposent un ordre moral qui n'hésite pas à recourir à l'armée en 1899 pour mettre fin à une **grève générale**. Les Schneider ont réussi à allier le libéralisme et le paternalisme pour faire du Creusot un projet à la fois industriel et social.

ENTRAÎNEMENT AU CONTRÔLE CONTINU

EXERCICE 1

Rédiger un texte de 10 lignes qui, à partir de la chronologie, explique l'itinéraire politique de Victor Hugo.

EXERCICE 2

1. Choisissez la définition de « printemps des peuples » parmi les trois possibilités suivantes :
a. Tendance des peuples à mener des guerres entre eux.
b. Soulèvement révolutionnaire des peuples contre l'autorité des souverains autoritaires.
c. Participation des peuples à la célébration des régimes autoritaires.

2. Associez les personnages suivants à un régime politique :
a. Louis-Philippe   1. Deuxième République
b. Louis-Napoléon Bonaparte   2. Second Empire
c. Napoléon III   3. Monarchie de Juillet

3. Choisir la définition qui définit l'haussmannisation :
a. Transformation et réaménagement spectaculaire de Paris
b. Ensemble des progrès sociaux en France sous le Second Empire
c. Conservatisme des campagnes hostiles aux différentes formes de progrès

300

HISTOIRE

3 La Troisième République avant 1914 : un régime, un empire colonial

L'instauration puis l'enracinement de la Troisième République permettent à la France d'entrer à partir de 1870 dans une phase de stabilité politique. La réaffirmation des principes hérités de 1789 rencontre néanmoins quelques obstacles. La fin du XIX⁰ siècle apparaît comme une ère d'expansion qui fait entrer le pays dans le nouvel âge colonial.

1 Un projet républicain fondé sur les libertés fondamentales et sur la laïcité

A Un régime qui garantit les droits

■ La Troisième République est un **régime libéral et parlementaire**. Elle offre aux Français le **suffrage universel masculin** (direct et indirect) et fait de la pratique du vote le fondement du système politique (démocratie représentative). La République garantit la **séparation des pouvoirs** et place le **Parlement** (composé de deux assemblées) au centre du système constitutionnel.

■ À partir des années 1880, les réformes de grande ampleur se multiplient. La **liberté de la presse** est reconnue en 1881, le **droit d'association** en 1884. En 1881-1882, **Jules Ferry** instaure l'**école gratuite, laïque et obligatoire** pour les enfants de moins de 13 ans. L'idéal de l'instruction répond au besoin de laïciser la société jugée trop dépendante de l'Église catholique. L'école forge l'unité de la nation par la diffusion d'un enseignement en langue française.

B Une culture républicaine qui s'enracine

■ Une culture républicaine naît à partir de l'école publique, de l'armée (service militaire créé en 1889) et des mairies dont les maires sont élus par les conseils municipaux dès 1884. Le **patriotisme** et l'**attachement au régime républicain** passent par la propagation des **symboles politiques** : Marianne devient l'emblème du pays, la devise « Liberté, Égalité, Fraternité » s'impose, tout comme le drapeau tricolore, et *La Marseillaise* est désignée hymne national en 1879.

■ La **laïcisation** du pays franchit une nouvelle étape en **1905**. Présentée par le député **Aristide Briand**, la **loi de séparation de l'État et des Églises** met fin au concordat napoléonien de 1801. Elle proclame la **liberté de conscience** tout en garantissant le **libre exercice des cultes**. L'État affirme ainsi sa neutralité religieuse. Il ne rémunère plus les évêques, les curés, les pasteurs et les rabbins. L'État et les collectivités deviennent propriétaires des biens détenus par l'Église tout en permettant à celle-ci d'y exercer le culte. Les Églises gagnent en indépendance : l'État ne nomme plus les évêques.

■ Cette loi de laïcisation rencontre l'opposition du pape et d'une grande partie des catholiques français. Annexée par l'Allemagne en 1871, l'Alsace-Moselle échappe à la loi de 1905. Ce statut spécial permet aux religieux de rester des fonctionnaires après la victoire de 1918 et leur réintégration au territoire français.

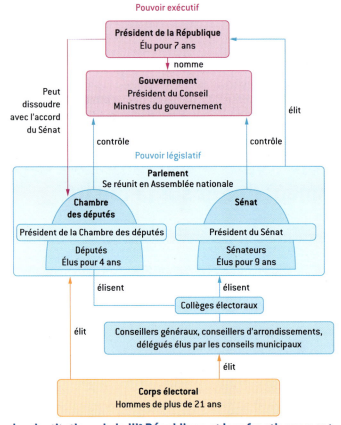

Les institutions de la IIIe République et leur fonctionnement

❷ Un régime républicain fragilisé par la résurgence de l'antisémitisme : l'affaire Dreyfus

A Les faits et leur chronologie : l'histoire d'une injustice

■ En 1894, le **capitaine Alfred Dreyfus** (1859-1935), juif alsacien, est soupçonné et condamné par la justice militaire pour espionnage au profit de l'Allemagne. Dégradé, il est déporté au bagne, en Guyane. Deux ans plus tard, le lieutenant-colonel Picquart identifie le vrai coupable, le commandant Esterhazy, mais ne parvient pas à convaincre la hiérarchie militaire de la nécessité d'innocenter Dreyfus. Lors d'un jugement militaire tenu en 1898, Esterhazy est acquitté.

■ En réaction, l'écrivain **Émile Zola** publie un article de presse intitulé « **J'accuse !** » où il dénonce l'attitude des dirigeants. L'affaire devient politique et vaut à l'écrivain engagé

3 LA TROISIÈME RÉPUBLIQUE AVANT 1914 : UN RÉGIME, UN EMPIRE COLONIAL **COURS**

des poursuites judiciaires. L'Affaire commence. **Jean Jaurès** prend la relève en démontrant publiquement **l'innocence de Dreyfus** qui bénéficie finalement de la grâce présidentielle. En 1906, il est réhabilité et réintègre l'armée. Il reçoit enfin la Légion d'honneur.

B Une France coupée en deux par l'Affaire

■ L'Affaire scinde en deux camps l'opinion française. Les **dreyfusards** prennent la défense du capitaine tandis que les **antidreyfusards** s'acharnent à donner raison à l'armée et à sa justice. Les adversaires créent des structures associatives : la Ligue des droits de l'homme et du citoyen défend Dreyfus alors que la Ligue de la patrie française affiche son antidreyfusisme. Des écrivains comme Zola deviennent des **intellectuels**, c'est-à-dire des personnes qui misent sur leur renommée pour interpeller médiatiquement l'opinion sur des sujets politiques importants et polémiques.

■ L'affaire Dreyfus oppose finalement les **républicains convaincus (dreyfusards)** aux **antirépublicains** qui témoignent de leur antisémitisme et de leur nationalisme. Cette querelle divise donc les Français et affaiblit le régime républicain.

3 La course à la colonisation : des puissances européennes rivales

A Les causes de la colonisation

À partir des années 1880, la France poursuit la **course à la colonisation** entamée en 1830 avec les débuts de la conquête de l'Algérie. Cinquante ans plus tard, la France domine un empire de 12 millions de km², peuplé de 110 millions de « **sujets** » en Afrique et en Asie. Le processus de colonisation s'explique par différents motifs :
– le **motif politique**, qui considère que la possession de colonies est un gage de puissance internationale. La colonisation est un moyen d'afficher son rang mondial. Coloniser permet d'entretenir un **nationalisme de prestige** ;
– le **motif économique**, qui permet de trouver dans les colonies de nouveaux débouchés pour les produits industriels et les capitaux de la métropole. Le **libre-échange** justifie la colonisation ;
– le **motif démographique et social**. La conquête de nouveaux territoires permet à des colons de s'installer au moyen d'expropriations qui visent les populations indigènes ;
– le **motif idéologique et racial**. La République prétend étendre la civilisation en colonisant les terres d'Afrique et d'Asie. La colonisation est perçue comme une **entreprise civilisatrice** qui apporte aux peuples d'ailleurs les progrès de la médecine, de l'enseignement, mais également la religion chrétienne (évangélisation) et les infrastructures, telles que les routes et les chemins de fer. La colonisation est aussi le moyen pour l'homme blanc d'affirmer sa « supériorité » supposée. Coloniser apparaît comme un **devoir moral** ;
– le **motif culturel**. Le goût pour l'**exotisme** et l'**orientalisme** perceptible dans les arts et la littérature entretient un imaginaire qui donne à la colonisation une connotation héroïque et mythique.

> **DÉFINITIONS**
>
> ▶ **Colonisation** : phénomène militaire, politique, économique et culturel qui place de force une population et un territoire sous la tutelle d'un autre État qualifié de métropole.
>
> ▶ **Exotisme et orientalisme** : le premier est la traduction culturelle de l'attirance pour l'autre, pour l'étranger, c'est-à-dire pour celui qui vit ailleurs. L'orientalisme est un mouvement littéraire, artistique et architectural apparu en Europe au XVIIIe siècle et qui témoigne d'une grande curiosité pour l'Orient, allant du Maghreb jusqu'à l'Extrême-Orient.

B La géographie de la colonisation

Trois principales régions sont concernées par la colonisation française : le **Maghreb**, l'**Afrique subsaharienne** (partagée entre l'**AOF** et l'**AEF**) et la péninsule **indochinoise**. Dans tous les cas, la conquête coloniale établit un rapport de force entre colonisateurs et colonisés (peuples indigènes) mais aussi entre les puissances européennes impérialistes. Français et Anglais sont concurrents dans la conquête de l'Afrique de l'Est mais aussi en Asie du Sud-Est.

> **SIGLES**
>
> ▶ **AOF** : Afrique occidentale française
> ▶ **AEF** : Afrique équatoriale française

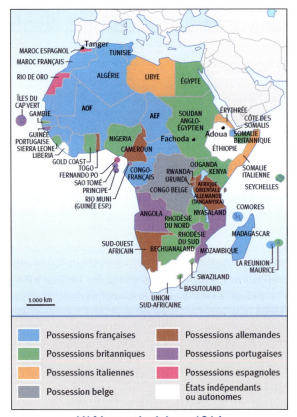

L'Afrique coloniale en 1914

3 LA TROISIÈME RÉPUBLIQUE AVANT 1914 : UN RÉGIME, UN EMPIRE COLONIAL COURS

4 Les territoires et le fonctionnement des sociétés coloniales

A Gérer les colonies et les indigènes

■ Tous les territoires de l'empire colonial français ne sont pas administrés de la même manière. Une administration indirecte est appliquée au Maroc, en Tunisie et au Cambodge qui constituent des **protectorats**. Dans ces pays, l'autorité traditionnelle conserve une certaine autonomie à la condition de **protéger les intérêts stratégiques français**. Inversement, la plupart des territoires conquis sont placés sous l'administration directe de l'État français comme en AOF, en AEF et au Tonkin. L'Algérie devient un ensemble de départements français, car elle constitue une **colonie de peuplement** où vivent de nombreux colons d'origine métropolitaine et européenne.

■ Partout, le recours au personnel indigène s'avère nécessaire pour administrer les territoires colonisés. Pour autant, rares sont les populations auxquelles on reconnaît un véritable statut de « citoyens français ». Ces « sujets français » sont soumis au **Code de l'indigénat** instauré en 1881 qui les prive d'un très grand nombre de droits civils et politiques. Le système colonial distingue fondamentalement les citoyens français des indigènes que l'on cherche à contrôler.

> **À SAVOIR**
> Le **Code de l'indigénat**, en vigueur de 1881 à 1946, est un ensemble de décrets qui établit dans les colonies françaises une discrimination administrative et judiciaire entre les colons et les indigènes dont le statut est inférieur.

■ Au nom de la civilisation et de manière à protéger les colons et leur main-d'œuvre, la colonisation dispense une **action sanitaire et scolaire** qui consiste à lancer des campagnes de vaccination et à instruire une minorité locale qui puise dans l'école occidentale les futurs arguments de contestation de l'ordre colonial.

B L'exploitation des colonies

■ Les territoires colonisés sont mis en valeur. Les infrastructures portuaires, ferroviaires et routières visent essentiellement, comme en Indochine, à **exploiter** puis à **exporter les matières premières et les produits agricoles**. En Afrique subsaharienne, des entreprises obtiennent d'immenses **concessions territoriales** dont elles tirent d'importants bénéfices grâce à l'exploitation du bois, au commerce de l'ivoire ou encore grâce à la récolte du caoutchouc. Le Congo fournit du cuivre en grande quantité tandis que l'Indochine livre de gros volumes de charbon. Les colonies approvisionnent la métropole en produits devenus de première nécessité.

■ La colonisation accélère **l'urbanisation des peuples indigènes** tandis que beaucoup d'agriculteurs, comme en Algérie, perdent leur propriété agricole. La main-d'œuvre subsaharienne est soumise au **travail forcé** et subit une violence administrative. L'**acculturation** éloigne les populations de leur culture d'origine. La colonisation permet l'émergence de nouvelles **élites indigènes** en rupture avec les élites traditionnelles. Ces nouvelles élites sont à l'origine de la contestation de la domination coloniale.

DÉFINITIONS

▶ **Indigène** : terme qui sert à définir les populations colonisées d'Afrique et d'Asie. L'indigène est celui qui est originaire du lieu et qui se différencie du colon venu d'ailleurs.

▶ **Métropole** : dans le contexte de la colonisation, le terme désigne l'État qui colonise d'autres territoires souvent qualifiés d'Outre-Mer.

▶ **Nationalisme** : idéologie qui entretient le mythe de la supériorité nationale au détriment des autres nations et des minorités présentes dans le pays. Dans le contexte colonial, le nationalisme désigne la volonté politique d'un peuple colonisé d'obtenir sa reconnaissance et son indépendance.

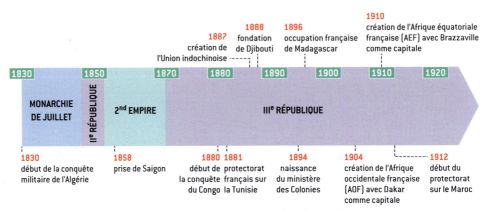

Chronologie de la colonisation française

Sujet d'étude n° 1 : l'instruction des filles sous la Troisième République avant 1914

A Les progrès de la scolarisation des filles vers 1880

■ La Troisième République marque une étape essentielle dans l'histoire de la **scolarisation des filles**. En 1879, la **loi Paul Bert** contraint chaque département à mettre en place une **école normale de filles** chargée de former les institutrices. L'éducation des femmes n'est plus seulement du ressort de l'Église catholique mais dépend désormais de l'autorité de l'État. En 1880, la **loi Camille Sée** crée les lycées de jeunes filles. Le premier ouvre à Montpellier. Au nombre de 36 en 1893, ces lycées ne préparent pas leur public féminin au Baccalauréat (contrairement aux garçons) mais à un **diplôme d'études secondaires** (ou brevet supérieur). En 1881, la naissance de l'École normale supérieure de Sèvres permet la formation des professeurs femmes destinées à enseigner dans ces lycées.

■ Grâce aux **lois scolaires de Jules Ferry** qui rendent l'école primaire **gratuite, laïque et obligatoire**, les filles de 6 à 13 ans bénéficient à partir de 1882 d'un enseignement presque identique à celui des garçons. L'égalité d'éducation est en marche. Elles apprennent l'écriture, le calcul et la lecture. Dans des écoles non mixtes, elles sont également formées « aux soins du ménage et aux travaux de femme » dissociés des travaux manuels destinés aux garçons. L'enseignement conserve donc sa mission de socialisation qui différencie les missions assignées à chacun des deux sexes conformément aux attentes de la société. La **dissociation entre garçons et filles** demeure l'un des **fondements de l'organisation de l'école**.

3 LA TROISIÈME RÉPUBLIQUE AVANT 1914 : UN RÉGIME, UN EMPIRE COLONIAL   **COURS**

■ En dépit d'un système scolaire qui donne encore l'avantage aux hommes, de rares femmes montrent la voie vers la réussite scolaire. L'une d'entre elles est la première à obtenir en 1885 l'agrégation de sciences (diplôme d'enseignement d'un niveau très élevé). En 1888, Louise-Amélie Leblois est la première femme à obtenir le titre de docteur ès-sciences (grâce à l'obtention d'une thèse universitaire).

B La scolarisation des filles au début du XXᵉ siècle

Au début du XXᵉ siècle, malgré toutes les lois scolaires, beaucoup de filles restent encore exclues du système scolaire. L'enseignement privé commence cependant à préparer les jeunes filles au Baccalauréat qui les destine aux études supérieures. Ce niveau d'études demeure encore largement fermé aux femmes puisque leurs études secondaires ne les préparent pas à cet examen. La demande sociale s'accentuant après la Première Guerre mondiale, les femmes vont être autorisées à accéder au **Baccalauréat** au même titre que les hommes en **1924**. L'histoire de la scolarisation des filles est donc celle d'une **conquête des droits** et d'une **égalité entre les sexes** progressivement permise par la République.

Cours de cuisine dans une classe de jeunes filles au lycée de Versailles en 1900

Sujet d'étude n° 2 : vivre à Alger au début du XXᵉ siècle

A Une ville en profonde mutation

■ Au début du XXᵉ siècle, la ville d'Alger est le résultat de profondes transformations entamées un demi siècle plus tôt par la présence des Français. Du temps du Second Empire (1852-1870), l'architecte Chassériau redessine la ville en y introduisant de grands boulevards ainsi que des rampes qui relient le front de mer à l'intérieur de la ville. Alger se transforme rapidement sur le modèle de Paris. Son **haussmannisation**

> **DÉFINITION**
> **Haussmannisation** : La transformation d'une ville sur le modèle du Paris du baron Haussmann, ancien préfet, qui transforma considérablement la capitale française sous le Second Empire (1852-1870).

consiste à détruire certains quartiers arabes anciens au profit d'immeubles alignés sur le modèle architectural français. Les équipements liés à la colonisation font leur apparition. La préfecture, l'hôtel de ville, les écoles, le casino, le lycée, les églises, les hôtels touristiques et les jardins équipent la ville en espaces symboles d'une présence française qui s'affirme également dans la toponymie (le nom des lieux).

■ Vers 1900, l'**européanisation** d'Alger en fait une ville moderne. Elle devient le centre d'un réseau de chemins de fer qui longe le littoral algérien. Les lignes de tramway quadrillent les quartiers. Pour des raisons à la fois militaires et économiques, le port d'Alger est l'une des zones les plus constamment réaménagées. La multiplication des bassins, le prolongement des jetées, la construction de hangars, l'extension des quais permettent à Alger d'intégrer un réseau maritime à l'échelle méditerranéenne. Le port devient l'interface du pays tout entier avec la métropole. Cet espace garantit ainsi les intérêts stratégiques de la France en Algérie.

B Une ville ségréguée

■ Une ville européenne se superpose à la ville musulmane. La ville nouvelle cohabite avec la ville ancienne (la **Casbah**) tout en l'effaçant progressivement. À partir de 1903, la mode **néo-mauresque** aboutit à la construction de bâtiments inspirés par le style arabe et censés embellir la ville. La Grande Poste d'Alger édifiée en 1910 témoigne du souci d'entretenir un style oriental prétendu plus authentique et respectueux de l'identité arabe.

■ La ville d'Alger fait cohabiter deux communautés de **colons** et d'**indigènes** sans véritablement les mélanger. De nombreux quartiers populaires et anciens accueillent une population musulmane (la Casbah) ou européenne et ouvrière. Bab El Oued est ainsi le quartier populaire qui loge des migrants français et notamment italiens. Des quartiers plus bourgeois du front de mer ou du centre logent les classes supérieures. À la **ségrégation ethnique** s'ajoute donc une **discrimination socio-spatiale** liée au système colonial en place.

> **DÉFINITION**
> **Médina** : terme arabe qui désigne la ville traditionnelle. Ce quartier est appelé à Alger « la Casbah » (la citadelle).

Le port d'Alger vu depuis le phare en 1899

ENTRAÎNEMENT AU CONTRÔLE CONTINU

EXERCICE 1

Une du journal *Psst... !* 23 juillet 1898, dessin de Forain

1. Présentez le document et décrivez la scène en essayant d'identifier les personnages.
2. Montrez que ce document est antidreyfusard.

> Le masque mis au premier plan est celui d'Émile Zola.

EXERCICE 2

Justifier la phrase suivante en vous remémorant le cours : « Les années 1880 installent véritablement la République en France. »

EXERCICE 3

Identifier la puissance coloniale qui domine les territoires africains suivants : **a.** Égypte ; **b.** Libye ; **c.** Tchad ; **d.** Madagascar ; **e.** Mozambique.

HISTOIRE

4 La Première Guerre mondiale bouleverse les sociétés et l'ordre européen

La Première Guerre mondiale, marquée par la durctć inćditc de ses combats, le caractère total du conflit et la mort de masse, fait entrer le monde dans une nouvelle ère brutale. Qualifié de « Grande Guerre », cet affrontement bouleverse à jamais l'Europe qui s'en trouve ébranlée sur le plan géopolitique. Le XXᵉ siècle qui s'engage est en grande partie l'héritage de ces 53 mois de guerre.

1 Une guerre totale

A Les grandes phases du conflit

■ **L'assassinat de l'archiduc François-Ferdinand**, héritier de l'Empire austro-hongrois, par un nationaliste serbe, le **28 juin 1914**, engendre une crise diplomatique qui débouche sur la **guerre**. En raison des alliances militaires qui opposent la **Triple Alliance** (Italie, Allemagne et Autriche-Hongrie) à la **Triple Entente** (France, Royaume-Uni et Russie), l'Europe mobilise ses forces et entre en guerre **début août 1914**.

> **DÉFINITIONS**
>
> ▶ **Poilu** : terme qui désigne le soldat français qui ne dispose pas des moyens de se raser. L'expression renvoie plus largement à l'âge adulte nécessaire à l'enrôlement dans l'armée.
>
> ▶ **Tranchées** : réseau de lignes de défense creusées dans le sol pour faire face à l'ennemi. Le no man's land est l'espace particulièrement dangereux situé entre deux tranchées adverses.

■ De **1914 à 1917**, après l'avancée des troupes allemandes à l'Ouest comme à l'Est, débute la guerre de position. La stabilisation des fronts engendre l'enlisement du conflit. Les armées s'enterrent : c'est la **guerre des tranchées**. Le conflit s'annonce très long.

■ L'année 1917 marque un tournant. Deux révolutions renversent le **tsarisme** en Russie. Les **États-Unis**, quant à eux, **entrent en guerre le 6 avril 1917**, victimes de la guerre sous-marine menée en Atlantique par l'Allemagne.

■ Au **printemps 1918**, la **guerre de mouvement** reprend. La Russie signe la paix avec l'Allemagne à Brest-Litovsk. Aidés par les Américains, les Alliés repoussent l'armée allemande qui capitule le **11 novembre 1918**. Le **traité de paix** est signé à **Versailles le 28 juin 1919**.

B Une mobilisation sans précédent

■ De 1914 à 1918, **70 millions d'hommes** sont mobilisés. 15 % des soldats allemands et français sont tués, soit **10 millions de combattants**. Un combattant sur deux est blessé. Ceux d'entre eux dont le visage est mutilé (14 000 soldats) sont appelés les « **gueules cassées** ». La mortalité de masse

> **DÉFINITION**
>
> **Brutalisation** : synonyme d'« ensauvagement » pour décrire l'ampleur et la brutalité de la violence de guerre dont les soldats et les civils se retrouvent victimes.

310

© Éditions Foucher

4 LA PREMIÈRE GUERRE MONDIALE BOULEVERSE LES SOCIÉTÉS ET L'ORDRE EUROPÉEN | **COURS**

témoigne d'une « **brutalisation** » contraire aux lois de la guerre. Les civils sont lourdement touchés en raison de l'occupation militaire de territoires conquis par l'ennemi (mise en place d'un travail forcé). Dans l'Empire ottoman, les deux tiers des Arméniens (1,5 million de personnes) périssent dans le **génocide** provoqué par le gouvernement turc.

■ Dès 1914, la France et le Royaume-Uni recrutent des hommes dans leurs colonies. 175 000 tirailleurs algériens, 40 000 Marocains, 80 000 Tunisiens et 180 000 Subsahariens (regroupés dans la « Force noire ») composent les **troupes coloniales** françaises. 870 000 Indiens sont employés par l'armée britannique qui fait également appel à 1,3 million d'hommes venus des dominions (Australie, Nouvelle-Zélande, Canada et Afrique du Sud). Avec l'entrée en guerre des États-Unis, la guerre devient véritablement **mondiale**. Les principales zones de combats se localisent en Europe et au Moyen-Orient.

■ Les populations de l'arrière participent à **l'effort de guerre**. Les femmes remplacent les hommes partis au front. Elles travaillent dans des usines d'armement où 1 milliard d'obus sont fabriqués en 5 ans. **L'économie de guerre** dirigée par l'État mise sur une production industrielle rationalisée (extension du travail à la chaîne). Les intellectuels, journalistes, écrivains s'engagent dans la « **bataille de papier** » (production de livres et d'articles de presse) afin d'entretenir un patriotisme défensif. La **censure** s'empare de la presse. Les scientifiques se mobilisent et réalisent des progrès en optique, en chimie (gaz de combat), en aéronautique ou encore en médecine. La **propagande** envahit tous les moyens d'information : c'est le « **bourrage de crâne** » qui cherche à conserver le bon moral de la population et à légitimer la guerre. La vie démocratique est mise entre parenthèses et un rapport de force oppose les militaires à la classe politique qui cherche à les contrôler.

DÉFINITIONS

▶ **Bataille de papier** : expression qui désigne l'engagement patriotique des écrivains, des journalistes, du monde de la presse et de l'édition dans la mobilisation des esprits au service de la guerre.

▶ **Bourrage de crâne** : dénonciation par les soldats de la manière dont les médias retranscrivent pour les civils la réalité du front. L'expression finit par désigner la propagande patriotique dans son ensemble.

---

2 Le règlement difficile du conflit

■ Plusieurs **armistices conclus en 1918** débouchent sur une série de **traités de paix**. Le **traité de Versailles (juin 1919)** concerne l'Allemagne et les Alliés de la Triple Entente. En septembre 1919, le **traité de Saint-Germain-en-Laye** impose à l'Autriche la loi des vainqueurs. En novembre 1919, le **traité de Neuilly** détermine le sort de la Bulgarie. Le **traité de Trianon** (en juin 1920) s'occupe du cas de la Hongrie. Enfin, le **traité de Sèvres** fixe provisoirement la paix entre les Alliés et l'Empire ottoman.

■ En janvier 1919, la **conférence de la paix** s'ouvre à Paris. Le président américain Wilson, conformément à ses « **quatorze points** » proclamés en janvier 1918, cherche à créer une **Société des Nations (SDN)** afin de garantir la paix. Le 28 juin 1919, la signature du **traité de Versailles** impose à l'Allemagne des conditions très dures qu'elle vit comme un « **diktat** ». La paix conclue est celle des vainqueurs contre les vaincus. Les puissances victorieuses dominent la SDN installée à Genève, en Suisse. Les États-Unis reviennent à un isolationnisme et décident finalement de ne pas rejoindre la SDN. Celle-ci dispose de moyens limités mais incarne la volonté de garantir la sécurité collective : c'est « **l'esprit de Genève** ».

HISTOIRE

311

3 La disparition des empires européens

■ Vers 1918-1919, la carte de l'Europe est largement remaniée. Les traités de paix contribuent au **démembrement des empires**. Le 9 novembre 1918, le kaiser Guillaume II démissionne et met fin à un demi siècle d'Empire allemand. La République de Weimar lui succède. Le 12 novembre 1918, la proclamation à Vienne de la République met un terme à l'**Empire austro-hongrois**. Vaincu par les troupes arabes et occidentales, l'**Empire ottoman** perd une grande partie de ses territoires et finit par disparaître en 1922 au moment de la naissance de la République turque. Sous les effets dévastateurs de la guerre, l'**Empire russe** voit son régime tsariste renversé par deux révolutions successives qui conduisent les communistes et **Lénine** au pouvoir. La Russie soviétique entre dès lors dans un dramatique épisode de guerre civile qui débouche sur la **naissance de l'URSS en 1922**.

■ La **dislocation des empires** engendre la naissance de **10 nouveaux États indépendants**. L'Allemagne, l'Autriche et la Turquie perdent leurs anciennes possessions et deviennent de simples États-nation. La Tchécoslovaquie et la Yougoslavie naissent des cendres de l'ancien Empire austro-hongrois. La disparition de l'Empire russe donne naissance dès 1917 à la **Finlande** puis aux **trois pays baltes (Estonie, Lettonie, Lituanie)**. La Pologne renaît avec un accès à la Baltique (le corridor de Dantzig) qui isole la Prusse orientale du reste de l'Allemagne. Les ruines laissées par les empires modifient donc considérablement les frontières en Europe. Tous ces changements géopolitiques contribuent à déstabiliser le vieux continent qui n'en a pas fini avec les conflits.

L'Europe en 1914-1918

4 LA PREMIÈRE GUERRE MONDIALE BOULEVERSE LES SOCIÉTÉS ET L'ORDRE EUROPÉEN

Sujet d'étude n° 1 : la bataille de la Somme : juillet-novembre 1916

■ La bataille de la Somme est **l'une des plus meurtrières de la Première Guerre mondiale** puisqu'elle comptabilise 1,2 million de morts. Lancée le 1er juillet 1916 pour repousser les Allemands en Belgique, elle prend place entre Amiens et Péronne sur un front d'environ 50 kilomètres. 4 millions d'hommes venus de 25 pays s'affrontent. Les combats tuent jusqu'à 20 000 soldats par jour. Cette bataille est la principale menée en

> **DÉFINITIONS**
>
> ▶ **Dominions** : États indépendants mais appartenant à l'empire britannique.
>
> ▶ **Droit de la guerre** : les Conventions de Genève (1864) et de La Haye (1899 et 1907) fixent des lois à la guerre telles que le sort fait aux blessés et prisonniers ou encore l'interdiction d'utiliser du gaz de combat.

1916 par l'armée britannique (composée de volontaires et de troupes venues des **dominions**). Celle-ci appuie l'armée française en grande partie engagée dans la **bataille de Verdun** débutée en février 1916.

■ L'attaque de l'infanterie alliée est précédée par sept jours de bombardements massifs. Des canons sont disposés tous les 18 mètres et lancent 1,5 million d'obus en une semaine. Les Alliés recourent à des mines capables de creuser des cratères de 100 mètres de diamètre. Une fois l'assaut entamé, les soldats britanniques font face malgré tout à l'artillerie ennemie qui a échappé aux bombardements. Les Allemands ont en effet construit un solide réseau de défense avec des **blockhaus** enfouis jusqu'à 12 mètres de profondeur. Leurs mitrailleuses tuent jusqu'à 3 000 soldats par minute (soit 50 par seconde). L'offensive franco-britannique tourne au **bain de sang** malgré l'utilisation pour la première fois des chars et des avions d'observation. Des contre-attaques allemandes permises par des renforts font perdre aux Britanniques certains secteurs conquis de haute lutte. Au **bilan humain catastrophique** s'ajoute un **bilan stratégique** très mince. En novembre 1918, les Alliés n'ont progressé que d'une dizaine de kilomètres vers l'Est. La ligne de front demeure et l'enlisement se poursuit. La bataille de la Somme est un résumé à elle seule de la Grande Guerre de 1914-1918.

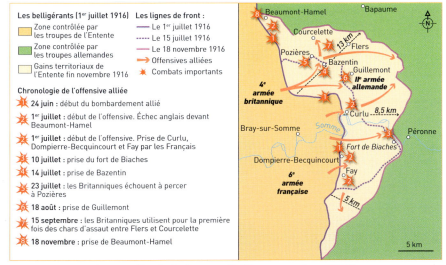

La bataille de la Somme (juillet-novembre 1916)

Sujet d'étude n° 2 : l'Autriche-Hongrie de 1914 au traité de Saint-Germain

■ À la veille de la Première Guerre mondiale, l'**Autriche-Hongrie** apparaît comme un **empire supranational solide**. Cette double monarchie autrichienne et hongroise depuis 1867 est un **État multiethnique** peuplé de minorités slaves (les Tchèques, les Polonais, les Slovènes, les Croates et les Ukrainiens), de Roumains, d'Italiens, d'Autrichiens, d'Allemands et de Hongrois.

■ L'assassinat le **28 juin 1914** de l'héritier du trône, **François-Ferdinand**, à Sarajevo, en Bosnie-Herzégovine nouvellement conquise, fait basculer l'Europe dans la guerre. L'Autriche-Hongrie combat la Serbie, la Russie puis l'Italie sortie de la Triple Alliance avec l'intention de récupérer des territoires austro-hongrois. En octobre 1918, la défaite de Vittorio Veneto face à l'Italie provoque la **désintégration de la double monarchie**.

■ L'**abdication** du dernier empereur, **Charles Ier**, le **12 novembre 1918**, engendre la **mort de l'Empire austro-hongrois**. Ses 50 millions de sujets se répartissent désormais sur sept États. Trois d'entre eux proviennent de l'ancien Empire (Autriche, Hongrie, Tchécoslovaquie) tandis que l'Italie et la Roumanie agrandissent leurs territoires. La naissance de la Pologne parachève la dislocation de l'ancienne couronne. Les Croates, Slovènes et Bosniaques forment avec la Serbie un royaume qui aboutit en **1929** à la création de la **Yougoslavie**.

■ Le traité de Saint-Germain-en-Laye de septembre 1919 qui fixe le sort de l'Autriche répond à l'un des « Quatorze Points » du président Wilson favorable au « droit des peuples à disposer d'eux-mêmes ». Pays vaincu, la nouvelle Autriche ne participe pas à l'élaboration du traité de paix. Celui-ci lui inflige le paiement de réparations, lui interdit le service militaire et l'oblige à restituer des œuvres d'art. L'Autriche n'est plus qu'un petit pays de 7 millions d'habitants. La Hongrie perd les deux tiers de sa superficie par le **traité de Trianon en juin 1920**. L'émiettement de l'Empire austro-hongrois modifie considérablement les frontières en Europe centrale mais engendre aussi de **nombreuses tensions** qui vont conduire à la **Seconde Guerre mondiale**.

4 LA PREMIÈRE GUERRE MONDIALE BOULEVERSE LES SOCIÉTÉS ET L'ORDRE EUROPÉEN

L'Europe des traités (1919-1923)

ENTRAÎNEMENT AU CONTRÔLE CONTINU

EXERCICE 1

Affiche de Jules-Abel Faivre, 1915

1. Décrivez les éléments qui composent cette affiche.
2. En quoi cette affiche est-elle une forme de propagande ?
3. Quelle dimension de la guerre cette affiche révèle-t-elle ?

EXERCICE 2

1. Justifier la phrase suivante : « En 1914-1918, les citoyens forment le "front de l'arrière". »
2. À quoi correspondent les chiffres et pourcentages suivants ? **a.** 14 000 ; **b.** 70 millions ; **c.** 10 millions ; **d.** 15 % ; **e.** 180 000.

EXERCICE 3

Associer le traité de paix au pays visé par ce dernier :

a. traité de Versailles	1. Autriche
b. traité de Saint-Germain en Laye	2. Allemagne
c. traité de Neuilly	3. Hongrie
d. traité de Trianon	4. Empire ottoman
e. traité de Sèvres	5. Bulgarie

GÉOGRAPHIE

5 Les villes dans le monde

Le monde entre dans son ère urbaine. Longtemps réservée aux pays les plus développés, l'urbanisation devient aujourd'hui la norme et conduit des centaines de millions d'êtres humains à quitter les campagnes. Cette évolution en cours d'accélération dans les pays des Sud aboutit au phénomène de la métropolisation et à une nouvelle hiérarchie urbaine mondiale dominée par les mégalopoles.

1 Urbanisation et métropolisation dans le monde

■ Depuis 2018, plus de la moitié de l'humanité (55 %) vit en ville. La progression du **taux d'urbanisation** est un phénomène ancien dans les pays les plus développés (autour de 75 %) et plus récent dans les pays en voie de développement. On estime que 68 % des hommes seront des citadins en 2050. L'urbanisation est donc devenue un **phénomène mondial**. Les populations passent d'une société rurale à une société urbanisée : c'est la **transition urbaine** qui voit chaque jour 110 km² de campagnes disparaître au profit de la ville. Dans 30 ans, les villes auront conquis un territoire supplémentaire équivalent à deux fois la superficie de la France.

■ La géographie de la **métropolisation** distingue des métropoles anciennes dans les **pôles majeurs** et des métropoles en cours d'affirmation dans les **pays émergents**. L'**Amérique du Nord** enregistre le **taux d'urbanisation** le plus élevé (82 %) ; l'Amérique du Sud et les Caraïbes atteignent 81 % ; l'Europe se situe à 74 % tandis que l'Asie atteint les 50 % et l'Afrique les 43 %.

> **DÉFINITION**
>
> **Métropolisation** : phénomène d'accentuation de la concentration des hommes et des activités dans des grandes villes qui organisent le territoire autour d'elles.

4,2 milliards d'habitants vivent désormais **en ville**. L'Inde, la Chine et le Nigéria constituent les plus gros réservoirs de populations citadines en augmentation d'ici 2050.

2 Des métropoles qui présentent des caractères communs et des différences

■ Les **métropoles** sont devenues les **acteurs sociaux, économiques, politiques et culturels** de la mondialisation. Leurs maires détiennent un pouvoir de plus en plus étendu. Les espaces métropolitains partagent un certain nombre de points communs. Ils favorisent la **mobilité** grâce à un réseau de transports dense articulé autour de **plateformes multimodales**. L'**étalement urbain** dû à la **périurbanisation**

> **DÉFINITIONS**
>
> ▶ **Plateforme multimodale** : lieu qui permet aux hommes et aux marchandises de changer de moyen de transport.
>
> ▶ **Périubanisation** : processus d'étalement des agglomérations dans leur périphérie et en direction des espaces ruraux qui s'en trouvent transformés.

contraint nombre d'habitants à se déplacer quotidiennement dans le cadre des **migrations pendulaires**. L'extension urbaine a également pour effet de renforcer les **disparités socio-**

GÉOGRAPHIE

© Éditions Foucher

spatiales. Celles-ci sont d'autant plus marquées dans les villes des pays en voie de développement en raison de la présence de **bidonvilles** (slums de Mumbai, favelas sud-américaines) qui contrastent avec les **CBD** et quartiers résidentiels touchés par la **gentrification**.

> **DÉFINITIONS**
>
> ▶ **Migration pendulaire** : déplacement des travailleurs de leur domicile à leur lieu de travail.
> ▶ **CBD (Central Business District)** : quartier central des affaires.
> ▶ **Gentrification** : embourgeoisement d'un quartier.

■ Les métropoles font face à un certain nombre de problèmes. La **saturation du trafic automobile** impacte la **qualité de l'air**. Les phénomènes de **pollution** augmentent la mortalité. Dans les villes des pays du Sud, le phénomène de la violence urbaine est plus marqué ainsi que l'urbanisme anarchique.

■ Les villes du Nord ont davantage la possibilité d'entrer dans une **logique durable** avec la création d'**écoquartiers plus respectueux de l'environnement** (comme celui de Bed ZED à Londres). Leur patrimoine favorise le tourisme urbain comme à Paris ou à Londres. Le **PUB** d'une agglomération du Nord peut atteindre le niveau du PIB de certains États. Tokyo produisait en 2014 autant de richesses que le Mexique.

> **DÉFINITIONS**
>
> ▶ **Écoquartier** : quartier durable qui tente de mettre en place un urbanisme écologique et qui prend en compte le bien-être de la population qui y réside.
> ▶ **PUB** : produit urbain brut. Il est l'équivalent pour une ville du PIB d'un pays.

3 Des métropoles hiérarchisées

■ La moitié des urbains vit dans des villes de moins de 500 000 habitants. Environ 500 villes dans le monde dépassent le million d'âmes. Un citadin sur 8 évolue dans l'une des **33 mégapoles**

> **DÉFINITION**
>
> **Mégapole (ou mégacité)** : ville géante de plusieurs millions d'habitants.

de plus de 10 millions d'habitants. En 2030, le nombre de ces **mégacités** devrait atteindre 43. **Tokyo** reste **l'agglomération la plus peuplée au monde avec 37 millions de citadins**, suivie de Delhi (29 millions), de Shanghai (26 millions), de Mexico et São Paulo (22 millions). Mais les aires urbaines, dont les limites font débat, peuvent largement dépasser ces effectifs de population. **Shanghai et sa périphérie** atteignent ainsi les **80 millions d'habitants** (record mondial).

■ Certaines métropoles forment de très vastes ensembles urbains appelés **mégalopoles**. Les États-Unis en contiennent trois, sur la côte Est (la **Mégalopolis**, de Boston à Washington ou Richmond), au Sud des Grands Lacs (de Chicago à Cleveland) et en Californie (de San Francisco à San Diego).

> **DÉFINITION**
>
> **Mégalopole** : vaste espace urbanisé qui fait se rejoindre des métropoles.

Le Japon présente l'une des plus importantes mégalopoles au monde comprenant 105 millions de citadins et s'étire sur 1 300 kilomètres. En Europe, la **dorsale européenne** de Londres à Milan rassemble un très grand nombre de métropoles. Le **corridor est-asiatique** (de Tokyo à Jakarta) est un cordon littoral de plus en plus urbanisé.

5 LES VILLES DANS LE MONDE COURS

■ La taille et la puissance des métropoles varient considérablement selon qu'elles disposent d'un **rayonnement régional, national ou mondial**. Sur les 21 métropoles françaises, seule Paris dispose d'une influence mondiale, ce qui en fait une **ville globale**. Les métropoles forment donc un ensemble hiérarchisé.

> **DÉFINITIONS**
> ▶ **Taux d'urbanisation** : part de la population totale d'un pays vivant en ville.
> ▶ **Ville globale** : ville dont le rayonnement est mondial.

doc
Le palmarès des villes les plus peuplées au monde en 2035
foucherconnect.fr/19pbstmg43

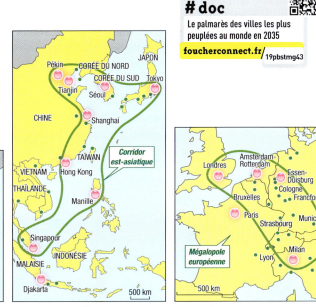

Les trois principales mégalopoles dans le monde

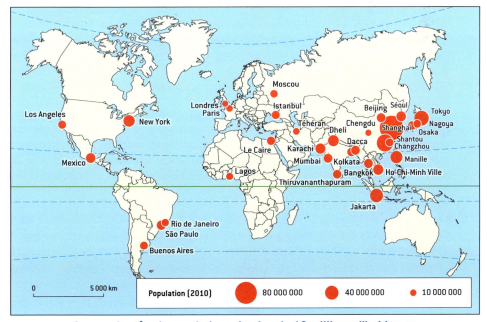

Les agglomérations urbaines de plus de 10 millions d'habitants

Sujet d'étude n° 1 : Lyon, les mutations d'une métropole

■ La **métropole du grand Lyon** est une **collectivité territoriale** officiellement créée en 2015. Elle occupe le **3ᵉ rang des métropoles françaises** et la **14ᵉ place des métropoles européennes**. Rassemblant 59 communes, elle regroupe sur 538 km² 1,3 million d'habitants (dont 500 000 à Lyon même). Ses objectifs sont de soutenir le développement économique lyonnais, de renforcer sa position de carrefour en Europe, de contribuer aux grandes transformations urbaines et d'améliorer le cadre de vie de ses habitants. Cet ensemble institutionnel exceptionnel dispose des compétences à la fois communales et départementales.

> **DÉFINITION**
> **Collectivité territoriale** : personne de droit moral qui exerce l'autorité publique sur un territoire défini.

■ Les transformations en cours concernent autant le centre-ville que ses périphéries. Véritable ville carrefour, à la convergence de la Saône et du Rhône, Lyon se situe dans le **couloir rhodanien**. Le réseau d'autoroutes en étoile la relie à la région parisienne, à la Suisse, à l'Italie et au littoral méditerranéen. Le quartier de la Part Dieu organisé autour de son centre d'affaires et de la gare TGV est une **plateforme multimodale** en cours de réaménagement. Il accueille chaque année 30 millions de passagers. L'aéroport Saint-Exupéry et le port fluvial Edouard Herriot assurent à Lyon une vocation de **liaison entre l'Europe du Nord et le bassin méditerranéen**.

■ Lyon valorise son patrimoine bâti. Son **centre historique** a été classé au **patrimoine mondial de l'Unesco en 1998**. La rénovation d'anciens quartiers industriels en bordure des deux fleuves permet d'embellir la ville et d'accroître son **attractivité touristique**. La reconquête des rives et la disparition des **friches industrielles** offrent aux habitants un nouveau cadre de vie composé d'espaces récréatifs.

> **DÉFINITION**
> **Friche industrielle** : terrain anciennement industriel et laissé à l'abandon.

■ Lyon densifie ses équipements de grande ampleur depuis les années 1990 et désengorge son **hypercentre** saturé. Elle dispose de la Cité internationale, d'un centre des congrès et du siège d'Interpol. Le quartier de la Confluence accueille l'Hôtel de Région. D'une grande audace architecturale, le musée des Confluences est devenu une **vitrine culturelle** pour Lyon.

> **DÉFINITION**
> **Hypercentre** : partie la plus centrale d'une ville, au sein même du centre-ville.

■ Comme toutes les métropoles, Lyon connaît un **étalement urbain** qui accentue les **disparités socio-spatiales**. L'Ouest de l'agglomération est plus aisé que sa partie Est. À cela s'ajoute un **gradient centre-périphérie** : les populations les plus riches vivent dans le centre alors que les plus pauvres s'en éloignent. Des quartiers de banlieue, tels que La Duchère, connaissent une réhabilitation qui passe par la **résidentialisation** et le **désenclavement**.

> **DÉFINITIONS**
> ▶ **Étalement urbain** : progression des surfaces urbanisées en direction de la périphérie d'une ville.
> ▶ **Disparité socio-spatiale** : différences sociales, économiques et culturelles entre différents espaces habités.
> ▶ **Résidentialisation** : rénovation urbaine qui vise à améliorer l'habitat collectif et à arranger le cadre de vie.
> ▶ **Désenclavement** : aménagement qui consiste à mettre fin à l'isolement d'une région, d'une ville ou d'un quartier.

© Éditions Foucher

5 LES VILLES DANS LE MONDE **COURS**

■ L'agglomération lyonnaise rassemble 650 000 emplois salariés. Elle demeure **le 2ᵉ plus grand pôle industriel en France** grâce aux secteurs de la chimie, de la pharmacie et de l'énergie. Le quartier de la **Part Dieu** est le **2ᵉ plus grand quartier d'affaires français**. De nouvelles zones d'activités (les ZAC) se multiplient en périphérie. La métropole dispose du pôle de **compétitivité mondial**, Lyonbiopôle, spécialisé dans le domaine de la santé. Lyon possède donc **tous les atouts d'une grande métropole régionale, nationale et européenne**.

> **DÉFINITIONS**
> ▸ **Zone d'aménagement concerté (ZAC)** : opération d'aménagement d'un territoire par l'autorité publique.
> ▸ **Pôle de compétitivité** : rassemblement sur un territoire d'entreprises et de laboratoires de recherche travaillant dans un même domaine et qui cherchent à améliorer la compétitivité de l'économie française.

vidéo
Lyon, métropole intelligente
foucherconnect.fr/19pbstmg44

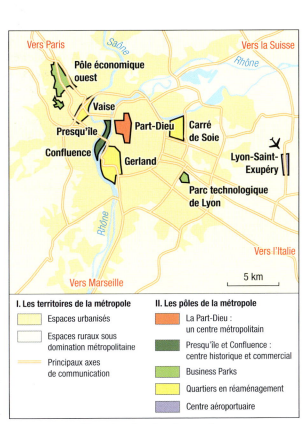

L'agglomération lyonnaise

GÉOGRAPHIE

321

Sujet d'étude n° 2 : Londres, une ville mondiale

Londres est devenue l'une des villes les plus importantes au monde. Qualifiée de « capitale du XXIe siècle », elle est une mégalopole au rayonnement international. Comment Londres parvient-elle à occuper une telle place ? Comment organise-t-elle son territoire urbain ?

 # vidéo
Londres, capitale du monde
foucherconnect.fr/ 19pbstmg45

A Londres, une ville capitale

Londres est l'une des villes les plus puissantes de la planète et appartient par conséquent à l'archipel métropolitain mondial composé par les villes globales. Sur ses 11 millions d'habitants, un cinquième provient de l'étranger. Le **cosmopolitisme** londonien témoigne du pouvoir d'attraction de la capitale britannique où vivent 250 000 personnes originaires d'Asie méridionale. Les flux migratoires convergent donc vers Londres qui dispose d'un réseau de transports exceptionnel.

> **À SAVOIR**
>
> **Cosmopolitisme** : il s'agit du mélange en un même lieu de personnes originaires d'un très grand nombre de régions localisées dans le monde entier. Le cosmopolitisme induit un style de vie international mais aussi une mixité culturelle qui témoignent du pouvoir d'attraction d'un territoire.

B Un réseau de transports exceptionnel

Six aéroports (dont celui d'Heathrow) desservent Londres grâce à des axes ferroviaires et à des services de navettes. Londres est ainsi devenue le **premier nœud aérien mondial** avec 145 millions de passagers en 2015. Plates-formes multimodales, les aéroports assurent l'**intermodalité**, c'est-à-dire le passage d'un mode de transport à un autre. L'accessibilité du centre-ville est permise par une multitude d'interconnexions qui assurent la mobilité et la multiplication des flux. Le port de Londres lui permet d'être davantage en lien avec le reste du monde grâce au transport maritime. Le train Eurostar met la ville en liaison directe avec les capitales du continent européen. Londres se place ainsi au centre des échanges régionaux et mondiaux. Selon certains classements internationaux, Londres serait devenue la ville la plus attractive du monde.

C Une ville qui concentre les pouvoirs économique, politique et culturel

■ Londres concentre un pouvoir économique hors du commun. Son **CBD** (*Central Business District*), appelé la **City**, est la plus grande concentration mondiale de compagnies financières et bancaires. La bourse fixe le prix de plusieurs matières premières comme le pétrole. Ces activités engendrent un PUB (Produit urbain brut) qui la place au cinquième rang mondial. L'importance des services (concentration des médias nationaux) fait de la capitale le centre névralgique de l'économie britannique dont elle capte un cinquième du PNB. À elle seule, la City concentre 13 % du PIB britannique.

■ Au pouvoir économique s'ajoute le pouvoir politique. Véritable centre décisionnel, Londres accueille le siège de la monarchie (Buckingham Palace), du Parlement (Westminster) et la résidence du Premier ministre (10 Downing Street). De nombreux sièges sociaux y ont élu domicile, ce qui renforce la vocation de Londres à commander. Son rayonnement culturel est essentiel et lui procure environ 27 millions de touristes chaque année. Une véritable stratégie de communication aboutit à la tenue d'événements mondiaux comme les Jeux olympiques d'été de 2012.

D Une ville en refondation

■ L'espace urbain londonien suppose une gestion efficace et une adaptation exemplaire aux exigences économiques actuelles. Le territoire se compose de 33 arrondissements (dont la City). L'Autorité du Grand Londres confie la gestion administrative de la ville à un maire élu au suffrage universel et à une assemblée (London Assembly).

■ Le poids de l'activité économique londonienne oblige à transformer un grand nombre d'espaces. La refondation urbaine a permis de rénover les Docklands (quartiers en bordure de la Tamise) qui se localisent à l'Est. La réhabilitation des zones d'entrepôts a permis d'étendre considérablement la surface de bureaux et de multiplier les CBD comme celui de Canary Wharf. Le réaménagement urbain suppose le recours à une architecture ultramoderne qui, à l'exemple du Lloyds Building, témoigne de la modernité de la ville.

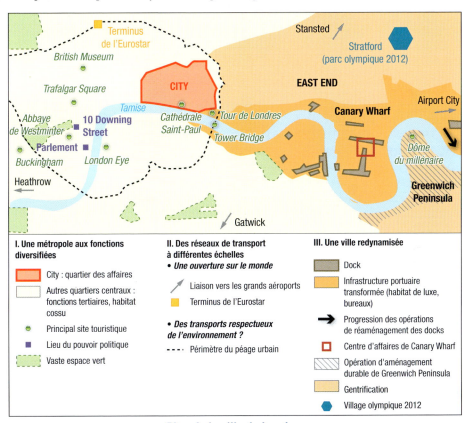

Plan de la ville de Londres

ENTRAÎNEMENT AU CONTRÔLE CONTINU

EXERCICE 1

Analyse de la carte des agglomérations urbaines de plus de 10 millions d'habitants

1. Quelles régions du monde sont les plus et les moins concernées par le phénomène des mégapoles ?
2. Quels types de pays sont les plus concernés ? Est-ce nouveau ?
3. Quelle évolution peut-on prévoir d'ici 2050 ?

vidéo
Le XXIe siècle, l'ère des métropoles
foucherconnect.fr/19pbstmg46

EXERCICE 2

Choisir la bonne réponse aux questions posées.

1. **Lyon occupe** :
a. la 2e place des métropoles françaises
b. la 3e place des métropoles françaises
c. la 4e place des métropoles françaises

2. **Le quartier de la Part Dieu correspond :**
a. au quartier touristique de Lyon
b. à un quartier de banlieue
c. au quartier de la gare

3. **Les friches industrielles sont :**
a. de vieux quartiers industriels abandonnés
b. de nouveaux pôles industriels
c. des pôles de compétitivité

4. **La Duchère est un exemple de :**
a. quartier populaire en cours de rénovation
b. quartier du centre ville
c. quartier qui accueille un pôle de compétitivité

5. **Lyonbiopole est :**
a. le nom donné aux nouveaux quartiers en bordure des fleuves
b. le nom donné au pôle de compétitivité
c. un quartier des affaires du centre-ville

EXERCICE 3

1. Trouver la définition qui convient au concept suivant, la transition urbaine :
a. la mise en relation entre elles des grandes villes du monde
b. la concentration de plus en plus forte de la richesse mondiale dans les villes
c. le passage d'une société rurale à une société urbaine

2. À quel terme renvoie la définition suivante, embourgeoisement d'un quartier ou d'une ville :
a. périurbanisation ; b. métropolisation ; c. gentrification.

GÉOGRAPHIE

6 Métropolisation, littoralisation des espaces productifs et accroissement des flux

Dans le monde, les espaces à l'origine de la production des richesses tendent à se spécialiser et à se développer sur les littoraux à proximité des métropoles. Ils engendrent de nombreux flux qui constituent la mondialisation.

1 Des espaces productifs spécialisés et organisés par de multiples acteurs

A La spécialisation des espaces productifs

Les espaces de production se classent en trois catégories :
– les **espaces productifs agricoles** spécialisés dans la céréaliculture, dans la viticulture ou encore dans l'élevage (secteur primaire) ;
– les **espaces productifs industriels** (du secteur secondaire) qui se divisent en deux catégories : les industries traditionnelles (dites « lourdes ») et les industries de hautes technologies (high tech) ;
– les **espaces productifs du tertiaire** caractérisés par le tourisme (balnéaire, urbain, rural ou de sport d'hiver).

B Les acteurs de la spécialisation des espaces productifs

■ Dans le cadre de la **mondialisation libérale**, les États s'avèrent moins interventionnistes qu'auparavant mais contribuent à la **compétitivité** des espaces productifs. L'autorité publique fixe un cadre législatif qui contribue à la mise en place d'**ensembles économiques régionaux** (tels que le Mercosur en Amérique du Sud) favorisant les **échanges transfrontaliers**. Dans l'Union européenne, **90 eurorégions** aident les entreprises de pays limitrophes à coopérer de part et d'autre de la frontière.

■ Les gouvernements impulsent des **politiques économiques** pour gagner en **compétitivité**. L'État français a ainsi créé **71 pôles de compétitivité** (de différentes importances) afin de renouveler la politique industrielle de la France. Les États-Unis en comptent 74 tandis que l'Allemagne en dénombre 14. Ces pôles reçoivent des entreprises et des laboratoires de recherche d'un même secteur économique. Ce sont des **clusters d'entreprises**.

■ Les entreprises étrangères investissent désormais largement dans les économies nationales et multiplient les **IDE**. En 2017, les États-Unis ont bénéficié de 275 milliards de dollars d'investissements étrangers. Par ailleurs, 20 000 entreprises étrangères sont implantées en France. Elles emploient environ 2 millions de personnes et assurent un tiers des exportations du pays. Le sommet de la hiérarchie des entreprises est occupé par les **FTN**.

GÉOGRAPHIE

© Éditions Foucher

325

> **DÉFINITIONS**
>
> ▶ **Compétitivité** : capacité d'un secteur économique à être dynamique et à gagner des parts de marché.
>
> ▶ **Cluster d'entreprises** : mot anglais signifiant « grappe » et qui désigne une concentration géographique d'entreprises et de centres de recherche d'un même secteur économique. Sur le territoire d'un cluster, les entreprises sont interconnectées et gagnent en compétitivité grâce à leur synergie.
>
> ▶ **IDE** : investissements directs à l'étranger.
>
> ▶ **FTN** : firmes transnationales. Entreprises implantées dans plusieurs pays.

2 Des espaces productifs métropolisés et littoralisés

■ L'adaptation des économies nationales à la mondialisation modifie l'emplacement des **espaces productifs** entrés dans une **compétition mondiale**. Ils se localisent à l'intérieur ou à proximité des centres décisionnels que sont les **métropoles**. Cette localisation leur permet de bénéficier d'une **main-d'œuvre qualifiée**, de profiter d'un **réseau de transport dense** qui aide la main-d'œuvre à se déplacer dans un rayon régional, national, voire international. Les métropoles sont devenues les **principaux territoires de commandement, de l'innovation** et les **principales concentrations de richesses**.

■ La métropolisation accentue la **littoralisation**, c'est-à-dire la concentration des hommes et des activités sur les littoraux. Les métropoles se regroupent le long de **façades portuaires** telles que la **Mégalopolis du Nord-Est des États-Unis** (de Boston à Washington), la **Northern range** (rangée Nord-européenne) du Havre à Hambourg ou le **corridor Est-asiatique** (de la Corée du Sud à Jakarta en Indonésie). Certaines de ces façades regroupent plusieurs États ou bien se limitent à un seul pays (comme au Japon, le long de la mégalopole).

3 Des espaces productifs à l'origine de multiples flux

La mise en connexion des espaces productifs engendre de nombreux **flux matériels et immatériels**. Les littoraux métropolisés constituent des **espaces de production et d'échanges**. Un **arrière-pays (hinterland)** en lien avec des **ensembles portuaires (ZIP)** communique avec le monde entier au moyen des routes maritimes. Les espaces productifs sont également mis en interconnexion grâce à des **hubs portuaires et aéroportuaires** localisés à proximité des métropoles.

> **DÉFINITIONS**
>
> ▶ **Espace productif** : territoire aménagé qui concentre un type d'activités de production.
>
> ▶ **Hub** : plateforme aérienne ou maritime mise en réseau. Les hubs rassemblent des lignes de correspondance entre les principaux ports ou aéroports mondiaux.
>
> ▶ **ZIP** : zone industrialo-portuaire où se concentrent un espace urbain, des zones de production et d'échanges commerciaux.

6 MÉTROPOLISATION, LITTORALISATION DES ESPACES PRODUCTIFS (...)

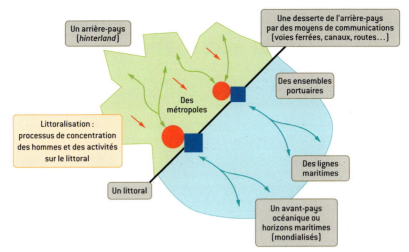

Organisation d'une façade maritime

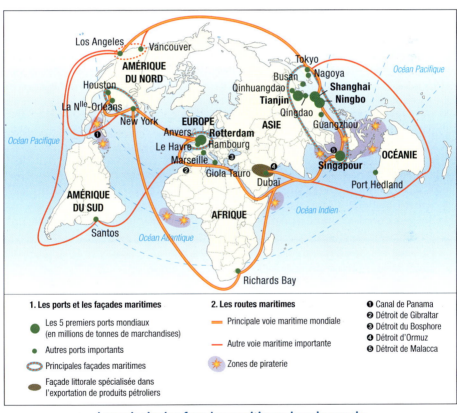

Les principales façades maritimes dans le monde

Sujet d'étude n° 1 : les espaces des industries aéronautique et aérospatiale européennes

A Les espaces de production d'une entreprise en réseau

■ Le secteur de l'aéronautique représente **2,3 % du PIB européen**. Il emploie 3,4 millions de personnes. **Airbus** est le **leader des constructeurs aéronautiques européens** avec un chiffre d'affaires de 52 milliards d'euros en 2017. L'entreprise emploie 130 000 salariés qui travaillent à la construction d'avions de ligne, d'hélicoptères et d'avions militaires. Airbus produit également des satellites et des lanceurs spatiaux tels qu'Ariane 5 (la fusée européenne).

■ Airbus est le résultat d'une coopération industrielle à l'échelle européenne et mondiale désormais. 1 500 entreprises agissent en synergie. 600 sont implantées à Toulouse, 450 sur Hambourg, et 220 au Royaume-Uni.

■ Cinq bureaux d'études et d'ingénierie en France, en Espagne, en Russie, au Royaume-Uni et en Allemagne (sites de Hambourg et de Brême) forment un **réseau de recherche**. Les sites anglais de Filton et de Broughton conçoivent notamment les ailes et les trains d'atterrissage. En Espagne, les usines de Cadix, Puerto Real, d'Illescas et de Getafe fabriquent de nombreux composants et de l'outillage. Le site russe travaille les fuselages et les intérieurs de cabine. Au kansas (États-Unis), un centre d'ingénierie travaille sur les ailes et les activités de réparation des avions. Le bureau d'études, le siège social, le service commercial, les activités de conception, de calcul et de tests se situent à Toulouse. 3 000 personnes sont regroupées dans ce siège mais l'emploi aéronautique régional atteint les 70 000 salariés. Saint-Nazaire, Saint-Éloi, Méaulte (en Picardie) et Nantes forment un réseau français de sites qui fonctionnent pour Airbus.

■ Il existe huit **lignes d'assemblage final** (**FAL**), dont deux à Toulouse, quatre à Hambourg, une à Tianjin (en Chine, depuis 2008) et une à Mobile (aux États-Unis). L'activité d'Airbus dépasse donc le cadre européen et s'est mondialisée avec pour but la conquête des marchés nord-américain et asiatique. La fabrication de l'A380 a encore élargi la **DIPP** en raison des partenariats avec des entreprises maghrébines, sud-américaines et asiatiques (voir schéma ci-contre). Airbus est donc devenue une marque monde.

> **DÉFINITIONS**
>
> ▶ **Ligne d'assemblage final** (**FAL**) : dernière étape de fabrication de l'avion consistant à assembler ses pièces fabriquées et assemblées sur plusieurs sites différents.
> ▶ **DIPP** : division internationale des processus productifs. C'est la répartition dans différents pays des multiples étapes de fabrication d'un produit.
> ▶ **Terminal à conteneur** et **terminal méthanier** : infrastructure portuaire consacrée au chargement et au déchargement des conteneurs. Le terminal méthanier est une unitié portuaire destinée à accueillir les méthaniers (navires transportant du gaz à l'état liquide).

B L'impact d'Airbus sur l'aménagement du territoire

■ La réussite d'Airbus laisse une forte empreinte sur le territoire de Toulouse en raison de la présence de son siège social et des usines d'assemblage final des avions. Les sites industriels s'étendent sur plusieurs centaines d'hectares en périphérie.

6 MÉTROPOLISATION, LITTORALISATION DES ESPACES PRODUCTIFS (…) — COURS

■ La présence d'Airbus a aidé à la création d'un lycée professionnel qui forme 300 jeunes par an aux **métiers de l'aéronautique**. L'entreprise a développé un **incubateur** pour un millier de start-up. Airbus aide donc à la transformation de l'espace productif de la métropole toulousaine.

> **DÉFINITION**
> **Incubateur** : espace aménagé pour aider à la création d'entreprises (start-up).

■ Les aménagements renforcent les nouveaux pôles industriels notamment situés au Nord-Ouest et au Sud-Ouest de Toulouse. La principale zone impactée est celle de l'aéroport de Toulouse-Blagnac. Le transport des éléments d'avion à monter dans les usines d'assemblage mais aussi les migrations pendulaires des milliers d'employés ont accéléré la **densification et la modernisation des axes de communication**.

■ La localisation des activités aéronautiques et aérospatiales suscite un important **tourisme**. La Cité de l'espace et le musée Aéroscopia sont visités chaque année par plus de 500 000 personnes.

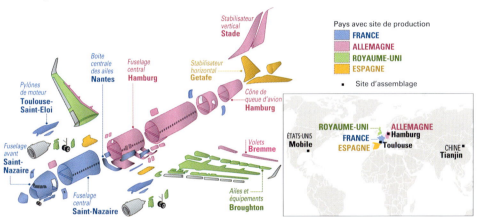

La production de l'Airbus A320 en 2015

Sujet d'étude n° 2 : Rotterdam, un espace industrialo-portuaire européen de dimension internationale

A Un espace aéroportuaire au cœur de la mondialisation

■ Rotterdam est le 9e port mondial pour son tonnage et le 11e en nombre de conteneurs. Il est le **premier port européen** et occupe une position d'**hypercentre** parmi les **hubs portuaires** qui composent la façade maritime de la **Northern Range** (rangée nord-européenne). Il capte plus du tiers de tout le trafic de la façade. Rotterdam est donc un atout de taille pour l'intégration de l'Europe à la mondialisation.

■ Véritable **interface**, les importations sont trois fois plus volumineuses que les exportations à destination du monde. Pétrole, céréales, produits chimiques, charbon, minerais, véhicules et conteneurs transitent par Rotterdam. Cet espace aéroportuaire est aussi une plateforme multimodale permettant aux conteneurs d'être transportés par bateau, par train ou par route.

■ Rotterdam présente une vaste **zone industrialo-portuaire** qui met en relation le **domaine maritime** (**avant-pays**) à un **arrière-pays** (**hinterland**) structuré par le Rhin et ses affluents. Il est un gisement important d'**emplois directs** (1 100 employés) et surtout **indirects** (175 000 emplois). Rotterdam est une **ZIP** qui comprend des activités industrielles et commerciales majeures telles que la **raffinerie** et les **industries chimiques**.

■ Rotterdam est un **centre européen et mondial d'échanges**, car il se situe à l'entrée de l'**espace rhénan** qui appartient à la portion du territoire européen la plus riche et développée (la **dorsale européenne**). Rotterdam présente toutes les caractéristiques d'une **métropole littorale** en raison d'un réseau de transports très dense.

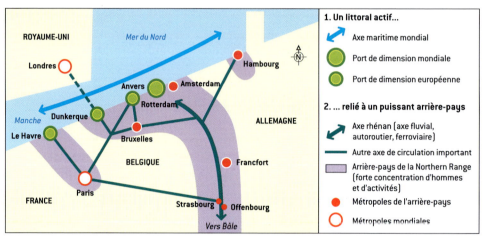

Rotterdam, une ZIP stratégique pour l'Europe

B Un aménagement en cours d'évolution

■ Le port de Rotterdam est en pleine expansion. Il subit depuis la fin du XXe siècle la concurrence des ports asiatiques qui appartiennent à un espace économique en pleine expansion. Mais il doit également faire face à la forte progression du **port d'Anvers** qui capte une part de plus en plus grande du trafic maritime Nord-européen. La sortie du Royaume-Uni de l'Union européenne représente une menace pour Rotterdam qui assure le transit entre les deux. Par ailleurs, les Chinois ont choisi des ports italiens et non pas Rotterdam comme terminus des « nouvelles routes de la soie » en Europe.

■ Pour réduire le risque d'un déclin, a débuté en 2008 **l'extension Maasvlakte** (1 et 2). Ces nouveaux **terre-pleins** localisés vers l'aval de l'estuaire accueillent des **terminaux à conteneurs** et un **terminal méthanier**. En 2013, le port a ainsi gagné 560 hectares de bassins et 700 hectares d'espaces industriels supplémentaires conquis sur la mer. Ce projet d'environ 2 milliards d'euros augmente considérablement les capacités de la cité portuaire et tente de lui assurer un avenir parmi les ports les plus dynamiques du monde.

6 MÉTROPOLISATION, LITTORALISATION DES ESPACES PRODUCTIFS (...)

ENTRAÎNEMENT AU CONTRÔLE CONTINU

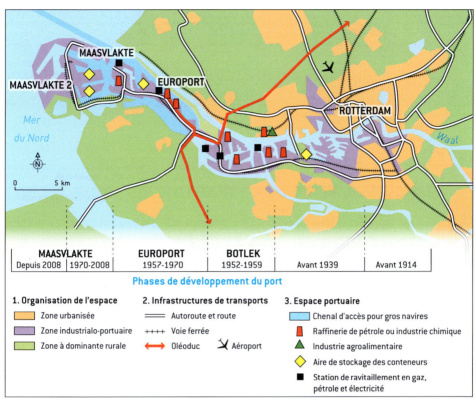

L'organisation du territoire industrialo-portuaire de Rotterdam

ENTRAÎNEMENT AU CONTRÔLE CONTINU

EXERCICE 1

Analyse de la carte des façades maritimes (page 327)
1. Dans quels types de pays se localisent les grandes façades portuaires ?
2. Quels sont les signes d'émergence des pays du Sud ?
3. Pourquoi les routes maritimes sont-elles le reflet de la mondialisation ?

EXERCICE 2

Analyse de la carte de l'organisation du territoire industrialo-portuaire de Rotterdam (ci-dessus)
1. Décrivez le processus géohistorique visible sur la carte.
2. Quels éléments permettent de dire que Rotterdam est un espace économique très dynamique ?
3. Pourquoi les transports soulignent-ils ce dynamisme ?

GÉOGRAPHIE

331

GÉOGRAPHIE

7 Des espaces ruraux aux fonctions de plus en plus variées

Longtemps, les espaces ruraux ont eu une vocation agricole prédominante. Aujourd'hui, ils diversifient leurs activités et leurs rôles. Leur destin est de plus en plus lié aux mutations des villes.

1 Des espaces ruraux hiérarchisés qui conservent une vocation agricole

■ Les campagnes conservent une **fonction agricole**. Ce sont elles qui sont confrontées au défi de nourrir une humanité plus nombreuse. Les agricultures sont aujourd'hui associées à **l'industrie agroalimentaire** et au **commerce international** qui font de la question alimentaire un **enjeu mondial**. Le secteur primaire évolue ainsi au contact du secondaire et du tertiaire.

> **DÉFINITION**
>
> **Industrie agroalimentaire** : ensemble des activités industrielles chargées de la transformation des produits alimentaires provenant de l'agriculture.

■ Les systèmes agricoles font apparaître de fortes **différences de productivité**. Les campagnes des pôles majeurs et des pays émergents sont devenues les « greniers » de la planète grâce à une **agriculture intensive et exportatrice**. C'est le cas du Brésil devenu la nouvelle « ferme du monde ». Ces **agricultures productivistes** nourrissent les populations des pays riches et complètent l'alimentation des habitants des pays en voie de développement. L'agriculture de ces derniers pays souffre de la concurrence menée par les Nords.

> **DÉFINITION**
>
> **Agriculture productiviste** : agriculture dont le but est de viser des rendements maximaux grâce au recours a des machines et a des produits chimiques.

■ La **mondialisation** renforce les agricultures les plus puissantes et fragilise les moins compétitives. Cependant, la **révolution agricole** du XXIe siècle concernera tous les États. La fragilisation des environnements et le défi alimentaire vont contraindre l'humanité à protéger les espaces tout en les rendant productifs. La **transition** vers le **développement rural et durable** est donc une nécessité à l'échelle mondiale.

© Éditions Foucher

7 DES ESPACES RURAUX AUX FONCTIONS DE PLUS EN PLUS VARIÉES **COURS**

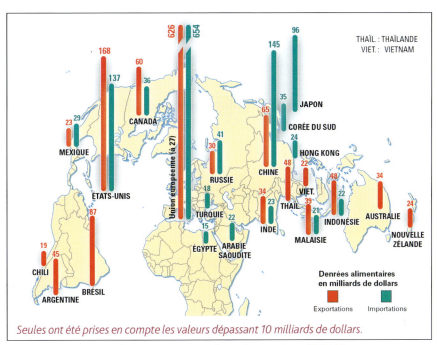

Les échanges de denrées alimentaires (2011)

2 Des espaces ruraux qui se diversifient sous l'influence des villes

■ L'accélération de l'urbanisation à l'échelle planétaire et l'intégration progressive des territoires à la mondialisation placent de plus en plus les campagnes sous la domination des espaces urbanisés. Plus les campagnes sont

> **DÉFINITION**
> **Déprise agricole** : abandon des activités agricoles d'un espace rural. Ce phénomène s'accompagne d'une régression démographique et d'une transformation des paysages.

proches des villes, plus elles se redynamisent. Plus elles s'en éloignent, plus elles peuvent subir un effet d'**enclavement** et de **déprise**.

■ On assiste dans le monde à une révision des différences entre la ville et la campagne. La limite entre les deux se complexifie. Des **espaces mixtes** se constituent entre les espaces urbanisés et leurs **espaces périurbains** (comme à Mexico). L'étalement des villes vers leurs périphéries fait se confondre l'environnement urbain avec celui des campagnes : c'est le **phénomène de mitage**. On parle donc d'**espace à dominante rurale**.

> **DÉFINITIONS**
> ▶ **Espace périurbain** : partie de l'espace urbain éloignée de la ville centre et qui se situe dans un environnement à dominante rurale. Cet espace vit en symbiose avec le pôle urbain qui fournit une grande part des emplois.
> ▶ **Mitage** : éparpillement de l'habitat en zone périurbaine à dominante rurale.

■ Les espaces ruraux périurbains gagnent en dynamisme en raison de l'arrivée de nouveaux actifs ou retraités d'origine urbaine. Cela engendre un **renouveau démographique**.

En Europe occidentale, ces espaces sont ceux qui créent le plus d'emplois. En Belgique, 96 % des actifs en milieu rural ne sont pas des agriculteurs. En France, plus de 12 millions de personnes vivent en milieu périurbain. 60 % des communes rurales françaises sont concernées par cette **revitalisation**.

■ Cependant, une catégorie d'espaces ruraux demeure à l'écart. Le **rural profond** correspond à la portion des campagnes les plus en retard et les plus isolées. L'exode rural et le vieillissement démographique caractérisent ces endroits. Le **taux de pauvreté** y est plus important et les activités économiques y sont moins diversifiées.

> **DÉFINITION**
> **Rural profond** : portion de l'espace rural à l'écart des nouvelles dynamiques de développement.

3 Des espaces ruraux multifonctionnels

■ Certaines **campagnes périurbaines** sont devenues des espaces très productifs. Leur économie se diversifie. Leur tertiarisation est principalement la conséquence du développement du **tourisme vert** présent en plaine et à la montagne. L'arrivée de nouveaux résidents (les **néoruraux**) tertiarise l'économie rurale en raison de leur consommation de services éducatifs, médicaux et commerciaux. La **redynamisation des campagnes** profite aux **bourgs ruraux** plutôt qu'aux petits villages.

vidéo
Paysages et identités rurales
foucherconnect.fr/19pbstmg47

> **DÉFINITIONS**
> ▶ **Néoruraux** : populations urbaines qui décident de s'installer en milieu rural.
> ▶ **Bourg rural** : agglomération rurale qui exerce un rayonnement sur les villages environnants.

■ Les campagnes sont devenues des **espaces récréatifs**. Leur accessibilité, leur potentiel en activités de loisirs, leur patrimoine et leur cadre de vie attirent des populations urbaines qui disposent d'un temps libre plus important. L'essor du tourisme vert se vérifie en Afrique subsaharienne, notamment au Cameroun qui dispose de sites naturels favorables au développement de l'**écotourisme**.

> **DÉFINITION**
> **Écotourisme** : tourisme respectueux de l'environnement et centré sur la découverte de la nature.

■ Les espace ruraux s'industrialisent. Depuis les années 2010, l'emploi industriel a dépassé l'emploi agricole dans les campagnes françaises. Dans le Nord de l'Italie, la renaissance rurale se fonde sur la **multiplication des districts industriels**. Les usines agroalimentaires s'implantent prioritairement dans les **bassins de collecte** (à proximité des zones de production agricole). Les autres activités industrielles privilégient le périurbain pour des raisons de mobilité et de proximité des débouchés.

> **DÉFINITION**
> **Bassin de collecte** : zone délimitée où l'on collecte un produit local.

334

7 DES ESPACES RURAUX AUX FONCTIONS DE PLUS EN PLUS VARIÉES — **COURS**

Des espaces ruraux liés aux villes

Sujet d'étude n° 1 : les espaces périurbains en France

■ La périurbanisation débute en France à partir des années 1960 et s'accélère vers 1970. Près de **19 millions de Français** vivent aujourd'hui en **zone périurbaine**.

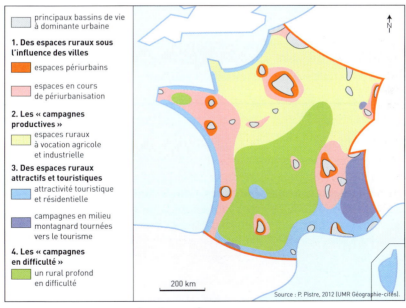

Les types de campagnes

■ Localisés entre les banlieues et les campagnes, les espaces périurbains sont des **intermédiaires entre l'urbanité et la ruralité**. Ils permettent un **desserrement** des villes. Ils se caractérisent par :
– des densités démographiques moyennes mais en progression ;

– une discontinuité entre portions bâties et non bâties où alternent des habitats individuels et des espaces agricoles (phénomène d'émiettement) ;
– des déplacements de populations davantage contraintes à la mobilité.

> **DÉFINITION**
>
> **Desserrement** : réponse au manque d'espace en ville par l'extension de celle-ci vers sa périphérie qui dispose de plus d'espace (avec des prix fonciers moins élevés).

■ L'espace périurbain concentre un certain nombre de problèmes et d'inquiétudes. Il témoigne d'une **ségrégation socio-spatiale** qui pousse les populations des classes moyennes inférieures à vivre en marge des agglomérations (la « France des gilets jaunes »). L'étalement urbain en direction des campagnes produirait un effet de **marginalisation sociale**. Certains spécialistes parlent d'une « **France périphérique** » pour désigner la relégation des populations les plus fragiles en bordure des pôles urbains. Par ailleurs, les habitants de ces zones dépendent pour leur emploi d'un pôle urbain qui les contraint à une **migration pendulaire** sur d'assez grandes distances. Le périurbain est enfin accusé de consommer beaucoup d'espace. L'**artificialisation** du territoire fait en effet perdre 30 000 hectares par an de surface agricole.

> **DÉFINITION**
>
> **Artificialisation** : transformation d'un milieu naturel ou semi-naturel en zone urbaine plus densément peuplée.

■ Mais le périurbain est également perçu comme le laboratoire d'une **nouvelle forme d'urbanité** positive rendue possible par :
– l'essor des NTIC facilitant le travail à domicile ;
– l'usage de l'automobile qui autorise la mobilité ;
– la possibilité d'accéder à la propriété (habitat pavillonnaire) ;
– le fait de profiter d'un cadre de vie où se conjuguent les avantages de la ville et de la campagne.

■ La périurbanisation ne se réduit donc pas à un phénomène de marginalisation. Le niveau de vie des populations périurbaines est selon les endroits plus élevé que la moyenne. Les espaces périurbains demeurent attractifs pour une partie des classes moyennes.

Un paysage périurbain francilien : la périphérie de Tigery (91)

7 DES ESPACES RURAUX AUX FONCTIONS DE PLUS EN PLUS VARIÉES

Sujet d'étude n° 2 : l'agritourisme en France

■ L'agritourisme (ou agro-tourisme) est une activité touristique en lien avec l'agriculture. Il se compose de multiples activités :
– l'**hébergement** en gîte rural, en chambre d'hôte, en camping, à la ferme ;
– la **restauration** grâce aux tables d'hôtes, aux fermes auberges ;
– l'**oenotourisme** (tourisme vitivinicole et œnologique) ;
– les **activités sportives** et de **loisirs** telles que la pêche, la chasse, la randonnée, l'équitation, le vélo… ;
– les **activités culturelles** comme la découverte du patrimoine agricole et rural, la visite d'ateliers ;
– la **vente directe** des produits locaux (**circuits courts**).

■ Ce tourisme en plein essor représente un tiers de la fréquentation touristique en France. 14 000 agriculteurs sont officiellement investis dans l'agritourisme. 6 000 fermes sont recensées sur les plateformes de réservation en ligne. Le financement participatif permet grâce à l'internet d'aider au démarrage d'activités agritouristiques dans le cadre d'appels à projet. L'agritourisme est soutenu par des subventions de l'État français mais aussi par l'Union européenne dans le cadre de la **PAC** qui cherche à maintenir la vitalité du monde rural.

> **SIGLE**
> **PAC** : politique agricole commune de l'Union européenne.

■ Les conséquences de l'agritourisme sont nombreuses :
– une **augmentation et une diversification des revenus des exploitants agricoles** ;
– la **mise en place de plusieurs réseaux de professionnels** de l'agritourisme tels que « Bienvenue à la ferme » (un milliard d'euros de chiffre d'affaires en 2017) ou l'association « Accueil paysan » engagée dans une activité agricole et agritouristique durable, équitable et solidaire ;
– une **valorisation et un renforcement de l'attractivité du territoire** aux échelles régionale, nationale et internationale ;
– le **maintien du peuplement en zone rurale** grâce à la diversification des débouchés et à une hausse du niveau de qualification (maîtrise des langues étrangères, capacité de gestion financière, notions d'informatique pour la réalisation d'un site internet…) ;
– une **sensibilisation de l'opinion publique**, notamment citadine, aux métiers de l'agriculture

■ L'agritourisme se présente comme une **alternative au tourisme balnéaire** dans les territoires d'outre-mer où il est une activité supplémentaire en faveur du **développement économique**. La localisation des DROM COM en zone tropicale leur permet d'offrir une variété de produits spécifiques. À la Réunion, un parcours pédagogique autour de la culture de la vanille attire chaque année 30 000 visiteurs. Sur l'île de Marie-Galante, au large de la Guadeloupe, un pôle agritouristique valorise la production de miel, de jus de canne, de vinaigre et de savon.

> **DÉFINITIONS**
> ▶ **DROM** : département et région d'outre-mer. Territoire français administré de la même manière que les collectivités de métropole. La Guyane, les Antilles, la réunion et Mayotte figurent dans cette catégorie.
> ▶ **COM** : collectivité d'outre-mer qui dispose d'une marge d'autonomie. La Polynésie française, Wallis et Futuna, Saint-Barthélémy, Saint-Martin et Saint-Pierre-et-Miquelon en font partie.

■ L'agritourisme représente donc une nouvelle possibilité d'aider au **développement de la ruralité** et témoigne de sa **multifonctionnalité** en cours.

REMISE DES PRIX
Appel à projets Agritourisme

Jeudi 1ᵉʳ mars 2018
de 10 h 30 à 11 h 30

Sur le stand Airbnb
(Hall 4, stand B042)
au Salon de l'Agriculture
Paris Expo – Porte de Versailles

Annonce publicitaire de la remise des prix pour l'agritourisme

ENTRAÎNEMENT AU CONTRÔLE CONTINU

EXERCICE 1

Photographie de l'espace périurbain de la périphérie de Tigery (page 336)

1. Décrivez le premier plan de la photographie. Comment les terrains sont-ils occupés ?
2. Décrivez le second et l'arrière plans. Quelle fonction est attribuée à ces espaces ?
3. Pourquoi cet exemple illustre-t-il la périurbanisation ?

EXERCICE 2

1. Quelles sont les dynamiques présentes dans les espaces périurbains ?
2. Quelles différences et points communs voyez-vous entre les espaces périurbain et sous influence urbaine ?
3. Pourquoi peut-on parler d'une pluralité d'espaces ruraux ?

EXERCICE 3

Annonce publicitaire de la remise des prix pour l'agritourisme (ci-dessus)

1. Quelle image du monde rural cette affiche entend-elle donner ?
2. Qui sont les acteurs de cette promotion de la ruralité ? À quelle occasion se rencontrent-ils ?
3. Quel est le but de ce document ?

GÉOGRAPHIE

8 Urbanisation, littoralisation, mutations des espaces ruraux

Le développement spectaculaire de la Chine depuis les années 1980 aboutit à la diversification de son économie, à son insertion de plus en plus forte dans la mondialisation et à la recomposition de son territoire.

1 Un territoire inégalement dynamisé par le développement économique

■ La croissance économique chinoise s'est fondée sur l'ouverture de son littoral aux investissements étrangers. En 1979, **quatre zones économiques spéciales (ZES)** avaient été créées sur le littoral Sud pour attirer les investisseurs étrangers en leur accordant des facilités juridiques et fiscales. Les côtes sont ainsi devenues le point d'ancrage de l'intégration du pays à la mondialisation. La **littoralisation** et la **métropolisation** ont concentré en bordure de mer l'essentiel du dynamisme économique. Un contraste s'est donc créé entre le littoral et **l'arrière-pays continental**.

> **DÉFINITION**
> **Littoralisation** : concentration des hommes et des activités sur les côtes.

■ Une subdivision du pays a été officiellement élaborée dans les années 1990 afin de différencier trois ensembles :
– le **littoral** : interface avec l'Asie orientale et le monde. On y trouve presque un Chinois sur deux, plus de la moitié de la richesse du pays (PIB), les ¾ de la production nationale et plus de 80 % des investissements étrangers et des exportations chinoises. Le littoral fait apparaître des pôles urbains et économiques majeurs (Hong Kong et Shanghai en tête) néanmoins séparés par des franges littorales beaucoup moins développées et urbanisées ;

> **DÉFINITIONS**
> ▶ **Interface** : zone d'échanges.
> ▶ **IDE** : investissements directs à l'étranger.

– l'**intérieur** : espace intermédiaire dynamisé par les littoraux, il rassemble un tiers de la richesse chinoise sur 30 % du territoire, réunit 44 % de la population et capte 16 % des **IDE** en Chine ;
– l'**Ouest** : sur plus de la moitié du territoire chinois, il accueille environ un dixième du peuplement (dont de nombreuses minorités ethniques), 8 % du PIB et n'atteint que 3 % des exportations.

■ L'aménagement du territoire a donc conduit les autorités chinoises à **privilégier les littoraux** tout en permettant à l'intérieur du pays de bénéficier d'une industrialisation notamment le long des fleuves (axes de translation du développement d'Est en Ouest). Cette zone intérieure est bien un **espace de transition** entre l'Ouest nettement moins développé et l'Est si

> **DÉFINITION**
> **Périphéries** : portions d'un territoire localisées en dehors de son centre économique. On distingue des périphéries intégrées lorsque leur proximité avec le centre les aide à se développer. Les périphéries dites « dominées » désignent des espaces plus éloignés du centre et nettement moins développés et dynamiques.

puissant. Dès lors, l'expression des « **Trois Chine** » désigne le **centre** ou cœur économique (le littoral) bordé d'une **périphérie intégrée** (l'intérieur) qui jouxte une **périphérie dominée** (l'Ouest en retard).

© Éditions Foucher

GÉOGRAPHIE

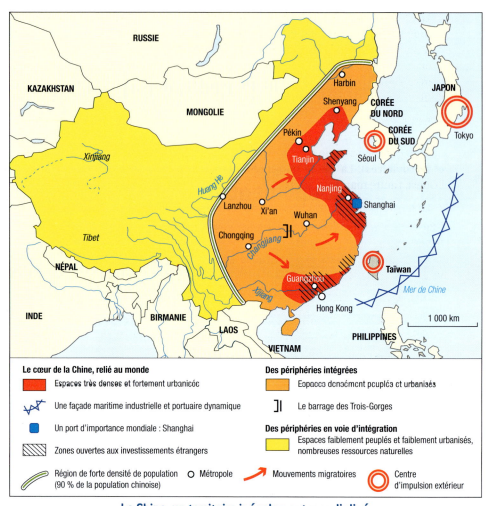

La Chine, un territoire inégalement mondialisé

2 Vers la fin des « 3 Chine »

■ Afin de résoudre les contrastes régionaux entre les « 3 Chine », depuis les années 2010, les autorités chinoises prennent davantage en compte la nécessité d'aménager l'intérieur du pays. À la stratégie de littoralisation succède une politique de **rattrapage continental**. Le développement a ainsi permis l'essor de régions centrales et du Nord. L'émergence de Xi'an et du Shaanxi fait de plus en plus contrepoids au littoral.

■ Le projet des **routes de la soie** contribue au développement de la partie occidentale (Ouest) du pays. Il consiste à créer des axes de transports entre la Chine et l'Europe et montre la volonté du gouvernement chinois de prolonger à l'échelle eurasiatique sa politique d'aménagement du territoire.

vidéo
Le monde selon Xi Jinping
foucherconnect.fr/19pbstmg48

8 URBANISATION, LITTORALISATION, MUTATIONS DES ESPACES RURAUX   **COURS**

■ La Chine élabore un projet gigantesque qui va concerner 70 pays regroupant 40 % du PIB mondial. Sous l'autorité du président Xi Jinping, depuis 2013, la Chine veut construire au prix de 1 000 milliards de dollars un **vaste réseau d'infrastructures terrestres** (Silk Road Economic Belt) et **maritimes** (Maritime Silk Road) de manière à faciliter ses **échanges commerciaux** avec l'Asie, l'Europe et l'Afrique. Les nouvelles routes de la soie renforceront l'influence diplomatique de la Chine dans le monde ainsi que son **soft power**.

■ Le programme des **routes de la soie**, appelé **OBOR** (One Belt, One Road, « une ceinture, une route »), va aider au désenclavement de la partie occidentale de la Chine qui sera davantage reliée à l'Asie centrale puis à l'Europe par des voies rapides (**corridors routiers et ferroviaires**). La Chine présentera deux interfaces majeures, l'une continentale, vers l'Ouest, l'autre maritime, vers l'Est.

■ Le territoire chinois est donc en **pleine recomposition** et prolonge bien au-delà de ses frontières l'aménagement des axes qui le relient au monde.

> **DÉFINITIONS**
> ▶ **Corridor** : axe de passage linéaire (autoroute, ligne de chemin de fer).
> ▶ **Route de la soie** : réseau ancien (médiéval) de routes terrestres entre l'Asie et l'Europe. La soie était l'une des marchandises les plus luxueuses ainsi transportées.
> ▶ **Soft power** : capacité d'influence d'un État sans recours à la force (hard power).
> ▶ **Collier de perles** : stratégie qui consiste pour la Chine à prendre le contrôle de ports d'Asie du Sud pour garantir ses exportations et défendre ses intérêts géostratégiques.
> ▶ **Recomposition** : réorganisation d'un espace.

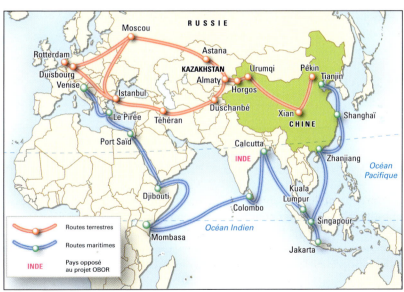

Les nouvelles routes de la soie

ENTRAÎNEMENT AU CONTRÔLE CONTINU

EXERCICE 1

Analyse de document, Les nouvelles routes de la soie (p. 341)

1. Quelle est la géographie de l'axe « One Road » et du « One Belt » ? Quelle est leur principale différence ?
2. Quels sont les moyens de transports visés par la totalité des projets ?
3. Les routes de la soie rendent-elles l'influence chinoise incontestable en Asie ?

EXERCICE 2

1. Justifier la phrase suivante : « L'ère qui s'ouvre à partir de 1979 marque un tournant majeur dans l'histoire de la Chine. »
2. Associer les données de gauche à l'une des trois parties qui composent le territoire chinois :

a. ¾ de la production nationale   1. Chine de l'intérieur
b. 8 % du PIB   2. le littoral
c. 44 % de la population   3. l'Ouest

ANGLAIS

	Évaluation de l'Anglais au bac	344
1	Identities and exchanges	349
2	Public and private spheres	353
3	Art and power	357
4	Virtual worlds and citizenship	361
5	Fictions and reality	365
6	Scientific innovations and responsibility	369
7	Diversity and inclusion	373
8	Territory and memory	377

© Éditions Foucher

ANGLAIS

Évaluation de l'Anglais au bac

L'Anglais est évalué au cours de trois épreuves communes de contrôle continu, en Première et en Terminale. Ces évaluations comptent dans la notation finale de l'examen. Elles comprennent trois types d'exercices : la compréhension de l'écrit, la compréhension de l'oral et l'expression écrite. Pour réussir ces exercices, il convient de maîtriser les points méthodologiques suivants.

1 Les modalités d'examen

L'Anglais est évalué tout au long de l'année de Première et de Terminale, à l'occasion des épreuves communes de contrôle continu mais aussi grâce aux notes des bulletins scolaires, comptant pour 40 % de la note finale à l'examen. Le coefficient 5 est appliqué à cette matière.

Épreuve commune de contrôle continu 1	Épreuve commune de contrôle continu 2	Épreuve commune de contrôle continu 3
2e trimestre de Première : **compréhension de l'oral** et **expression écrite**	3e trimestre de Première : **compréhension de l'écrit** et **expression écrite**	2e trimestre de Terminale : - 1er temps : **compréhension de l'écrit** et de l'**oral, expression écrite** - 2e temps : **expression orale**
Durée : **1 h**	Durée : **1 h 30**	Durée : - **2 h 30 pour l'écrit** - **10 min pour l'oral** (+ 10 min de préparation)

> **REMARQUE**
>
> Au cours de chacune des deux années de Première et de Terminale, au moins six des huit axes de la thématique du cycle terminal « Gestes fondateurs et mondes en mouvement » seront abordés. Ces axes sont tous traités dans l'ouvrage.

2 Les compétences évaluées en Première

A La compréhension de l'écrit

La compréhension de l'écrit est évaluée à partir d'un ou deux textes écrits sur lesquels des questions sont posées. Pour réussir, vous devez suivre les étapes suivantes.

a Anticipez le contenu

■ Lisez les informations fournies avec le texte pour déterminer : la **date de publication**, qui vous permet de le situer dans le temps ou de le mettre en rapport avec un événement que vous connaissez ; le **pays d'origine** ; la **source** : roman, site internet, journal à sensations, journal de qualité, hebdomadaire d'information ; le **titre du texte** pour anticiper son contenu.

■ Lisez l'article attentivement pour repérer les informations essentielles : de **qui** on parle, de **quoi** on parle, **où** et **quand** les faits ont eu lieu.

© Éditions Foucher

ÉVALUATION DE L'ANGLAIS AU BAC **COURS**

ⓑ Analysez les consignes

■ Vérifiez que **vous comprenez bien ce qu'il convient de faire**.

Answer the following questions. *Répondez aux questions suivantes.*

Choose the major theme. *Choisissez le thème principal.*

Which arguments are put forward? *Quels sont les arguments mis en avant ?*

True or false? Right or wrong? *Vrai ou faux ?*

Pick out a sentence which indicates that… *Relevez une phrase qui indique que…*

Complete the following table. *Complétez la grille suivante.*

Explain in your own words. *Expliquez avec vos propres mots.*

Choose the correct ending. *Choisissez la fin qui convient.*

Match each sentence on the left with an element on the right. *Associez chaque phrase à gauche avec un élément à droite.*

■ Si vous devez citer le texte, repérez les passages pertinents, soulignez-les et notez le numéro de la ligne.

Justify your answer with a quotation from the text. *Justifiez votre réponse par une citation prise du texte.*

Justify by quoting the text. *Justifiez en citant le texte.*

> **ATTENTION**
> ▶ Vous devez répondre sur la copie qui vous est fournie.
> ▶ Respectez l'ordre des questions.
> ▶ Reportez les repères : numéro de l'exercice et, le cas échéant, la lettre repère. Exemple : 1. a. E
> ▶ Faites précéder les citations du numéro de la ligne.
> ▶ Réécrivez intégralement les phrases à compléter dans un exercice type texte à trous et soulignez l'élément introduit.

ⓒ Répondez aux questions sur le vocabulaire du texte

Les questions de compréhension détaillée d'un texte peuvent porter sur le lexique. Il s'agit de trouver des équivalents ou des synonymes dans le texte.

Find equivalents of these words or groups of words in the text. *Trouvez les équivalents de ces mots ou groupes de mots dans le texte.*

Pick out expressions from the text that show… *Trouvez des expressions qui montrent…*

Match the words and their equivalents. *Associez les mots à leur équivalent.*

Fill in the gaps with words taken from the text. *Remplissez les trous avec des mots tirés du texte.*

B La compréhension de l'oral

Vous effectuez deux écoutes espacées de 2 minutes d'un ou de deux documents audio ou vidéo d'une longueur totale de 3 minutes. Il peut s'agir de monologues, dialogues, discours, discussions, émissions de radio, extraits de documentaires, de films, de journaux télévisés…

ⓐ La première écoute

■ **Lisez le titre** de l'enregistrement écrit au tableau avant d'écouter le document audio ou vidéo.

© Éditions Foucher

ANGLAIS

■ **Identifiez le type de document** : audio (a recording) ou vidéo (a video).

the news *les informations*	an interview *un entretien*
a news item *une nouvelle*	a passage from a radio show *un extrait*
a report *un reportage*	*d'une émission de radio*
a testimony *un témoignage*	a conversation *une conversation*

■ **Définissez le thème général du document**.

The main topic of the video is... *Le sujet principal de la vidéo est...*

The recording deals with/is about... *L'enregistrement parle de...*

■ Soyez attentif à tous les **indices sonores** à votre disposition : musique, bruits, voix...

■ **Repérez le nombre de voix** : masculine (a man/men), féminine (a woman/women), d'enfant (a child/children), d'adolescent (a teenager)...

A woman and a man are talking. *Une femme et un homme parlent.*

■ **Rédigez une courte introduction** : nature de l'enregistrement, thème général, nombre de personnes qui parlent et de qui il s'agit éventuellement.

ⓑ La deuxième écoute

■ **Relevez les mots ou expressions clés** : ils sont souvent répétés et mis en valeur par le locuteur qui les accentue.

■ **Restituez dans l'ordre et** *in extenso* **ce qui est dit dans l'enregistrement** : rendez compte des noms, dates, chiffres, lieux, faits, opinions...

> **REMARQUE**
>
> Pour la vidéo, les images sont bien sûr à prendre en compte en tant que soutien à la compréhension. Il faut donc regarder l'écran pendant la prise de notes : les images permettent souvent de comprendre des éléments plus difficiles de la narration en voix off ou d'un entretien. En revanche, il ne faut pas décrire les images pendant la restitution. « We can see » est à bannir.

ⓒ Organisez vos notes

■ On n'attend pas uniquement un repérage de mots mais leur **mise en relation** afin de montrer que vous comprenez les intentions.

problems and solutions *problèmes et solutions*

causes and consequences *causes et conséquences*

facts and opinions *faits et opinions*

advantages and drawbacks *avantages et inconvénients*

■ **Présentez le contenu du document sans jugement,** ni commentaire personnel.

The columnist starts with a fact. *L'éditorialiste commence par un fait.*

Then, he introduces the idea that... *Ensuite, il introduit l'idée que...*

The newsreader informs us that... *La présentatrice nous informe que...*

The journalist exposes the fact that... *Le journaliste dénonce le fait que...*

© Éditions Foucher

ÉVALUATION DE L'ANGLAIS AU BAC **COURS**

■ Dites en quoi le support est spécifique et ce qui en fait son intérêt.

The core of the issue lies in the fact that... *Le cœur du problème se trouve dans le fait que...*

The recording raises a ticklish issue. *Cet enregistrement soulève un point délicat.*

She wants to make us aware of the situation. *Elle cherche à nous sensibiliser à la situation.*

It testifies to the importance of the phenomenon. *Cela témoigne de l'importance du phéno-mène.*

She quotes a striking example. *Elle cite un exemple frappant.*

He gives a major piece of information. *Il donne une information essentielle.*

C L'expression écrite

Votre capacité à rédiger en langue anglaise est évaluée dans cet exercice. Il peut être demandé de rédiger un récit qui fait suite au texte ou un dialogue.

a Analysez la consigne

■ S'agit-il d'écrire un **récit** :

Imagine a continuation to the story. *Imaginez une suite à l'histoire.*

The narrator reports what happened to him. *Le narrateur rapporte ce qui lui est arrivé.*

Write an article to be published on your school website. *Écrivez un article qui doit être publié sur le site de votre école.*

■ Ou faut-il rédiger un **dialogue :**

Imagine the conversation. *Imaginez la conversation.*

Write the dialogue between the two characters. *Écrivez le dialogue entre les deux personnages.*

You are a journalist interviewing Thomas about his actions, his hopes for the future and his feelings. Imagine the interview. *Vous êtes un journaliste réalisant un entretien avec Thomas concernant ses actions, ses espoirs pour l'avenir et ses sentiments. Imaginez l'entretien.*

■ **Choisissez les éléments du texte à prendre en compte** :
– à quelle **personne** devez-vous écrire : première ou troisième ?
– quel **temps** faut-il utiliser ? **présent simple** pour rendre compte des faits sans commentaire ; **présent en** be + V-ing pour diriger l'attention sur un fait actuel, comme un arrêt sur image ; **present perfect** pour faire un bilan ; **prétérit** pour indiquer qu'une action est passée ;
– quels **éléments du contexte** faut-il prendre en compte : lieu, époque, psychologie des personnages, sentiments et émotions... ?

b Écrire une narration

■ Utilisez le **prétérit** pour raconter ce qui s'est passé dans le passé : le prétérit simple est le temps de la narration en anglais. Il indique qu'une action a eu lieu à un moment précis du passé coupé du présent.

before *avant*
previously *auparavant*

early in the morning *tôt le matin*
late in the evening *tard le soir*

© Éditions Foucher

ANGLAIS

347

■ **Faites une relecture attentive** : contrôlez la correction de la langue et l'orthographe : accents, pluriels, accords...

> **ATTENTION**
>
> Assurez-vous que vous avez respecté le nombre de mots demandé. Tout dépassement de plus ou moins 10 % est sanctionné.

⊙ Écrire un dialogue

■ **Préparez les questions** :

– **question fermée** : on ne peut répondre que par **yes** ou **no**. Elle commence par un auxiliaire. L'intonation est montante.

Do you like tea? Yes, I do. No, I don't. *Aimez-vous le thé ? Oui, j'aime le thé. Non, je n'aime pas le thé.*

– **question ouverte** : la réponse comporte une précision de lieu, date, âge, nom... Elle commence par un terme interrogatif. L'intonation est descendante.

What was it like? *Comment cela s'est-il passé ?*

who *qui*	how often *tous les combien*
when *quand*	how old *quel âge*
where *où*	how far *quelle distance*
what *quoi*	how deep *quelle profondeur*
which *lequel (choix)*	how tall *quelle taille*
whose *à qui*	since when *depuis quand*
how *comment*	how long ago *il y a combien de temps*
how much/many *combien*	

■ **Enrichissez votre dialogue** :

– **variez les verbes introducteurs pour éviter de répéter (he) said** :

he added *ajouta-t-il*	he inquired *se renseigna-t-il*
he answered *répondit-il*	he interrupted *interrompit-il*
he asked *demanda-t-il*	he noticed *fit-il remarquer*
he enquired *se renseigna-t-il*	he wondered *se demanda-t-il*
he hesitated *hésita-t-il*	

– **utilisez des adverbes :**

kindly *gentiment*	sadly *tristement*
lovingly *avec amour*	silently *silencieusement*
proudly *fièrement*	suspiciously *avec suspicion*

■ **Respectez la ponctuation anglaise, différente du français :**

– les guillemets se placent avant et après ce que dit un personnage.

"Go to your cupboard – I mean, bedroom," he wheezed at Harry. *Il dit d'un souffle à Harry : « Va dans ton placard... je veux dire dans ta chambre. »*

– les signes de ponctuation se placent à l'intérieur des guillemets :

"A stone that makes gold and stops you ever dying!" said Harry. *Harry dit : « Une pièce qui crée de l'or et vous protège de la mort pour toujours ! »*

1 Identities and exchanges

The separation of people from their native land and cultural backgrounds has an impact on a lot of migrants, refugees and exiles who feel uprooted because of their displacement. National identity represented by distinctive traditions, language, values and beliefs is often associated to an emotional attachment and a feeling of belonging to a nation.

1 First steps

A Living across borders

■ For migrants who are lucky enough to be assimilated processes and initiatives are underway, even if it is too often reduced to being either welcomed or rejected.

■ The meaning of cultural identity is changed by the development of information and communication technologies and the wide-ranging effects of globalisation. In our complex world cultural flows across borders are on the rise. The concepts of space, time, and distance are losing their conventional meanings. Cultural globalisation is here.

B Exchanges and interactions have transformed our societies

■ **Exchanging** means giving in return for something received and this can be anything from information, data, services, ideas, work and markets, to technology... People need to establish relationships because they give meaning to their lives and contribute to learning to live together.

■ **Interaction** has led innovative models to the development of a lot of apps and encouraged innovative and productive business models such as car-sharing, rental companies, collaborative workplaces...

C Global citizenship

Global citizenship has three dimensions – **awareness of self and others**, **responsibility** and **participation**. It offers hope for embracing a mindset that can ensure the future sustainability of our planet and all of its living forms. The world needs more global citizens.

CIVILISATION

Fair Trade

▶ Fair trade is a trading partnership, based on dialogue, transparency and respect, that seeks greater equity in international trade. It contributes to sustainable development by offering better trading conditions to small producers and workers in the South and by securing their rights.

▶ Fair trade organisations have a clear commitment to fair trade as the centre of their mission. Backed by consumers, they are engaged actively in supporting producers, awareness raising and in campaigning for changes in the rules and practice of conventional international trade.

2 Useful words

assimilation *l'assimilation*
awareness *la conscience*
the background *le milieu*
beliefs *des croyances*
to belong *appartenir*
to bypass *contourner*
citizenship *la citoyenneté*
commitment *l'engagement*
to connect *relier*
a consumer *un(e) consommateur(trice)*
the consumer society *la société de consommation*
to cross borders *traverser les frontières*
to cut down on *réduire*
a downturn *une récession*
to entice *séduire*
environmental policy *la politique environnementale*
an exile *un(e) exilé(e)*
fair trade *le commerce équitable*
globalisation *la mondialisation*
to interact *interagir*
the know-how *le savoir-faire*
labour-saving *économe en main-d'œuvre*
a migrant *un(e) migrant(e)*
non-profit *à but non lucratif*
ownership *la propriété*
philanthropy *la philanthropie*
a refugee *un(e) réfugié(e)*
relationships *des relations*
relevant *pertinent(e)*
to reshape *redonner forme à*
self-sufficient *autosuffisant(e)*
to share *partager*
a shelter *un abri*
a shift *un changement*
sustainable *durable*
to thrive, throve, thriven *prospérer*
a trend *une tendance*
uprooted *déraciné(e)*
values *des valeurs*
to welcome *accueillir*

3 Improve your grammar

POINT GRAMMATICAL

Be

▶ **Be** sert à indiquer une propriété du sujet.
My name is... I am 17. *Je m'appelle... J'ai 17 ans.*
▶ **There + be** conjugué indique l'existence et s'accorde en nombre avec le nom qui suit.
There is some hope. *Il y a de l'espoir.*
There are many campaigners. *Il y a beaucoup de militants.*
There will be answers. *Il y aura des réponses.*
There must be solutions. *Il doit y avoir des solutions.*

Have

▶ **Have** sert à indiquer une possession.
She doesn't have any hesitation. *Elle n'a aucune hésitation.*
▶ Expressions idiomatiques : **to have breakfast/lunch/dinner/a drink/a bath/a shower** *prendre le petit déjeuner/déjeuner/dîner/un verre/un bain/une douche*

Présent simple et présent en be + V-ing

▶ Le présent simple s'emploie pour décrire une action de manière neutre, objective, sans ajouter son opinion. On le trouve donc pour indiquer une action habituelle ou vraie en toute situation.
What do you like best? I like social life but I don't like solitude. *Qu'est-ce que vous aimez le plus ? J'aime la vie en société mais je n'aime pas la solitude.*
▶ Le présent en **be** + V-ing indique qu'une action est présentée du point de vue de celui qui parle pour exprimer quelque chose d'inachevé au moment où l'on parle.
They are standing up for their rights. *Ils se battent pour leurs droits.*

1 IDENTITIES AND EXCHANGES

ENTRAÎNEMENT AU CONTRÔLE CONTINU

EXERCICES CORRIGÉS

EXERCISE N°1
Translate the sentences into English.
a. Jane a dix-sept ans. **b.** Est-ce qu'elle a faim ou soif ? **c.** Nous avons vraiment froid. **d.** Il y a trois kilomètres jusqu'à l'école. **e.** Elle a vraiment eu de la chance. **f.** Elle a sommeil soudain. **g.** Il y a des difficultés pour les exilés dans beaucoup de pays. **h.** Il y a trop de pauvreté. **i.** Il y a trop de victimes. **j.** Il y a un vrai danger. **k.** Il y a des conflits dans tout le monde.

EXERCISE N°2
Fill in the blanks with *have* or *be*.
"We… always believed in proper integration. We truly believe that it can change the world and that … why we … hope. There … many problems today and that … why there … so many conflicts in the world. We believe that it …. a very important period of time. If nothing changes in the near future we … going to be faced with more and more dangers and the consequences … going to be terrible."

EXERCISE N°3
Turn the verbs between brackets into simple or continuous present.
a. I (realise) that they (lie): many migrants (suffer) from discrimination. **b.** Half the rural villages (have) no running water, and I (talk + not) about hot water! **c.** My mother (find) me irritating because I (call + always) on her services. **d.** Some countries (discriminate) against exiles: I (think) of India. **e.** Pakistani society (change), but in Pakistan change never (happen) very quickly.

CORRIGÉ
Exercise n°1
a. Jane is 17. **b.** Is she hungry or thirsty? **c.** We are really cold **d.** It's three kilometers to the school **e.** She's been really lucky **f.** She is sleepy all of a sudden. **g.** There are difficulties for exiles in a lot of countries. **h.** There is too much poverty. **i.** There are too many victims. **j.** There is a real danger. **k.** There are conflicts all over the world.

Exercise n°2
have – is – have – are – is – are – is – are – are

Exercise n°3
a. realise – are lying – suffer **b.** have – am not talking **c.** finds – am always calling **d.** discriminate – am thinking **e.** is changing – happens

---

ENTRAÎNEMENT AU CONTRÔLE CONTINU

COMPRÉHENSION DE L'ÉCRIT

Read the text and answer the questions.

Globalisation may actually be better for the environment

The increasing pace of globalisation and how it affects the environment has been a major global concern. Although the research has been fraught with[1] contrasting results, there are many who strongly believe that increased globalisation has been harmful[2] to the environment. A large number of environmentalists who support this view base their arguments on the premise that globalisation leads to an increase in global demand, resulting in increased production. This indirectly contributes to the exploitation of the environment and the depletion[3] of natural resources.

Amid rising environmental concerns, an important question is whether deglobalisation would have the opposite impact on the environment. Put differently, if globalisation is harmful, then should we expect that the current deglobalisation trend will be less harmful for the environment?

In fact, deglobalisation may not necessarily translate into reduced emissions of harmful gases such as CO_2, SO_2, NO_2, but could actually worsen[4] it. Through what is known as the technique effect, we know globalisation can trigger environmentally friendly technological innovations that can be transferred from countries with strict environmental regulations to pollution havens[5].

Globalisation doesn't just entail the movement of manufactured goods, but also the transfer of intermediate, capital goods and technologies. That means multinational corporations with clean state-of-the-art technologies can transfer their green know-how to countries with low environmental standards. It's widely recognized that multinational firms use cleaner types of energy than local firms, and therefore have more energy-efficient production processes. Deglobalization could mean these environmentally friendly technologies aren't passed on to countries that are trying to go green.

Globalisation has another benefit — it's been at the forefront of creating public awareness about labour and environmental standards through the platforms of international activities such as fair trade and eco labels.

"Globalization may actually be better for the environment",
April 2018, Sylvanus Kwaku Afesorgbor, Binyam Afewerk Demena, The Conversation.

1. chargé – 2. nocif – 3. l'épuisement – 4. aggraver – 5. des refuges

1. Quote the four main negative effects globalisation is said to have on the environment.
2. Explain in your own words what is expected from deglobalisation.
3. What impact is globalisation said to have on labour and environmental regulations?

COMPRÉHENSION DE L'ORAL

Listen to the video and answer the questions.

1. When did the first migrants arrive in Australia?
2. When did the last migrant arrive?
3. How old was Sandra Anker? What was she told?
4. How old was Harold Haig? What was he told? What happened in reality?
5. What did he finally discover? At what age?
6. What did Margaret Humphreys do?
7. What did she receive once? What was she asked to do?
8. What were the children told?

EXPRESSION ÉCRITE

What impact would you say globalisation has on our lifestyle in terms of innovation, technology, progress but also damages to our environment? (180 words)

USEFUL PHRASES

The main advantages and drawbacks are… *Les principaux avantages et inconvénients sont…*
It has impacted our environment. *Cela a eu un impact sur notre environnement.*
We tend to consume more and more. *Nous avons tendance à consumer de plus en plus.*
We may not be aware of the irreversible consequences. *Nous ne sommes peut-être pas conscients des conséquences irréversibles.*

2 Public and private spheres

The private sector includes organisations that are privately owned and not part of the government such as corporations, non-profit associations, and partnerships. The public sector is composed of organisations that are owned and operated by the government. It includes federal, provincial, state, or municipal governments, depending on where you live.

1 First steps

A Fields of protest

■ **Politically:** there have always been movements to denounce authoritative or corrupt regimes. Recently, anti-globalisation movements have appeared to protest against globalisation. Today, protesters are taking to the streets in their thousands in cities across the US to protest against grand juries' decisions not to indict the white officers responsible for the deaths of unarmed black men, and demand police accountability.

■ **Economically:** activists lead social movements to protest in different fields: pension schemes, education, health care, unemployment, wages or discrimination...

■ **Environmentally:** a lot of NGOs defend our planet. Greenpeace, for example, campaigns against nuclear waste and corporate pollution, among other environmental issues.

■ **Socially:** gender equality is a human right, but our world faces a persistent gap in access to decision-making power for women and men. Globally, women have fewer opportunities for economic participation than men, less access to basic and higher education, greater health and safety risks, and less political representation. Guaranteeing the rights of women and giving them opportunities to reach their full potential is critical not only for attaining gender equality, but also for meeting a wide range of international development goals.

B Forms of action

■ **Various forms of action exist:** demonstrations, riots, hunger strikes, lobbying, boycotts and also blogging. Social networks have become very effective tools to reach out to a lot of people in no time and register protest and grievances.

■ **Counter-protesters** may demonstrate their support for the person, policy or action that is the subject of the original protest. For instance, in the USA, pro-lifers believe abortion is a crime and say it should be forbidden, so they are opposed to those who are in favour of the right to abortion. The National Rifle Association (NRA) is a very powerful lobby in the USA, which defends the right to bear a gun and is opposed by those who are against gun carrying and mention mad gunmen in the USA to support their cause.

2 Useful words

an activist *un(e) militant(e)*
a bias *un préjugé, un parti-pris*
to block *bloquer*
to boycott *boycotter*
brutality *la brutalité*
claims *des revendications*
to complain *se plaindre*
to curb *réduire, réfréner*
to demand *exiger*
a demo(nstration) *une manif(estation)*
to denounce *dénoncer*
dismissals, lay-offs *des licenciements*
to disrupt *interrompre, perturber*
to fight, fought, fought *se battre*
gender equality *l'égalité des sexes*
grievances *des doléances*

to indict [in'dait] *mettre en examen*
to infringe *enfreindre*
injustice *l'injustice*
labour disputes *des conflits du travail*
a lobby *un groupe de pression*
to march *défiler*
to plague *être un fléau*
pressure *la pression*
to prosecute *poursuivre en justice*
to protest *protester*
to resume work *reprendre le travail*
a riot *une émeute*
to speak out *prendre la parole*
a spokesperson *un(e) porte-parole*
a strike *une grève*
to support *soutenir*

3 Improve your grammar

POINT GRAMMATICAL

L'article indéfini a/an

▶ L'article indéfini **a/an** s'emploie :
- **devant un attribut** : Her father is an economist. *Son père est économiste.*
- **pour une répartition** : Twice a week. *Deux fois par semaine.*
- **avec une exclamation** : What a wonderful idea! *Quelle idée merveilleuse !*

▶ On trouve **a** devant un mot commençant par un **son consonne**, **an** par un **son voyelle**.
a newspaper, a university/ju:/, a human, a one-year scheme [wʌn]
an emission, an MP/empi:/, an (h)our, an (h)onourable act, an (h)onest player

L'article défini the

L'article défini **the** reprend un élément déjà repéré pour indiquer qu'une chose est :
- **unique** : the sun, the North Pole, the world, the government.
- **repérée par la situation** : Look at the example! *Regarde l'exemple !*
- **déterminée par ce qui suit** : We should refuse the money that speculators put on the market. *Nous devrions refuser l'argent que les spéculateurs mettent sur le marché.*
- **devant les noms de pays au pluriel** : the United States, the Netherlands.

L'absence d'article

L'absence d'article renvoie à une **idée**, une **notion non repérée**. On ne trouve donc pas d'article devant :
- **les noms dénombrables au pluriel** : Ø beliefs *les croyances* ;
- **les noms de matière** : Ø water *l'eau*, Ø power *l'énergie*, Ø waste *les déchets* ;
- **les notions** : Ø money *l'argent*, Ø freedom *la liberté*, Ø humankind *l'humanité* ;
- **les noms de pays** : Ø Great Britain *la Grande-Bretagne* ;
- **les titres** : Ø President Trump *le Président Trump* ;
- **last et next** : Ø last week *la semaine dernière*, Ø next year *l'année prochaine*.

2 PUBLIC AND PRIVATE SPHERES **COURS**

EXERCICES CORRIGÉS

EXERCISE N°1

Fill in the blanks with *a* or *an*.

a. As ... expert in economics he delivered ... interesting speech that lasted ... hour and... half. **b.** It was ... honour to welcome him to such ... amazing place. **c.** She obtained ... huge success as ... university professor. **d.** He was taken to ... hotel where he was offered ... hot drink.

EXERCISE N°2

Translate the sentences into English.

a. Il se comporte en joueur professionnel. **b.** Quel soulagement d'entendre une promesse si optimiste ! **c.** Il faut une demi-heure en roulant à 90 km à l'heure. **d.** Ce site est visité plusieurs fois par jour.

EXERCISE N°3

Make sentences as in the example.

book/read → I like books, but I don't like the book that I am reading.
a. car/drive **b.** music/hear **c.** coffee/drink **d.** cake/eat **e.** fish/taste **f.** children/look after

EXERCISE N°4

Provide the necessary articles: *the, a/an, Ø*.

a. In ... last two years, more than half of ... Americans have protested against ... injustice. **b.** ... people use ... social networks, such as ... Facebook, to reach out to ... lot of ... users and register ... grievances. **c.** There's ... return to ... simplicity, to cutting down on ... waste and being ... little bit smarter about how ... money is spent. **d.** ... NRA is ... very powerful lobby in ... USA. It defends ... right to carry ... gun.

CORRIGÉ

Exercise n°1

a. an – an – an – a **b.** an – an **c.** a – a **d.** a – a.

Exercise n°2

a. He behaves as a professional player. **b.** What a relief to hear such an optimistic promise! **c.** It takes half an hour at ninety kilometres an hour. **d.** This site is visited several times a day.

Exercise n°3

a. I like cars but I don't like the car that I am driving. **b.** I like music but I don't like the music that I am hearing. **c.** I like coffee but I don't like the coffee that I am drinking. **d.** I like cakes but I don't like the cake that I am eating. **e.** I like fish but I don't like the fish that I am tasting. **f.** I like children but I don't like the children that I am looking after.

Exercise n°4

a. the – the – Ø **b.** Ø – Ø – Ø – a – Ø – Ø **c.** a – Ø – Ø – a – Ø **d.** the – a – the – the – a.

ANGLAIS

ENTRAÎNEMENT AU CONTRÔLE CONTINU

COMPRÉHENSION DE L'ÉCRIT

Read the text and answer the questions in your own words.

Former The Voice singer gets down on knee in defiance at Trump

Former The Voice contestant[1] Meghan Linsey showed her support for athletes embroiled in the racism row[2] while completing her rendition of The Star-Spangled Banner[3] ahead of the Seattle Seahawks and Tennessee Titans clash in Nashville. Top stars in the sport have been kneeling and bowing their heads in stadiums during the patriotic song in protest at what they see is injustice, including police brutality, against minorities in the US. Mr Trump poured fuel on the fire[4] when he described each of them as a "son of bitch" who "disrespects our flag" – and called for them to be fired. But rather than dampen their defiance[5] he sparked wider protests, with scores of players in two major National Football League (NFL) games on Sunday either staying in their locker rooms[6] or taking a knee during the anthem[7]. The entire Seattle Seahawks and Tennessee Titans squads remained off the field in the Nissan Stadium amid the national song, with the latter saying their act of defiance was in protest at the "injustice that has plagued people of colour in this country". Ms Linsey sang The Star-Spangled Banner with a guitar player on the field empty of players, and in the last notes drew applause from thousands in the stadium when she took a knee and bowed. The Voice runner-up didn't comment after but did re-tweet messages of support.

The Seahawks said they stayed away from the national anthem in protest against racism in the US, speaking out ahead of the clash where the Titans clinched the game with 33 to 27 points. A statement read: "As a team, we have decided we will not participate in the national anthem. We will not stand for the injustice that has plagued people of colour in this country."

The protests came after Mr Trump on Friday said: "Wouldn't you love to see one of these NFL owners, when somebody disrespects our flag, to say, "Get that son of a bitch off the field right now. Out! He's fired. He's fired!" He hit out again after scores of major stars protested on Sunday. Mr Trump wrote: "If a player wants the privilege of making millions of dollars in the NFL, or other leagues, he or she should not be allowed to disrespect our Great American Flag (or Country) and should stand for the National Anthem. If not, YOU'RE FIRED. Find something else to do!"

Jeff Farrell, The Independent, 25th September, 2017.

1. concurrente – 2. impliqués dans une querelle – 3. *La Bannière étoilée* (hymne national américain) – 4. jeté de l'huile sur le feu – 5. calmer leur acte de défi – 6. les vestiaires – 7. l'hymne

1. What are the main reasons why American athletes protest?
2. How did Mr Trump react to this form of protest?
3. What did singer Meghan Linsey do to support the players?
4. What were the public's reactions to this act of defiance?

EXPRESSION ÉCRITE

Do you think that kneeling while the American anthem is being played is a sign of disrespect to the flag and the country? (200 words)

3 Art and power

The relationship between art and power raises many questions. Should art serve economic or political power? Can art be a counter-power? Should art be a form of political expression? Can freedom of expression and economic or political constraints be reconciled?

1 First steps

A The power of art

■ Architectural styles have symbolized **wealth**, **power**, and **authority** in major civilisations since ancient times. Art and architecture have been used as **a way to impress people and impose their power** by pharaohs in Egypt, emperors in China, kings in Europe and presidents in many republics.

■ In the Italian Renaissance, wealthy patrons used art for power: from popes in Rome and the Medici family in Florence to European kings (François I, Louis XIV, Phillip II of Spain...).

B Propaganda and soft power

■ In the **Soviet Union**, art was used as **propaganda** to promote the regime with "socialist realism", a form of realism that seeks to be a faithful and objective mirror of communist life.

■ In **Nazi Germany**, the term "Degenerate art" was adopted to discredit modernist art – including works of internationally renowned artists such as Chagall, Matisse, Picasso, or van Gogh – on the grounds that such art was an "insult to German feeling", Jewish, or Communist in nature.

■ **The United States** also used art as a means to export its culture throughout the world. After the Second World War, American art developed rapidly and American Pop art became famous worldwide, with Andy Warhol's *Brillo boxes* for example.

■ As **globalisation** has distributed economic benefits around the world more broadly, emerging economies are expressing their role as actors in the global art scene. China's government has encouraged the creation of thousands of museums, demonstrating age-old Chinese culture and signalling the nation's cultural centrality.

C Art as a political tool

■ But artists can use art to **convey a message**. Since Picasso's *Guernica*, many artists have engaged in political movements and exposed war, pollution, AIDS, machismo, or globalization.

■ **Graffiti** has evolved into street art and many street artists have achieved mainstream success, such as Jean-Michel Basquiat, Keith Haring or Shepard Fairy in the US, or Bansky in Britain.

2 Useful words

architecture *l'architecture*
an artist *un(e) artiste*
censorship *la censure*
a committed artist *un(e) artiste engagé(e)*
contemporary *contemporain(e)*
to convey *transmettre*
counter-culture *la contre-culture*
to create *créer*
to display *afficher*
an exhibition *une exposition*
to expose *dénoncer*
a mural *une peinture murale*
naked *nu(e)*

painting *la peinture*
a palace *un palais*
a patron *un mécène*
a placard *une banderole*
to participate in *participer à*
a portrait *un portrait*
a poster *une affiche*
to produce *produire*
propaganda *la propagande*
resistance *la résistance*
a studio *un atelier*
wealth *la richesse*

3 Improve your grammar

POINT GRAMMATICAL

Le prétérit simple
▶ **Verbes réguliers :** Did they protest? They protested. They didn't/did not protest.
▶ **Verbes irréguliers :** Did she take it? She took it. She didn't/did not take it.

Le prétérit simple indique qu'une action a eu lieu à un moment précis du passé, coupé du présent. C'est l'**aspect ponctuel** de l'action qui est important.
They **creat**ed the group in 1989. *Elles ont créé le groupe en 1989.*

Le Present perfect
Le present perfect se forme avec **have/has** suivi du verbe au participe passé. Il s'emploie pour faire un bilan. C'est le résultat de l'action dans le présent qui importe. On le trouve donc avec **already, just, recently, ever, never, not… yet, for** + durée et **since** + point de départ.
They **have** already exhibit**ed**. *Elles ont déjà exposé.*
How long **have** they creat**ed** posters? They **have** creat**ed** posters for thirty years. *Depuis combien de temps créent-elles des affiches ? Elles créent des affiches depuis trente ans.*
Since when **has** she participat**ed** in the group? She **has** participat**ed** in the group since 2015. *Depuis quand fait-elle partie de ce groupe ? Elle fait partie de ce groupe depuis 2015.*

EXERCICES CORRIGÉS

EXERCISE N°1
Make questions whose answers are the underlined phrases.
a. The event took place in 1984. b. The Guerilla Girls stood outside the museum. c. The exhibition was held in an empty building. d. I saw their poster yesterday. e. I thought the artwork was very efficient.

3 ART AND POWER — ENTRAÎNEMENT AU CONTRÔLE CONTINU

EXERCISE N°2
Put the verbs between brackets into the right tense.
a. The group (form) in 1984. **b.** Their success (begin) in 1989. **c.** Since the 1970s they (make) themselves known worldwide. **d.** Street art (evolve) into an art form. **e.** Shepard Fairey first (gain) attention with his "Hope" poster which (feature) presidential candidate Barack Obama.

EXERCISE N°3
Fill in the blanks with *for* or *since*.
a. They've been working … a long time. **b.** Street art has been popular … the late 60s. **c.** Art has been used as soft power … a long time. **d.** The artists have been developing this project … six months. **e.** It's almost a year … she joined the group.

EXERCISE N°4
Translate the sentences into English.
a. Elle peint dans le métro de New York depuis deux ans. **b.** Depuis quand travaille-t-il dans cet atelier ? **c.** Depuis qu'ils sont arrivés ici, ils ont beaucoup créé.

CORRIGÉ
Exercise n°1
a. When did the event take place? In 1984. **b.** Where did the Guerilla Girls stand? Outside the museum. **c.** Where was the exhibition held? In an empty building. **d.** When did you see their poster? Yesterday. **e.** What did you think of the artwork? That it was very efficient.

Exercise n°2
a. formed **b.** began **c.** have made **d.** has evolved **e.** gained - featured

Exercise n°3
a. for **b.** since **c.** for **d.** for **e.** since

Exercise n°4
a. She has painted in New York subway for two years. **b.** How long has he worked in this studio? **c.** Since they moved here, they have created a lot.

ENTRAÎNEMENT AU CONTRÔLE CONTINU

COMPRÉHENSION DE L'ÉCRIT

Read the text and answer the questions in your own words.

Fighting to change the art world

The Guerrilla Girls burst on to the American cultural sphere in the mid 80s, with a clear agenda of protesting against the underrepresentation of women in art. They took to the streets wearing gorilla masks — conveniently making an allowance for the slight variation in spelling — and armed with wheat paste[1] and a wicked sense of humour. The posters they created were rude; currently, they are valued works of art.

A defining moment that led to the formation and growth of this feminist group happened in 1984, when only 13 out of 169 contemporary artists invited to display work at the Museum of Modern Art's International Survey of Recent Painting and Sculpture were women. The Guerrilla Girls stood outside the exhibition with placards but were ignored, so they invented their method of activism, which made the art world take notice and eventually accept them. As they themselves describe their Guerrilla way: "We wear gorilla masks in public and use facts, humour and outrageous visuals to expose gender and ethnic bias as well as corruption in politics, art, film, and pop culture".

The masks are meant to retain the focus on the ideas rather than the personalities. It is with the same aim that they have assumed pseudonyms of deceased[2] artists, many of whom are believed to have not been given their rightful place in history. The group is open to admitting new members and it is believed that over the years, at least 100 of them have taken part in the protests and performances.

In 1989, the group created a poster, *Do Women Have To Be Naked To Get Into The Metropolitan Museum?*, one of their most famous works. It was alluding to the fact that while only a handful of female artists managed to display their work at the modern art sections of leading museums, nearly all of the nude models were women.

"The art world has become an instrument of the rich and powerful. We are fighting to change that"
by Sujit Chandrakumar, December 11th, 2018, The Times of India, indiatimes.com ©D.R.

1. peinture pour faire les pochoirs – 2. décédées

1. Why did female artists form the group Guerrilla Girls?
2. What pushed them to make the decision?
3. How can they remain anonymous and why do they wish to be so?
4. What do the words "wicked", "rude" and "outrageous" indicate?

COMPRÉHENSION DE L'ORAL

Listen to the interview with Shepard Fairey, a famous American street artist, and answer the questions.

1. What are Shepard Fairey's two most famous posters?
2. Match the words *optimistic, dark, cynism, hope, sincere* with the period they correspond to:
a. Bush Jr's presidency b. Obama's presidential campaign.
3. Why did Shepard Fairey choose the title *From Covert to Overt* for his book?
4. He compares his art with pop music. Name the singers or groups he mentions.
5. Why can he say that he has infiltrated the system?

vidéo
Shepard Fairey Talks "Hope", "Obey" & Art
foucherconnect.fr/19pbstmg51

EXPRESSION ECRITE

Do you like street art? Do you believe street artists play a part in society? Take specific examples. (200 words)

USEFUL PHRASES
I believe that... *Je crois que...*
I am convinced that... *Je suis convaincu(e) que...*
That's why I hope that... *C'est pourquoi j'espère que...*
They refuse to abide by rules. *Elles refusent de se soumettre à des règles.*

corrigés
foucherconnect.fr/19pbstmg50

4 Virtual worlds and citizenship

Social networking has become popular because the Internet is full of millions of individuals who are looking to meet other people, to share first-hand information and experiences, developing friendships or professional alliances, finding employment, marketing and sharing information. The dangers associated with social networking include data theft and viruses, online predators or individuals who claim to be someone that they are not.

1 First steps

A The protection of citizens' data

■ **Confidential information** is stored by organisations such as governments, military, financial institutions, hospitals, and private businesses, about their employees, customers, products, research, and financial operations. Data include sensitive materials such as Social Security numbers, driver's license numbers, and even credit card numbers.

■ **Information and information systems** must be protected from unauthorized access, use, disclosure, disruption, modification, or destruction. It means protecting the confidentiality, integrity and availability of information.

B What is clicktivism?

■ Clicktivism refers to **the use of social media and the Internet to advance social causes**. It uses the metrics available through Web analytics to optimize Web pages, emails and online petitions. It is meant to increase user engagement and maximize a campaign's page views.

■ Clicktivism is a controversial form of **digital activism**. Proponents believe that applying advertising principles increases the impact of a message. Opponents believe that clicktivism reduces activism to a mere mouse-click, yielding numbers with little or no real engagement or commitment to the cause.

C What is the role of crowdfunding?

Crowdfunding is a method of **raising capital through the collective effort of friends, family, customers, and individual investors**. This approach taps into the collective efforts of a large pool of individuals via social media and crowdfunding platforms and leverages their networks for greater reach and exposure. Sometimes there is no financial return to the investors or contributors as donation-based crowdfunding. Common donation-based initiatives include fundraising for disaster relief, charities, non-profits, and medical bills.

2 Useful words

to ban *interdire*
a blog *un blog*
to broadcast news *diffuser des nouvelles*
CCTV system *dispositif de vidéo surveillance*
data *les données*
to delete *effacer*
to dispatch *répartir*
to divulge information *divulguer des informations*
efficient *efficace*
effective *qui marche*
friendship *l'amitié*
hidden dangers *des dangers cachés*
a fraud *une supercherie*
a hacker *un pirate informatique*
an Internet user *un internaute*
to link to *relier à*
a login *un code d'accès*
misleading *trompeur*
a network *un réseau*
piracy *le piratage*
popular *populaire*
privacy *l'intimité*
a range *une gamme*
to rely on *se reposer sur*
a scam *une arnaque*
software *des logiciels*
to spy on *espionner*
to store *emmagasiner*
to tap into *capter*
a theft *un vol*
a virus *un virus*
Web-savvy *connaisseur en matière de web*
the World Wide Web *la toile mondiale*

3 Improve your grammar

POINT GRAMMATICAL

Le comparatif et le superlatif

▶ **Comparatif**
- Adjectifs courts : adjectif + **er** + **than** : He is nic**er than** her. *Il est plus gentil qu'elle.*
- Adjectifs longs : **more** + adjectif + **than** : It is **more** efficient **than**... *C'est plus efficace que...*
- Adjectifs irréguliers : **better than** *meilleur(e) que*, **worse than** *pire que*.

▶ **Superlatif**
- Adjectifs courts : **the** + adjectif + **(e)st** : He is **the** nic**est**. *C'est le plus gentil.*
- Adjectifs longs : **the most** + adjectif : It is **the most** expensive. *C'est le plus cher.*
- Adjectifs irréguliers : **the best** *le(a) meilleur(e)*, **the worst** *le pire*.

▶ **Accroissement parallèle**
The bigger it is, **the more** important it will be. *Plus c'est gros, plus c'est important.*
The less you pay, **the more** satisfied you are. *Moins vous payez, plus vous êtes satisfait.*
The more you use it, **the more** dangerous it becomes. *Plus vous l'utilisez, plus cela devient dangereux.*

4 VIRTUAL WORLDS AND CITIZENSHIP — COURS

EXERCICES CORRIGÉS

EXERCISE N°1
Use comparatives and superlatives.
a. Did you find this article … or … (provocative) … their previous one? b. I bought it at a (cheap) … price… you. I was lucky! c. Would you say that this site is … (dangerous) … others? d. No, I simply think it is a … (acceptable) one. That's why I recommend it to you. e. It is … (attractive) website I have ever seen! It is (smart) … and … (innovative) … all the other ones I know.

EXERCISE N°2
Fill in the blanks with *better, the best, worse, the worst, more* or *the most*.
a. A … idea would be for insurers to reexamine their IT options. b. Cyber surveillance should focus … and … on the … strategy to adopt. c. They tried their … but we are not sure it was the … time to do it. d. The … policy would be to hide the truth from people and abuse of their rights. e. I hope they will make … use of this data than they did previously.

EXERCISE N°3
Translate these sentences into English.
a. Plus j'utilise Facebook, plus j'en deviens dépendant. b. C'est la pire chose qui puisse jamais leur arriver. c. Cet outil est de moins en moins facile à utiliser. d. Ces caméras de surveillance sont aussi redoutables que les pires radars sur les routes. e. Cet article est plus choquant mais moins convaincant que ceux que j'ai lus avant.

CORRIGÉ

Exercise n°1
a. more or less provocative than b. a cheaper price than you c. more dangerous than others d. more acceptable. e. the most attractive – smarter and more innovative than all the other ones.

Exercise n°2
a. better b. more and more – best c. best – best d. worst e. better.

Exercise n°3
a. The more I use Facebook, the more addicted I become. b. It is the worst thing that could ever happen to them. c. This tool is less and less easy to use. d. These security cameras are as dreadful as the worst radars on the road. e. This article is more shocking but less convincing than the ones I read before.

ENTRAÎNEMENT AU CONTRÔLE CONTINU

COMPRÉHENSION DE L'ÉCRIT

Read the text and answer the questions in your own words.

Cyber bullying laws

Instances of cyber bullying[1] have ranged from making fun of someone to pressuring someone to kill himself or herself. These crimes are often the foundation for self-harm[2] and psychological damage that lasts for years. It is difficult to understand just how much damage is caused or impacts a person from these attacks.

When a person goes online to suffer constant barrages of abuse from strangers, classmates and family, it is often enough to lead to injury or death. The rates of suicide among teens have skyrocketed because of these violations. Particular targets as victims of these offenses are gay teens. Almost half of all gay and lesbian youth suffer crimes of cyber bullying.

This subject causes instability in mental health, problems with concentration in school, issues with self-esteem and similar matters among victims. While some are simply harassed, others are bullied. Many are attacked repeatedly. These crimes tend to cause the victim to avoid seeking any type of assistance. The access to the Internet becomes a dangerous place, but cyberbullying may continue through text messaging and email. When one person knows the information of the target, it may be spread to others to provide additional sources of torment. The person affected may even hide these problems from parents. However, these actions leave the individual alone and isolated.

Many states have created and implemented laws to penalize those individuals perpetrating this crime. These regulations have been put in place to protect minors against these actions, but not all states have these laws or protections for children. In addition to this, some particularly inventive children may find ways around the usual protections to ensure the victim is targeted[3] and suffers.

Crimes of cyber bullying tend to follow a pattern that may be defined by law enforcement if police become involved in these violations. Tracking methods may be implemented to discover the culprit[4] of these offenses through email, chat venues and various other means online. Malicious behavior and threatening messages often follow a pattern based on the person instigating the attacks. This could be specific days, certain websites, particular hours of the day and other patterns. When cyberbullying becomes physical abuse, crimes are more easily prosecuted against.

It is important to contact a lawyer when in a state with anti-cyber bullying laws in place. Many children affected by these crimes require medical attention or treatment for psychological damage inflicted by others. Compensation should be obtained if possible for these violations.

"Cyber Bullying Laws", © 1995- 2015 HG Websites, https://www.hg.org

1. cyber harcèlement – 2. se faire du mal à soi-même – 3. ciblé – 4. le coupable

1. Who are the main targets of cyberbullying mentioned in the article?
2. What are the risks that they can encounter?
3. What kind of tools are used by harassers?
4. What measures have been implemented?

EXPRESSION ÉCRITE

How important would you say cyber harassment is and how do you think it could be fought? (160 words)

USEFUL PHRASES

Some sites can be harmful. *Certains sites peuvent être nocifs.*
Going online can help you build relationships. *Vous connecter peut vous aider à construire des relations.*
You need to be aware of the dangers. *Vous avez besoin d'être conscient(e) des dangers.*
It is important to identify who the victim is and who the culprit is. *Il est important d'identifier qui est la victime et qui est le/la coupable.*
It can have a psychological impact on the person. *Cela peut avoir un impact psychologique sur la personne.*

5 Fictions and reality

Imaginary worlds are the opportunity to escape from reality, as well as reflect on what the real world actually is.

1 First steps

A Imagining different worlds

■ The word **utopia** was first used in the book *Utopia* (1516) by Sir Thomas More as an ideal and perfect society in which everyone lives in harmony and everything is done for the good of its citizens. Examples of utopia are numerous in literature, art, popular culture, such as the Garden of Eden.

■ When the dream turns bad, it becomes a **dystopia**, a society in which there is great suffering, injustice, and dehumanization. The most famous examples are George Orwell's *Nineteen Eighty-four*, Aldous Huxley's *Brave New World* and Cormac McCarthy's *The Road*.

B Gaming

■ **MUDs (Multi-User Dungeon)** are multiplayer real-time virtual games, where players can interact with each other and the world. The first one, *Colossal Cave Adventure*, was created by Will Crowther in 1975. Then a group of students at MIT wrote a game called *Zork*, posted under the filename "DUNGEN", hence the name.

■ **MMORPGs (Massively Online Role-Playing Games)** allow a very large number of players to interact with one another. They assume the role of a character and take control over his actions. *RuneScape, World of Warcraft, Guild Wars, Warhammer Online, Lord of the Rings Online* or *Final Fantasy XI* offer a persistent world, which continues to exist and evolve while the player is offline and away from the game.

C Artificial Intelligence

■ **Artificial Intelligence** (AI) is the intelligence exhibited by machines. In many fiction films and novels, computers are smarter than humans and reign supreme.

■ As **machine learning** enables computers to teach themselves, a large variety of breakthroughs emerge, from medical diagnoses to cars that drive themselves, from computers understanding human speech to their competing at a high level in strategic games such as chess and go. Could super intelligence help humans eradicate war, disease and poverty?

2 Useful words

a breakthrough *une avancée*
to bring together *réunir*
to collect data *collecter des données*
to develop *mettre au point*

a device *un appareil*
digital *numérique*
to dream, dreamt, dreamt *rêver*
a dystopia *une dystopie*

to escape *s'échapper*
to expect *s'attendre à*
fantasy *l'imagination*
to focus on *se concentrer sur*
gaming *les jeux vidéos*
to head *se diriger vers*
to improve *améliorer*
a nightmare *un cauchemar*
offline *déconnecté, hors ligne*
online *en ligne*

real *réel(le)*
reality *la réalité*
a screen *un écran*
smart *intelligent(e)*
to streamline *rationaliser*
a takeaway *une conclusion essentielle*
to track *suivre*
a utopia *une utopie*
a video chat *une conversation vidéo*
virtual *virtuel(le)*

 Improve your grammar

POINT GRAMMATICAL

L'interaction

▶ **Les pronoms réfléchis**

Lorsque le sujet et l'objet se réfèrent à la même personne, on utilise les pronoms réfléchis :
myself, yourself, himself, herself, itself, ourselves, yourselves, themselves.
I did it **myself**! *C'est moi qui l'ai fait.*
The gamer said to **himself** : "It's a great opportunity!" *Le joueur s'est dit : « C'est une belle occasion ! »*

▶ **Certains verbes réfléchis en français ne le sont pas en anglais.**
to dress *s'habiller,* **to feel** *se sentir,* **to fight** *se battre,* **to meet** *se rencontrer,* **to shave** *se raser,* **to wash** *se laver*
They met on the Internet. *Ils se sont rencontrés sur Internet.*
They immediately felt at ease. *Ils se sont sentis immédiatement à l'aise.*

▶ **Each other** s'utilise lorsque l'on veut exprimer une réciprocité.
Bob and Jane decided to chat to **each other**. *Bob et Jane ont décidé de chatter l'un avec l'autre.*

▶ **Together** indique que l'on fait quelque chose ensemble.
The chats brought the two web-users closer **together**. *Les conversations ont rapproché les deux utilisateurs du Web.*

▶ **Among** indique que l'on fait quelque chose au sein d'un groupe.
There was solidarity **among** the group. *Il y avait de la solidarité au sein du groupe.*

5 FICTIONS AND REALITY — ENTRAÎNEMENT AU CONTRÔLE CONTINU

EXERCICES CORRIGÉS

EXERCISE N°1
Replace the underlined words by a reflexive pronoun.
a. This gamer only thinks of <u>her own interest</u>. **b.** <u>Even</u> Lindsay Turrentine was surprised at the breakthrough. **c.** I was sitting next to the editor-in-chief <u>in person</u>. **d.** It was not the <u>actual</u> news that shocked him.

EXERCISE N°2
Fill in the blanks with a reflexive pronoun or *each other*.
a. They have become friends. They respect …, which is what matters most. **b.** He kept asking to … if he was doing the right thing. **c.** They enjoy chats and spend time talking to … on the Internet. **d.** He downloaded all this music for …

EXERCISE N°3
Fill in the blanks with *between* or *among*.
a. They had to choose … all the gamers the ones who would agree on that. **b.** The conflict started … the two parties when they first realized that they were the only ones … all the other partners not to have been asked to join the site. **c.** …. you and me, who would you say stands more chances?

CORRIGÉ
Exercise n°1
a. herself **b.** Lindsay Turrentine himself **c.** himself/herself **d.** the news itself.
Exercise n°2
a. each other **b.** himself **c.** each other **d.** himself.
Exercise n°3
a. among **b.** between – among **c.** between.

ENTRAÎNEMENT AU CONTRÔLE CONTINU

COMPRÉHENSION DE L'ÉCRIT

Read the text and answer the questions in your own words.

Augmented reality trends

From the popularity of Pokemon Go's augmented reality gaming to Uber's testing of self-driving vehicles in Pittsburgh, 2016 has seen the rapid rise of technologies once only imaginable in some futurist's mind. At the very first Innovate! and Celebrate conference, CNET.com's editor-in-chief Lindsay Turrentine sat down with industry experts to discuss the five major technology trends that we need to pay attention to. One of the major takeaways: the effects of augmented reality go beyond our screens.

Pokemon Go was simply a mobile game, the augmented technology built into the platform had a definite real-world effect on the humans playing it: bringing together strangers, connecting communities, and even improving the health of gamers.

The much bigger goal of augmented reality is to provide us with a deeper human connection to each other and a deeper connection with the real world. The rise of augmented reality is accelerated, in part, due to our increasing demands of wanting to make the digital experiences more human. We want video chats to be more real; we want maps on our phone to be more interactive; we want the experiences on our devices to reflect real-life interactions in the real world. The whole point of AR is: it's going to enable us to break out of the confines[1] of our screens.

Augmented reality seems to have a much more promising future than virtual reality. Looking at augmented reality trends now, we're seeing investment deals going into an expanse of industries from gaming to health. An increase in connectivity has led to the development of technologies aimed at streamlining the flow of data from patient to healthcare provider. Tech devices being developed now are focused on collecting much more data than could previously be tracked – and it's greatly improving the quality of healthcare.

Other things discussed on the panel included the necessity of disrupting manufacturing; what we can expect in the future of transportation; and where we are headed in the sports tech world.

"Augmented reality's Goal Is to Create Deeper Human Connections"
by Ronald Barba, September 21, 2016,TechCo, https://tech.co

1. s'évader des limites

1. What was the trend that industry experts mainly discussed at the Innovate! and Celebrate conference? Give a definition.
2. What are the effects of augmented reality in the mobile game Pokemon Go?
3. Say what the goal of augmented reality is.
4. In which fields of the industry will augmented reality develop?
5. As you see it, what can be the practical uses of augmented reality? Think of specific examples of augmented reality applications.

EXPRESSION ÉCRITE

Do you agree that it is dangerous to live in a fantasy world and prefer it to the real one? (180 words)

USEFUL PHRASES

It brings relief. *Cela apporte du soulagement.*
You need to overcome obstacles. *Vous devez surmonter les difficultés.*
To endure the harsh reality. *Supporter la dure réalité.*
To focus on real life. *Se concentrer sur la vie réelle.*
The real crises of life. *Les vraies crises de la vie.*
It's all about balance. *C'est une question d'équilibre.*

COMPRÉHENSION DE L'ORAL

Listen to the interview with Neil deGrasse Tyson about what a role model means for him. A role model usually refers a person whose behaviour, example, or success is or can be emulated by others, especially by younger people.

vidéo
The Role of Role Models - StarTalk
foucherconnect.fr/19pbstmg52

1. Why Neil deGrasse Tyson doesn't believe a role model needs to be someone who looks exactly the way you do?
2. Name the three role models Neil deGrasse Tyson mentions and why he chose them à la carte.
3. Say what they have in common that makes them role models.

corrigés
foucherconnect.fr/19pbstmg50

ANGLAIS

6 Scientific innovations and responsibility

Recent breakthroughs in the field of genetics have raised numerous bioethical questions. People will have to decide how much they wish to use the huge knowledge that the deciphering of genes will bring.

1 First steps

A The ethical questions raised by bioethics

■ **Human rights**: should humans and animals be used for research? Do the experiments always have foreseeable consequences? What are the side effects?

■ **Reproductive technologies** (in vitro fertilization, cloning…): should research on human embryos be permitted? Who has the right to control births?

■ **Genetically Modified Organisms** (GMO): should scientists be allowed to change a species by altering its genetic code? Do consumers have a right to know if the food they eat is genetically modified?

■ **What will DNA testing reveal**: how long are you going to live? Your roots? Will job applicants be screened for specific genetic conditions before recruitment? Will insurers use genetic information to deny coverage?

■ Should scientists be allowed to change a species by altering its genetic code? Isn't it all a form of "playing God", which diminishes the mystery of life?

B Do we wish to clone ourselves?

■ **Mice** were first cloned in the 1980s, using a mouse embryo. But cloning a new animal from the cells of an adult was much more difficult. A team of British researchers cloned Dolly using DNA from an adult sheep in 1996 – it died in 2003.

■ **Human cloning** is forbidden in most countries for fear that it might lead to creating an entirely new human being. However, proponents say therapeutic cloning will make it possible to cure some genetic diseases.

CIVILISATION

Landmarks in the history of genetics and cloning

▶ **Early research**: **1869**: Friedrich Miescher discovered DNA in the cells; **1885**: Hans Driesch showed that each cell in an embryo has its own complete set of genetic instructions; **1952**: Robert Briggs and Thomas King created a tadpole by transfering the nucleus from a tadpole embryo into an enucleated frog.

▶ **Cloning mammals**: **1975**: Steen Willadsen was the first to clone a mammal (sheep) using nuclear transfer; **1996**: Dolly, a sheep, was the first mammal created by somatic cell nuclear transfer; **1997**: Two monkeys were cloned by embryonic cell nuclear transfer.

▶ **New developments**: **2000**: The Human Genome Project presented its results: each of the body's 100 trillion cells contains 3 billion nucleotide units; **2013**: Shoukhrat Mitalipov created human embryonic stem cells by somatic cell nuclear transfer.

© Éditions Foucher

ANGLAIS

2 Useful words

advances *des avancées*
to alter *modifier*
ART (Assisted Reproductive Technology) *la PMA (procréation médicalement assistée)*
a ban on *une interdiction de*
to be born *naître/être né(e)*
birth *la naissance*
a breed of dogs *une race de chien*
careless *imprudent(e)*
a cell *une cellule*
a choice *un choix*
cloning *le clonage*
a custom-made baby *un bébé sur mesure*
disturbing *perturbant(e)*
disquieting *troublant(e)*
a development *un progrès*
a disease *une maladie*
DNA *l'ADN*
an embryo *un embryon*
fatal, deadly *mortel(le)*
a gene *un gène*
genetic engineering *les manipulations génétiques*
genetically modified *génétiquement modifié(e)*
a geneticist *un(e) généticien(ne)*
genetic research *la recherche en génétique*
the genome *le génome*
genuine *authentique*
GMOs *les OGM*
healthy *sain(e)*
in-vitro fertilisation (IVF) *la fécondation in vitro (FIV)*
the nucleus *le noyau*
to nurture *nourrir*
pregnancy *la grossesse*
reliable *fiable*
relieved *soulagé(e)*
to run the risk *courir le risque*
safe *sûr(e)*
scary *effrayant(e)*
shocking *choquant(e)*
a species *une espèce*
a surrogate mother *une mère porteuse*
to tamper with nature *détourner la nature*
a team of researchers *une équipe de chercheurs(ses)*
a test-tube baby *un bébé éprouvette*
a twin *un(e) jumeau(elle)*

3 Improve your grammar

POINT GRAMMATICAL

Parler de l'avenir

Le temps grammatical du futur n'existe pas en anglais. Pour se référer à l'avenir on utilise différentes formes verbales.

▶ **Will** + **base verbale** : la réalisation de l'action semble évidente pour celui qui parle.
I am certain that opinions **will change**. *Je suis sûr(e) que les opinions changeront.*

▶ **Going to** + **base verbale** : la prédiction s'appuie sur des indices présents.
The environment **is going to** change. *L'environnement va changer.*

▶ **Be** + **V-ing** exprime une intention, indique ce qui est prévu.
Tomorrow, Hwang **is meeting** a dog owner. *Demain, Hwang rencontre un propriétaire de chien.*

▶ Le présent simple donne une information brute.
The experiment **starts** at six. *L'expérience commence à six heures.*

▶ **Be about to** souligne l'imminence de l'événement.
The test **is about to** begin. *Le test est sur le point de commencer.*

▶ Dans les subordonnées introduites par **when**, **as soon as**, **as long as**, **once**, **after**, **before** et **while**, on trouve le **présent** mais jamais **will**.
He **will** tell you **when** he **finishes**. *Il te le dira quand il aura fini.*

6 SCIENTIFIC INNOVATIONS AND RESPONSIBILITY

ENTRAÎNEMENT AU CONTRÔLE CONTINU

EXERCICES CORRIGÉS

EXERCISE N°1
Fill in the blanks with *will* or *going to*.
a. Be quiet! The researcher … start his test. **b.** Wait a minute, I … check how accurate the results are. **c.** Don't forget to ring me up, … you? **d.** I don't think they … find the solution.

EXERCISE N°2
Put the verbs into the appropriate form.
a. The plane (leave) at 8 pm tomorrow. **b.** The experiment (start) at 2 o'clock this afternoon. **c.** Next week, we (be) on holiday. **d.** The company (move) to London soon.

EXERCISE N°3
Translate the sentences into English.
a. Quand les généticiens se rencontreront, ils auront beaucoup de choses à se dire. **b.** Aussi longtemps que les gens ne feront pas de tests génétiques, ils ne connaîtront pas leur génome. **c.** Dès que je saurai que le bébé est né, je lui téléphonerai. **d.** Aussitôt que les généticiens auront les résultats, ils les publieront. **e.** Quand les gens connaîtront les avancées, ils comprendront. **f.** Il faudra que tu me le dises quand tu le sauras.

CORRIGÉ
Exercise n°1
a. is going to **b.** will **c.** will **d.** are going to
Exercise n°2
a. leaves **b.** starts **c.** will be **d.** will move/is moving/is going to move
Exercise n°3
a. When the geneticists meet, they will have a lot to tell each other. **b.** As long as people do not have genetic tests, they won't know their genome. **c.** As soon as I know the baby is born, I'll phone him/her. **d.** As soon as the geneticists have the results, they will publish them. **e.** When people know about the breakthroughs, they will understand. **f.** You will have to tell me when you know.

ENTRAÎNEMENT AU CONTRÔLE CONTINU

COMPRÉHENSION DE L'ÉCRIT

Read the text and answer the questions in your own words.

A lab in South Korea will clone your dog for $100,000

Since 2006, a controversial biotech lab in South Korea called Sooam has been offering cloning services for the meagre sum of $100,000 (£64,000); I guess some would say their companions are priceless. The company was founded by trained veterinarian and scientific researcher Woo Suk Hwang who has a rather shady[1] history. Hwang was publicly disgraced and expelled from his academic institution for fabricating research on human embryo cloning and still faces criminal charges. But this hasn't seemed to put people off as business is booming; since it was established, more than 400 dogs have been cloned, and the firm usually has around 15 clients per month. The company has also brought its services to the US and plans to offer cloning to UK clients soon.

The cloning technique Sooam scientists use is the same 50 year old method that brought us Dolly the sheep back in 1996 – nuclear transfer. First, cells are taken from the pet to be cloned and the nucleus, the cellular command center that contains the organism's genetic information, is removed and saved. Next, an egg cell from a donor pet is obtained and the nucleus is replaced with that of the pet to be cloned. The egg cell is then given a small electric shock to stimulate division, and after a few days the developing embryo is placed back inside a surrogate mother. The surrogate doesn't have to be of the same breed, but ideally they would be of similar size.

Of course, clients don't get their old dog back, but more of an identical twin. Some dogs may also appear slightly different; dalmatians, for example, may have different spots. The clones may also not have the same personality or temperament as the original dog. And the procedure is not without risks; many dogs are born unhealthy, so they have to repeat the process until a healthy dog is produced, although Sooam claims it never puts a dog down[2].

An ambitious company, Sooam has no intention of stopping at dogs and is dreaming big. Recently, they signed a deal with Russian scientists to attempt to clone a woolly mammoth, despite the ethical issues surrounding this.

"A Lab in South Korea Will Clone Your Dog For $100,000"
by SOGGYDAN BENENOVITCH, www.ifkscience.com

1. obscure, louche – 2. piquer

1. Pick up information about the company Sooam: date of creation, name of founder, nationality, activity, price of cloning a dog.
2. Why can it be said that Woo Suk Hwang is a controversial scientist?
3. What is the basic principle of dog cloning?
4. Say what the risks are.
5. What is Hwang's ambition?

EXPRESSION ÉCRITE

What are your feelings about the new developments in reproduction technology and the questions they raise? Think of in-vitro-fecundation, cloning, genetic engineering... Say what the advantages could be and why it could be the biggest dilemma of the 21st century. Conclude by expressing your feelings about it. Do you see it as one of humanity's best or worst inventions? (200 words)

USEFUL PHRASES

We may question the reliability of these practices. *Nous pouvons nous interroger sur la fiabilité de ces pratiques.*
I fear a lack of scientific tests. *Je crains une absence de tests scientifiques.*
They need to find out about the real risks. *Ils doivent établir les vrais risques.*
It gives the gift of life. *Cela est un cadeau de la vie.*
It will be important in the future. *À l'avenir, ce sera important.*
This will probably become more common. *Cela va probablement devenir plus commun.*
There will certainly be a lot of discussion. *Il y aura sans doute beaucoup de discussions.*
It will eventually become accepted ethically. *Cela deviendra moralement acceptable.*

7 Diversity and inclusion

Diversity is about empowering people by respecting and appreciating what makes them different, in terms of age, gender, ethnicity, religion, disability, sexual orientation, education, and national origin. Inclusion is an organisational effort and practices in which different groups or individuals having different backgrounds are culturally and socially accepted and welcomed, and equally treated. Diversity is the mix and inclusion is getting the mix to work well together.

1 First steps

A Diversity education is a solution in many countries worldwide

■ In **the European Union**, diversity education is offered to small and medium-sized businesses to develop their capacity to include people of different countries of the union and cultures.

■ **Australia's government** uses diversity education to end a history of discrimination against Aboriginal and Islander people.

■ **Asia** finds it useful for increasing productivity in multinational companies, and for addressing the historical challenges of achieving harmony between Muslim and Hindu citizens.

■ **South Africa** has implemented diversity education to adjust to the removal of the Apartheid system.

■ In **the United States**, many organisations, communities, military sectors, and higher education institutions have been conducting some form of diversity education since the 1960s assuming that it can boost productivity and innovation in an increasingly diverse work environment.

B Diversity pioneers

■ **Judith Katz** was a student activist for social justice in the late 1960s. She began her diversity action by focusing on racism from a white American perspective.

■ By the mid 1980s she was working for the Kaleel Jamison Consulting Group. At the time many companies used independent diversity professionals to provide programmes to help increase the numbers of African Americans and women employees. Diversity training allowed to safeguard against civil rights suits at the time. Much of the training focused primarily on black-white racial issues and sexism. No attention was given to Latinos, Asians, sexual orientation, age or people with disabilities.

C Raising individual awareness

Increasing numbers of organizations have embraced the idea that we need to value differences and consider that diversity is now accepted as a key business driver. Diversity and inclusion are a company's mission, strategies, and practices to support a diverse workplace and leverage the effects of diversity to achieve a competitive business advantage.

2 Useful words

to achieve harmony *atteindre l'harmonie*
to acknowledge *reconnaître*
an asset *un atout*
social background *le milieu social*
to boost *donner de l'élan*
broad-minded *large d'esprit*
a challenge *un défi*
commonplace *courant, habituel*
competitive *concurrentiel(le)*
a culture clash *un choc des cultures*
disabled people *les personnes handicapées*
diversity *la diversité*
to focus on *se concentrer sur*

the gender gap *le fossé entre les sexes*
to implement *mettre en application*
a good mix *un bon mélange*
openness *l'ouverture*
to raise awareness *rendre conscient(e) de*
to require *exiger*
to tackle an issue *s'attaquer à un problème*
training *la formation*
to treat people right *bien traiter les gens*
to value *valoriser*
a wheelchair *un fauteuil roulant*
to discriminate against *discriminer*

3 Improve your grammar

POINT GRAMMATICAL

Pression exercée sur le sujet

▶ Obligation extérieure : **Have to**
Did they **have to** conduct diversity education? Yes, they **had to**. *Ont-ils dû mener un enseignement sur la diversité ? Oui, ils ont dû le faire.*

▶ **Nécessité : Must**
Governments **must** do more. *Les gouvernements doivent faire davantage.*

▶ **Conseil, suggestion : Should**
The government **should** educate citizens. *Le gouvernement devrait éduquer les citoyens.*

▶ **Absence d'obligation : Don't have to**
You **don't have to** leave if you don't want to. *Tu n'es pas obligé(e) de partir si tu ne le veux pas.*

▶ **Interdiction : Must not/mustn't**
You **must not** speak about it. It is a secret. *Tu ne dois pas en parler. C'est un secret.*

▶ **Regret, reproche : Should not/shouldn't**
Citizens **shouldn't** discriminate. *Les citoyens ne devraient pas faire de discriminations.*

EXERCICES CORRIGÉS

EXERCISE N°1

Fill in the blanks with *mustn't* or *don't/doesn't have to*.
a. She … accept the situation, if she doesn't like it. **b.** They … leave at once. There's plenty of time. **c.** You … say anything about her choice. It's a secret. **d.** It's a really stupid decision. You … accept it. **e.** The move is confidential; you … tell anybody about it. **f.** They … worry so much. It's nothing serious.

374

7 DIVERSITY AND INCLUSION — ENTRAÎNEMENT AU CONTRÔLE CONTINU

EXERCISE N° 2
Translate into English using *mustn't* ou *don't have to*.
a. Les gens ne doivent pas ignorer où sont leurs racines. b. Vous ne devez pas oublier de souligner que la situation est floue. c. Il ne doit pas entreprendre la formation seul. d. Il n'est pas nécessaire qu'ils s'adaptent à de nouvelles règles tout de suite. e. Les personnes handicapées ne doivent pas se sentir discriminées.

EXERCISE N° 3
Put the sentences in the interrogative form.
a. Australia has to be reminded it is a country of immigration. b. He had to work a lot to become a great success. c. Training centres have to give more information and advice. d. Governments have to spend more on educating citizens.

CORRIGÉ
Exercise n°1
a. doesn't have to b. don't have to c. mustn't d. don't have to e. mustn't f. don't have to.
Exercise n°2
a. People mustn't forget where their roots are. b. You mustn't forget to underline that the situation is unclear. c. He mustn't undertake the training alone. d. They don't have to adapt to new rules right now. e. The disabled mustn't feel discriminated against.
Exercise n°3
a. Does Australia have to be reminded it is a country of immigration? b. Did he have to work a lot to become a great success? c. Do training centres have to give more information and advice? d. Do governments have to spend more on educating citizens?

ENTRAÎNEMENT AU CONTRÔLE CONTINU

COMPRÉHENSION DE L'ÉCRIT

Read the text and answer the questions in your own words.

Shopping is hellish for disabled people

Our towns and cities are much better set up for people who use wheelchairs than in the past. Dedicated parking spaces have become commonplace, while modern buses and trains often include areas for wheelchairs. A large number of public places like restaurants and bars also have wheelchair-friendly toilets.

With added help from improvements in wheelchair technology, people with physical disabilities are therefore enjoying ever greater levels of independence. Yet they still face significant obstacles to activities that are routine for the rest of us. A good example is shopping. Shelves[1] that are beyond the reach of a wheelchair are a constant problem.

This profoundly affects their sense of autonomy, as a group of wheelchair users confirmed when we interviewed them. They didn't like asking for help unless strictly necessary. They wanted to go to normal stores and interact with products like any other person, and they liked the idea of a technology that could help.

We piloted a system for people of three different levels of impairment[2]. The first group had full use of their hands. The second group had low hand mobility as a result of problems such as tremors[3]. The third group could only use their hands for a limited set of actions, such as driving their wheelchair, and generally faced severe communication problems.

The system for the first group involved an app for their smartphones/tablets, taking advantage of the fact that most people own such a device. Users had to click on the app as they entered the store, which brought up a virtual shop designed to look like the store entrance. Users would then make their way through the store like any other customer. When they came to a shelf with something they potentially wanted to buy, they had to point their device at it. The user's screen would display the shelf and they had to touch the area where the product was located. The app would then list the items in that area. The user could choose a product and either get information, such as price or expiry date, or make a purchase[4]. Staff would assemble a basket of purchases.

The people in our second group of users are generally unable to use a smartphone unaided, so we developed a prototype of a fixed touchscreen at a suitable height adjacent to the relevant shelf.

The third group contained people too impaired for either of the first two solutions. The system worked in a similar way to the first one, except that users selected by voice command.

Hopefully in the relatively near future, we will see strides[5] in wheelchair shopping to match what has happened with parking and toilets.

"Shopping is hellish for disabled people – augmented reality could be the fix"
by Zulqarnain Rashid, theconversation.com, 26 july 2017.

1. des étagères – 2. handicap – 3. tremblements – 4. achat – 5. grands pas

1. What can disabled people in wheelchairs do now that they could not do before?
2. What are the problems disabled people meet in stores? Why do they feel frustrated?
3. What did technology provide to each of the three groups of disabled people mentioned in the text?

EXPRESSION ECRITE

How important is it for employers to help make the workplace accessible to employees with disabilities? (160 words)

USEFUL PHRASES

It contributes to a better workplace environment. *Cela contribue à un meilleur environnement.*
They offer facilities. *Ils offrent des installations.*
They follow guidelines. *Ils suivent les directives.*
It raises employees' awareness. *Cela améliore la conscience des employés.*
It boosts productivity and creativity. *Cela augmente la productivité et la créativité.*

COMPRÉHENSION DE L'ORAL

Listen to the video and answer the questions.

1. What kind of disabilities are concerned in the interviewer's first question?
2. What does Governor Mike Huckabee say about the disabled people he worked with?
3. What did the disabled people in his staff do?
4. What is the interviewer's next question?
5. What did Mike Huckabee always make sure of?

 # vidéo
Exclusive Interview: Mike Huckabee on Job Opportunities for People with Disabilities
foucherconnect.fr/19pbstmg53

 # corrigés
foucherconnect.fr/19pbstmg50

8 Territory and memory

Cultural heritage is an expression of the ways of living developed by a community and passed on from generation to generation. It gives people a connection to certain social values, beliefs and customs. It provides a sense of unity and belonging within a group and allows people to understand previous generations and the history of where they come from.

1 First steps

A Different types of cultural heritage

■ **Built heritage** is the most visible form of heritage. It includes all the constructions that are of historic, aesthetics, architectural or cultural significance: buildings, cityscapes, archaeological remains and monuments.

■ **Natural heritage** includes all components of our surroundings that have not been created by man and which are of cultural, aesthetic, spiritual or ecological value: rural landscapes, coasts and agricultural heritage.

■ **Artefacts** are all the things that are made by man, such as a tool, a work of art or an object of archaeological interest. They include dance forms, stone tools, paintings, pottery vessels, weapons, jewellery, clothing, books, documents…

■ **Immaterial heritage** refers to folklore, language, customs, traditional activities and practices, values.

B The significance of cultural heritage

There are four main aspects to understand the significance of cultural heritage:
– **historical significance**: the age and relationship to a historical era, event or person;
– **social significance** refers to the social and spiritual values attributed to a place;
– **aesthetic significance** refers to the sense of importance of a place in terms of architecture, scale or design;
– **scientific significance** refers to the possibility of scientific findings from a site, monument or place.

C Preserving cultural heritage

■ The heritage cycle diagram shows how we can make the past part of our future: by understanding our cultural heritage we value it; by valuing it we want to care for it; by caring for it, we enjoy it; from enjoying it comes a thirst to understand; by understanding it, etc.

■ The best way to preserve our cultural heritage is to share it with others. We must keep world history intact for the coming generation so that they may have the opportunities to learn about the past and their own roots.

CIVILISATION

Landmarks in American history

▶ **The first settlers**

1607: London merchants founded Jamestown in Virginia.

1620: The Pilgrim Fathers founded Plymouth Colony in Massachusetts.

1776: American colonists signed the Declaration of Independence from the English crown.

1789: George Washington was elected first president of the USA.

▶ **The conquest of the West**

1848: After defeating the Mexicans, the US acquired what are now the states of California, Nevada and Utah and parts of Colorado, Wyoming, Arizona and New Mexico.

1849: The Gold Rush to California started.

1862: The Homestead Act opened up the prairies to farmers.

▶ **The 20th century**

1929: The Great Depression after the Crash on the Stock Exchange.

1941: The Japanese bombed Pearl Harbor & the US entered World War II.

1948-1991: The Cold War between the US and the USSR until the fall of the Wall in Berlin.

1974: President Nixon resigned due to the Watergate Scandal.

▶ **2001**

The terrorist attacks of 9/11 on the World Trade Center prompted the "War On Terror", the invasion of Afghanistan.

② Useful words

appalled *effaré(e)*
courage *le courage*
customs *des coutumes*
duty of remembrance *le devoir de mémoire*
to empower *donner les moyens*
an event *un événement*
evil *le mal*
fair *juste*
fearless, daring *audacieux(euse)*
to fulfill promises *tenir des engagements*
a gap *un fossé*
generosity *la générosité*
heritage *le patrimoine*
a hero(es) *un (des) héros*
a heroine *une héroïne*

to identify *s'identifier*
inspiring *inspirant(e)*
a legend *une légende*
to make a dream come true *réaliser un rêve*
mutants *des mutants*
a myth *un mythe*
to overcome difficulties *surmonter les difficultés*
preservation *la sauvegarde*
to set an example *montrer l'exemple*
superpowers *super pouvoirs*
to struggle *lutter*
surroundings *l'environnement*
to take up a challenge *relever un défi*
a villain *un méchant*
a war memorial *un monument aux morts*

© Éditions Foucher

8 TERRITORY AND MEMORY · COURS

 Improve your grammar

POINT GRAMMATICAL

La voix passive

▶ Le passif se forme avec le verbe **be conjugué** suivi du **participe passé**.
Présent : **The story is built** on historical facts. *L'histoire est construite sur des faits historiques.*
Prétérit : **His success was celebrated**. *On a célébré sa réussite.*

▶ On peut combiner **passif** et **modaux**.
It **cannot be** denied. *On ne peut le nier.*
It **must** not **be** forgotten. *On ne doit pas l'oublier.*
It **should be** remembered. *On devrait s'en souvenir.*
It **will be** discovered. *Cela sera découvert.*

▶ Les verbes qui se construisent avec **deux compléments** ont deux formes passives selon ce que l'on veut mettre en relief :
- **la personne** (complément d'attribution) :
He was given a new name. *Il a reçu un nouveau nom.*
- **la chose** (complément d'objet) :
A new name was given to him. *Un nouveau nom lui a été donné.*

EXERCICES CORRIGÉS

EXERCISE N°1

Translate the following sentences into English.
a. On ne fait rien pour préserver le patrimoine. **b.** On les force à changer l'intrigue. **c.** Cette croyance est basée sur un mythe. **d.** Ils ne furent pas invités à partager le patrimoine culturel.

EXERCISE N°2

Turn the sentences into the passive form starting with the underlined words.
a. They romanticize <u>life in the past</u>. **b.** They do not show <u>the reality of ancient times</u>.
c. Somebody gave <u>them</u> the means to succeed. **d.** They told <u>me</u> life was easy in the West.
e. It offers <u>them</u> new opportunities.

CORRIGÉ

Exercise n°1
a. Nothing is done to preserve the heritage. **b.** They are forced to change the plot. **c.** This belief is based on a myth. **d.** They were not invited to share the cultural heritage.

Exercise n°2
a. Life in the past is romanticized. **b.** The reality of ancient times is not shown. **c.** They were given the means to succeed. **d.** I was told that life was easy in the West. **e.** They are offered new opportunities.

ENTRAÎNEMENT AU CONTRÔLE CONTINU

COMPRÉHENSION DE L'ÉCRIT

Read the text and answer the questions in your own words.

How American history created the American superhero

In the first half of the twentieth century, coming out of the Depression, immigrant communities were looking for ways to empower themselves both professionally and creatively, and were good at telling their stories. Stan Lee, Jack Kirby, Joe Kubert, Will Eisner, and Jerry Siegel and Joe Shuster, the co-creators of Superman were all children of Jewish immigrants. So that immigrant story is just built into the DNA of comic books, particularly in the Golden Age of comics[1]. But you still find that American essence in so many stories today.

Because the origins of comic books were tied up into WWII, they talked directly to readers about the war, about the fight with the Nazis, about paper rationing. Superman would point his finger out of the comic book frame[2] and say, "You've got to buy your war bonds[3]!" So that kind of overt propaganda has always had a place.

You could look at the issues that Captain America is wrestling with, or the villains he is fighting, and you can see where American society is at that time. During WWII, in his very first Captain America comic book, he is literally punching Adolf Hitler. [...] During the 1950s he was recast as "Captain America: Commie[4] Smasher" and it was overtly anti-Communism. In the 1970s, Captain America was investigating this secret organization within the Marvel Universe, and he got all the way up to the head of this organization and it turned out that Richard Nixon and Henry Kissinger were behind it. Captain America was so appalled by this that he threw away his costume, and for about a year he went as "Nomad: The Hero Without a Country." Here they were making overt political commentary about the Watergate Scandal. Right after 9/11, he was in the Middle East fighting terrorists. As the war became less popular, there was more nuance included.

"How American History Created the American Superhero"
by Frasier Petersen, March 9, 2016, © Humanities Washington, www.humanities.org

1. from the late 1930s to 1950 – 2. le cadre 3. obligations vendues pour financer l'effort de guerre – 4. communistes

1. Say what a superhero or superheroine is. Name the ones you know.
2. Why are comic books rooted in immigration to America?
3. What form did propaganda take in several episodes of Superman?
4. Name the three groups of enemies Captain America fights in the 20th century.
5. Do you agree that superheroes are a mirror of their times? Take specific examples in comic books, cartoons, films or series.

EXPRESSION ÉCRITE

Do you like books or films based on historical facts? Take specific examples. Say why they attract readers or spectators and what the dangers are. (200 words)

USEFUL PHRASES
It gives an extra thrill. *Cela procure un frisson supplémentaire.*
Some authors rewrite history. *Certains auteurs réécrivent l'histoire.*
It gives historical authenticity. *Cela donne de l'authenticité historique.*
They bring about a sense of unification with the past. *Cela donne un sens d'unification avec le passé.*